사건 발화상황 그리고 문장의미

사건 발화상황 그리고 문장의미

임 채 훈

역락

훗날에 훗날에 나는 어디선가
한숨 쉬며 이야기할 것입니다

숲 속에 두 갈래 길이 있었다고
나는 사람이 적게 간 길을 택하였다고
그리고 그것 때문에 모든 것이 달라졌다고

―로버트 프로스트 〈가지 않는 길〉 中에서

우리의 상황은 바로 이렇다.
우리는 우리가 열 수 없는 닫힌 상자 앞에 서 있다.

―앨버트 아인슈타인

그럼에도 불구하고
지금 이 자리에
그리고 다음 자리를……

이야기를 시작하기에 앞서

시작입니다. 첫 책입니다.

첫 책이라 하니 국어학을 공부하겠다고 마음을 먹었던, 그 첫 마음이 자연스레 떠오릅니다. 냉철한 시각도, 무언가를 설명할 수 있는 토대로서의 지식도 터무니없이 모자랐지만 열정만은 가득했던 그때 말입니다. 무지가 갖는 그 무한한 용기 탓일까요. 내가 부족하다는 생각보다는 선학에 대한 아쉬움이 컸고 그 누구도 아닌 내가 무언가를 해낼 수 있다는 자신감이 넘칠 수밖에 없었습니다. 언젠가 이런 모든 난제들을 보란 듯이 해결할 터이니, 그리고 그것을 담은 첫 책을 쓸 날을 꿈꾸며 열심히 공부하던 그때가 있었습니다.

그런데 이제는 겸손해진 것인지, 두려움이 커진 것인지 그런 큰소리는 엄두도 못 내고 자신의 부족함이 하나둘 훤히 보이기 시작합니다. 이런 주장을 하기 위해서는 무엇이 필요하고 또 그것을 타당하게 설명할 수 있어야 하며 더 공부해야 하는 그 무언가가 많다는 것을 알게 되었습니다. 그러다 보니 첫 책이 점점 멀어져 갔습니다. 부족함을 채워야 하는데 그 부족함을 쉬이 채울 수가 없었던 것이죠. 그렇게 시간이 갔습니다.

하지만 부족함은 영원한 것이겠죠. 그리고 그 부족하다는 말은 나이가 들수록 점점 더 낼 수 없는 목소리가 되어 갑니다. 그래서 부족하다는 목소리를 낼 수 있는 그 시절이 가기 전에 이 책을 내어 놓습니다. '설명'은 부족하지만 '생각'을 공유할 수 있다면, 여러 곳에 허점이 많아 비판을 받겠지만 비판을 통해 더 단단해질 수 있다면 부끄러움은 이겨내야 할 몫입니다. 그래서 이 책은 그런 부족함을 가득 안은 채, 그렇지만 이 책에서 다루고자 하는 주제에 대해 다 함께 논의하고자 하는 마음으로 하나의 '생각'을 내어 놓습니다. 모든 이론은 사실이 아니라 누군가의 생각이며 그렇기에 나누고 허물어지고 다시 세워질 필요가 있다고 생각합니다. 이 책은 그렇게 나누고 허물어지고 다시 세워지기 위한 책입니다.

2007년 여름에 저는 박사 학위 논문「국어 문장의미 연구-사건과 발화상황을 중심으로」를 썼습니다. 하지만 이 책은 학위 논문을 단순히 수정, 보완한 것이 아닙니다. 이 책은 학위 논문이라는 형식적 틀로 인해 하지 못했던, '심사'라는 틀 안에서는 할 수 없었던 여러 생각들을 좀 더 자유롭게 담고자 노력한 것입니다. 그래서 처음부터 다시 써내려갔다고 해도 과언이 아닙니다. 더불어 그 이후 짧지만 5년이라는 시간 동안 연구한 내용을 덧붙이고자 했습니다.

전체 목차를 보시면 아실 수 있듯이 이 책은 문장의미를 구성하는 큰 틀을 제시하고 있을 뿐, 세목에 있어서는 다루지 못한 빈 공간이 많이 남아 있습니다. 예를 들어 사건의 내적 구성을 다룬 '제2부 사건'을 보면 '주어'와 '목적어'가 사건을 어떻게 구성하는지 이 책의 관점에서 구체적으로 다루지 못하고 있습니다. 이는 향후의 연구를 통해 보완할 것입니다. 기대가 있다면, 그 빈 공간은 저만의 몫이 아니라 함께 나눌 수 있는 공간이 되기를 희망합니다.

스스로 자신의 논의가 어떠어떠한 점에서 의의가 크다고 말하는 것은 우리의 학문 전통에서는 참으로 익숙지 않은 일입니다. 그러나 무관심보다는 질책과 질타가 더 필요하다는 마음에서 스스로 의의를 이야기하고자 합니다.

이 책은 문장의미를 다룬 책입니다. 의미의 문제는 언어학의 문제이기도 하고 철학의 문제이기도 하고, 어쩌면 삶의 중요한 문제 중의 하나입니다. 그 점에서 언어학 책이지만 관련 철학 논의를 아는 범위 안에서 다루고자 하였습니다. 언어와 의미의 문제는 철학에서도 주요한 주제이니만큼 상호 소통이 중요하며 이러한 논의가 철학과 소통할 수 있는 계기가 되기를 바랍니다.

문장의미란 무엇인가. 어쩌면 이 책은 이러한 문제에 대해 답하기보다는 질문을 하기 위한 책이 아닌가 합니다. 이 말은 그러한 질문에 대해 완전한 답을 내리지 못했다는, 솔직한 고백이기도 합니다. 그러나 '문장의미'라고 하는 하나의 언어 연구 대상을 이제 광장으로 내놓아 함께 논의해보고자 하는 마음이 간절히 담겨 있습니다. 어떻게 보면 '문장의미' 연구는 선학들께서 지금까지 줄곧 논의해오고 있는 언어학과 국어학의 본질적인 문제였을 것입니다. 그러나 '문장의미'가 하나의 오롯한 연구 대상이 되어 '문장의미론'이라는 이름으로 논의되는 경우는 흔치 않았습니다. 그 이유는 '문장의미'를 하나의 연구 대상으로 삼아 현상적 논의가 아닌 이론적 관점에서 통합하여 설명하고자 하는 시도가 많지 않았기 때문이라고 생각합니다. 이 책은 그러한 시도의 하나라고 할 수 있습니다.

욕심을 부려 많은 논의를 한데 담으려 했으나, 깊게 공부하지 못한 탓에 오류뿐만 아니라 무지로 인한 잘못이 곳곳에 있을 듯합니다. 저는 칼 포퍼의 철학을 학문적 모토로 삼고 있습니다. 학문의 근간에는 반증 가능성이 있다는 것, 어느 것도 완전한 논의는 없으며 다음의 논의를 위한 비판의 준거가 되는 것이 중요하다는 것에 공감을 합니다. 비록 문제가 많은 논의이나 잘못된 점을 하나하나 비판하시면서 이 책을 읽을 여러 선생님들이 새로운 생각을 얻을 수 있는 기회가 되기를 간절히 마음 가득 바라봅니다.

이 자리는 감사의 마음을 전하는 곳이기도 합니다. 감사의 마음을 전할

분들을 말씀 드리자면 글로 다할 수 없이 무궁합니다. 감사한 그분들께는 직접 인사하도록 하겠습니다. 하여 꼭 말씀 드리고픈, 이 책을 온전히 가능하게 해주신 두 분 선생님만 이야기하겠습니다.

학문을 하는 이가 가져야 하는 마음가짐 중 하나는 '자만'과 '자존'의 사이에서 흔들리지 않고 서 있는 것입니다. 그 경계를 넘어가 '자만'에 빠지거나 '자존'에 안주하는 것은 위험합니다. 제가 감사의 마음을 전하고자 하는 두 선생님은 '자만'과 '자존'의 경계에서 제가 넘어지지 않도록 그 양쪽 끝에서 팽팽한 '자립'의 힘을 주신 분들입니다. 지금은 우리 곁을 떠나셨지만 김기혁 선생님은 엄중하게 학문하는 이의 자세를 가르쳐 주셨습니다. 이론에 경도되거나 자기주장에 함몰되면 객관성을 잃고 자신만의 틀 안에서 합리화가 생깁니다. 그 때문에 많은 논박을 받아야 건강해질 수 있습니다. 제가 학부 때 다른 학생들보다 조금 공부를 더 해서 선행 연구를 좀 더 알고 있다는 이유로 '자만'하는 경우가 있었습니다. 혹은 어떤 현상에 대해 고민하지 않고 선행 연구 결과를 말함으로써 마치 그 문제를 자신이 해결한 양 했을 때가 있었습니다. 그럴 때마다 선생님은 무언가를 '알고 있는 것'이 학문하는 것이 아니라 '알고자 하는 것'이 학문하는 것이라고 깨우쳐 주셨습니다. 칭찬해주시지 않고, '책'하는 것이 원망스럽기도 했지만 만약 그때 선생님께서 엄중하게 가르쳐 주시지 않았다면 학문에 대해서 지금과 같이 긴장하는 마음을 유지하기 어려웠을지 모릅니다.

그리고 반대편에 또 다른 스승인 최상진 선생님이 계십니다. 항상 든든하게 믿음으로 곁에 있어 주시는 아버지와 같은 분입니다. 언제나 선생님께서는 아무리 어리석고 모자란 저의 생각을 들어도 항상 '재밌다', '재밌다' 독려해 주셨습니다. 선생님께서 언제나 주장하셨던 것처럼 자립적인 학문, 누구의 이론을 따라하는 것이 아니라 자신만의 이론을 세워야 한다는 것을 일깨워 주시기 위한 것이 아니었나 생각합니다. 조금 부족하더라도 자신만의 생각을 하기 위해서는 칭찬과 독려가 필요했을 겁니다. 그리고 그렇게 자생적인 이론을 추구하는 학문의 길은 본질적으로 외로울 수밖에 없을 것입니다. 아니, 모든 학문하는 이들은 외로울 수밖에 없는 것이겠죠. 하지만 선생님이 계셔서 외롭지 않았습니다. 항상 스승의 믿음이 저를 흔들리지 않고 스스로 설 수 있는 힘이 되었습니다. 이 책이 공부하는 사람들에게 조금이라도 공부가 될 수 있는 책이 된다면 그것은 모두 선생님들의 덕분입니다.

예전에는 저에게 공부라는 꿈, 단지 그 하나였는데 최근에 두 가지 꿈이 생겼습니다. 우리 아내와 딸 아인이. 언제나 그 꿈들이 건강하기를 마음 가득 바라봅니다. 더불어 그 꿈들을 가능하게 해주신 아버지, 어머니, 장인어른, 장모님의 건강을 빕니다.

2012년 12월
연구실을 나와 첫 마음을 찾은 도서관에서

차례

이야기를 시작하기에 앞서 / 7

제1부 이론적 틀을 갖추기 위해 ‖ 19

제1장 서론 • 21
    1.1. 문제 제기 ··· 21
    1.2. 연구 목적과 의의 ··· 28
    1.3. 연구 대상 ··· 34
    1.4. 선행 연구 검토 ··· 36
        1.4.1. 문장의미에 대한 주요 관점 ························· 36
        1.4.2. 문장의미에 대한 주요 국내 논의 ················ 39
        1.4.3. 합성성 원리의 한계 ······································ 42
    1.5. 연구 방법 ··· 49

제2부 사건 ‖ 53

제2장 문장의미로서의 사건 설정 • 55
    2.1. 사건의 본질 ··· 55
        2.1.1. 주요한 사건 존재론 ······································ 56
        2.1.2. 문장의미 차원에서 본 사건의 본질 ············ 61

2.2. 사건 논항의 설정 ·· 64
  2.2.1. 기존 연구의 논거 ·· 65
  2.2.2. 새로운 증거들 ··· 78
2.3. 사건의 구조적 실현 ·· 85
  2.3.1. 사건-구(Event Phrase, EP)의 설정 ················· 88
  2.3.2. 상적-구(Aspect Phrase, AspP)의 설정 ··········· 96
2.4. 사건의 실제적 적용과 분석
   -반복 사건 표현을 중심으로 ···························· 116
  2.4.1. 사건 반복의 개념과 기준 ···························· 117
  2.4.2. 사건 반복을 나타내는 주요 요소 ················· 129
  2.4.3. 사건 반복 구성 요소의 상호 작용 ··············· 138
2.5. 사건의 구성과 의미 역할
   -'놀다'가 실현된 문장에서 방식(manner)의 의미 역할에 대하여 · 148
  2.5.1. 문제 제기 ·· 148
  2.5.2. 방식의 의미 실현 성분 ································ 151
  2.5.3. 요약 및 정리 ·· 171
2.6. 사건과 상태 ··· 172

제3장 서술어구의 문장의미 구성 • 175

3.1. 동작류에 대한 기존 논의 분석 ······················· 176
   3.1.1. 서술어구의 상적 분류 ······················· 178
   3.1.2. 상적 추이(Aspect Shift), 혹은 강제(Coercion) ············ 181
   3.1.3. 의사-이중 술어(擬似-二重 述語) ······················· 183
3.2. 사건-성향 서술어구의 문장의미 구성 ······················· 186
   3.2.1. 동작류로서의 특성 ······················· 186
   3.2.2. 사건 내용 점검과 상적 특성 ······················· 189

제4장 부사어구와 문장의미 구성 • 199

4.1. '형용사+게' 부사어구의 문장의미 구성 ······················· 200
   4.1.1. 문제 제기 ······················· 200
   4.1.2. '형용사+게', 사건의 방식과 결과 ······················· 212
   4.1.3. '형용사+게'와 서술어의 관계 ······················· 216
   4.1.4. '형용사+게'와 사건-성향, 발화상황의 관계 ············ 221
4.2. 시간 부사어의 문장의미 구성 ······················· 225
   4.2.1. 문제 제기 ······················· 225
   4.2.2. 앞선 연구들 ······················· 227
   4.2.3. 사건과 발화상황에 의한 시간 부사어 분류 ············ 232
   4.2.4. 동형이의(同形異意)의 시간 부사어와 중의성 문제 ······ 244
   4.2.5. 요약 및 정리 ······················· 249

4.3. 기간-지속 부사어구의 문장의미 구성 ·································· 250
　4.3.1. 문제 제기 ··· 250
　4.3.2. '동안' 부사어구의 의미 ······································ 254
　4.3.3. '만에' 부사어구의 의미 ······································ 259
　4.3.4. 기간-지속 부사어구와 사건의 구성 요소의 관계 ······· 262
4.4. 비교 부사어구의 문장의미 구성 ·································· 265
　4.4.1. 문제 제기 ··· 265
　4.4.2. 비교 부사어구의 성상 부사적 특성 ······················· 267
　4.4.3. 비교 부사어구와 사건 구성 요소 간의 관계 ············ 271
　4.4.4. 비교 부사어구와 사건, 발화상황의 관계 ················· 275
　4.4.5. 요약 및 정리 ·· 278
4.5. 정도 부사어의 문장의미 구성 ····································· 278
　4.5.1. 문제 제기 ··· 278
　4.5.2. 정도 부사 공기 관계에 대한 선행 연구 ················· 281
　4.5.3. 정도 부사의 비후행 요소 공기 관계 ······················ 283
　4.5.4. 전체론적 분석에 의한 정도 부사어의 의미와 용법 ···· 290
　4.5.5. 요약 및 정리 ·· 297
4.6. '(으)로서' 부사어구의 문장의미 구성 ··························· 298
　4.6.1. 문제 제기 ··· 298
　4.6.2. '(으)로서' 구문의 기본 문장의미 구성 ··················· 301
　4.6.3. '(으)로서' 구문의 확장 문장의미 구성 ··················· 306
　4.6.4. 요약 및 정리 ·· 315

제3부 발화상황 ‖ 317

제5장 문장의미로서의 발화상황 설정 • 319

    5.1. 발화상황 논항의 설정 ················· 320
        5.1.1. 사건의미론의 한계 ················· 320
        5.1.2. 발화상황을 논항으로 갖는 구성 요소 ················· 325
    5.2. 발화상황과 인칭 제약 ················· 330
        5.2.1. '-더-'와 인칭 제약 ················· 330
        5.2.2. 연결어미와 인칭 제약 ················· 336

제6장 독립어구의 문장의미 구성 • 343

    6.1. 독립어에 대한 기존 논의 분석 ················· 345
        6.1.1. 독립어의 일치·호응 ················· 345
        6.1.2. 독립어의 위상, 하위분류 ················· 347
    6.2. 독립어의 의미 역할 ················· 351
        6.2.1. 느낌말, 사건과 발화상황의 관계 ················· 351
        6.2.2. 부름말, 발화상황과의 관계 ················· 354
        6.2.3. 이음말, 사건 간의 관계 ················· 356

제7장 사건 호부 평가 양태성 표현 • 359

    7.1. 문제 제기 ················· 359
    7.2. 사건 호부 평가 양태성의 개념과 기능 ················· 362
    7.3. 사건 평가 양태성 표현의 의미 체계와 실제 ················· 367
        7.3.1. 평가 내용과 호응하는 평가 양태성 표현 ················· 367
        7.3.2. 평가 대상과 호응하는 평가 양태성 표현 ················· 371
    7.4. 요약 및 정리 ················· 384

제4부 사건과 사건의 관계 ‖ 387

제8장 인과 관계 형성의 인지 과정과 연결어미의 상관성 • 389

    8.1. 문제 제기 ·· 389
    8.2. 인과 관계의 성립과 연결어미 ····································· 391
    8.3. 인과 관계 연결어미의 현상적 특징 ···························· 401
    8.4. 요약 및 정리 ··· 413

제9장 부연의 연결어미 '-지'의 의미와 용법 • 415

    9.1. 문제 제기 ·· 415
    9.2. 종속적 연결어미 '-지'의 의미 기능 ·························· 416
    9.3. '-지'의 용법과 유형 ··· 422
        9.3.1. '-지' 구문의 기본 구성 ································· 424
        9.3.2. '-지' 구문의 확장 구성 ································· 428
    9.4. 요약 및 정리 ··· 433

제5부 끝나지 않은 이야기 ‖ 435

참고문헌 / 441

제1부
이론적 틀을 갖추기 위해

실제로는 세심한 추론이 "실제 관찰"보다 훨씬 믿음직할 수 있다.
우리의 직관은 그 사실을 강하게 부정하겠지만 말이다.
— 리차드 도킨스, 〈지상 최대의 쇼〉

제1장
서론

1.1. 문제 제기

'완결되지 않을 것, 밖으로 열려 있을 것.' 이것은 E.M. 포스터가 위대한 예술 작품이란 어떠해야 하는가에 대해 내린 정의이다. 하지만 이 말은 문장의미를 바라보는 이 책의 기본적인 관점과도 그대로 맞닿아 있다. 문장의미를 합성적으로 바라보는 관점에서는 문장을 구성하는 각 요소의 의미가 꽉 차 있어야 한다. 그리고 이러한 요소들이 계층적으로 합성되면서 문장의 전체 의미가 완성된다. 이와 같은 견해는 생성어휘론자에게서 가장 잘 드러나는 견해 중의 하나이다. 문장을 이루는 각 어휘는 문장의 의미를 구성하는 모든 의미 정보를 담고 있다는 것이다. 그러나 우리는 문장을 구성하는 각 요소가 완결된, 꽉 찬 의미 단위가 아니라 전체를 통해서 그 의미가 결정되는, 그리고 전체와 관련하여 가변적인, 비명세적 요소라고 본다. 즉, 부분으로서 문장 성분의 의미는 전체 문장의미를 고려하거나 상관하여 살펴야 한다는 것을 주장하고자 한다. 더불어 문장의 의미는 전체로서의 문장과 부분으로서 문장 성분 간의 상관관계를 통해 살펴야 한다는 것을 보이고자 한다.

  이 책은 다양한 현상과 논거를 제시하면서 이러한 주장을 논증한다. 예를 들어, 이 책의 앞부분에는 다음과 같은 문장이 제시되어 있다. "그럼에도 불구하고, 지금 이 자리에, 그리고 다음 자리를……." 이 문장은 문장을 이루는 필수적 성분인 주어와 서술어가 모두 실현되지 않은 문장이다. 접속 부사어, 시간 부사어, 장소 부사어, 목적어로만 이루어진 문장이다. 그러나 우리는 이러한 문장에 대해서도 의미를 생성하고 해석할 수 있다. 완결되지 않은 상태로도 전체를 구성할 수 있다. 어떻게 이러한 일이 가능한가. 결론적으로 말하자면, 우리는 부분을 통해 전체를 구성하는 능력을 가지고 있고 이것이 문장의미를 생성하고 해석하는 기본적인 기제라는 것이다. 각 성분은 전체를 구성하기 위한 부분이며 각 부분은 전체를 구성하면서 의미를 생성·해석한다. 비유컨대, 문장은 그림 퍼즐의, 낱낱의 조각과 같다. 물론 퍼즐이 완전하게 맞춰졌을 때 그림이 완전히 구현되지만 우리는 부분을 통해서도 전체 그림을 추론할 수 있고 그러한 능력은 전체 그림을 완성하도록 하는 힘이 된다. 문장, 그리고 문장의미도 이와 같은 원리를 갖고 있다. 각 성분은 전체를 구성하는 낱낱의 조각이며 이들은 전체 문장의미를 구현하는 과정을 통해 의미를 갖는다. 결국 부분은 전체와의 상관관계를 통해 그 의미가 결정(다른 말로 명세)되는 것이다.

  이 책은 이러한 관점에서 문장의미를 전체로서 하나의 의미 단위로 삼고 그 문장이 나타내는 의미 구성의 양상을 분석하고 설명할 수 있는 방법론을 마련하는 것을 목표로 한다. 더불어 이러한 방법론을 통해, 문장의 각 구성 요소가 갖는 의미적·기능적 역할을 규명하고 구성 요소 간의 의미 생성의 상호 작용을 밝히고자 한다

  그간의 연구는 주로 동사(구)의 서술 구조를 바탕으로 문장의미를 파악했다. 즉 문장의미의 생성과 해석은 서술어를 중심으로 문장의 구성 요소

가 계층적으로 합성되는 과정을 통해 이루어지는 것이라고 보았다. 반면 이 연구는 전체와 부분 간의 상호 작용을 문장의미의 생성 기제로 설정한다. 문장의미는 전체로서의 사건과 그것을 구성하는 요소들의 의미 작용을 통해 생성, 해석되는 것이라고 보는 것이다. 전자의 견해가 문장의 통사적 구성뿐만 아니라 의미적 구성까지 핵과 위성의 계층적 관계로 파악하는 방식이라면, 후자의 견해는 부분들을 중심과 주변으로 나누지 않고 전체와 부분 사이의 의미관계를 통해 문장의미 구성을 해석한다는 점에서 근본적인 차이가 존재한다.

이 책은 통사 구조를 그대로 의미론적으로 해석하는 일이 과도하게 일반화되어 있다는 것에 대해서도 의문을 제기한다. 다시 말해서 문장의 통사 구조와 의미 구조가 반드시 일치하는 것은 아니라는 것을 주장하고자 하는 것이다. 더 나아가 생성문법이 통사론의 자율성과 독립성을 주장하는 것처럼 문장의미 역시 통사론의 원리로는 설명할 수 없는 고유한 원리와 이론에 의해 설명되어야 한다는 것을 보이고자 하는 것이다.

통사 구조를 의미론적으로 해석하는 논의들에 나타나는 주요한 공리(公理)로는 다음과 같은 것들이 있다.

(1) ㄱ. 문장의미도 통사적인 계층 구조와 동일한 구조를 갖고 있다.
ㄴ. 문장의미는 계층적인 구조를 따라 상향하며(upward) 합성된다.
ㄷ. 계층적 구조의 최하단(最下段)에는 서술어가 위치하며 이것이 합성의 토대이며 핵이다.

이를 반대하는 이 글의 관점은 다음과 같다.

(2) 문장의미는 전체론적인 특징을 갖는다.

이는 위의 세 견해를 모두 비판하는 관점이다. 전체론(holism)[1]이란 전체를 부분들의 합 이상으로, 부분들의 합으로는 설명할 수 없는 것으로 보는 것이다. 더불어 부분들의 의미는 전체와의 상호 관계를 통해 결정된다고 보는 견해이다. 각 부분들의 의미는 전체와의 대응 관계를 통해 결정되므로 성분 간에는 계층적 구조가 아닌, 평행한 수평 구조가 존재하게 된다. 또한 서술어를 중심으로 계층적으로 합성되는 것이 아니라 각 부분들이 전체를 부분적으로 명세하는 것이므로 합성성 원리나 서술어의 의미 구조가 포합되는 과정으로 문장의미를 설명하지 않는다.

이러한 두 견해의 차이를 나무 그림을 통해 보이면 다음과 같다.

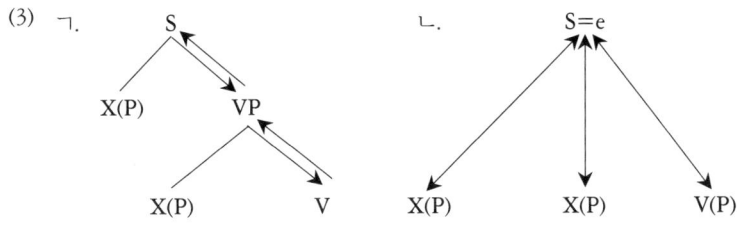

우리는 문장의미가 기본적으로 (3ㄱ)보다는 (3ㄴ)의 구조로 이루어져 있다고 보고 이를 증명할 수 있는 논거를 제시할 것이다. 대략적으로 설명하자면,

    (4) ㄱ. 유승이가 밥을 먹는다.
         ㄴ. 먹다 (x (y)) / x=유승이, y=밥
                   행위주   대상

---

[1] 전체론은 철학뿐만 아니라 물리학, 의학 등 수많은 학문에서 중요한 이론적 전제가 되고 있다. 전체론에 대한 이론적 검토는 Fodor & Lepore(1992) 참조. 'holism'의 대응 번역어로 '총체론'도 존재하나, '부분'과 상관관계를 갖는 용어로 '전체'가 자연스러우므로 이 책에서는 '전체론'이라는 용어를 따른다.

서술어를 중심으로 문장의미를 살피는 관점에서 (4ㄱ) 문장의 의미는 (4ㄴ)과 같다고 볼 수 있다. 즉 '먹다'가 가지는 논항/의미역 구조에 대응하여 논항 자리에 '유승이'와 '밥'이 각각 실현된 것이 (4ㄱ)의 문장의미라고 할 수 있다. 그러나 다음 문장을 보면,

 (5) ㄱ. 우와! 유승이는 벌써 계곡에서 시원하게 밥을 먹어요.
   ㄴ. 먹다 (x (y)), 벌써, 계곡에서, 시원하게, 우와! / x=유승이, y=밥
      행위주 대상 ? 장소? ? ?

만약 (4)의 방식대로 (5)의 문장의미를 살핀다고 한다면, '벌써', '계곡에서', '시원하게', '우와' 등도 서술어의 의미 구조 안에 들어있어야 할 것이다. 그러나 서술어의 의미 구조 속에 이들이 어떤 위치를 차지하고 있는지 말하기 어렵다. 서술어 중심의 문법 이론도 이들이 서술어의 의미 구조 안에 들어있다고 보지 않는다.

 그렇다면 서술어 중심으로 문장의미를 설명하는 이론에서는 다음과 같은 의문에 어떻게 답할 것인가. 첫째, 서술어의 의미 구조 안에 들어 있지 않은 부가어, 독립어 등은 전체 문장의 의미 형성에 있어 어떤 기능을 하는 것인가. 즉 어떻게 문장의미 형성에 참여하는가. 둘째, 부가어, 독립어 등은 무엇과의 관계를 통해 실현이 허가되며 제약되는가.

 종래 부사어의 기능을 동사(구)의 수식으로 보는 것이 일반적인데, 그와 같은 설명으로는 이러한 문제들을 해결하기 어렵다. 우선 '수식'이라는 개념 자체가 광의적인 면이 있어 의미 구성의 과정을 명징하게 설명할 수 없다. 게다가 '수식'이라고 보는 것도 타당성이 있는 것인지 의심스럽다. '시원하게'가 '(밥을) 먹다'를 수식하고 있다고 본다면 다음과 같은 예문이 비문이 되는 이유를 설명하기 어렵다.

(6) ?유승이가 시원하게 밥을 먹는다.

(6)과 같은 현상은 '시원하게'와 같은 부사어가 단순히 서술어를 수식하는 의미 기능을 갖는다고 설명하는 것이 문제가 있다는 것을 보여 준다. (6)과 달리 (5)에서 '시원하게'가 실현될 수 있는 것은 '계곡에서'와 같은 부가어의 실현과 관계가 있다. 즉 '유승이가 계곡에서 밥을 먹는 사건'에 대한 서술로 이 부사어가 해석되기 때문에 '시원하게'가 실현 가능한 것이다.

'벌써'도 서술어 '먹다'의 의미 구조와 직접적인 상관관계를 맺고 있다고 보기 어렵다. 오히려 전체 문장이 의미하는 사건의 발생이 생각보다 빠르다는 것을 의미한다.

'우와'의 경우, 독립어로서 '놀람'을 뜻하는 말인데, 종래 이들은 문장 구성에 있어 독립적이고 이질적인 존재로 여겨졌다. 이들을 단문으로 보지 않고 문장을 구성하는 성분으로 본다면, 이들 역시 다른 구성 성분과 마찬가지로 문장의미를 어떻게 구성하고 있는지 설명할 수 있어야 한다. 위 문장에서 '우와'는 전체 문장이 의미하는 사건에 대한 화자의 감정적 판단을 나타낸다.

이러한 점을 감안했을 때, 문장의미 형성과 성분의 의미 기능을 밝히기 위해서는 기존의 서술어 중심의 문법 이론과는 다른 관점에서 접근할 필요성이 있다. 서술어 중심의 문장의미 설명은 서술어를 중심으로 각 성분들이 계층적으로 합성되는 과정을 통해 문장의미가 생성된다고 보고 있는데, 그것과는 다른 방법이 문장의미의 생성과 해석에 대해 더 설명력이 있다면 고려해 볼 가치가 있다.

위의 현상을 보면, 문장 전체와 성분 간의 상관관계를 살피는 것이 필요하다는 것을 알 수 있다. 문장의 여러 성분들은 전체 문장이 의미하는 것과 상관하여 그것의 속성을 표상하고 있다는 것을 알 수 있다. 즉 문장의 여러 성분들은 각각 다양한 각도에서 문장 전체가 의미하는 바를 서술한다고 볼 수 있다.

문장의미는 실세계의 사건을 표상한다. 그러나 실세계 사건이 바로 문장의미로 표상되는 것이 아니라 발화상황을 거쳐 언어가 가지고 있는 체계와 기제에 맞게 언어화되어 문장의미로 바뀌게 된다. 즉 실세계 사건이 발화상황에 따라 언어화된 사건이 된 것이 바로 문장의미라고 보는 것이다. 이러한 모형은 문장의미에 대한 우리의 두 가지 기본 관점을 보여 준다.

첫째, 문장의미는 전체로서 언어화된 사건이다. 따라서 문장을 구성하는 각 요소들은 그것 자체로 고유한 의미를 가지거나 그것의 합으로 문장의미가 되는 것이 아니라 전체로서의 사건과 상호 관계를 맺으면서 의미 기능을 갖게 된다. 즉 합성적 관점을 지양하고 의미적 전체론(semantic holism)의 입장을 취한다.

둘째, 문장의미를 단순히 실세계의 사건으로 환원하지 않고 발화상황을 전제로 한 언어화된 사건으로 봄으로써, 문장의미에 있어 발화상황이 갖는 구성 의미를 설정한다.

이에 위의 모형에 따른 문장의미 연구는 곧 다음과 같은 질문에 답하는 것이 된다.

첫째, 실세계의 사건이 어떻게 언어화되어 표상되는가.

둘째, 발화상황은 문장의미 구성 또는 사건의 표상과 관련하여 어떤 역할을 하는가.

셋째, 문장의미가 곧 특정한 발화상황에서 표상된 사건이라고 할 때, 문장을 구성하는 각 요소는 전체로서의 사건 혹은 발화상황과 어떤 관련을 맺고 의미 기능을 갖게 되는가.

1.2. 연구 목적과 의의

이러한 관점과 문제제기를 바탕으로 우리가 이루고자 하는 거시적인 목표와 그에 따른 의의는 다음과 같다. 거시적인 목표를 (다소 거창한 내용과 문체로) 제시하려는 이유는 이 연구 대상과 연구 방법이 다소 생경하기 때문이다.

첫째, 연구 방법론과 연구 대상에 있어 모두 문장이 중심이 되는, 본격적인 문장의미론 연구를 시도한다.

문장의미론이란 문장을 연구 단위로 하여 문장의 의미를 연구하는 의미론의 한 영역이다. 개별 단어의 개체성을 인정하고 그것을 연구하는 어휘의미론이 존재하듯이 개별 문장을 하나의 의미 단위로 삼아 기술하고 설명하는 것도 의미론 연구에서 꼭 이루어져야 할 부분이다.

종래 (국내의) 문장의미론 연구는 크게 두 가지 흐름을 갖고 있었다. 하나는 어휘의미론의 방법론을 확대 적용하여, 즉 어휘의미관계에서 나타나는 유의, 반의, 하위의 의미관계가 문장 단위에서도 존재한다고 가정하고, 그 관계를 연구하는 것이다.2) 동의어, 유의어, 반의어가 존재하듯이 동의문, 유의문, 반의문 등이 존재한다고 보고 이에 대한 양상을 살피는 것이다.3) 이러한 연구는 문장의미를 어휘처럼 개별소로 인정한다는 입장에서

---

2) 이와는 완전히 반대의 차원에서 어휘의미관계를 문장의미론의 관점에서 살피는 연구도 조금씩 시작되고 있다. 즉, 어휘의미관계는 어휘와 어휘의 일대일 대응을 통해 드러날 뿐만 아니라 문장에서 공기하는 양상, 혹은 결합 관계에 의해서도 드러난다는 것이다. 대표적인 견해로는 반의관계를 연구한 임채훈(2009ㄱ, ㄴ), 유의관계를 연구한 임채훈(2010)이 있다.
3) 이러한 입장의 논의는 생각보다 많지 않다. 국내에서 단행본으로는 박영순(2001)이 있고, 학위 논문 중에서도 이를 주제로 한 논문의 수는 극히 적다. 이는 당연한 결과이다. 우리의 입장과 같이 문장을 하나의 의미 단위로 삼은 의미론이 제대로 자리 잡지 못한 상태에서 문장들 간의 의미관계를 파악하는 일은 대단히 어렵기 때문이다.

우리와 기본 인식을 같이 하고 있다. 또 하나는 문장을 구성하는 요소(즉, 성분)의 특성, 특히 서술어의 통사·의미론적 특성을 통해 문장의미의 실현 양상을 살펴보는 경우이다.4) 서술어가 문장을 구성하는 통사·의미 구조를 내재하고 있다고 가정하고, 서술어의 의미 정보를 통해 문장의 내적 구성을 살펴보는 것이다.

이들 모두 문장의미론 연구에서 중요한 영역을 차지하고 있으나, 엄밀한 의미에서 이들은 어휘의미론적 테두리에서 벗어나지 못하는 단점을 가지고 있다. 전자는 연구 방법 상 어휘의미론에 매여 있으며, 후자는 연구 단위가 어휘에 묶여 있다고 할 수 있다. 연구 방법론에서나 연구 대상·단위에 있어서 모두 문장을 중심으로 한 연구가 이루어져야 한다는 필요성이 대두된다.

우리는 이러한 연구사적 흐름과는 달리 연구 대상이나 연구 방법에 있어 모두 문장을 중심으로 하는 문장의미론을 시도하고자 한다. 연구 대상에 있어 문장을 중심으로 한다는 것은 문장을 하나의 의미 단위로 삼아 그것의 내적 특성과 속성을 살핀다는 것을 말한다. 연구 방법론에 있어 문장을 중심으로 한다는 것은 다른 영역의 연구 방법론을 확대 적용하는 것이 아니라, 연구 대상인 문장의 고유한 특성에 맞는 방법론을 새롭게 창안한다는 것을 말한다.

둘째, 서양 이론의 단순한 적용과 해석에 머무르지 않고, 새로운 관점과 모형을 제시하는 자생 이론의 가능성을 보이고자 한다.

현대 국어학 연구가 질적·양적 두 측면에서 놀라운 성과를 거뒀음에도 불구하고 항상 아쉬움으로 남는 부분이 자생 이론의 결여였다. 물론 다른

---

4) 이러한 연구는 통사론 연구와 그 영역을 같이 하면서 90년대 이후 활발하게 이루어졌다. 개별 서술어의 특성을 살피는 연구의 거개가 모두 여기에 속한다고 할 수 있다. 홍재성(1987), 홍재성 외(1997), 양정석(1995) 등

분야와 다르게 국어학에서 자생 이론을 세운다는 것은 쉽지 않은 일이다. 언어의 보편성과 관련하여 언어 이론은 특정한 언어를 설명하는 것에 그치는 것이 아니라 모든 언어에 적용될 수 있는 이론이어야 한다. 따라서 어떤 (서구의) 이론이 우리말에도 잘 설명될 수 있다는 것은 그 이론의 타당성과 설명력을 확장하는 것일 뿐만 아니라 언어의 보편성을 확인하는 작업이므로 나름의 큰 의의가 있다고 할 수 있다. 문제는 그러한 이론이 우리말이 가지는 특수하고 개별적인 현상과 부딪혔을 때 무리하게 그 이론을 확대 적용할 것이냐 아니면 그와는 다른 새로운 관점과 이론을 제시할 것이냐 선택해야 한다는 것이다. 바로 그 선택의 갈림길에서 우리 연구는 너무 전자에 치우친 면이 있었다. 전자의 작업이 보편성이라는 큰 테두리 안에서 특수성을 축소할 가능성이 높은 반면, 후자의 작업은 특수성을 통해 보편성을 획득해 갈 수 있는 가능성이 열려 있기에 후자의 작업이 갖는 가치가 크다고 할 수 있다.5)

　이 책에서 제시하는 관점과 이론이 완전히 독자적이고 새로운 것은 아닐지라도, 세 가지 점에서 이 연구는 앞서의 갈림길에서 두 번째 길을 가고 있다고 말할 수 있다. 첫째, 문장의미를 사건의 존재로 보는 사건의미론6)과 일맥상통하는 면이 있으나 이에 머무르지 않고 국어 문장이 가지는 개별성과 특수성을 감안하여 새로운 모형을 제시하고 있다. 국어 문장의

---

5) 이러한 생각은 학문의 주체화를 위한 모색의 자리에서도 주요하게 언급되는 내용이기도 하다.
　"우리 안의 보편성은 어떤 의미를 갖는가. 먼저 우리 안의 보편성은 우리 속에 내재한 보편성을 발견적으로 '구성'하는 작업이다. 우리 안의 보편성은 선재(先在)하는 어떤 것을 보물찾기하듯이 찾아내는 것이 아니라 새로운 인식적 전화 과정을 통해서 구성해 내는 것이나. 여기서 우리 안의 보편성을 이야기하는 것은, 보편은 서구 속에 존재하는 것이 아니며 보편성은 모든 개별성과 특수성 속에 내재해 있는 것이라는 인식을 전제로 한다."(조희연, 2006 : 50)
6) 사건의미론에 대한 자세한 설명은 1.5절과 2.1~2.2절에서 이루어진다.

특징적 요소 중 하나인 조사 및 어미가 문장의미 구성에서 행하는 역할을 감안했을 때 사건의 상정만으로는 조사와 어미에 의해 다변화하는 의미를 설명하기 어려운 면이 많이 존재한다. 이에 발화상황을 또다른 상위의 '전체'로서 상정하고 문장의미가 갖는 다양한 의미 구성을 설명하려고 한다는 점에서 의의를 가질 수 있다. 조사(특히 보조사)나 어미가 풍부하게 발달하지 않은 영어의 경우 문장의미는 사건의 상정만으로도 상당 부분 설명력을 획득할 수 있으나, 우리말의 경우 조사나 어미를 통해 문장의미가 완성된다는 점에서 발화상황과 사건 간의 관계 설정도 중요하다고 할 수 있다. 둘째, 기존의 문장의미 구성에 대한 관점과는 다른 새로운 관점을 제시하고 있다. 종래 문장의 핵을 서술어로 보고 그것과의 관계를 통해 문장의미가 구성된다는 관점이 지배적이었다고 한다면, 우리는 문장의미를 전체와 부분 간의 상호 관계를 통해 구성된다고 본다. 이는 서술어 중심의 연구가 서술어와 긴밀한 관계를 갖지 않는 구성 성분을 부수적인 것으로 처리하여 언어 연구의 주변부나 예외적인 현상으로 본 것과 달리 이를 문장의미 연구 대상의 중심부로 이동시켰다는 점에서 의의를 갖는다. 셋째, 개체보다는 관계를 중시하는 동양적 사고관에 입각한 자생 이론을 정립하고자 했다. 자생적 이론은 더 이상 강조할 필요가 없을 정도로 우리에게 절실한 것 중의 하나이다. 그러나 자생적 이론은 의지만으로 되는 것도 아니며, 우리나라 사람이 만들었다 하여 되는 것도 아니다. 자생적 이론이 진정한 생명력을 얻기 위해서는 연구자와 연구 대상이 속해 있는 영역의 사고관을 반영하여 보편성을 획득해 갈 때 가능한 것이다.

  자생적 이론의 모범이 되는 서양 이론을 살펴보면, 이러한 사고관이 근간이 되어 언어 이론을 정립해 가고 있다는 것을 확인할 수 있다. Chomsky의 언어 이론이 플라톤에서 데카르트로 이어지는 이원적 세계관을 바탕으로 하고 있다는 것, 서술어를 중심으로 그것이 문장의 기본적인 의미 정보를 가지고 있다고 보는 것은 그들의 일반적인 사고 경향인 개체 중심적 사고, 분석적 사고가 반영되어 나타난 것이다.

> 이와 같은 특징은 '사물 자체'를 분석과 주의(attention)의 대상으로 삼는 그리스의 철학 정신에 기인한다. 그리스인들은 사람뿐만 아니라 물질 역시 서로 독립적이고 개별적인 실체로 간주했다. 그들은 사물 자체를 분석의 출발점으로 삼았기 때문에, 자연스레 다음과 같은 경향을 갖게 되었다. 1) 사물의 속성 자체에 주의를 기울이고, 2) 그 속성에 근거하여 범주화하고, 3) 그 범주들을 사용해 어떤 규칙을 만들어, 4) 사물들의 움직임을 그 규칙으로 설명하고자 했다.
> ─Nisbett, 2003 : 36

반면, 동양의 사고관은 개체보다는 관계를 중시하는 경향을 보인다.

> 유교, 도교, 불교 모두 '조화', '부분보다는 전체', '사물들의 상호 관련성'이라는 공통 관심사를 가지고 있었다. 세 철학에 공통적으로 존재하는 '전체론(holism)'은 우주의 모든 요소들이 서로 관련되어 있다는 믿음에 기초하고 있다. 전체론이라는 개념은 공명(resonance) 현상을 떠올리면 쉽게 이해할 수 있다. 현악기의 한 줄을 건드리면 공명에 의해 다른 줄이 울게 되듯이 인간, 하늘, 땅은 서로에게 이런 공명을 일으킨다. 만일 땅에서 군주가 나쁜 일을 하면 우주의 상태 역시 나빠진다는 믿음이 바로 이러한 전체론적 사고의 예이다.
> ─Nisbett, 2003 : 43

이러한 동양적 사고관은 우리에게 언어 현상을 어떻게 바라볼 것인가에 대한 근본적인 시각을 제공한다. 즉, 서양의 문장의미 연구가 1) 서술어의 속성 자체에 주의를 기울이고, 2) 그 속성에 근거하여 범주화하고, 3) 그 범주들을 사용해 어떤 규칙을 만들어, 4) 문장의 생성과 해석을 그 규칙을 통해 설명한다면, 동양적 사고관을 반영하는 새로운 이론에서는 관점을 달리하여 문장을 이루는 한 성분에 주목하기보다는 문장에 실현된 모든 성분들이 서로 상보적인 의미 작용을 통해 의미를 생성한다는 관점, 특히 어휘와는 달리 문장의 경우 여러 성분들이 결합하여 의미를 생성하므로, 개체성보다는 관계성을 중요하게 생각하는 방법론이 필요하다고 할 수 있다.

이 책은 다음과 같은 점에서 개체보다는 관계를 중요시하는 관점에 서 있다. 첫째, 문장의 의미를 단순한 사건의 존재로 보는 것이 아니라 발화상황의 관계를 통한 사건의 존재로 본다. 따라서 문장의 각 구성 요소도 사건의 의미 구성뿐만 아니라, 발화상황의 구성, 사건과 발화상황의 관계 구성 등의 다양한 역할을 가지는 것으로 본다. 둘째, 서술어뿐만 아니라 모든 문장의 구성 요소를 문장의미 형성의 함수 가능자로 보기 때문에, 기본적으로 구성 요소 간의 의미적 상호 관련성을 살피기에 용이하다. 이는 서술어의 의미 정보로는 예측할 수 없는 문장 단위의 완전한 의미 정보를 밝히는 데 한 걸음 더 나아갈 수 있게 한다.

셋째, 의미 현상을 가시적, 객관적으로 설명할 수 있는 방법론을 마련하고자 한다.

의미론 연구가 여타 다른 영역, 음운론, 형태론, 통사론에 비해 어려움을 갖는 이유 중의 하나는 의미 현상이 비가시적이기에 증명과 설명 과정에서 객관성을 확보하기가 쉽지 않다는 것이었다. 그리하여 반증 가능성이 없는 가설과 설명을 내놓은 경우가 종종 있었다. 이를 해결하기 위해 사용될 수 있는 가장 좋은 방법은 가설의 증명 과정에 반드시 가시적인 통사적 현상 및 제약을 병행하여 제시하는 것이다. 그러나 모든 의미 현상이 통사적인 현상과 항상 일대일 대응을 보여 주는 것은 아니다. 이 때문에 연구자의 주관을 배제하기 위한 한 방법으로 의미 현상을 형식언어를 통해 설명하는 연구들이 많이 존재해왔다.

이 연구에서도 문장의미를 완전하게 가시적인 형식 언어로 환언하는 방법론을 마련하는 것에 또 하나의 목표가 있다. 이를 위해 형식의미론과 사건의미론 등에서 활용하고 있는 집합 함수적 환언의 방식을 비판적으로 검토하여 하나의 문장이 표상하는 모든 의미 내용을 최대한 환언할 수 있는 방법을 세우고자 한다.

1.3. 연구 대상

우리의 연구 대상은 문장의미이다. 그러나 '문장의미'라는 것이 하나의 연구 대상으로 삼기에는 모호하다는 측면에서 다시 숙고할 필요가 있다. 기본적으로 문장이라는 것은 하나의 언어 단위로서 그 경계가 형식적으로는 비교적 명확하다. 특히 국어의 경우, 어말 어미라는 표지가 있어 경계를 분명하게 확인할 수 있다.[7] 그러나 그 형식적 경계와는 달리 그것이 의미하는 바가 무엇인지는 한 마디로 말하기 어렵다. '생각의 최소 단위'라는 정의를 통해[8] 연구 대상으로 '생각'을 고려해 볼 수 있으나, 이 역시 외연의 경계를 짐작키 어렵다. 어휘 의미의 경우에는, 지시 대상이든 이미지든 개념이든 연구할 대상이 비교적 가시적이지만[9] 문장의미에 대해서

---

[7] 어말 어미가 없는 소형문의 경우에도 억양 및 휴지를 통해 문장의 경계를 확인할 수 있다. 문장과 관련한 국어의 선행 연구 및 전반적 이해는 김정대(2003) 참조.
[8] 최현배(1929/1983 : 734)에서는 월이 갖춰야 조건의 하나로 다음을 이야기하고 있다. "월은 생각을 나타낸 말인데, 얼마간의 낱말이 모혀서 된 것이다. 그러나, 낱말이 여럿이 모히기만 한다고 곧 월이 되는 것은 아니다. 그것들이 월이 됨에는 반드시 그 속에 통일된 생각이 들어 있어야 한다. 원래 생각함의 본질은 여러 가지 낱낱의 생각을 어떠한 한 점에다가 통일함에 있나니, 한 생각에는 통일작용이 필요하다. 심리학에서 이러한 작용을 통각작용이라 한다. 이 통각작용으로 말미암아, 통일된 생각이 말이란 꼴을 빌어서 나타난 것이 곧 월이다."
[9] 의미의 본질과 관련하여 다양한 견해가 있었다. 하지만 이러한 견해 모두가 기본적으

는 그와 같은 측면에서 '단위화할 수 있는 의미'가 무엇인지 말하기 어렵다. 이러한 어려움의 토로는 문장의미를 논하는 자리에서 흔히 나타나는 것이다.10)

우리의 목적 중의 하나는 문장의미가 의미하는 바가 무엇인지, 그것의 고유한 의미가 무엇인지 밝히는 것이다. 결론부터 말하자면, 문장의미는 특정한 발화상황에서 발화된 사건의 존재이다.11) 따라서 문장의미란 전체로서의 사건과 발화상황이 그것을 구성하는 요소로서의 성분과 상관관계를 가지면서 생성·해석되는 의미인 것이다. 이것은 기존의 주요한 입장들, 예를 들어 문장의미를 부분들의 합으로 보는 합성성 원리나 동사를 중심으로 그것과의 관계를 통해 문장의미를 파악하려는 견해 모두를 비판하는 일이 될 터이다.

　　로는 어휘 의미를 대상으로 한 것이었다.
10) 문장의미를 논하는 논저들의 앞자리에는 다음과 같이 문장의미가 의미하는 바가 무엇인지 말하기 어렵다는 견해가 많이 나타난다.

　　"문장 연구는 주로 통사론적인 관점에서 연구되었는데, 우리가 "당신에게 할 말이 있다"고 하는 의미 전달을 하기 위하여 사용하는 것이 문장이므로, 의미론적인 연구도 이루어져야 한다. 그러나 의미론 연구에서 문장의미에 대한 연구가 그리 확실한 결과를 얻기가 매우 어렵다. 문장이란 단어의 수많은 조합이므로, 그 다양한 의미를 하나의 창고 속에서 다룰 수 없기 때문이다. 그러므로 문장의 의미 연구는 크게 거푸집을 지어 놓는 정도로 접근할 수밖에 없다."(김미형, 2005 : 85). (밑줄 강조는 원저에는 없는, 필자의 것임.)

　　"문장의 의미는 우선 하나의 언어 단위로서의 문장의 고유 의미가 규명되고 기술되어야 한다. 즉 통사 구조, 논리, 화용과는 독립적으로 문장 자체가 전달하는 기본적인 의미가 먼저 명시적으로 밝혀져야 한다."(박영순, 2001 : 63). (밑줄 강조는 원저에는 없는, 필자의 것임.)

11) 문장이 고유하게 의미하는 바로 '생각', '사실', '명제' 등을 들 수 있다. 하지만 이들이 아닌 '사건'으로 보는 이유는 '사건'을 구성하는 요소와 문장을 이루는 요소들이 의미적으로 대응하기 때문이다. '생각', '사실', '명제' 등은 내적 구성을 상정하기도 어려울 뿐더러 상정하더라도 이들이 문장의 구성 요소와 의미적으로 대응한다고 볼 수 없다. 이에 대한 자세한 논의는 2.1절 '사건의 본질' 부분에서 자세하게 논의된다.

1.4. 선행 연구 검토

이번 절에서는 먼저 문장의미를 바라보는 상이한 두 관점을 제시하고, 이와 관련하여 국내의 주요 논의를 살핀다. 마지막으로 문장의미에 대한 합성성 관점이 가지는 문제점에 대해 살핀다.

1.4.1. 문장의미에 대한 주요 관점

문장의미를 바라보는 상이한 두 관점이 존재한다. 하나는 문장의미를 부분들의 합으로 보는 것이고, 다른 하나는 문장의미를 부분들의 합 이상으로 보거나 구성 요소들의 합으로 환원될 수 없는 독립된 개체로 보는 것이다. 이러한 상이한 견해의 전통은 뿌리 깊은 것이다. 인도 철학에서도 이러한 입장이 잘 나타난다. 바르트리하리(Bhartṛhari)가 『문장 단어론(Vākyapadīya)』 제2권, 제1송과 제2송에서 소개한 문장에 대한 다양한 주장들을 보자.12)

    (1) 동사, (2) 단어들의 집합, (3) 단어들의 집합에 내속해 있는 보편, (4) 일자인 불가분적 언어, (5) (단어들의) 연속, (6) 정신의 단일화, (7) 최초의 단어, (8) 다른 것들을 요구하는 각각의 단어

위의 주장들은 크게 두 가지로 나뉠 수 있다. 하나는 문장불가분설(文章不可分說)에 속하는 것이고 또 하나는 문장가분설(文章可分說)에 속하는 것이다. 문장불가분설은 문장은 부분으로 나뉠 수 없으며, 최소 의미 단위가 문장이라고 보는 입장이다. 문장불가분설에는 문장이 단어들의 집합에 내

---

12) 이에 대한 자세한 논의는 최윤정(2006) 참조.

속한 보편이라는 주장, 일자인 불가분적 언어라는 주장, 단일한 정신이라는 주장이 해당된다. 문장가분설은 문장을 부분으로 나눌 수 있다는 주장이다. 문장가분설에는 문장이 동사라는 주장, 단어들의 집합이라는 주장, 단어들의 연속이라는 주장, 최초의 단어라는 주장, 다른 것들을 요구하는 단어라는 주장이 속한다.

국어의 경우도 문장의미와 관련하여 위와 같은 고민들이 이루어졌다.13) 특히 최상진(1999)의 경우, 문장의 종류를 종합적 문장과 분석적 문장으로 대별하고 각 유형에 따라 부분들의 의미관계가 다르다고 보고 있다.14) 즉 "독립된 의미 단위를 지닌 문장의미 구성 요소의 의미관계는 전체에 의한 부분적 관계를 가지고 있는 반면 분석적 문장의 구성 요소들의 의미관계는 부분에 의한 전체의 관계를 가지고 있다"는 것이다. 예를 들어

(7) 철수는 큰 사람이다.

'사람'의 의미 속성을 '물리적 존재 그 자체'로 보았을 때는 분석적 문장이 되지만 '사람'의 의미 속성을 '인격체'로 보았을 때는 독립적 의미

---

13) 이승명(1981 : 545~557), 임시룡(1992 : 282~284), 박영순(1994 : 99~101), 최상진(1999) 등 참조.
14) 김기혁(2004 : 117)에서도 이와 유사한 견해를 볼 수 있다.
"문장은 주어와 술어의 이분적 관점에서 보면 각각 체와 용으로서 구별되는 성분이므로 두 성분은 이원적이다. 이러한 주어와 술어로서의 구분은 문장의 형태와 기능의 관점이다. 이는 이와 기의 혼합을 거부하여 양자가 뒤섞일 수 없다는 '불상잡'의 관계를 강조하는 이기이원론적 입장과 합치된다. 그러나 <u>주어와 술어의 관계를 의미적인 관점에서 보면 주어에 의한 상태나 동작이라는 점에서 하나의 사건이다. 즉 주어와 풀이말인 술어와의 관계는 둘로 구별되는 관계가 아니라 하나의 의미를 가진 사건이 주어와 술어의 형태인 문장 형식으로 나타난 한 관계이다.</u> 이런 점에서 보면 주어와 서술어라는 것은 '불상리'의 관계로 이기일원적 관점으로 해석된다. 의미적인 면에서 하나일 수 있는 것이, 형태와 기능적인 면에서 둘로 구분된다는 점에서 모두 합당한 견해가 될 수 있음을 알 수 있다." (밑줄 강조는 원 논문에는 없는, 필자의 것임)

단위의 문장이 된다는 것이다. 전자의 경우는 문장을 구성하고 있는 구성 요소인 '철수', '크다', '사람'이 각각 고유한 의미를 유지하고 결합하고 있다. 반면 후자의 경우, 구성 요소 '철수', '크다', '사람'은 전체 속의 부분의미로서 각각의 고유한 의미를 지니고 있는 것이 아니라 하나의 통합된 의미를 형성하는 부분 의미 성분으로서의 의미만을 가지게 된다고 한다. 즉 종합적 문장의 의미는 '심성'과 관련된 전체 맥락이 개별 구성 요소들의 의미를 결정한다고 보는 것이다. 최상진(1999 : 20)에서 정리한 종합적 문장의 특징은 다음과 같다.

(8) 문장 : S
　　문장 구성 요소 : x, y, z …… n
　가. 독립된 의미 단위로서의 문장은 하나의 완결된 의미를 지닌 전체이다.
　나. 문장 구성 요소 x, y, z …… n은 S의 의미 성분 요소이다.
　다. 문장 구성 요소는 서로 분리될 수 없는 전체에 의한 부분이다.
　라. 문장 구성 요소의 의미 성분은 서로 상보적 관계를 지닌다.
　마. 문장 구성 요소들은 문장 내부에서 유기체적 관계로 맺어져 있다.
　바. 문장의미는 부분 의미 성분의 합 그 이상의 전체 의미 성분을 생성한다.

그러나 최상진(1999)에서도 언급한 바와 같이 문장의 의미를 분석적인 것과 종합적인 것으로 분리하는 것이 과연 용이한 것인지, 더 나아가 그러한 분리가 타당한 것인지 의심스럽다. 오히려 우리의 입장은 결국 종합적인 것만이 있을 뿐이지 분석적인 문장이 따로 있다고 생각지 않는다. 분석적 진술과 종합적 진술을 구별하는 것이 타당하지 않다는 것은 이미 Quine의 유명한 논문 "경험주의 두 가지 독단(Two dogmas in Empiricism, 1951)"에서 밝혀진 바 있다. 이러한 견해는 의미 전체론(semantic holism)으로 이어진다. 즉 의미가 전체적이라고 주장하는 학설로서, "언어 전체, 이론 전체 또는 믿음 체계 전체만이 실제로 의미를 가지므로, 더 작은 단위의 의미들, 즉 단어, 문장, 가설, 예측, 대화, 사고 등과 같은 것들은 단지 파생적이라는 학설"(이정호, 1991 : 1)이다.

우리의 입장도 이러한 전체론적 관점을 따라 문장의미는 각 부분들이 가지는 고유 의미의 합이 아니라 전체와 부분 간의 상관관계를 통해 이루어지며 부분의 의미를 통제한다고 본다. 이 견해는 합성성 원리에 대해 비판적인 입장을 취한다. 합성적 원리가 갖는 문제점에 대해서는 문장의미에 대한 국내 논의를 살펴본 후에 자세히 살펴보고자 한다.

1.4.2. 문장의미에 대한 주요 국내 논의

문장의미에 대한 연구사적 검토는 이미 박영순(2001) 등에서 자세하게 논의되었으므로, 여기에서는 문장의미에 대해 새로운 관점이나 방법론을 제시한 논의에 대해서만 개략적으로 살펴보도록 하겠다.

이승명(1981 : 3)에서는 "어떤 주어진 하나의 문이 갖는 총체적 의미는 그 문을 구성하고 있는 어휘 의미의 총화와 반드시 일치하는 것은 아니"라고 하면서 문장의미는 각 상황에서 갖는 변수 요인과 결합에서 얻어지는 복합적 변수 요인이 관계한다고 보았다. 이에 따라 문장의 의미를 다음과 같은 개념식으로 표현하고 있다.

(9) ㄱ. $S_M = S_1^x + S_2^y + \cdots\cdots S_n^z$
ㄴ. $S_M = f(S_1^x + S_2^y + \cdots\cdots S_n^z)$
※ x, y, z 어휘 차원의 변수, f는 통사 차원의 변수

그러나 각 상황이 어휘 의미에 어떤 변이를 가하는지, 통사적 결합을

통해 어떤 의미 변이가 생기는지 개괄적으로만 다루어 구체적인 연구 방법의 전모를 알기 어렵다.

김영희(1981ㄱ)에서는 Halliday(1973)에서 언어의 기능을 개념화(ideational) 기능, 교류적(interpersonal) 기능, 화맥적(textual) 기능으로 나눈 것을 토대로 국어 문장의 기능과 구조를 다음과 같이 나누었다. 이들 기능은 문장의 구성 요소와 통사 구조 안에 다양하게 반영되어 있다고 보았다.

(10) 문장의 기능과 구조(김영희 1981ㄱ : 25)

기능＼구조	그 책은	영수가	나한테	주었습니다.
개념화 기능	이행격	행위격	수용격	서술소
교류적 기능		명 제		양상
화맥적 기능	주제		설 명	
	구정보		신정보	

박영순(1994, 2001)에서는 문장의미는 기본적으로 개개 단어 의미의 합이라고 할 수 있어서 Frege(1892)의 '합성성 원리'와 Bierwisch(1969)의 '투사 규칙'으로 설명할 수 있다고 보고 있다. 그러나 문장의미가 그 이상을 나타낼 수도 있기 때문에 α를 곱한 것으로 보는 것이 더 타당하다고 보았다. 즉 단어 의미의 총합일 경우, α는 1의 값을 가져 단어 의미의 총합과 문장의미는 동일하게 되는 것이고, 제3의 의미일 경우는 α가 다른 값을 가지게 된다.

(11) 문장의미 = (단어 의미+단어 의미) × α

— 박영순, 1994 : 99

이 밖에도 박영순(1994, 2001)에서는 문장의미를 다룬 기존의 연구 성과를 총망라하면서 '종합적 의미론 모델'을 새롭게 주창하고 있다. 종합적 의미론 모델은 "종래의 범주적 규칙이나 이분법으로는 해결하지 못하거나 아직 다루지 못한 언어 현상에 대하여 비-범주적 규칙 또는 정도성으로 기술하는 것이 더 합리적이라"고 보고 "문장의 의미를 종합적으로 접근하는 모델"(박영순, 2001 : 47)이다. 예를 들어 이 모델에서는 특정한 서법에 특정한 문장의미가 일대일로 적용된다고 보지 않는다. 의미론적인 차원에서 살피면 다양한 서법으로 실현된 문장에 공통적으로 들어 있는 '요청성'의 의미 자질을 추출할 수 있고, 그것의 정도성에 따라 문장이 의미하는 바를 다른 측면에서 파악할 수 있다는 것이다.

신현숙(1998)은 의미론의 한 분야로 '통사의미론'을 주장한다. 통사의미론은 "통사 구조와 의미 구조의 관련성을 의미론과 의미론자의 시각에서 다루는 분야"(p.191)이다. 기존의 논의가 주로 통사론적 관점에서 문장의미를 다뤘다고 한다면, 의미를 중심으로 문장의 구조를 살피는 것이 필요하다고 역설한 논의이다. 자율통사론의 입장과 달리, 의미와 구조가 긴밀한 관계가 있다는 것이 속속 드러나고 있다는 점을 감안한다면 의미를 중심으로 구조를 논하는 연구가 많아져야 할 것이다.

정주리(2004)는 Fillmore & Kay(1993), Goldberg(1995) 등에서 본격적으로 이루어진 구문 문법(Construction Grammar)을 국어에 적용한 논의이다. 구문 문법은 구문 자체가 가지는 의미에 주목하고, 문장의미를 동사의 의미와 구문 의미와의 조합을 통해 분석하고 있다. 더불어 특정한 구문은 특정한 사태를 연결하는 전형성의 의미를 가진다고 보고 특정한 구문이 어떤 특정한 사태의 표상과 연결되는지 살피고 있다. 그러나 정주리(2004 : 311)에서 지적한 바와 같이 "구문이 내재한 의미가 실제적인 문장의미에 관여하고 있다는 증거를 국어 자료를 통해 충분히 제시하기 어렵다"는 것이 문제이다. "국어가 통사 구문에서 영어보다는 제약성이 덜하고 또 문법 기능 표시를 접사에 의존하는 특성 때문에 구문의 타당성을 보여줄 수 있는 적절한 언어 자료를 제시하기가 어렵다"는 것이 그 이유라고 할 수 있다. 실제로 구문 문법이 인지 문법과 많은 연관성을 보이면서 국내에 널리 소개되었음에도 이를 적용한 논의가 많지 않다는 것이 이런 어려움을 반영한다.

위의 많은 연구들15)이 국어 문장의미 연구에 많은 기여를 했음에도 불구하고 하나의 의미 단위로서 문장의미가 무엇인가라는 질문에 대해서는 명료하게 답을 내리지 않았다. 기존 논의에서 이 문제에 답을 하지 않은 이유 중의 하나는 문장의미를 합성적 관점에서 보기 때문이다. 즉 부분들의 합이나 혹은 그 이상의 무엇이 더하여 문장의미가 형성된다고 보는 관점에서는 굳이 문장의미의 합이 무엇이라고 말할 필요가 없다. 그러나 문장의미의 생성과 해석을 전체론적인 관점으로 보는 입장에서는 문장의미가 전체로서 무엇을 의미하는지가 중요하다. 아래에서는 합성적 관점이 갖는 문제점을 제시하면서 문장의미 연구에 있어 전체론적 관점이 필요한 이유를 자연스럽게 제시하고자 한다.

1.4.3. 합성성 원리의 한계

분석적 관점을 대표하는 원리로 합성성 원리를 들 수 있다. Frege(1884, 1892)로부터 시작되어 언어학은 물론 제 학문의 테제가 되고 있는 합성성의 원리는 다음과 같다.16)

---

15) 이밖에도 통사론적 관점에서 문장의미를 논한 수많은 연구들이 존재하나 문장의미를 주목적으로 한 논의가 아니므로 여기에서는 다루지 않았다.
16) Jassen(1997, 2001)에서는 Frege가 오히려 합성성의 원리를 부정하고 있다고 주장한다. Frege는 문맥에 따라 부분으로서의 단어 의미가 달라지기 때문에, 고정되지 않는 부분들의 합으로 전체를 합성하는 것은 가능하지 않다고 보았다는 것이다. 즉 오직 한 문장의 맥락 안에서만 단어는 의미를 갖는다고 본 것이다.

(12) 한 표현의 의미는 부분들의 의미(기능)와 그것들이 통사적으로 결합되는 방식에 의한 것이다.

이러한 관점은 오랜 전통을 가지고 현대의 언어학까지 영향을 미치고 있다. 이는 문장의미가 상향식(bottom-up) 구성을 갖는다는 것이다. 부분들이 점차적으로 합성하여 계층을 이루게 되고, 그런 합성의 최상위에 문장과 문장의미가 놓이게 되는 것이다.[17] 이러한 입장에 서면, 문장의미 연구는 개별 어휘 의미와 통사 규칙을 살피는 것만으로 이루어질 수 있다. 지난 시대의 통사론·의미론 연구의 주된 흐름이 여기에 있었다고 해도 과언이 아니다.

이러한 합성성의 원리를 단순히 구성 요소, 즉 부분들이 결합하여 전체 의미를 만든다고 이해하면 논란의 여지가 없을 수 있다. 어찌 되었든 부분들이 구성되어 전체를 이룬다는 것은 부인할 수 없는 사실이기 때문이다. 문제는 '합성'의 개념이 나타내는 바, 혹은 본질적으로 이 개념이 가지고 있는 속성으로 인해 '합성'이라는 개념을 받아들이는 순간 더불어 받아들여야 하는 사실들이 있다는 것이다. 그것은 다음과 같다.

(13) ㄱ. 구성 요소 즉, 부분들의 의미는 합성 이전에 결정되어 있어야 한다.
ㄴ. 부분들이 점층적, 계층적으로 합성되어 전체를 구성한다.

---

[17] 강한 합성성을 주장하는 이들(예를 들어, Fodor and Lepore, 2002)은 문장의미는 그것의 구성소의 의미와 그 구성소가 결합되는 통사적 방식에 의해 완전히 결정된다고 본다. 반면, 약한 합성성을 주장하는 이들(예를 들어, Barker, 2002; Hendriks, 1988; Jacobson, 1999)은 어떤 통사적 규칙에도 대응되지 않는 의미 규칙을 허용한다. 이런 이론들에서 각 통사적 단계는 여전히 의미적 단계에 대응하지만, 서로 다른 구성소들의 의미를 변화시키도록 하는 순수한 의미적 규칙의 추가도 있다고 본다.
그러나 이러한 견해 모두 문장을 구성하는 요소 외에 추가적으로 의미를 보태는 부분이 있다고 보는 것이다. 역시 부분들의 합으로써 전체 의미를 파악한다는 점에서는 여전히 합성적이라고 할 수 있다.

그런데 부분들의 의미가 합성 이후의 결과인 전체의 의미에 의해 결정된다면 합성성의 원리는 모순을 갖게 된다. 합성성의 원리는 합성의 결과로서 전체가 생기는 것인데 합성을 이루는 부분들이 합성 이후의 전체를 통해 그 의미가 결정된다면 더 이상 합성을 통해 전체가 만들어졌다고 말할 수 없기 때문이다.

이러한 점에서 합성성 원리에 대해 끊임없는 회의와 반론이 이루어져 왔다. 우선 Quine(1951)에서 지적한 것처럼 다음의 문장은 분석적 명제의 예로, 항상 참인 명제라고 할 수 있다.

(14) ㄱ. 어떤 미혼 남자도 결혼하지 않았다(No unmarried man is married).
ㄴ. 어떤 총각도 결혼하지 않았다(No bachelor is married).

(14ㄱ)은 동어 반복을 통해 논리적으로 참인 명제이고, (14ㄴ)은 동의어 관계를 통해 분석적으로 참인 명제이다. 즉, (14ㄴ)이 참이라는 것은 '총각(bachelor)'과 '미혼 남자(unmarried man)'가 동의어 관계에 있다는 것을 통해 도출해 낼 수 있다는 것이다.[18] 그러나 이러한 동의 관계는 불변의 고정적 관계가 아니라 문맥에 따라 달라질 수 있는 것이다.

---

[18] 실제로 Frege(1892)에서는 다음과 같은 대체 원리를 통해 합성성 원리의 타당함을 주장하고 있다.

(1) Let us assume for the time being that the sentence has a reference. If we now replace one word of the sentence by another having the same reference, this can have no bearing upon the reference of the sentence. (Frege 1892 : 62, Pagin & Westerståhl 2011 : 97 재인용)

정리하자면 동일한 의미를 가지고 있는 다른 부분 요소가 있다면 그것으로 교체해도 전체 의미는 변하지 않는다는 것이다. 이를 역으로 말하면 전체 의미는 부분들의 합이므로 같은 의미를 가진 구성 요소로 대체하여도 전체 의미는 변하지 않는다는 것을 말한다.

(15) 총각은 여섯 개의 자모로 이루어진 단어이다.

(15)에서 '총각'은 앞서 동의어로 본 '미혼 남자'로 대치할 수 없다. 즉 단어의 의미는 전체로서의 문장 혹은 문맥에 따라 결정되는 것이기 때문에 이런 제약이 있는 것이다. 이러한 관점은 문장을 구성하는 요소들이 가지고 있는 고유한 의미가 결합하여 전체로서의 문장의미가 발생한다고 보는 합성적 관점에 대해 의문을 제기한다. 즉 합성 이전에 이미 부분들의 의미가 결정되어 있는 것이 아니라 합성 이후의 결과인 전체 문장의 의미가 무엇인지에 따라 부분들의 의미가 달라질 수 있다는 것이다.

최근 언어학 연구에서도 이와 같은 합성적 관점에 의문을 제기하고 전체론적 관점에서 의미를 파악하는 논의가 늘고 있다.[19] 이 자리에서 이들 논의를 모두 살필 수는 없으며, 최근 이와 관련하여 주목받고 있는 현상 중의 하나인 강제(coercion) 현상을 논하는 것으로 이를 대신한다.

강제의 유형은 다양하다. 그 중 가장 대표적인 것이 보문 강제(complement coercion)와 상적 강제(aspectual coercion)이다.

(16) ㄱ. Max began to read a novel.
ㄴ. Max began a novel.

(17) ㄱ. 을동이가 오늘부터 천자문을 읽기/배우기/가르치기 시작했다.
ㄴ. 을동이가 오늘부터 천자문을 시작했다.

'begin'과 '시작하다'라는 동사는 어떤 사건의 개시를 나타내는 표현이다. 따라서 그것의 목적어로 사건성을 가진 보문이나 명사구가 와야 한다.

---

19) 이에 대한 심리언어학적 연구도 활발하다. 그에 대한 전체적인 개괄은 Pylkkanen(2006) 참조.

그러나 (16ㄴ)과 (17ㄴ)을 보면, 사건성이 없는 구체물이 목적어로 실현되었다. 합성적 관점에서 보면 이는 비문이다. 그러나 위와 같은 말들이 국어나 영어에서 사용되고 있다. 이는 부분의 합이 전체 문장의 의미가 된다는 견해에 대한 반례가 될 수 있다.

그런데 Pustejovsky(1995)에서는 단어가 갖는 의미(구조)를 다음과 같이 더 풍부하게 명세하면서 합성적 견해를 유지하고자 했다.

(18) $\begin{bmatrix} \text{SEM} & \begin{bmatrix} sem \\ \text{LTERM} & \lambda x.novel'(x) \end{bmatrix} \\ \text{QUALIA} & \begin{bmatrix} qualia \\ \text{TELIC} & \lambda y \lambda e.read*(y,x)(e) \\ \text{AGENTIVE} & \lambda y \lambda e.write*(y,x)(e) \end{bmatrix} \end{bmatrix}$

즉 (16ㄴ)과 같은 문장이 생성되고 해석될 수 있는 것은 'novel'이라는 단어 속의 Qualia 구조가 활성화되면서 'read'나 'write'와 같은 의미를 생성해낼 수 있다는 견해이다. 이것이 옳다면, 부분들과의 결합으로 전체 의미를 도출하는 합성적 견해가 유지될 수 있다. 그러나 Egg(2003 : 168)에서 제시한 다음 예를 보면 그것이 그리 간단한 문제가 아니라는 것을 알 수 있다.

(19) The professor of literary studies began the novel.

위 경우 선호되는 해석은 'read, write'와 관련된 것이기보다는 "Max began to 'lecture' on a novel"이다. 즉 이러한 해석은 소설이 가지고 있는 특성이기보다는 전후 맥락이든 상황이든 결국 외적 정보에 의해 도출된 것이라고 볼 수밖에 없다. 물론 이러한 속성도 'novel' 안에 있다고 볼 수 있지만, 이러한 정보가 모두 하나의 어휘 안에 포함되어 있다가 활성화된다고 보는 것이 과연 타당한지 의심스럽다. 국어 '시작하다'의 경우도 이러한 의문이 근거 있음을 보여준다.

(20) ㄱ. 그러나 단지 그러면 그림을 그려가지고 밥을 먹고 생활만 할 수 있으면 되겠다. 단지 그런 이유로 만화를 시작했죠.
— 세종 말뭉치 : Spoken/Trans/1/BK950006

ㄴ. (…) 근데 요즘 자기 PR시대라지만 너무 자기 PR을 상세하게 많이 하네요. 설운도 씨부터 왜 트로트 음악을 시작하셨어요? 뭐 다른 쟝르도 많은데 그것이 트로트가 주가 되신 이유 어 어릴 때부터 사람들이 제 얼굴을 (…)
— 세종 말뭉치 : Spoken/Trans/1/BK9X0003.txt

ㄷ. 우리나라 유아들은 지금 영어 열풍에 시달리고 있다. 영어를 배우면 장래 유리한 점이 많다. 하지만 영어를 언제, 어떻게 배우느냐가 더 중요하다. 영어를 일찍 시작한 것이 도리어 방해가 되는 수도 있기 때문이다.
— 중앙일보 2006년 6월 7일자, C3면

ㄹ. 1. 대학원 입학 첫 학기부터 바로 논문을 시작하라.
입학과 동시에 논문을 바로 시작해야 하는 이유 중의 하나는 논문 주제를 먼저 생각해야 '관련되는 자료'가 눈에 띄게 된다는 것입니다. 왜 개 눈에 똥밖에 보이지 않는다는 말이 있지 않습니까? 마음을 먹어야 대상이 눈에 보이기 시작하는 것입니다.
— 류재명 교수, 홈페이지, 논문 준비 요령 중에서

(20)의 문장들이 자연스럽게 생성·해석될 수 있는 것은 '만화', '트로트 음악', '영어', '논문' 등이 가지는 내적 속성보다는 문맥이나 언어 외적 지식에 의한 것임을 알 수 있다. 더불어 위의 예들은 구체적인 술어를

한정할 수 없고 복합적으로 행위가 해석되기 때문에 구체적인 술어의 생략으로 볼 수 없다.

상적 강제도 각 부분들의 의미의 합이 문장의미가 된다는 것에 회의를 갖게 한다. 동사나 동사구가 본유적으로 상적 특성을 갖더라도, 부사구나 문맥에 의해 상적인 변화가 일어난다거나 재해석된다고 보는 견해가 1980년대 후반부터 늘어나기 시작했다.

(21) ㄱ. Sandra was hiccuping.
　　　　　　　　　　　　　　—Moens & Steedman(1988 : 17)의 (13)번 예
　　　ㄴ. 철수는 삼년 동안 약을 먹고 있다.

(21ㄱ)의 경우, 'hiccupy'는 성취 유형(위에서는 'POINT')의 동사이지만, 진행형과 결합하면서 반복의 의미로 변하게 된다. 이러한 반복의 의미는 동사나 진행형에 존재하는 의미가 아니다. (21ㄴ)의 경우도 '먹다'와 '-고 있-'의 결합은 하나의 행위, 그리고 그것의 진행을 의미하지만, '삼년 동안' 부사어와 공기하면서 '반복'의 의미를 갖게 된다. 이들 모두 개별 어휘 의미나 통사 규칙 등으로는 설명할 수 없는 것들이다.[20]

결국 이런 강제 현상을 통해 재고할 내용은 문장을 이루는 부분들이나 부분들의 합만으로는 전체로서의 문장의미를 모두 담아내기에는 한계가 있다는 것, 따라서 합성성 원리는 문장의미를 설명하는 데 부족함이 있다는 것이다.

---

20) 양정석(2003)에서는 이러한 현상을 보충어 해석 규칙을 통해 해결하기도 한다.

1.5. 연구 방법

문장의미를 전체론적 관점에서 논의한 대표적 논의로 사건의미론(event-based semantics)을 들 수 있다. 간략하게 말해서, 사건의미론은 문장이 사건을 의미한다고 보는 것이다. 우리는 이 이론을 비판적으로 검토하여 국어 문장의미 연구에 맞게 수정하여 적용하고자 한다.

사건의미론은 Davidson(1967)을 필두로 Higginbotham(1985), Parsons(1990) 등에서 계승, 발전된 이론이다. Davidson(1967)이 불러일으킨 근본적인 관점의 변화 두 가지는 다음과 같다. 하나는 행위 동사가 실현된 문장의 의미를 존재론적으로 양화된 사건으로 보고 동사가 다른 논항 외에 사건 논항을 추가로 갖는다는 것이다. 또 하나는 그러한 문장에서 부사어도 사건의 술어가 되어 사건 논항을 취한다는 것이다. (22ㄱ)을 환언한 (22ㄴ)의 논리 형식은 Davidson(1967)이 갖는 관점을 잘 보여준다.

(22) ㄱ. 유승이가 식당에서 밥을 빨리 먹었다.
　　 ㄴ. ∃e[먹다(유승, 밥, e) & 빨리(e) & 식당에서(e)].
　　 ㄷ. ∃e[먹다(e) & 행위주(e, 유승)[21] & 대상(e, 밥) & 빨리(e) & 장소(e, 식당)].

그런데 (22ㄴ)과 같은 형식의 사건의미론은 Parsons(1990)에서 의미역 이론이 도입되면서 (22ㄷ)과 같이 변화하였다. 이러한 변화와 함께 나타난 가장 큰 차이는 첫째, 의미역 관계를 서술어와 논항 간의 관계가 아닌, 개체와 사건 간의 관계로 본 것이다. 이에 따라 동사나 부사어뿐만 아니라 문장의 모든 요소들이 사건의 술어가 되어 사건 논항을 취하게 되었다. 이는 문장의 각 성분들이 전체와의 관계를 통해 의미 기능을 갖게 된다고

---

21) '행위주(e, 철수)'는 행위주라는 술어가 두 개의 논항을 갖는다는 뜻이 아니고, '행위주(e)=철수'를 편의상 표현한 것이다. 이하 이 형식을 그대로 따른다.

보는 이 책의 관점과 일치하는 것이다. 둘째, 어떤 동사라도 사건 논항 외에는 다른 논항을 갖지 않는, 즉 사건의 한 자리 술어가 되었다는 것이다. (22ㄷ)의 형식에서 볼 수 있는 것처럼 문장의미는 서술어를 중심으로 계층적으로 합성되는 것이 아니다. 문장의미 전체로서 사건이 존재하고, 각 성분은 이 사건을 서술하는 기능을 갖는다.

(22ㄷ)은 다음을 의미한다.

> (22ㄷ') 가. 사건 e가 존재한다.
> 나. 사건 e의 행위주는 '유승'이다 / 행위주(e) = 유승
> 다. 사건 e의 대상은 '밥'이다 / 대상(e) = 밥
> 라. 사건 e의 장소는 '식당'이다 / 장소(e) = 식당
> 마. 사건 e은 먹는 행위의 사건이다 / 먹다(e)
> ⋮

위에서 보는 바와 같이, 문장의 각 요소들은 개별적으로 의미를 갖거나 구성 요소 간 부분의 합으로 의미를 생성하는 것이 아니다. 각 성분들이 문장이 의미하는 사건을 각각 서술하면서 문장의미를 형성하고 있다. Ramchand(2005 : 361)의 다음과 같은 말은 우리의 견해를 잘 표현하고 있다.

> (23) 사건 변항은 복합적인 사태를 단일한 지시체로 구조화하도록 하는 추상적인 '고리'이다(The eventuality variable is the abstract 'hook' that allows complex states of affairs to be constructed as a single denotatum).

우리는 Parsons(1990)의 견해를 따라 모든 문장의 구성 요소가 하나의 사건 논항을 취하는 것으로 본다. 이러한 견해를 따르는 이유는 앞서 논의한 대로 문장을 이루는 모든 성분들이 각기 고유한 의미를 갖기보다는 전체와의 상관관계를 통해 의미 기능을 갖는다고 보기 때문이다.

그런데 국어 문장의미를 바로 사건의 존재로 환원하는 것은 문제가 있다. 국어 문장은 조사나 어미의 실현에 따라 그 문장이 의미하는 바가 매우 달라진다.

(24) 에이, 유승이마저 식당에서 밥을 빨리 먹었더라.

(24)는 단순히 '유승이가 밥을 먹은 사건'을 기술하는 것에 그치는 것이 아니라 화자의 사건에 대한 관점과 평가가 들어 있다. '에이'는 이 사건에 대한 화자의 감정적 평가를 나타내며,22) '-더라'는 화자의 사건 지각과 관련이 된다. 이러한 요소들을 고려했을 때 문장의미는 특정한 발화상황에서 표상된 사건의 존재라고 해야 할 것이다.

이에 이 책에서는 사건과 함께 발화상황을 전체로서의 개체로 새롭게 추가하고자 한다. 문장은 기본적으로 사건의 존재를 나타내지만,23) 그 사건의 존재는 항상 발화되는 상황과 상보적인 관계를 맺는다.

이 연구에서 설정하고 있는 국어 문장의미의 기본 구성은 다음과 같다.

(25) ∃u[말하다(u) & 화자(x) & 청자(y) & 대상(u, e) & …
    & ∃e[…]]

---

22) 독립어가 문장의미 구성에서 어떤 역할을 하는지는 제6장에서 밝힐 것이다. '-더-'와 같은 선어말어미가 문장의미 구성에서 하는 역할에 대해서는 2.2.2항에서 논의할 것이다.
23) Parsons(1990)에서도 현재의 방법이 문장의 핵심적인 의미에 대해서만 다룬 것이지, 문장 전체가 갖고 있는 총체적 의미를 모두 환언시킨 것은 아니라고 했다. 하지만 문장의미에 대해 핵심과 주변을 나누는 것은 Parsons(1990)이 Davidson(1967)에서와 달리 새롭게 신-사건의미론을 태생시킨 정신에 어긋난다. 즉 동사를 중심으로 나머지 성분을 귀속시키는 것이 아니라, 문장의 각 구성 요소들이 모두 대등하게 전체와 관련하여 의미를 구성하고 있다고 보는 것이 가장 큰 차이 중의 하나이다. 하나의 문장 안에 실현된 모든 요소들이 의미 형성에 있어서는 대등한 위치라는 것이 또한 우리의 기본적인 입장이다.

(25)가 의미하는 바는 하나의 문장은 'u'라는 발화상황에서 화자가 청자에게 e라는 사건이 존재한다고 말하는 것이다. 대개 발화상황은 형상(figure)에 대한 배경(ground)이 되므로 문장의미 구성의 전면에 직접 드러나는 경우는 적다. 즉 문장이 전달하는 주요 내용은 사건이다. (25)에서 사건 부분을 강조 표시한 이유는 이 때문이다. 하지만 발화상황과 그것의 구성 요소들이 사건의 구성에까지 영향을 미친다는 점에서 반드시 설정할 필요성이 있다.

제2부
사건

이보다 명확한 사건을 본 적이 없다.
사건 다음에 문장이 생기는 것이 아니라
문장 다음에 사건이 생긴다.
어떤 문장은 매우 예지적이다.
어떤 문장은 매우 불길하다.
그리고 어떤 문장은 자신의 말에 일말의 책임을 진다.
그것은 조금 더 불행해졌다.
―김언, <이보다 명확한 이유를 본 적이 없다> 중에서

제2장

문장의미로서의 사건 설정

우리는 문장의미가 전체와 부분 간의 상호 작용을 통해 생성·해석된다고 보는 전체론적 입장을 취하고 있다. 따라서 전체로서의 문장의미가 무엇인지 밝혀야 부분들의 의미 기능도 밝힐 수 있다. 제2장에서는 전체로서의 문장의미를 무엇으로 볼 것인지에 대해 논의한다.

먼저 '사건이란 무엇인가'에 대해 살펴보면서 문장의미가 구현하는 '사건'의 특성 및 구조를 밝힌다. 그리고 이를 문장이 의미하는 전체로 보고 사건 논항을 설정하는 것이 과연 타당성이 있는지 우리말의 현상을 통해 증명하고자 한다. 더불어 사건의 설정이 통사적 구성에 있어서도 타당성이 있다는 것을 보이고자 한다. 그리고 이러한 주장을 총체적으로 증명하기 위해 국어 문장에서 반복 사건이 어떻게 표상되는지를 살핀다.

2.1. 사건의 본질

우리는 문장의 의미를 사건 존재의 표명이라고 보고 있다. 문장의미를 곧 사건이라고 보기 때문에 사건이란 무엇인가라는 질문이 자연스레 제기된다. 사건의 존재론적 본성은 이미 철학의 주요한 화두였다. 이번 절에서는 사건의 존재론적 본성에 대한 철학에서의 주요 논의를 살핀 후, 이와 관련하여 문장의미에서 사건이 가지는 존재론적 본성에 대해 규명하고자 한다.

2.1.1. 주요한 사건 존재론

김영정(1997)에서는 사건의 본성에 대한 기존의 철학적 논의를 다음과 같이 네 가지로 구별하였다. '비구조적 구체자 사건론', '구조적 구체자 사건론', '추상적 사건론', '사건 범주 파생론'. 전자의 두 이론은 사건을 개체(particulars)로 보는 것이고 후자의 두 이론은 개체로 보지 않고 파생 범주 혹은 보편자(universals)로 보는 것이다.

먼저 사건을 하나의 개체로 보는 대표적 견해로 Davidson(1967/2001)과 Kim(김재권, 1967, 1976, 1993/1994)을 들 수 있다. '비구조적 구체자 사건론'은 Davidson으로 대표되는 이론으로서, 사건을 물체나 사람 등과 같은 개체로 본 것이다. 물체나 사람과 같은 개체가 특정한 시·공간에 위치하고 셀 수 있다는 특징을 갖는 것과 마찬가지로 사건도 특정한 시·공간에 위치하며 셀 수 있는 개별자의 특징을 갖고 있으므로 개체로 봐야 한다는 주장이다.[24] 더불어 원인과 결과가 서로 다른 두 개의 사건은 존재할 수

---

24) 물론 일반적인 대상(objects)과 사건은 구별되는 특징을 갖고 있다는 것을 Davidson도 인정한다. 하지만 그것이 사건이 개체가 아니라고 말할 수 있는 차이는 아니라고 말한다.
(…) events and objects may be related to locations in spacetime in different ways; it may be, for example, that events occur at a time in a place while objects occupy places at times. (…)
Occupying the same portion of spacetime, event and object differ. One is an object

없다는 점에서 사건은 개별적인 구체적 대상으로 볼 수밖에 없다는 것이다.25) 이러한 견해는 우리가 논의하고 있는 사건-기반 의미론의 기본 전제라고 할 수 있다.

반면 김재권으로 대표되는 '구조적 구체자 사건론'은 사건을 개체로 보되, 개별적 사건들이 각기 독특한 세 가지 구성 요소로 이루어졌다고 보는 것이다. 즉 실체(사건의 '구성 대상'), 실체가 예화하는 속성(구성 속성 혹은 '구성 사건'), 시간이 그것이다.

> (1) 사건의 존재성 조건 : 사건 [x, P, t]는 실체 x가 시간 t에 속성 P를 가지고 있는 경우에 존재한다. ([x, P, t] exists iff object x exemplifies the n-adic property P at time t.)

예를 들어 '철수가 달리는 사건'은 '철수'라는 개체가 '달린다'는 속성을 특정한 시간에 예화(exemplication)한 것이다. 하나의 사건이 성립하기 위해서는 개체와 속성, 시간 요소가 모두 갖추어져 있어야만 한다는 것이다.

Davidson과 김재권 두 견해 모두 사건을 하나의 개체로 인정한 점에서는 동일하나 이 사건을 외연적인 대상으로 보느냐 아니면 내부적인 구조를 상정할 수 있는 대상으로 보느냐에 대해서는 차이를 갖고 있다. 즉, 이한홍(2000)에서 지적한 바대로, Davidson에게서 사건은 되풀이 될 수 없는 구체적인 개별자(token)이다. 그것은 시·공간적인 존재이고 일회적이며 외

---

which remains the same object through changes, the other a change in an object or objects. Spatiotemporal areas do not distinguish them, but our predicates, our basic grammar, our ways of sorting do. Given my interest in the metaphysics implicit in our language, this is a distinction I do not want to give up. (Davidson 2001 : 310~311)

25) 반대로 두 사건이 동일한 원인과 결과를 가지고 있다면 그것은 하나의 사건이며 하나의 사건에 대한 다른 기술일 뿐인 것이다. 물론 이러한 설명은 순환 논증의 모순을 갖고 있다는 비판을 받기도 하였다(Beardsley, 1975; Wilson, 1974).

연적이므로 속성이 개입할 여지가 전혀 없다. 속성이라는 것은 단지 술어로서만 존재할 뿐이고 객관 세계에 실재하는 것은 아니라는 것이다. 따라서 어떤 속성이 특정한 시공간에서 예화되는 것이 사건이라고 보는 김재권의 견해에 반대할 수밖에 없다는 것이다. 특히 사건의 구성 조건 중의 하나로 속성을 인정할 경우, 사건의 재기술(再記述)에 따른 동일성 파악이 문제가 되기 때문에 김재권의 견해는 문제가 있다고 보고 있다. 예를 들어 Davidson은 Brutus가 Caesar를 죽인 사건이나 칼로 찌른 사건이나 암살한 사건이나 모두 동일한 사건의 재기술이라고 볼 수 있지만, 김재권의 견해로는 이들 사건이 모두 다른 속성에 의해 예화되었으므로 다른 사건이라 봐야만 한다는 것이다. 그러나 김재권은 다음과 같이 사건이 예화하는 속성과 사건의 구성 속성은 구별해야 한다고 보고 있다. 즉 Brutus가 Caesar를 죽이거나 칼로 찌르거나 암살하거나 하는 것들은 사건이 예화하는 속성을 가리키는 여러 가지 구성 속성이지 그것 개개가 다 사건이 예화하는 속성은 아니라는 것이다. 따라서 동일한 사건이 다양한 구성 속성에 의해 재기술될 수 있다고 보고 있다.26)

이와는 상대적으로 사건을 추상적인 범주로 보는 대표적 견해로 Chisholm(1970, 1981) 등을 꼽을 수 있다. 추상적 사건론은 사건을 추상적인 대상으로 보는 것이다. 즉 구체적 사건들이란 추상적 사상으로부터 구체화를 통해 구성될 수 있는 파생적 존재자에 불과하다고 보는 것이다. 반면 사건 범주 파생론은 위의 세 견해와 달리 기초적인 존재자로서의 사건을 부정하고 사건이라는 것은 개체와 보편소로부터 모두 구성될 수 있으므로 따로 이러한 범주를 설정할 필요가 없다고 보는 것이다.

---

26) 이 점에서 김재권은 Davidson이 그렇게 강력하게 자신의 견해에 반대하는 것과는 달리 두 이론은 얼마든지 양립할 수 있는, 혹은 화합할 수 있는 이론이라고 말한다(Kim 1993; 1994, 71).

(2) 명제는 사태로 정의될 수 있다. 명제는 필수적으로 발생하거나 혹은 발생하지 않는 것이다. (……) 사건은 어떤 사태의 구성을 말한다. 그것은 명제가 아니고 변화를 암시하는, 불확정적인 사태인 것이다.
(A proposition could be defined as any state of affairs which is necessarily such that either it or its negation does not occur (……) An event is any contingent state of affairs which is not a proposition and which implies change. (Chisholm 1970 : 20))

즉 Chisholm은 사건은 시간-결속(time-bounded)이 이루어지지 않은 사태를 말한다. 따라서 '해가 뜨는 것(the sun's rising)은 사건이다. 왜냐하면 그것은 오늘 아침에는 발생했지만 지난밤에는 일어나지 않았기 때문이다. 그러나 '오늘 아침에 해가 뜬 것(the sun's rising this morning)'은 사건이 아니다. 그것은 명제이다. 왜냐하면 그것은 필수적으로 발생하거나 혹은 발생하지 않아야만 하기 때문이다.[27](Pianesi & Varzi, 2000 : 4)

사건을 하나의 개체로 볼 수 없다고 주장하는 이들 추상론자 및 파생론자들의 논거 중 대표적인 것이 '사건 반복'의 문제이다. 즉 하나의 독립적이고 완전한 개체가 어떻게 반복될 수 있는가 하는 점이다. 예를 들어 '철수가 달린 사건이 여러 번 있었다.'고 할 때 이것은 동일한 사건이 반복하여 발생하였다는 것을 나타내는데, 이는 달리는 사건이 여러 차례에 걸쳐 존재했다가 사라지는 셈이 되는 것이다. 그러나 어떻게 특정한 개체가 존재했다가 사라지고 다시 존재하는 과정을 가질 수 있는 것인가. 즉 '철수'라는 동일한 개체가 존재했다가 사라지고 다시 존재할 수 없는 것처럼 '사건'이 개체라면 반복이 불가능하다는 것이다.

그러나 반복의 문제가 사건의 개체성을 반드시 부정한다고 볼 수는 없

---

[27] 이렇게 사건을 추상적 유형으로 보고 특정한 사건시가 명세될 경우 명제가 된다는 견해는 이후 상황의미론에 많은 영향을 미쳤다. 상황의미론과 우리의 방법론 간의 비교/대조는 5.1.1항 참조.

을 것이다. 그 이유는 다음과 같다. 우선 개별성을 인정하지 않고는 반복을 이야기할 수 없다. 사건의 반복은 사건의 가산성을 반드시 전제해야 하는 것이고, 사건의 가산성은 사건의 개별성을 반드시 전제한다. 따라서 '반복'이라는 개념 자체에 이미 사건의 개별성이 보장되어 있다고 봐야 할 것이다.

그렇다면 어떻게 개체가 존재와 부재의 과정을 반복하는지 설명할 것인가. 우리의 입장은 반복으로 인하여 사건을 파생적 범주로 봐야 할 것이 아니라 '반복'이라는 것을 개념적 작용으로 봐야 한다고 본다. 즉 동일하지 않은 개체가 개념 작용을 통해 동일성이 부여되고 이를 통해 반복되는 것이다. 즉 반복의 개념은 반복 대상에 대해 개체로서의 실재성을 조건으로 요구하지 않는다. 후에 자세히 기술하겠지만 다음과 같은 문장은 반복을 의미하지만 동일한 사건의 반복을 요구하는 것이 아니라 그 사건을 구성하는 요소의 반복만을 의미한다.

(3) 또 경복궁이니?

(3)의 예가 '경복궁으로 소풍을 간 사건'과 '경복궁에서 사생 대회를 한 사건'에 기반하여 '또'를 사용했다고 했을 때, 이 경우는 서로 다른 두 사건에 대해 그 사건을 구성하는 장소의 동일성에 주목하고 반복성을 부여하고 있다. 이 경우 반복은 경복궁이라는 개체에 부여된 것이 아니라 행위가 이루어진 장소라는 개념에 대한 것이다. 그리고 행위가 다르기 때문에 장소가 반드시 동일한 것이라고 말하기 어렵다. 이 점을 고려하면 '반복'이라는 개념 작용이 반드시 대상의 실재적 동일성을 요구하는 것은 아니라는 것을 알 수 있다.

2.1.2. 문장의미 차원에서 본 사건의 본질

이 연구는 사건의 존재론적 규명을 위한 논의의 장이 아니므로 위에서 살펴본 주요한 사건 존재론 중 어느 것이 더 타당성이 있는지에 대해서는 더 이상 논의하지 않는다. 그러나 '실세계 차원에서의 사건'과 '문장의미 차원에서의 사건'은 구별된다고 본다. 사건의 존재 문제에 대해 선구자 격인 Davidson도 인과 관계의 문제를 '존재 차원'과 '언어 차원'으로 구별했던 것처럼 사건의 존재론적 문제에 대해서도 '실세계'와 '언어' 차원을 구별하여 살피는 것이 필요하다. 우리의 주요한 관심은 '문장의미 차원에서의 사건'이므로 이에 대해서는 어떤 관점을 가지고 있는지 답해야 한다.

우리는 문장의미 차원에서의 사건의 본질, 즉 언어적 사건에 대해서는 기본적으로 Kim(1967, 1976, 1993/1994)의 견해를 따른다. 즉 언어적 사건은 구조적 실체로서 '개체, 속성, 시간'이라는 세 요소에 의해 구성된다고 본다. 예를 들어 '철수가 밥을 먹었다.'와 같은 문장의 의미는 '철수'라는 개체와 '밥'이라는 개체가 '먹다'라는 속성을 갖고, 과거의 특정한 사건시에 이루어진 것이다.

문장의미를 '생각', '명제', '사고' 등으로도 단위화할 수 있으나 기본적으로 사건이라고 보는 이유는 김재권의 견해와 같이 사건은 내부적 구조를 상정할 수 있기 때문이다. 김재권에서 제시한 사건의 구성 요소 '개체, 속성, 시간'은 문장을 구성하는 요소들과 의미적으로 대응한다. 반면 '생각', '사실', '명제' 등은 내부적인 구조를 상정하기 어려울 뿐만 아니라 상정하더라도 이들이 문장의 구성 요소와 의미적으로 대응하지 않기 때문에 문장이 일차적으로 의미하는 대상으로 보기 어렵다.

하지만 우리는 실세계의 사건이 아닌, 문장 차원의 사건의미를 살피는 것이므로 김재권의 견해와도 구분된다.

첫째, 김재권은 특정한 시간에 속성이 예화된 것이 구체적 사건이라고 보고 있다. 그런데 우리는 언어적 사건에는 시간의 구성 요소가 명세되지 않는 경우도 있다고 본다. 시간이 명세되지 않는 대표적인 경우는 형용사에 의한 구문이다. 그러나 동사 구문에서도 시간이 명세되지 않는 경우가 있다.

(4) 종승이가 테니스를 잘 친다.

위 문장은 중의성을 갖고 있다. 특정한 사건시를 갖고 있는 경우는 현재의 발화상황에서 '종승이가 테니스를 잘 치는 사건'이 존재하는 것이지만 특정한 사건시가 없는 경우는 '종승이가 테니스를 잘 칠 수 있는 능력'을 가졌다는 의미로 볼 수 있다. 그러나 결국 이것도 사건시가 비명세되어 있는 비한정적인 사건의 존재를 의미하는 것이다. 즉 비한정적인 개별 사건의 집합을 의미한다고 할 수 있다. '종승이가 테니스를 잘 치는 능력'이 재현되는 것은 특정한 사건을 통한 것이며 결국 '종승이가 테니스를 잘 치는 능력'을 가졌다는 것은 '종승이가 테니스를 잘 치는 개별 사건'이 비한정적으로 존재한다고 말하는 것과 같다는 것이다.

이는 Krazter(1995) 등에서 논의한 '개체-층위 술어(individual-level predicates)'와 '장면-층위 술어(stage-level predicates)'에 대한 재해석 가능성을 열어 준다. Krazter(1995)에서는 한정적이고 개별적인 동작을 나타내는 사건 문장, 즉 '장면 층위'의 문장에서만 우리가 논의하고 있는 '사건 논항'이 도입되고, 비한정적이고 영구한 속성을 나타내는 '개체-층위'의 문장에서는 '사건 논항'이 도입되지 않는다고 주장하였다. (4)의 경우 특정한 사건시를 갖고 현재의 상황을 나타내는 경우에는 '사건 논항'이 존재하지만, '종승이'의 '테니스 치는 능력'을 의미하는 '개체 층위'에서는 사건 논항이 없다고 주장한 것이다. 즉 (4)의 중의성은 사건 논항의 존재 여부에 따른 것이라고 설명한다.

그러나 우리의 입장에서는 (4)의 문장은 모두 사건의 존재를 의미하는 것이고, 다만 중의성은 시간 요소의 한정 혹은 명세에 따른 것으로 보므로 사건의 존재 여부로 (4)의 중의성을 설명하지는 않는다.[28]

이것은 형용사를 술어로 하는 문장에서도 마찬가지다.

(5) 아인이! 오늘 참 예쁘다.

일반적으로 형용사의 경우 대상이 갖는 영구한 속성을 의미하는 것으로 보나 (5)의 예에서 볼 수 있는 것처럼 형용사의 속성도 특정한 시간으로 한정될 수 있다. 즉 상태도 특정한 상태시를 갖는다고 볼 수 있는 것이다. 그렇다면 결국 형용사에 의한 상태 문장도 비한정적인 개별 상태의 집합을 의미한다고 볼 수 있을 것이다. 다만 동사에 의한 사건은 개별 사건을 표현하는 것이 무표적이고 시간에 대해 비명세적인 사건을 나타내는 것이 유표적이라면, 형용사에 의한 상태는 반대로 시간에 대해 비명세적인 상태가 무표적이고 개별 상태를 의미하는 것이 유표적이라는 차이점이 있을 뿐이다. 이 점에서 문장의미를 사건의 존재로 본 우리의 견해는 상태의 존재로 확장할 수 있는 가능성을 얻게 된다. 이 문제에 대해서 이와 같이 시간의 명세성의 문제로 논의한다면 사건과 상태의 존재론적 지위 및 문장의미상의 처리 문제도 해결할 수 있을 것이다.

둘째, 김재권은 사건을 어떤 개체가 어떤 속성을 갖는 것으로 설명했으나 이를 문장의 구성 요소에 그대로 대응하는 것은 문제가 있다. 즉 서술

---

28) 이러한 견해는 Chierchia(1995), Herburger(2000), 전영철(2003) 등에서도 볼 수 있다.

어를 '속성'으로, 나머지 구성 성분을 '개체'로 설정하는 것이 타당하지 않다는 것이다. 앞서 서론에서 밝힌 것처럼 문장의 각 성분들은 사건과 관련하여 그것을 서술하는 의미 기능을 갖는다.

(6) 유승이가 밥을 먹었다.

이 문장이 의미하는 실세계의 사건은 '유승'과 '밥'이라는 개체, '먹다'라는 속성, 과거라는 시간에 의해 구성된 것이다. 하지만 문장의미 구성에 이를 그대로 적용하여 '유승이가'와 '밥을'은 개체이고 '먹다'는 속성이라고 말할 수는 없다. '유승이가'라는 구성 성분은 사건과 관련하여 이 사건의 행위주가 '유승이'라는 것을 서술하고, '밥을'은 이 사건의 대상이라는 것을 서술한다. '먹다'는 사건의 속성을 서술한다. 정리하면, 문장의 성분들은 각각 사건의 속성을 서술하는 기능을 갖는다. 우리는 문장에 실현된 성분들이 각각 서술하는 내용을 통해 무슨 사건인지를 구성할 수 있게 되는 것이다.

2.2. 사건 논항의 설정

이번 절에서는 문장의미는 사건의 존재를 의미한다고 보는 우리의 견해가 타당성이 있는 것인지 살핀다. 앞서 밝힌 바대로 문장의미를 사건의 존재로 환원하여 설명하는 대표적 이론이 사건의미론이다. 사건의미론은 Davidson(1967)을 필두로 하여 지난 40여 년 간 이론적 전제의 타당성을 입증하거나 이를 활용한 언어 연구가 활발하게 이루어졌다. 이를 정리한 연구사적 논문도 수편이 존재한다.[29] 이번 절에서는 기존의 사건의미론에서 제시한 논거뿐만 아니라 우리말의 현상을 통해서도 새로운 논거를 제시한다.

2.2.1. 기존 연구의 논거

Davidson(1967) 이전에 이루어졌던 문장의미 구성에 대한 일반적인 견해는 다음과 같다.

(7) ㄱ. John buttered the toast.
ㄴ. Butter(John, the toast)

(7ㄱ)에서 서술어 'butter'와 같은 타동사가 주어 'John'과 목적어 'the toast' 사이의 관계를 도입하는 것으로 보았다. 이를 논리 형식으로 나타낸 것이 (7ㄴ)이다. 그런데 Davidson(1967)에서는 (7ㄴ)과 같은 표상은 그 문장에 의해 서술되는 행위를 전체적으로 명료하게 지시하거나 추가되는 내용을 명세하는 것을 허용하지 못한다고 비판한다. 예를 들어, 그것을 slowly(천천히), 그것을 deliberately(의도적으로), 그것을 with knife(칼로), 그것을 at kitchen(부엌에서) 한다고 했을 때 그것이 지시하는 바가 무엇이냐는 것이다. 그것은 단순히 butter가 아니고 사건 전체를 의미한다고 할 수 있다. 그런 점에서 이들 부가어의 논항은 사건이 되어야 한다고 보는 것이 Davidson(1967)의 핵심적인 개념이다. 이러한 견해가 타당하다는 보여주는 논거로 다음의 것들을 들 수 있다.

---

29) 대표적인 것으로 Landman(2000), Pianesi, & Varzi(2000), 곽은주(1999), 임채훈(2006ㄷ) 참조.

1) 수식어의 논리

다음과 같이 부사어를 포함하는 문장들 사이에는 상호 간 논리적 관계가 존재한다.

(8) ㄱ. Brutus stabbed Caesar violently with a knife.
　　ㄴ. Brutus stabbed Caesar violently.
　　ㄷ. Brutus stabbed Caesar with a knife.
　　ㄹ. Brutus stabbed Caesar.

(8)의 문장들은 아래와 같은 함의관계를 갖는다. 역 방향으로의 함의관계는 성립하지 않는다.

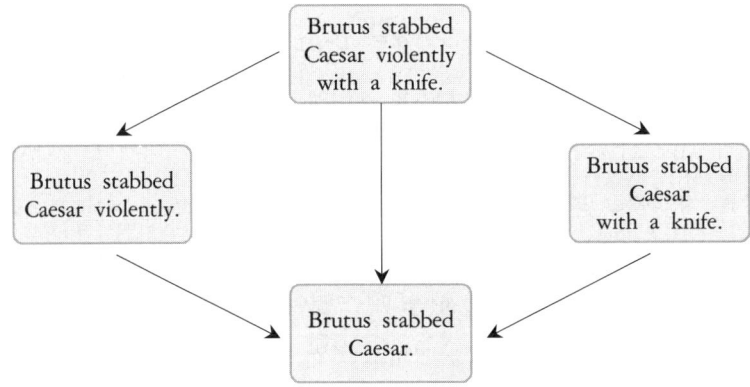

이러한 함의관계가 성립하기 위해서는 기본적으로 (8)의 문장이 모두 동일한 사건을 지칭해야 한다. (8ㄱ, ㄴ, ㄷ, ㄹ)은 모두 각기 다른 사건을 지칭할 수도 있다. 즉 (8ㄴ)의 경우 '칼'이 아닌 '창'으로 찌른 사건일 수도 있다. 그렇다면 적어도 (8ㄴ)은 (8ㄱ)과 (8ㄷ)과는 다른 사건이 된다. 다시 말해서 우리가 이들이 함의관계가 있다고 인식하는 것은 이들을 모두 동일한 사건으로 보기 때문이다. 그런데 기존의 술어 논리식으로는 이들이 모두 동일 사건이라는 것을 나타내기 어렵다.

(8') ㄱ. Stabbed-violently-with(Brutus, Caesar, the knife).
　　 ㄴ. Stabbed-violently(Brutus, Caesar).
　　 ㄷ. Stabbed-with(Brutus, Caesar, the knife).
　　 ㄹ. Stabbed(Brutus, Caesar)

(8") ㄱ. ∃e(Stabbing(Brutus, Caesar, e) & Violent(e) & With(the knife, e)).
　　 ㄴ. ∃e(Stabbing(Brutus, Caesar, e) & Violent(e)).
　　 ㄷ. ∃e(Stabbing(Brutus, Caesar, e) & With(the knife, e)).
　　 ㄹ. ∃e(Stabbing(Brutus, Caesar, e)).

(8')에서 알 수 있는 것처럼 각 문장은 술어가 다른 함수이다. 따라서 이들이 모두 동일한 사건을 지칭하면서 함의관계를 갖는다는 것을 보이기는 어렵다. 함의관계를 나타내기 위해서는 부사어를 술어와 통합하여 처리하지 않고 독립된 술어로 인정하고 연결하는 구성을 취해야 한다. 그런데 문제는 부사어를 독립된 술어로 인정할 경우 그것의 논항을 무엇으로 할 것인지 정하기가 어렵다는 것이다. 서술어의 경우는 (8')과 같이 주어나 목적어가 해당 논항이라고 말할 수 있지만, 부사어의 경우는 그 논항이 무엇인지 밝히기 어렵다. 이 때문에 Davidson은 (8")과 같이 사건의 존재를 인정하고, 부사어가 사건 논항을 변항(variable)으로 갖는다고 보게 된다.

Landman(2000 : 2)에서는 이러한 현상을 바탕으로 다음과 같은 가정을 할 수 있다고 보았다.

(9) 1. 문장에서 분명하게 존재하는 논항에 더하여, 동사는 추가의, 함축적인 논항을 더 갖는다.[30] 이것은 사건(혹은 상태) 논항이다.

(Besides the arguments that are explicit in the sentence, verbs have an extra, implicit argument : an event(or state) argument.)
2. 수식어는 이러한 사건 논항을 수식한다. (Modifiers modify this event argument).
3. 문장에서, 이 사건 논항은 존재론적으로 양화되어 있다. (In the sentences, this event argument is existentially quantified over).

2) 지각 동사 구문

지각 동사 구문을 통해서도 사건을 하나의 의미 단위로 볼 수 있는 증거를 찾을 수 있다.

(10) ㄱ. Mary saw that Brutus stabbed Caesar.
ㄴ. Mary saw Brutus stab Caesar.

(11) ㄱ. Mary saw that Brutus stabbed the emperor.
ㄴ. Mary saw Brutus stab the emperor.

위에서 (10ㄱ)의 that절은 의미상 불투명하지만(opaque), (10ㄴ)의 경우는 투명하다고(transparent)한다. 따라서 Caesar가 the emperor인 경우에, (10ㄱ)은 (11ㄱ)을 함의할 수 없지만, (10ㄴ)은 (11ㄴ)을 함의할 수 있다고 한다. 즉 that절에서는 사건과 사건의 참여자가 모두 지각 대상이라고 할 수 있지만, 부정사 구문에서는 지각 대상이 개별 참여자가 아닌 전체 사건이라는 것이다. 따라서 지시 대상이 동일하다면 지시 대상에 대한 표현이 달라지더라도 전체로서의 사건의미는 달라지지 않기 때문에 부정사 구문의

---

30) 앞서 밝힌 바대로 우리는 사건 논항을 동사에 추가 논항으로 설정하는 옛 사건의미론의 방향을 따르지 않는다. 전체론적 관점에서 모든 구성 성분은 전체로서의 사건을 통해 의미 기능을 가지므로 모든 성분은 사건 논항을 가지고, 동사도 단지 사건 논항 하나만을 가진다.

투명성이 확보되는 것이다.
다음의 경우도 이러한 주장이 타당하다는 것을 보여준다.31)

(12) ㄱ. Mary saw Brutus stab Caesar, but she didn't recognize that it was Brutus who stab Caesar.
ㄴ. Mary saw that Brutus stab Caesar, (*but she didn't recognize that it was Brutus who stab Caesar.)

이는 부정사 구문을 포함한 지각 동사 문장을 다음과 같이 해석하는 것이 타당하다는 것을 보여 준다.

(10') ㄴ. ∃e[See(e) & Experiencer(e, Mary) & **Theme(e, e')**
& ∃e'[Stab(e') & Agent(e', Brutus) & Theme(e', Caesar)]].

즉, (10ㄴ)과 같은 구문에서 Mary가 본 것, 즉 지각 대상은 Brutus나 Caesar와 같은 개별 구성 요소의 의미가 아니라 전체 사건을 본 것이라고 할 수 있다.

이러한 외연/내포적 의미가 국어에서도 구별되는 것은 아니나 적어도 사건이 하나의 독립된 개체로 인식된다는 증거는 있다.

(13) ㄱ. 유승이는 아이이가 사과를 먹는 것을 물끄러미 보았다.
ㄴ. 유승이는 사과를 먹는 아이이를 물끄러미 보았다.

표면적으로 (13ㄱ)과 (13ㄴ)은 같은 의미를 갖는 것으로 보인다. 그러나 엄밀한 의미에서 (13ㄱ)과 (13ㄴ)은 동의라고 할 수 없다. 즉 (13ㄴ)의 경우 '유승이'가 '사과를 먹는' 모습을 보지 못했을 수도 있다. 즉 '사과를

---

31) 참고로 Bayer(1996)에서는 이런 현상을 'epistemic neutrality'라고 불렀다.

먹는'과 같은 관형절의 부여는 주어의 지각 내용이 아니라, 화자에 의한 한정 표현일 수 있기 때문이다. 이러한 특성은 다음과 같은 예문에서 더욱 극명하게 나타난다.

(14) ㄱ. #32)유승이는 [아까 아인이가 사과를 먹는 것]33)을 지금 보고 있다.
ㄴ. 유승이는 [아까 사과를 먹은 아인이]를 지금 보고 있다.

(14ㄱ)의 경우 지각 대상이 사건이므로 지각을 하는 사건시와 지각 대상의 사건시가 같아야 하는데 '아까'와 같이 다른 사건시가 실현되었으므로 이상한 것이다. 반면 (14ㄴ)은 지각 대상이 사건이 아니라 '아인이'이므로 관형절의 사건시는 지각의 사건시와 관계가 없다.

이것은 개별 명사뿐만 아니라, 문장 구성을 담은 '사건'도 언어학적으로 하나의 단위가 될 수 있다는 것을 보여 준다.

3) 사건의 양화

전체로서의 사건이 개별 명사처럼 하나의 개체로 인식된다면, 이를 단위화하여 인식할 수 있는 양화가 가능할 것이다.

(15) Every time the bell rings, Mary opens the door.

'every time'에서 알 수 있는 것처럼, 양화의 대상은 시간인 것처럼 보인다. 그러나 아래 예에서 보는 것처럼, 개별 시간 수식이 불가능하다는

---

32) #은 통사적 비문이 아닌, 의미적인 비문을 말한다.
33) 조인식 선생님과의 사적인 대화에서 이 문장도 가능하다는 의견이 나왔다. 즉 '녹화 비디오 테이프'나 '사진 자료'를 통해 가능하다는 것이다. 그러나 이러한 경우도 그러한 사건 자체가 단위화된 자료 형태로 있는 것이므로 여전히 사건 전체를 취한다는 것에는 변함이 없다.

점에서 이때 양화의 대상이 시간이 아니라는 것을 알 수 있다.

 (15') *Every short time the bell rings, Mary opens the door.

아울러 Rothstein(1995)에서 지적한 것처럼, (15)에는 'matching effect'가 존재한다. 즉 (15)는 시간의 일치가 아니라 사건의 일치라고 할 수 있다.

 (15") There were at least as many door openings as there were bell ringings.

이러한 효과는 사건을 기반으로 하지 않은 의미론에서는 설명하기가 어렵다. 사건을 가정하면 다음과 같이 이를 쉽게 해결할 수 있다.

 (15''') $\forall e[\text{Ring}(e)$ & $\text{Theme}(e, \text{ the bell})$
  $\rightarrow \exists e'(\text{Open}(e')$ & $\text{Agent}(e', \text{ Mary})$ & $\text{Theme}(e', \text{ the door})$ & $\text{Matching}(e', e)]$

4) 의미역 할당의 문제

Parsons(1990, 1995)에서는 Davidson(1967) 등에서 주창한 사건의미론이 동사와 부사어에만 사건 논항을 추가했던 것과는 달리 모든 문장의 구성 성분에 사건 논항을 부여한다. 즉 모든 문장의 성분이 사건을 서술하는 요소라고 본 것이다. 이러한 관점에서 의미역 관계는 일차적으로 서술어와 논항 간의 의미관계가 아니라 사건과 문장 구성 요소 간의 의미관계가 된다.

이러한 견해가 타당한 첫 번째 이유는 의미역 이론이 갖는 문제점, 즉 의미역 목록의 크기, 설정 기준 등에 대한 실마리를 제시할 수 있다는 것에 있다. 만약 의미역이 술어와 논항 간의 의미관계라면 사실 동사의 어휘 수에 비례한 의미역 목록이 필요하다. 예를 들어 동사 'build'의 논항은 'builder'와 'buildee'가 되고, 'kick'의 논항은 'kicker'와 'kickee'가 된다. 물론 동사의 어휘 의미로부터 공통적인 의미 원소(primitives)를 설정하여 그것을 통해 의미역 목록을 제한하는 방법이 있을 것이고(Jackendoff 1990; 양정석 2002), 의미역을 유형화하여 그것을 속성 정의하는 방법이 있을 것이다(Dowty 1991; 이선희 2004).

그러나 서술어와의 관계를 강조하면 강조할수록 어휘 개별적인 의미역 특성에서 벗어날 수는 없다. 예를 들어 Haegemann(1991)에 따라, 대상(theme)과 피영향주(Patient)를 서술어의 의미와 관련하여 다음과 정의하였을 때,

(16) ㄱ. 대상(theme) : 서술어가 표현하는 행위에 의해 움직여지는 사람이나 대상
ㄴ. 피동주(Patient) : 서술어가 표현하는 행위를 겪는 사람 혹은 대상

Parsons(1995 : 638)에서 지적대로 다음 문장에서 'a sonata'는 의미역이 무엇인지 쉽게 단정하기 어렵다. 즉 위의 정의대로 하자면 대상도 피동주도 아니라고 할 수 있다.

(17) I play a sonata

'a sonata'는 움직이게 되거나 행위에 영향을 받거나 하는 것이 아니다. 하지만 화자는 이것이 '대상(theme)'이라고 쉽게 인지하고 답할 수 있다.

Parsons(1995 : 639)는 사건과 개체 간의 관계로 의미역을 정의하되, 전치사를 이용하여 다음과 같이 의미역을 정의하고자 하였다.

(18) Agent   e is by x
    Experiencer   x experiences e
    Theme   e is of x
    Source   e is from x
    Goal   e is to x
    Instrument   e is with x [or 'e is by means of x']
    Benefactive   e is for x

이들은 의미역을 '분석'한 것이라기보다는 순수하게 '정의'한 것이라고 할 수 있는데, 이러한 정의가 의미역 분석에 유용한 이유는 다음과 같다.34)

제안한 정의가 옳다면, 우리는 의미역 선택에 대한 광범위한 질문에 대해 몇 가지 분명한 답을 가질 수 있다. 어떤 사람이 Mary에게 책을 파는 상황(a case in which someone sells Mary a book)을 생각해보자. "Was the sale *to* Mary?" 답은 "예."이다. 이때 Mary는 도달점(Goal)이 된다. "Was the sale *of* Mary?" 이 질문에 대한 답은 "아니요."이고, 따라서 Mary는 대상(theme)이 아닌 것이다. "Was it *by* her?" 역시 "아니요."이고, 그녀는 행위주(agent)가 아니다. "Was it *for* her?" 이 질문에 대해서는 그렇다고 말할 수 있을지도 모르기 때문에 그녀는 "파는 것"과 관련하여 수혜주 관계에 있을 가능성도 있다. 어떤 경우에는 그런 관계가 있을 것이고 그렇지 않은 경우도 있을 것이다. 그런데 이런 불확실성은 문장의 논리 형식 할당에 영향을 미치지 않는다. "*We sold Mary a book*"은 Mary에게(*for* Mary) 그 물건이 있는지 없는지 말하지 않고 있기 때문에, 그 문장의 논리 형식은 수혜주로서 Mary를 확인하기 어렵다.

다른 예 : 우리는 앞서 "I played the sonata."의 the sonata가 대상 논항인

---

34) 이러한 의미역 정의와 분석에서는 영어의 전치사가 갖는 의미와 함의, 뉘앙스 등이 중요하기 때문에 번역보다는 원문을 그대로 밝혀 적는 것이 좋으나, 편의를 위해 번역한다.

지 여부에 대해 논란이 있었다. "was the playing of the sonata?" 이 질문이 비문법적인 것인지에 대해서는 걱정하지 말자. 그것이 영어 표현으로 적절치 않을지도 모르지만, 모국어 화자는 이 질문에 대해 충분히 이해할 수 있고, 이 검증 방법과 관련하여 우리는 이해만 되면 된다. 답은 "그렇다"이다 (The answer is that the playing is *of* the sonata). 그리고 이것은 대상의 의미역이 맞다는 것을 나타낸다. 어떤 형식의 "x plays y"에서라도, y는 항상 play의 직접적인 대상이다(the playing is of y, so the direct of *play* is always a Theme).

— Parsons, 1995 : 639

이러한 정의는 다소 비형식적이라는 한계가 있으나 의미역을 결정하는 데 유용할 뿐만 아니라 의미역이 가지는 근본적인 특성을 잘 보여주는 것이라고 생각한다. 우리말의 경우는 특히 모든 명사구가 조사와 같이 실현되기 때문에 위와 같은 정의가 더 원활할 수 있다.[35]

(19) 행위주   e는 <u>x가</u> 한 것이다.
     대상   e는 <u>x를/x에</u> 대해 한 것이다.
     출발점역   e는 <u>x에서/부터</u> 시작한 것이다.
     ⋮

그런데 의미역을 동사와 논항 간의 관계가 아닌 사건과 구성 요소 간의 관계로 봐야 하는 더 큰 이유가 존재한다. 다음 예문을 보자.

(20) 유승이는 불량 학생으로서 수업 시간에 교실에서 돈가스를 손가락으로 거지처럼 먹고 있다.

---

35) 김원경(2000)에서는 조사의 실현 양상을 통해 자동적으로 의미역을 추출하는 방법에 대해 논하고 있다.

다소 과장되게 길게 만든 문장이지만 문법적으로나 의미적으로 문제가 없는 문장이다. 이때 술어를 제외한 7개의 구성 요소를 모두 '먹다'의 논항이라고 할 수 있는가. 이들을 모두 술어의 논항으로 보기에는 무리가 있다. 통사적인 필수성을 논의에서 일단 유보하더라도, 의미적인 측면에서 과연 이들이 술어의 의미 구조 안에 모두 포함되어 있다고 보기 어렵기 때문이다. '수업 시간에', '교실에서'와 같은 시간과 공간은 모든 동사에 다 해당하는 것이므로 술어에 의한 의미 한정성이 떨어진다. '불량 학생으로서'가 '먹다'와 어떤 의미관계가 있는지 말하기 어렵다.36) '거지처럼'도 '먹다'와의 의미관계가 일차적으로 어떻게 되는지 밝히기 쉽지 않다.37)

반대로 '유승이'와 '돈가스'만이 논항으로서 의미역을 갖는다고 했을 때, 나머지는 의미역을 갖지 않는 것인가. 만약 논항 외에 부가어가 의미역을 갖는다면 이들은 무엇과의 의미관계를 통해 실현된 것이며 무엇을 통해 의미역을 부여받는 것인가.

만약 동사의 의미 구조로부터 의미역 관계를 설정한다면, 논항이 아닌 구성 요소들은 어디로부터 의미 기능을 갖게 되는 것인가. 이러한 문제가 발생한 것은, Kearns(2000)의 지적대로, 최근 동사의 의미에 따라 결정되는 동사의 통사적 유형을 설명하기 위하여 통사론에서 의미역 이론을 사용한 데서 변화가 생기기 시작하였다. 원래 의미역은 문장에 실현된 명사구의 의미적 특징을 기술하기 위해 부사어를 포함한 광범위한 영역에 적용되던 것이었다. 그런데 핵을 중심으로 문장의 구성을 이해하기 시작하면서 그

---

36) '자격'의 의미 역할은 기본적으로 문장의 의미하는 사건의 구성 요소라고 보기 어려운 면이 있다. 이들은 자체적으로 상태를 구성한다고 볼 수 있다. 이에 대해서는 4.6절에서 자세히 다룬다.
37) 비유 부사구 역시 자체적으로 사태를 구성한다고 할 수 있다. 이에 대해서는 3.2.1에서 자세히 다룬다.

것 외의 요소가 어떻게 의미 구성을 하는 것인지는 부차적인 문제가 되었다고 할 수 있다. 기존의 견해가 더 나아가기 위해서는 필수적인 논항이 서술어와 어떤 의미관계가 있는지뿐만 아니라 부가적인 요소들도 그 문장에서 어떤 의미관계가 성립하는지 이야기할 수 있어야 한다.[38]

위의 7개 요소들은 각기 사건을 구성하는 요소로서 사건과의 관계를 통해 모두 의미 기능을 부여 받고 있다.

(20') 크e[먹는 것(e) & 행위주(e, 유승이) & 시간(e, 수업 시간) & 장소(e, 교실) & 대상(e, 돈가스) & 도구(e, 손가락) & 방식(e, 방식(e'))[39] &

---

[38] 최소주의에서는 논항과 부가어의 병합(Merge)의 방식에서 차이가 있다고 본다. 양동휘(2003 : 82~85) 참조. 논항은 집합병합(set merge)은 논항과 핵이 결합하는 경우, 쌍두병합(pair merge)은 부사어 등이 결합하는 경우를 말한다. 각 병합의 특성을 밝히면 다음과 같다.

(1) 집합병합
  ㄱ. 두 요소가 대등하게 병합되어 대칭적인 관계를 갖는다.
  ㄴ. 두 요소가 의무적으로 병합된다.
  ㄷ. 두 요소 중 한 요소의 선택 자질에 의해 다른 요소가 유인되어 형성되는 병합이다.
  ㄹ. 따라서 두 요소 사이에 의미적 관계가 성립된다.

(2) 쌍두병합
  ㄱ. 두 요소가 비대등하게 병합되어 비대칭적 관계를 갖는다. 즉 한 요소가 다른 요소에 예속되어 병합된다.
  ㄴ. 비의무적/수의적 병합이다.
  ㄷ. 어떤 요소의 선택 자질에 의해 유인되는 병합이 아니다.
  ㄹ. 따라서 병합되는 두 요소 사이에 의미적 관계가 성립되지 않는다.
  만약 위와 같이 부가어와 결합하는 요소와 의미관계가 성립되지 않는다면, 부가어는 무엇과 의미관계를 갖는 것인가. 더불어 이들이 아무런 제약 없이 문장에서 부가된다고 할 수 있는 것인가.
  이런 문제 때문에 부가어도 특정한 자질과 선택 제약을 갖고 집합병합한다고 보는 견해가 생기고 있다. 대표적인 것으로는 Cinque(1999) 참조.

[39] '거지처럼'은 '거지'와 '유승이'를 서로 비교하는 것이 아니라, '거지가 밥을 먹는 사건'과 '유승이가 밥을 먹는 사건'의 유사성에 의해 실현된 성분이다. 특히 이 유사성은 두 사건의 의미 구성 중 '방식'의 유사성에 주목한 표현이다. 이들 비교 부사어에

자격(e, e")40)]

문장 구성 요소를 전체로서의 사건과 관련지어 설명하면, 문장을 구성하는 요소들은 사건과의 관계를 통해 의미 기능을 갖게 된다. 즉 의미역을 갖게 된다. 이를 통해 문장을 구성하는 모든 구성 요소가 어떤 의미 기능을 하는지 밝힐 수 있게 된다.

아울러 서술어의 의미 구조가 명확하지 않은 경우, 즉 서술어와는 독립적으로 의미역이 구성된다는 증거가 있다. 이는 사건을 통해 의미역이 할당된다고 보는 우리의 입장을 더욱 공고하게 하는 것이다. 먼저 다음의 경우처럼, 서술어가 없거나 명세되지 않아도 독자적으로 의미역을 갖는 경우가 존재한다.

(21) I don't know if that car was sold, given, imposed, or what. But whatever it was, it was to Martha, not to you; so stop sniveling.
(Parsons, 1995 : 657)

위의 예를 보면 그 차를 팔았는지 줬는지 떠넘겼는지 어쨌는지는 알 수 없지만, 결국 소유주, 즉 도달점은 Martha라고 말하고 있다. 이는 서술어와는 다소 거리를 두고 각 의미역이 독립적으로 의미를 가질 수 있음을 보여 준다.

(22) ㄱ. You keated the marbles onto the board.
 ㄴ. You keated the board with the marbles.

대한 자세한 논의는 4.5절 참조.
40) '(으)로서'를 자격으로 해석하는 것은 일반화되어 있다. 이들은 그것 자체로 상태를 구성한다고 할 수 있다. 이에 대해서는 3.1.2절 참고.

위의 문장에서 우리는 'keat'이라는 동사의 의미를 알지 못하더라도 'you, the marbles, the board'가 갖는 역할을 알 수 있다(Gleitmann, 1990; Bowerman, 1982; Pinker, 1989; Borer, 1998 등). 우리가 이들 참여자의 의미 기능을 알 수 있다는 것은 우리가 동사로부터 독립하여 의미역을 이해할 수 있다는 이야기이다.

이상의 내용을 정리하면 다음과 같다(Maienborn, 2005 : 4~5 참조).

> (23) 사건 혹은 사건성(*Davidsonian notion of eventualities*)
> 사건은 기능적으로 통합된 참여자를 가진, 특별한 시공간적 개체이다. (Eventualities are particular spatio-temporal entities with functionally integrated participants)

2.2.2. 새로운 증거들

미국이나 유럽의 언어학에서 사건의 존재 및 사건기반 의미론(event-based semantics) 관점에서 활발한 논의가 이루어지는 것과는 달리, 우리말의 논의에서 이와 같은 관점을 통해 국어의 현상을 논의한 연구를 찾기란 쉽지 않다.41) 이는 우리말 현상에서 이러한 사건의 존재 및 방법론이 어떤 타당성과 의의를 갖는지 활발하게 논의되지 못한 탓이라고 생각한다. 다음에서는 이러한 사건 논항의 존재를 보여 주는 우리말의 개별적인 특성42)을 논의하고자 한다.

---

41) 사건의미론의 관점에서 국어의 현상을 논의한 연구로는 필자를 제외하고 곽은주(1999), 김진해(2007) 등이 있다.
42) 국어 개별적인 특성이라고 했으나, 필자가 국어와 유사한 언어적 특징을 갖고 있는 일본어를 살펴 본 결과, 국어와 거의 동일한 특징을 보이고 있었다.

1) '-(으)ㄴ/는/(으)ㄹ것이다'

기본적으로 '것'은 지시성을 가진 의존 명사이나 지시 대상을 찾기 어려운 비지시적 용법도 있어 근래 많은 주목을 받았다.43) 다음은 지시 대상을 찾기 어려운 비지시적 쓰임의 예이다.

(24) ㄱ. 나는 내 슬픔이며 어리석음이며를 소처럼 연하여 쌔김질하는 것이었다.

— 백석, 「南新義州 柳洞 朴時逢方」 중에서44)

ㄴ. 아이 : 엄마. 저게 뭐예요?
   엄마 : 산타 할아버지께서 아이들에게 선물을 주고 있으신 거야.
ㄷ. 비행기 예약한 거 확인하고 싶은데요.
ㄹ. 우리가 이겼다. 드디어 우리가 이긴 것이다.45)

위의 '것'이 지시하는 바가 분명하지 않기 때문에 지시성의 의미를 찾기 어렵다고 하더라도, '것'이 가지는 개체성만큼은 인정할 수 있을 것이다. 김기혁(2000)에서는 이러한 '것'의 쓰임을 두고 '판단 서술'이라 일컬었는데 이러한 용어의 사용에서 알 수 있듯, 판단을 위해서는 경계가 명

---

43) '것'의 지시적 용법과 비지시적 용법의 구별에 관한 최근 논의로는 조은경·이민행 (2006) 참조.
44) 이경수(2004 : 317)에서는 백석 시의 후기시에서 '-는 것이다'가 빈번하게 나타나는 것에 주목하고, 이것의 기능을 다음과 같이 말하였다.
   "'-ㄴ/는 것이다'라는 종결형이 쓰이지 않았다면, 이 시는 '나'라는 화자가 자신이 지나온 과거의 시간을 회상하며 슬픔과 어리석음에 잠겼다가 '갈매나무'를 떠올리며 자기 앞에 주어진 운명을 끌어안고 나아가겠다고 다짐했던 지난날의 한 장면을 보여 주는 시가 되었을 것이다. 그런데 '-ㄴ/는 것이다'라는 종결형이 쓰임으로써 이 시는 '나'의 심리 변화를 바라보는 또 하나의 '나'를 분리시키는 역할을 하게 된다. 이 시를 읽으면서 독자들이 지나온 시간을 되새김질하며 고뇌하는 '나'의 내면을 바라보는 '나'의 분신을 의식하게 되는 까닭은 여기에 있다."
45) 김기혁(2000 : 85~86)에서는 '이긴 것이다'는 '이김이다'라는 명사절의 의미보다는 '이겼다'를 다르게 표현한 것이고, '이겼다'에 비해 '강조, 단정'의 의미를 가지고 있는 것으로 설명할 수 있다고 하였다.

확한 것이 좋고, 경계가 명확하다는 것은 단위화/개체화되었다는 것을 의미한다. 특정한 의미 변화 없이 일반 문장에서 '것이다' 교체가 가능하다는 것은 문장 (의미)도 하나의 단위로 인식할 수 있는 개체라는 것을 분명히 보여주는 현상이라 하겠다. 이때 인식되는 개체는 '사건', '상태', '사실', '상황' 등 무수하게 그 후보가 많을 것이다. 그 중 가장 일반적인 것이 '사건'이다.46)

2) 비교 부사어

앞서 살펴보았던 것처럼, 부사어는 단순히 동사를 수식하기보다는 사건 전체와 관련을 맺고 의미를 생성한다. 비교 부사어는 이러한 특징을 더욱 극명하게 보여 준다. 합성성의 원리나 동사와의 수식 관계만으로는 설명하기 어려운 현상이 존재한다.

(25) ㄱ. 세월이 물처럼 흐른다.
ㄴ. 세월이 물처럼 빠르다.

(25ㄱ)이나 (25ㄴ)을 보면 'NP처럼'의 의미는 'NP'가 가지는 속성이나 양태 등에 의한 것일 수 있다. 즉 '처럼'에 선행하는 명사(구)의 어휘 의미를 통해 그 의미가 생성·해석되는 것이다. 그러나 다음 예를 보면

(26) ㄱ. 유승이는 수업 시간에 지난밤 노래방에서처럼 노래를 불렀다.
ㄴ. 아인이는 어제 처음으로 엄마 몰래 냉장고 위에 있는 사탕을 꺼내 먹었다. 그런데 아인이는 오늘도 어제처럼 사탕을 꺼내 먹었다.

---

46) 개체로서 인식될 수 있는 대상은 다양하다. 자세한 논의는 Asher(1993), 그리고 후에 상태와 관련하여 이 문제는 다시 논의된다.

위의 예에서 'NP처럼'은 'NP'가 가지는 어휘적 속성을 통해 의미를 획득하는 것이 아니라, NP가 구성 요소인 사건을 통해 의미를 생성·해석할 수 있는 것이다. (22)의 'NP처럼'은 그것을 구성 요소로 하는 사건을 반드시 상정해야 그 의미를 알 수 있는 것이다. 이를 사건의미론의 관점에서 살피면 다음과 같다.

(26ㄱ') $e' \approx \P e'' \P^{47)}$
    & ∃e'[부르다(e') & Agent(e', 유승이) & …]
    & ∃e''[부르다(e'') & Agent(e'', 유승이) & Location(e'', 노래방)
      & …]
  ※ '≈'는 두 사건이 유사하다는 것을 뜻함. 집합론에서는 일대
    일 대응을 나타냄.

(26ㄱ')에서 보는 것처럼 '노래방에서처럼'의 의미는 '노래방'의 어휘 의미적 특성으로는 파악하기 불가능하며 반드시 이를 구성 요소로 하는 사건 간의 비교를 통해 그 의미를 생성·해석할 수 있다.

이렇게 그 대상의 자체 속성이 아니라 그것을 구성 요소로 하는 사건이 비교의 대상이 되기 때문에 다음과 같이 인과적 관계를 갖는 'NP처럼'도 가능하다. 인과 관계는 사물과 사물 사이에는 존재할 수 없고, 항상 사건과 사건 간에 생길 수 있는 것이다.

(27) ㄱ. 요즘 지구가 지붕을 단 것처럼 덥다.
    ㄴ. 총선 결과를 놓고 엄청난 사건이라도 터진 것처럼 앞다퉈 보도
       했습니다.
    ㄷ. 그 가수가 마치 눈앞에 있는 것처럼 잘 보였다.

---

47) '¶C¶'는 비교 사건을 나타낸다. 이러한 기호는 Higginbotham(1989)에서부터 시작되었다.

이러한 비교 부사어의 쓰임은 구성 요소의 합으로 문장의미를 논하는 것에 한계가 있다는 것을 보여 준다. 각 구성 요소는 전체로서의 사건을 통해 의미를 생성·해석하는 것이다.[48]

3) 복수 표지 '-들'의 의미

임홍빈(2000)에서는 다음의 예를 통해 '-들'이 단순히 선행하는 성분이 복수라는 것을 의미하는 것이 아니라 사건의 복수와 관련된다고 밝히고 있다.

 (28) ㄱ. 나는 책들을 읽었다.
   ㄴ. 나는 책을 읽었다.

즉 (28ㄱ)에서 '책들'은 단순히 책의 복수를 표현하는 것에 그치는 것이 아니라, 문장의미의 차원에서 보면 '내가 책을 읽은 사건'이 여러 번 되풀이되었다는 것을 의미한다는 것이다. 이를 통해 임홍빈(2000 : 29)은 '들'의 의미 기능을 다음과 같이 정의한다.

 (29) '들'의 사건 복수 표시 기능
   '들'의 접미 대상은 복수적인 사건과 관련되는 의미를 가진다.

이러한 현상은 인구어와는 달리 국어의 '-들'이 다양한 성분에 접미할 수 있는 특징, 즉 간접 복수 현상을 설명할 수 있다고 본다.

 (30) '들'의 해당 성분 복수 표시 기능
   간접 복수의 '들'도 다른 성분이 아닌 바로 그것이 접미된 성분의

---

48) 좀 더 자세한 논의는 4.4절에서 자세하게 논의된다.

복수를 유표적으로 나타낸다. 그것은 문제의 성분의 의미가 복수적인 사건과 개별적으로 관련됨을 뜻한다.

이는 다음과 같은 예들을 합리적이고 효과적으로 설명할 수 있다.

(31) ㄱ. 어서들 오십시오.
    ㄴ. 사람들이 이 논문은 너무 어렵다고들 한다.
    ㄴ. 해도 너무들 한다들!49)

(31ㄱ)의 경우, 종래에는 '어서들'이 주어가 복수라는 것을 간접적으로 지시한다고 보았다. 그러나 임홍빈(2000)에서의 지적처럼, 단순히 주어의 복수성을 지시하는 것이라면 굳이 '어서'와 같은 여타 성분에 붙을 필요가 없을 뿐더러, 왜 그런 현상이 나타나는지 그 이유를 설명하기도 어렵다. '어서들'은 말 그대로 '어서'의 복수성을 의미하고 이것은 곧 사건의 복수를 의미하게 되는 것이다. 그런데 이를 반대로 이야기하면 결국 전체 사건의 복수성이 각 구성 성분의 복수성을 가능하게 하는 것이다. 이와 같은 특성은 (31ㄴ, ㄷ)을 통해서도 분명하게 나타난다. 이러한 현상 역시 문장의 각 구성 요소들이 전체로서의 사건과 상관관계를 통해 의미를 생성·해석함을 보여 준다.

4) 사건과 의미역의 관계

후에 자세히 논의되겠지만, 반복을 전제하는 부사어 '또'의 용법도 의미역의 독립성을 입증한다. 화자가 다음과 같은 사건을 목격했다고 가정하자.

---

49) 이 문장의 문법성이 논란이 될 수 있으나, 인터넷에 이 문장을 넣고 검색해 보면 각종 불만을 표시하는 글들의 제목으로 쓰이고 있다는 것을 확인할 수 있다.

(32) 목격 사건 : 유승이가 거실에서 라면을 빨리 먹는다.

화자는 이 사건을 목격한 후 다음과 같이 다양하게 그 반복성을 표현할 수 있다.

(33) ㄱ. 또 먹는 거니?
ㄴ. 또 유승이/너니?
ㄷ. 또 거실이니?
ㄹ. 또 라면이니?
ㅁ. 또 빨리니?

(33)의 경우는 사건을 구성하는 요소들 중 하나라도 공통성이 있으면 반복 사건을 나타낼 수 있다는 것을 보여 준다. 예를 들어 "또 거실이니?"의 경우, 다른 구성 성분 요소들은 전혀 공통성이 없이 거실이라는 장소의 동일성을 두고 이와 같은 표현이 가능하다. 즉 앞서 (32)의 사건, 즉 '유승이가 거실에서 라면을 먹은 사건'과 '종승이가 거실에서 숙제를 한 사건'을 화자가 모두 목격하고 '거실'이라는 공통성을 통해 (33ㄷ)과 같이 표현할 수 있다는 것이다.

이러한 현상도 신-사건의미론의 의미역 이론이 타당하다는 것을 입증하는 논거가 될 수 있다. (33)의 경우 구성하는 사건의 모든 구성 요소는 다른 사건과의 구성 비교를 통해 동일성이 확인되면 반복 사건을 표상할 수 있다. 만약 단순히 개별 동사가 갖는 논항의 의미 지표로서 의미역이 존재한다면 다른 동사가 실현된 구성 요소와의 비교를 통해 반복성을 나타내는 위의 현상들은 설명하기가 어렵게 된다. 전체로서의 사건과 그것을 구성하는 요소 간의 의미관계로 보아야만 (33)의 현상들이 자연스럽게 설명될 수 있을 것이다.

2.3. 사건의 구조적 실현

사건이라는 것이 단지 의미적인 문제로 끝나는 것이 아니라 문장의 생성, 즉 통사적인 구조와도 깊은 관련을 맺고 있다고 보는 논의가 늘어나고 있다. 이러한 경향은 크게 두 가지 측면으로 나누어 볼 수 있다. 하나는 주어의 실현과 관련한 문제, 특히 두 개의 사건이 상정-가능한 사동 구문에서 사건의 경계 및 사동주의 실현 문제와 관련하여 사건-구(Event Phrase)를 설정하는 것이다. 또 하나는 목적어 실현과 관련한 문제, 사건의 유형 특히 상적 특성과 관련하여 완성성의 척도가 목적어 실현과 깊은 관련을 맺고 있다는 점과 관련하여 상적-구(Aspect Phrase)를 설정하는 것이다.

이러한 견해를 보이는 대표적인 논의로 Travis(2000, 2010)를 들 수 있다. Travis(2000, 2010)에서는 형태적, 통사적, 의미적 특성이 서로 연결되고 상호 작용하는 현상을 구조적으로 보이기 위해 아래와 같이 V의 확대 투사를 제안한다.

(ⅰ) VP 껍질 구조 (Larson, 1988)
(ⅱ) VP 안의 상 기능 범주, AspP
(ⅲ) VP 바로 위에 기능 범주, EventP

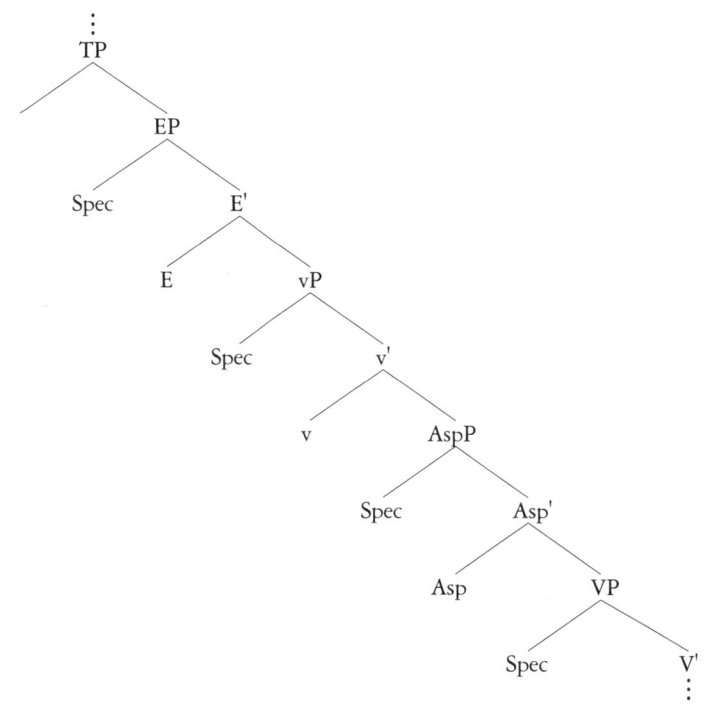

[그림 1] 사건의 구조적 실현

통사적 범주는 크게 두 가지, 어휘적 범주와 기능적 범주로 나뉠 수 있다. 어휘적 범주는 그 어휘의 논항이 지정어 위치를 채우나, 기능적 범주는 자질(feature) 점검을 통해 지정어를 결정한다. 그런데 Travis(in prep.)에서는 위와 같이 EP[50])와 AspP와 같은 사건-관련 범주를 추가한다. EP나 AspP와 같은 사건 범주의 주요한 기능은, Higginbotham(1985)에서 처음 제시했던 것과 같이, 핵의 보어로 사건 논항을 의미역-결속하는(theta-bind)

---

[50] 이와 같은 Event Phrase를 설정하는 논의로 Travis(2000, 2010) 외에도 Harley(1995), Borer(2005) 등이 있다. 유사 범주로는 VoiceP(Kratzer 1994, 1996), ExtP(Pylkkänen 1999) 등이 있다. 그러나 이들이 생각하는 EP는 다소 차이가 있다. 이들 견해가 가지는 차이에 대해서는 아래에서 논의된다.

것이다. 이뿐만 아니라 사건의 경계를 제시함으로써 부가어가 갖는 수식상의 영역을 나타낼 수 있는 기능도 있다.

Travis(2010)에서는 이러한 범주 설정의 근거 중의 하나로 Tagalog어의 동사에 붙는 접사의 결합 양상을 들고 있다. 이 언어에서 'pag-'는 어휘적 사동 구문에서 외부 논항을 도입하는 기능을 갖는다.

(34) t-um-umba 'X fall down'   m-pag-tumba 'Y knock X down'
     s-um-abog 'X explode'   m-pag-sabog 'Y scatter X'
     l-um-uwas 'X go to into the city' m-pag-luwas 'Y take X to the city'
     s-um-abit 'X join'   m-pag-sali 'Y include X'

그런데 Tagalog어에는 두 가지 상 관련 접사가 존재한다. 하나는 사건의 개시 여부를 알려주는 'n-/-in-', 그리고 사건의 완성성을 알려 주는 어간 중첩이 있다. 그런데 전자는 'pag-'의 상위에 나타나고, 후자는 'pag-'와 어근 사이에 나타난다.

(35) ASPECT1 (outer aspect) : +/-start   <+start   -in-/n->
     ASPECT2 (inner aspect) : +/-incomplete <+incomplete 중첩>

START	INCOMPLETE		
+	+	nagtutumba	Imperfective
+	-	nagtumba	Perfective
-	+	magtutumba	Contemplated
-	-	*magtumba[51]	

(36) nagtutumba   n + m + pag + RED + (tu)mba

---

[51] 이것은 두 가지 접사 모두 없이 서술어가 나타나는 경우는 없으나, 그것은 상 요소가 없는 것으로서 생각할 수는 있다.

IMPERFECTIVE ASPECT1 + TM + PAG + ASPECT2 + V

이들이 결합하는 순서와 양상을 보면 'pag-'이 사건 내적인 상과 사건 외적인 상을 구별하는 경계로서 작용하고 있다는 것을 알 수 있다. 더불어 'pag-'은 사동 구문의 형성과 관련이 있는데, 사동 역시 두 개의 사건을 요구한다는 것을 감안하면 이 접사가 사건의 경계를 나타내는 위치에서 실현된다는 것을 알 수 있다. 즉 사건의 경계가 문장의 구조에서도 중요하다는 것을 나타내는 것이다.

아래에서는 선행 연구를 통해 이와 같은 사건 범주 설정의 타당성을 검토하고 국어에서 이러한 범주가 갖는 지위와 기능에 대해 살피도록 하겠다.

2.3.1. 사건-구(Event Phrase, EP)의 설정

Levin & Rappaport(1995)에서는 영어 사동 교체(causative alternation)의 분포는 내적/외적 사동 구별에 의해 예측된다고 주장하였다. 외적으로 인과된(caused) 동사의 부류는 외부적 힘에 의해 일어난 사건(eventualities)을 서술하는 동사이고, 내적으로 인과된 동사의 부류는 사건 참여자의 내적 특성에 의해 일어난 사건을 서술하는 동사이다.

(37) 외적으로 인과된 동사
ㄱ. 상태 변화 동사(Change of state verbs) : bake, blacken, break, cook, cool …
ㄴ. 이동 동사(Verbs of motion) : bounce, move, roll, rotate, spin …
―L&R, 1995 : 93

(38) 내적으로 인과된 동사
ㄱ. 행위주 동사(Agentive verbs) : laugh, play, speak …
ㄴ. 빛, 냄새 등의 발산 동사(Verbs of sound, light or smell emission) : burble, flash, flicker, smell …
ㄷ. 상태 혹은 행위의 비의지적 변화(Unvolitional change of state or activity) : blush, tremble, shudder …

—L&R, 1995 : 91

이들을 구별하는 것이 타당하다는 것은 다음과 같이 이들이 명사구로 실현되었을 때 나타나는 차이에 의해 증명된다(Pesetsky, 1995; Marantz, 1997 등).

(39) ㄱ. Bill destroyed the city
ㄴ. *The city destroyed
ㄷ. the destruction of the city
ㄹ. **Bill''s destruction of the city**

(40) ㄱ. Bill cultivates tomatoes.
ㄴ. *The tomatoes cultivate.
ㄷ. the cultivation of tomatoes.
ㄹ. **Bill''s cultivation of tomatoes**

(41) ㄱ. The curtain dropped
ㄴ. The boy dropped the curtain
ㄷ. the drop of the curtain
ㄹ. ***the boy''s drop of the curtain**

(42) ㄱ. His salary shrank.
ㄴ. The manager shrank his salary.
ㄷ. the shrinkage of his salary
ㄹ. ***the manager''s shrinkage of his salary**

(39ㄹ)과 (40ㄹ)에서 'Bill'은 동사 'destroy, cultivate'의 의미와 그것의 보어로부터 상대적으로 행위주로(만) 해석하는 것이 가능하기(recoverble) 때문에 행위주로 해석된다. 그러나 (41ㄹ), (42ㄹ)은 타동형과 자동형 사이의 구별이 존재하지 않기 때문에 행위주나 대상 중 어느 것으로 해석되는지 알 수 없기 때문에 실현 가능하지 않다.

이와 같은 주어-목적어의 비대칭성(asymmetries)은 외부 논항을 동사에 의해 투사된 것이 아니라 다른 분리된 핵, 보통 v로 불리는 핵에 의해 사상되는 것으로 처리하도록[52] 이끌었다. 하지만 외부 논항이 동사가 아닌 다른 핵의 논항이라고 보면 의미적인 문제가 있다. 만약 다음의 문장에서 'Mary'가 'read'의 논항이 아니라면 어떻게 Mary가 읽는 사건의 행위주가 된다는 것을 알 수 있는 것인가.

(43) Mary read the Times.

v은 VP에 의해 서술된 사건과 외부 논항으로 나타난 개체 사이에 유지되는 의미관계로서 해석된다(Kratzer 1994, 1996). 이 의미관계의 본질은 일반적으로 VP의 의미로부터 예측될 수 있는 것이다. 이것이 동사로부터 외부 논항을 '떼어 놓는(severing)' 또 다른 동기이기도 하다. 외부 논항과 동사 사이의 의미관계는 예측될 수 있기 때문에 동사의 어휘 항목 안에 명세하는 건 잉여적이라는 것이다. 다시 말해서, Kratzer(1994, 1996)에서는 외부 논항을 도입하는 핵은 '사건 同定(Event Identification)'이라는 규칙에 의해 VP와 결합한다고 제안한다.

---

[52] 예를 들어 Marantz(1997), Chomsky(1998) 등 참조. Kratzer(1994, 1996)는 이를 Voice라고 했다.

(44) ㄱ. 사건 동정
  <e,<s, t>> <s, t> → <e, <s, t>>

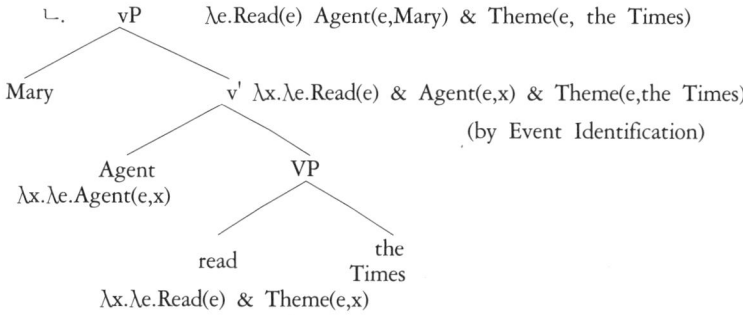

(44ㄴ)에서, v는 '사건 동정'에 의해 VP의 의미와 결합한다. 이것은 외부 논항이 행위주인 사건과 Times를 읽는 사건이 동일한 사건으로 확인된다는 것을 의미한다. 따라서 v는 의미역적으로 동사에 의해 서술되는 사건에 외부 논항을 관련시킨다. 즉 그것은 우리가 그 사건에 하나 이상의 참여자를 추가하도록 허용한다.

이런 견해는 앞서 Levin & Rapport(1995)에서 제시한 내적/외적 사동 구별에 대응하는 구조를 상정할 수 있도록 한다. walk의 경우, 내적인 cause는 행위주의 의지이다. 의미관계 Agent는 v 안에 표현되기 때문에, 내적 사동은 v 안에 표현된다. 외적으로 인과된 자동사는 v를 가지지 않는다. 즉 비대격이다. 그러므로 외적/내적 사동 동사 사이의 구조적 차이는 전자는 v를 포함하지 않은 것이고 후자는 포함한 것이다.

Harley(1995)에서의 EP는 위의 vP와 같은 범주라고 할 수 있다. 그는 일본어의 생산적인 어휘적 사동 '-(s)ase-'가 외부 논항이 결여되어 있는 어간에서 형성된다는 것에 주목하고 EP를 설정한다.

그러나 Travis(2010)에서 설정하는 EP는 Harley(1995)에서 설정한 EP와

다르다. 즉 위의 견해에서 EP는 'CAUSE' 자질에 의해 EP의 지정어 위치에 외부 논항을 도입하는 것을 기능으로 갖는다. 하지만 Travis(in prep)에서는 그 기능을 vP가 갖는 것으로 보고 다른 기능을 EP에 부여한다.

위의 경우를 보면 EP의 실현과 가장 관련된 문제는 사동 구문과 외부 논항의 실현이다. 우리가 수용하고 있는 [그림 1]의 구조를 제안한 Travis(2010)의 경우도 사동의 문제로부터 EP의 지위와 기능을 논하고 있다.

Malagasy어에서는 다음과 같이 사동형을 만드는 두 가지 접사가 존재한다. 이들 접사가 결합하면 행위주와 격이 추가된다.

(45) 타동화(어휘적 사동) 접사 : **an-**

   ㄱ. manala   'to take x out'
      m-**an**-√ala

   ㄴ. miala   'to go out'
      m-i-√ala

(46) 생산적인 사동 접사 : **amp-**

   ㄱ. manala 'to take x out'   mamp**an**ala 'to cause y to take x out'
                               m-amp-an-√ala

   ㄴ. miala 'to go out'   mamp**i**ala 'to cause y to go out'
                               m-amp-i-√ala

Hung(1988)에서는 *amp-*와 *an-*의 형태와 기능 상의 유사성에 착안하여, *amp-*를 *an-*과 *f-*로 재분석하였다. 타동사 및 어휘적 사동을 만드는 *an-*은 VP의 상위에 실현되고 이것이 외부 논항의 실현과 관련된다고 볼 수 있을 것이다. 그런데 사동화된 동사에 다시 *amp-*가 붙은 (46ㄱ) 'mampanala'은 어떻게 볼 것인가. Travis(2010)에서는 이들 구조를 다음과 같이 보았다.

(47) ㄱ. 생산적인 사동형   ㄴ. 타동화(어휘적 사동형)

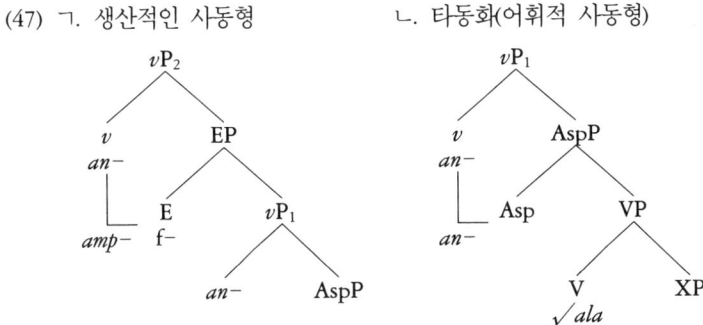

즉 'an-'은 타동화의 기능만을 가지는데, 이것이 동사와 결합하면 행위주와 격이 추가한다. 즉 행위주가 VP라는 행위를 하게 되는 것이다. (47 ㄱ)과 같은 생산적인 사동형은 이미 타동화된 동사를 다시 한 번 타동화한 것으로 볼 수 있다. 이때 'f-'는 동사가 의미하는 의미격틀이 완전히 포화된 사건을 보어로 취하는 핵이 된다. 이는 Higginbotham(1985)에서 INFL[53])의 세번째 용법으로 제안한 의미역-결속자(theta-binder)와 같은 것이다. 그는 D가 명사(N)의 의미역 R을 의미역-결속하는 것처럼, INFL이 동사의 의미역 사건을 의미역-결속한다는 것이다. Travis(2010)는 바로 이것이 'f-'의 기능이라고 보고 이를 핵으로 하는 구, 사건-구를 설정한다.

이러한 구조 설정은 어휘적 사동과 통사적 사동을 구조적으로 구별하는 데도 도움이 된다. 생성의미론 전통에서 'kill'을 'cause to die'라 어휘 분해하여 동일한 구조로 처리한 것은 Fodor(1970) 이후로 이미 받은 비판을 받아 왔다. Fodor(1970)에서 비판한 주요 사항은 다음과 같다.

---

[53]) INFL은 GB이론이나 매개변인문법 이론 시절에 시제와 일치소의 복합체로 취급되던 것이었다. 그러나 시제의 한정성(finiteness)과 일치가 일대일 관계가 있지 않은 언어들이 발견되면서 이들을 분리하여 처리하는 견해가 늘어나게 되었다.

(48) ㄱ. John caused the plant to die and it surprised me that he did so.
    ㄴ. John caused the plant to die and it surprised me that it did so.
    ㄷ. John killed the plant and it surprised me that he did so.
    ㄹ. *John killed the plant and it surprised me that it did so.

(48)에서 알 수 있는 것처럼 'cause to die'는 두 개의 사건을 의미하므로 후행 문장에서 이를 구별하여 지시할 수 있다. 반면 'kill'은 결과 사건만을 구별하여 지시할 수 없다.

둘째, 'cause to die'는 두 개의 사건이므로 원인과 결과에 해당하는, 구별되는 두 개의 시간 부사구가 결합할 수 있으나 'kill'은 불가능하다.

(49) ㄱ. John caused the plant to die on Sunday by cutting it on Saturday.
    ㄴ. *John killed the plant on Sunday by cutting it on Saturday.

마지막으로 'cause to die'는 두 개의 사건을 의미하므로 부사구의 수식에 대해 중의성을 일으킬 수 있으나, 'kill'은 불가능하다.

(50) ㄱ. John caused Bill to die by swallowing his tongue. (중의적)
    ㄴ. John killed Bill by swallowing his tongue. (비중의적)

이러한 두 사동의 차이점을 앞서 제시했던 EP의 설정을 통해 명시적으로 보일 수 있다(Travis, 2010 : 259).

제 2 장 문장의미로서의 사건 설정 **95**

(51) ㄱ. kill [*v* - Asp - V]

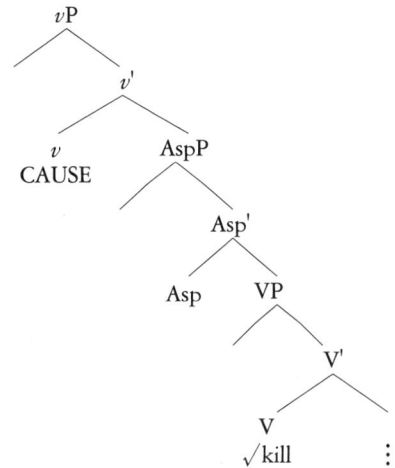

ㄴ. cause to die

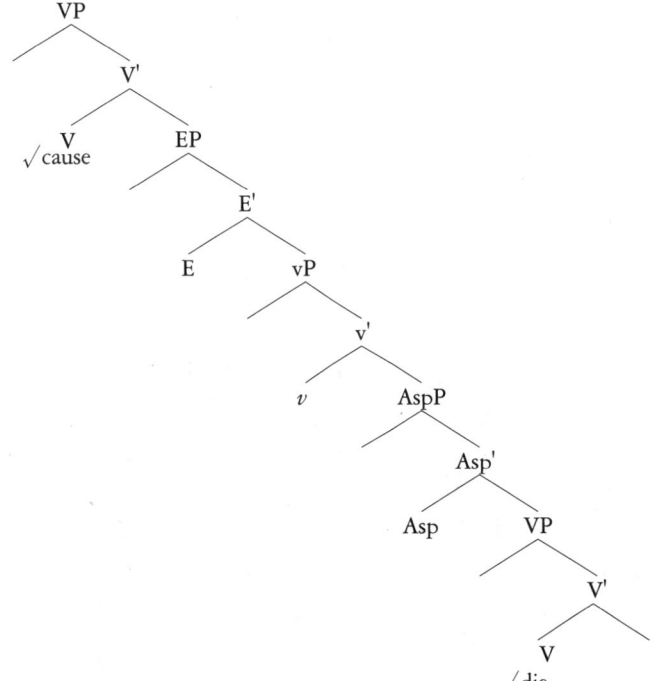

우리는 Travis(2010)에서와 같이 문장의 구성 요소들이 동일한 사건 논항을 취하여 하나의 완전한 사건을 나타내는 구조적 경계에 EP가 존재한다고 본다. 이러한 EP 설정의 타당성은 하나의 완전한 사건이 반복되고 있음을 나타내는 문장에서도 찾을 수 있다. 사건 반복에 대한 자세한 논의는 2.4절에서 이루어진다.

2.3.2. 상적-구(Aspect Phrase, AspP)의 설정

문장이 가지고 있는 혹은 표현하는 의미 정보 중에 시간적인 내용 역시 중요한 정보 중의 하나이다. 문장이 가지고 있는 시간적 특성은 크게 시제와 상으로 나뉜다. 이 중 상(aspect)에 대해, Comrie(1976)는, "한 상황의 내적 시간 구성과 그것을 바라보는 화자의 관점을 나타내는 범주"로 정의한다. 이러한 정의에 비추어 상을 "동사구의 의미를 통하여 '상황 내면의 시간적 특성'을 나타내는 부분(aktionsart)"과 "특수한 문법 표지를 사용하여 '상황 내적 시간 구성에 관한 화자의 관점'을 나타내는 부분(aspect forms)"으로 나누는데, 이들은 각각 별개의 것이라고 보았다. 전자의 상을 종래 동작류, 혹은 어휘상이라고 하였는데, 이러한 용어의 사용은 Vendler(1967)의 견해와 깊은 관련이 있다. Vendler(1967)에서는 동사가 가지는 상적 특성을 바탕으로 동사 분류를 시도하였다. 이러한 견해는 많은 상 연구에 영향을 미쳐 국내에도 이를 바탕으로 용언의 분류를 시도한 연구들이 많이 있었다.[54] 이들 연구에 나타나는 특징 중의 하나는 상적 특성을 동사에 일대일로 대응시켰다는 것이다. 그러나 다음과 같은 언어 현실을 봤을 때, 동작류 혹은 어휘상의 대응 단위가 동사에 국한된다

---

[54] 이와 같은 시각에 의한 국어의 연구로는 정문수(1984), 이정민(1982), 이필영(1989), 정희자(1994) 등이 있다.

고 볼 수는 없다.55)

(52) ㄱ. 철수가 노래를 불렀다.
ㄴ. 철수가 노래를 한 곡 불렀다.

정문수(1982 : 47)에서는 (52)와 같은 예를 제시하면서 동사 '부르-'는 수량적으로 한정된 목적어를 갖지 않을 경우에는 [-완성성]을 갖고, 반대의 경우에는 [+완성성]을 갖는다고 분석했다. 이는 주어나 목적어의 수량성이 동사의 상적 특성에 영향을 준다는 점을 지적한 것이다. 그러나 위와 같이 문장의 상적 특성, 즉 사건 유형56)의 변화가 생길 때마다 동사의 상적 특성이 바뀐다고 보는 것은 타당하지 않은 듯하다. 우선 이호승(1997)에서 지적한 바대로, 동사가 논항의 수량적 정보까지 예측할 수는 없으며, 따라서 이 정보는 동사의 의미 안에 있을 수 없다. 또한 (52ㄱ)과 (52ㄴ)의 동사가 다른 의미를 가졌다고 보는 것, 즉 별개의 동사로 처리하는 어휘적 관점도 자연스러워 보이지 않는다. 이 때문에 사건 유형의 통사적 단위를 동사가 아닌, 동사와 논항들과의 결합, 즉 동사구(VP)로 봐야 한다는 견해57)가 타당성을 획득하게 되었다. 아울러 논항의 실현 양상이 완성성

---

55) 이러한 견해는 Verkuyl(1972)에서 이미 제기된 것이다. 그리고 상과 격 실현의 상관성에 대한 논의가 이루어지면서 이러한 견해는 더욱 일반화되었다.
56) 동사의 상적 특성이 아닌 문장의 상적 특성이라는 점에서 동작상이나 어휘상보다는 Smith(1991)에서 사용된 '상황 유형(situation type)'이라는 표현이 더 적절한 듯하다. 그러나 사건과 발화상황을 구별하고 있으므로, 상황 유형이라는 용어는 적절치 않다. 우리는 '문장이 나타내는 사건의 내적인 시간 특성'이라는 의미로 '사건 유형'이라는 용어를 사용하겠다.
57) 이러한 견해를 보이는 대표적 논의로 Smith(1991), Verkuyl(1972, 1993, 2005) 등이 있다. 특히 Verkuyl(2005)의 다음 지적은 주목할 만하다.
"Since Vendler's paper, many linguists see the verb discover and win as achievement verbs because they discuss sentences like *John discovered a treasure* and *Ellen won the race*, both with a singular NP rather than sentences with a plural internal argument."

의 실현과 깊은 관련을 맺는다는 논의가 많이 이루어졌다.

그러나 다음 예를 보면 동사와 논항 외에도 완성 사건 유형의 실현에 영향을 미치는 요소로 볼 수 있는 것이 더 존재하는 듯하다.

 (53) ㄱ. 철수가 (1분 안에) 노래를 다 불렀다.
   ㄴ. 종승이가 (하루 만에) 볼펜을 다 썼다.

앞서 (52ㄱ)이 [−완성성]을 갖는 행위 사건 유형으로 해석되는 데 비해, (53ㄱ)은 [+완성성]을 갖는 완성 사건 유형으로 해석된다. (52ㄱ)과 (53ㄱ)의 유일한 차이는 부사 '다'의 실현 여부라는 점에서 이 부사에 주목하게 된다. (53ㄴ)의 경우도 '쓰다'가 [−완성성]을 갖지 않는 동사이고 목적어가 한정되어 있지 않음에도 불구하고, 문장 전체의 상적 특성, 사건 유형은 [+완성성]을 가진 완성 사건 유형이다.

우리는 (53)과 같은 현상에 주목하고, 국어에서 완성성을 나타내는 요소가 무엇인지 살피고자 한다. 특히 종래 동사와 논항만을 상황 유형의 구성 요소로 보았던 견해를 비판하고, 국어에서 '다'와 같은 부사도 완성성 실현에 중요한 구성 요소임을 밝히겠다. 그리고 그런 부사를 완성 사건 유형을 구성하는 상적 요소로 보았을 때, 이것이 국어 문장이 갖는 의미 구조, 아울러 통사 구조의 실현과 관련하여 어떤 설명력을 가질 수 있는지 AspP(Aspect Phrase) 논의와 관련하여 살펴보고자 한다.

(…)
 The tendency is certainly to ignore sentences like *John discovered very valuable treasures* or *John discovered much more than he expected*. As soon as one includes these sentences in the analysis, the question arises of whether it makes really sense to say that these verbs express a point event as part of the verbal meaning."

1) 완성성의 매개변수(parameter)

완성성(telicity)은 문장이 나타내는 본유적인 종결점(endpoint)의 존재 여부와 관련된 개념으로, 시간의 경계를 나타내는 '완료성(perfectness)'과 혼란을 일으키는 경우가 많다. 예를 들어,

(54) 종승이가 한 시간 동안 볼펜을 썼다.

(54)의 경우, '한 시간'이라는 시간적 경계와 '-었-'의 실현에 의해 행위가 완료되었다고, 즉 끝났다고 할 수는 있으나, 행위 내적으로, 이들 요소를 제외하고 '볼펜을 쓰다' 자체가 완성점을 가지고 있지 않으므로, (54)의 문장은 '완성성'이 없는 행위 사건 유형이 된다.[58]

완성성을 나타내는 문장의 구성 요소는 무엇인가. 이 논의를 위해 문장에서 사건 유형의 의미를 구성하는 요소에는 어떤 것이 있는지 살펴보자.

Smith(1991)에서는 문장의 사건 유형은 동사구(VP)[59]의 상적 자질(aspectual value)을 계산하는 규칙에 의해 합성적으로 결정된다고 보았다. 그 규칙은 동사구의 구성소에 선험적으로 할당되어 있는 상적 자질에 의존한다는 것이다. 이에 Smith(1991 : 180~181)는 본유적으로 상적 자질을 가지고 있는 사건 유형의 구성소를 다음과 같이 제시하고 있다. 첫째, 동사는 다음과 같은 상적 자질을 어휘부에서 본유적으로 가지고 있다.

---

58) 이에 대한 자세한 논의는 Depraetere(1995) 참조. 오충연(2006 : 51)에서는 종결(telic)과 완결(completive)을 구분하고 있다. 종결은 "주체의 의도된 동작을 전제로 하여 그것이 이루어졌음을 의미[finish+act]"하고, 완결은 "그 행위의 종결이 행위의 대상에 대하여 의도된 바를 이루었음을 의미"한다. 이는 우리의 용어와 상치되는 면이 있다. 이 책에서 '완성성(telicity)'은 오충연의 '완결'과 같은 개념이다. 종결은 "완료성(perfectness)"이다. 이 점에서 오충연(2006 : 157 각주 89)에서 "임채훈(2006)의 완성성은 종결성에 해당한다."고 지적한 것은 맞지 않다. 이에 대해서는 아래에서 자세하게 논의된다.
59) Smith(1991)에서는 '동사구' 대신에 'verb constellation'이라는 용어를 사용하고 있다.

(55) know   [Stative]
    walk   [Atelic]   [Stage]   [Durative]
    build [Telic]   [Stage]   [Durative]
    cough [Atelic]   [Stage]   [Instantaneous]
    win   [Telic]   [Stage]   [Instantaneous]

(55)에서 'build'와 'win'은 [+telic]의 상적 특성을 갖고 있기 때문에 이러한 동사가 실현된 문장은 완성 사건 유형이 될 가능성이 높다.

둘째, 명사구(NP)도 양화와 한정성에 의해 상적 특성을 나타낼 수 있다.[60]

(56) ㄱ. John ate an apple.
    - Telic Verbs and countable argument NP
    s[$_{NP}$[Count][Tense][View] v[Tel, Dur] ($_{NP}$[Count])]
    ⇒ s[Accomplishment]
ㄴ. John ate apples.
    - Telic Verbs and uncountable argument NP
    s[[NP][Tense][View] v[Tel, Dur] ($_{NP}$[Non-Count])]
    ⇒ s[Activity][61]

(56)에서 'ate'는 [+telic] 자질을 가지고 있지만, (56ㄴ)의 경우처럼 목적어로 실현된 논항이 한정되지 않은, 즉 비가산성의 특징이 있을 경우,

---

[60] Smith(991)에서는 이 밖에도 동사의 분사로 나타나는 영어의 전치사도 동사의 상적 자질과 관련을 맺는다고 보고 있다.

(1) 상적 가치를 변화시키는 전치사(Preposition that change aspectual value)
    Read [Telic]   read in [Atelic]
    Chip [Telic]   chip away [Atelic]

[61] 합성 규칙에 대한 좀더 자세한 논의는 Smith(1991)의 6.4절 참조. 아울러 좀더 광범위한 관점에서의 상 합성 문제는 Verkuyl(1993, 2005), Borer(2005) 등을 참조.

'행위'의 사건 유형이 된다. 이는 목적어가 갖는 의미 특성이 문장의 사건 유형을 결정하는데 중요한 역할을 한다는 것을 말한다.

그러나 유형론적으로 봤을 때, 상적 요소는 위의 Smith(1991)에서 제시한 것 외에도 더 많은 것들이 있다. 예를 들어, Filip(2005)에서 지적한 것처럼, 영어의 경우에는 직접 목적어 DP가 가산 명사(count noun)인지 물질 명사(mass noun)인지가 관사의 존재 여부와 공기하고, 이것은 완성인지 아닌지를 결정하는 것으로 연결된다. 반면, 러시아어는 관사가 없기 때문에 직접 목적어가 완성성을 결정하지 않는다. 그 언어는 (57ㄴ), (58ㄴ)에서 보는 것처럼 동사에 붙는 완료성 접사에 따라 완성성 여부가 결정된다.

(57) ㄱ. Ivan ate soup *in ten minutes / for ten minutes.
ㄴ. Ivan jel^I sup *za desjat' minut / desjat' minut.
Ivan ate soup.SG.ACC *in ten minute.PL.ACC / ten minute.PL.ACC
'Ivan ate / was eating (the/some) soup for ten minutes.'

(58) ㄱ. Ivan ate **the** soup in ten minutes / for ten minutes.
ㄴ. Ivan s-jelP sup za desjat' minut /*desjat' minut.
Ivan CUL-ate soup.SG.ACC in ten minute.PL.ACC /*ten minute.PL.ACC
'Ivan ate up (all) the soup in ten minutes / *for ten minutes.'
'CUL' = culminative use of s-

이 점에서 언어 유형론적으로 완성성을 표시하는 기제는 다를 수 있다는 것을 알 수 있다. 우리말의 경우는 어떠한가. 기존의 논의에서는 동사뿐만 아니라, 목적어로 실현된 논항의 특성도 완성성을 결정한다고 보았다.[62]

(59) ㄱ. 철수가 노래를 부른다.
ㄴ. 철수가 노래를 한 곡 부른다.

---

62) 대표적인 논의로는 이호승(1997), 조민정(2000), 홍윤기(2002) 등을 들 수 있다.

즉, (59ㄱ)은 '노래를'에 한정성이 없으므로 행위 사건 유형이고, (59ㄴ)은 '노래를 한 곡'이 물리적인 완성점을 제시하므로 완성 사건 유형이라는 것이다.

그러나 국어의 목적어 논항이 영어와 같은 관점에서 완성성을 결정한다고 보는 것은 문제가 있다. 왜냐하면 영어의 경우, NP에 [±한정성] 자질이 반드시 부여되는 반면, 국어의 경우는 그렇지 않기 때문이다.[63] 다시 말해서, 영어의 경우는 [+한정성]을 가진 NP와 [−한정성]을 가진 NP가 배타적으로 나타나지만, 국어의 경우는 목적어만으로는 [±한정성]을 알 수 없고, 수량사와 같은, 부가적 요소에 의해 이것이 드러나기 때문이다.

아울러 목적어 논항의 실현과 수량사의 실현이 반드시 완성성을 보장하는 것도 아니라는 것에 주목할 필요가 있다.

(60) 종승이는 편지를 쓸 때, 그 볼펜 한 자루만을 썼다.

(60)의 경우, 목적어로 실현된 '볼펜'에 '그', '한 자루'와 같은 요소가 실현되어 한정되었지만, 이 문장은 '완성' 유형으로 해석되지 않으며, 해석된다고 하더라도 목적어는 '완성' 유형의 완성점 역할은 하지 못하고 있다. 이를 통해, 국어에서는 목적어 논항의 실현이나 목적어 논항의 한정성이 완성성을 보장하지 못한다는 것을 알 수 있다. 그렇다면 국어에는 완성성을 표시하는 요소가 더 이상 없는 것인가. 다음 예문을 보자.

(61) 종승이가 볼펜을 (한 자루) 다 쓴다.

위 예문은 부사 '다'가 사용된 문장인데, (61)과 같이 '다'가 실현된 문장은 (62)에서 볼 수 있는 것처럼 (60)에서와 달리, 수량사의 실현과는 관

---

[63] 이 때문에 최소주의 이론에서 NP 상위에 DP가 존재한다고 보는 견해가 일반화되었다.

계없이 완성 사건 유형이라는 것을 알 수 있다.

(62) ㄱ. 종승이는 편지를 쓸 때, {한 시간동안/한 시간만에} 볼펜 한 자루만을 다 쓴다.
ㄴ. 종승이가 {한 시간동안/한 시간만에} 볼펜을 (한 자루) 다 썼다.

또한 '다'는 완성 사건 유형을 구성하기 어려운 자동사 구문에서도 쓰여 완성 사건 유형을 나타낼 수 있다.

(63) ㄱ. 다 잤니?
ㄴ. 응, 다 잤어.
ㄷ. 아니, 다 못 잤어.64)

(64) 영희는 철수와 다 놀고 나서야 집에 돌아왔다.

'자다'와 '놀다'와 같은 동사는 [−완성성]을 갖는 동사이다. 그러나 위의 예에서 보는 것처럼, '다'와 어울려 쓰이면서 완성 사건 유형을 구성할 수 있다. 따라서 국어에서 '다'와 같은 완성성 부사는 영어의 DP나, 러시아어에서 완성을 나타내는 동사 접사처럼 완성성을 제시하는, 즉 상적 자질을 가지고 있는 구성 요소로 봐야 한다.

정리하면, 국어에서 완성성이 나타나는 환경은 다음과 같다.

(65) 완성성 [완성 사건 유형]
ㄱ. V[+완성성]

---

64) '다'가 완성이 아닌 '완료/종결'이라 보고 동작류의 층위가 아니라고 보는 견해가 있다. 오충연(2006) 참조. 그러나 (63ㄷ)을 보면 자는 행위는 완료되었지만, 화자가 의도했던 목표는 완성되지 않았다는 의미를 나타낸다. 따라서 '다'는 '종결'이 아닌 '완성'과 관련된 요소로 보아야만 한다.

예) 빨래가 마르다, 얼음이 얼다 등
ㄴ. NP[+수량성] V[+완성성]
예) 맥주 한 잔을 마시다, 집 한 채를 짓다 등
ㄷ. NP[±수량성] ADV(P) V[±완성성]
예) 맥주를 다 마시다, 집을 다 짓다 등

(65ㄷ) 부사어 자리에 올 수 있는 요소가 무엇인지 살펴보자. 앞서 '다'가 이러한 기능을 가지고 있다고 보았는데, 이와 유사한 의미를 가진 다음의 부사들도 모두 상적 의미에 관여하는 요소로 보아야 할 것인가.

(66) 모두, 모조리, 전부 ······

이들을 '다'와 비교해 보면, 다른 특징을 갖고 있다는 것을 알 수 있다. 첫째, 이들은 '다'와 (동어반복이 아니라는 입장에서) 공기할 수 있으며, 순서에 있어서도 차이를 보인다.

(67) 철수가 이번 모임에서 동창들을 {모두 다/*다 모두} 만났다.

또한 (66)의 부사들은 반드시 복수의 대상이 존재해야만 한다는 제약이 있지만, '다'는 그러한 제약에서 자유롭다.

(68) ㄱ. 철수가 노래 한 곡을 ?모두/다 불렀다.
ㄴ. 가 : *모두/다 잔 거니?
나 : 응. *모두/다 잤어.
ㄷ. 벌써 학교에 *모두/다 왔네.

아울러 양태 부사와의 공기 관계에 있어서도 차이를 보인다.

(69) ㄱ. 유승이는 밥 세 공기를 {모두 빨리/*빨리 모두} 먹었다.
　　 ㄴ. 유승이는 밥 세 공기를 {다 빨리/빨리 다} 먹었다.65)

위의 현상에서 알 수 있는 것처럼, '모두, 모조리' 등은 '다'와는 다르게 해당 명사와의 결속 관계가 아주 중요하다. 이는 수량사와 깊은 연관성이 있으며, 그와 같은 관계에서 '완성성'이 생긴다고 볼 수 있다. 우리의 입장은 '모두' 등과 같은 부사가 완성성에 관여하더라도 그것은 수량사의 기능과 관련하여 완성성과 관계하는 것이지 '다'와 같은 위치와 기능을 가진 것은 아니라고 본다. 즉 이들은 (65ㄴ)에 해당하는 완성성이라고 보겠다.

2) AspP와 완성성 부사

최근에 완성성은 단순히 문장의 사건 유형을 나타내는 의미적인 특성에 그치는 것이 아니라, 구조적인 차이를 유발하는 기능적 특성이기도 하다는 견해가 제기되었다. 즉, 목적어의 실현 유무, 목적어의 한정성 여부가 문장이 나타내는 완성성 여부와 깊은 관련을 맺으면서, '상(aspect)'이라는 요소를 의미와 통사를 연결하는 교각(橋脚)과 같은 것이라고 보는 것이다. 따라서 완성성은 전형적으로 VP 위에 통사적으로 실현되는 기능적 요소로서 하나의 구적 단위를 형성하는 핵의 역할을 갖게 된다.66) 최소주의에서도 주격 일치소나 목적격 일치소와 같은 기능적 핵을 상정하기는 했다.

---

65) '다 빨리'와 '빨리 다'는 의미가 다르다. 전자의 경우는 (69ㄱ)과 같은 의미로 '빨리'가 밥 한 공기 별로 양태를 표현하지만, 후자의 경우는 하나의 사건으로서 양태를 의미한다.
66) 이런 입장은 다음과 같이 다양한 용어와 관점으로 나타나고 있다. AspP ('aspect phrase', Travis(1991), McClure(1994), Ramchand(1997, 2002), Borer(2005) 등), AgrO[1] ('object agreement', van Hout(1998, 2001); Ritter and Rosen(1998) 등), ASPQ ('quantity aspect', Borer(1994) 등).

그러나 상적 특성을 기능적 핵이라고 보는 견해들은 여러 언어에 나타나는 현상을 통해 그러한 요소와 구조를 상정하는 이유를 경험적으로 증명하고 있다. 예를 들어, Ramchand(1997)에서는 Scottish Gaelic어[67]에 나타나는 우언적 구문(periphrastic construction)의 특징을 통해 AspP의 타당성을 경험적으로 증명하고 있다.

(70) Thami   ag   iarraidh   a'bhuill.
     Be-PRES   I-DIR 'ag'   want-VN   the ball-GEN
     'I want the ball.'

(71) Thami   air   am ball   iarraidh.
     Be-PRES   I-DIR 'air' the ball-DIR want-VNOUN
     'I have got the ball.'

이 언어에서 'iarr-'은 '얻으려고 하다(seek to get)'와 같은 의미를 가지고 있는데, (70)에서 보는 것처럼 분사 'ag-'가 붙으면 '원하다'의 의미, 즉 상태의 사건 유형이 되고, (71)에서처럼 'air-'가 붙으면 '얻다'와 같은 의미로, 완성의 사건 유형이 된다. 그런데 문제는 이 두 구문에서 대상(theme)이 되는 'ball'이 상태 사건 유형에서는 소유격으로 실현되고 반드시 'iarr-' 동명사에 후행해야 하는 반면, 완성 사건 유형에서는 동명사에 선행해야만 한다는 것이다. Ramchand(1997)에서는 이러한 상이한 구조적 실현의 문제를 AspP의 설정을 통해 해결하였다.

---

[67] 이 언어는 VSO 언어이다.

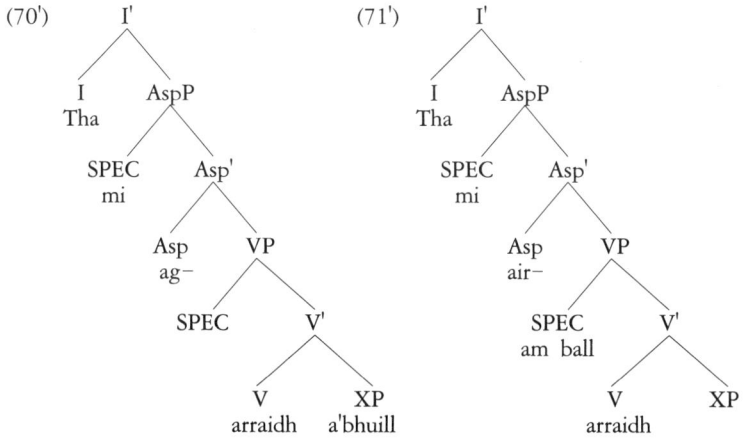

즉 'air-'에 의해 완성성이 실현된 구문에서는 VP의 지정어 위치에 대상(theme)이 실현되고, 이는 Asp의 상적 특성에 의해 결속된다. 이는 일반적인 타동사 구조와도 잘 연결된다.

(72) ㄱ. Dh'iarr　　　　mi　　　am ball.
　　　 Iarr-PAST　　　　I-DIR　　the ball-DIR
　　　 'I got the ball.'
　　ㄴ.

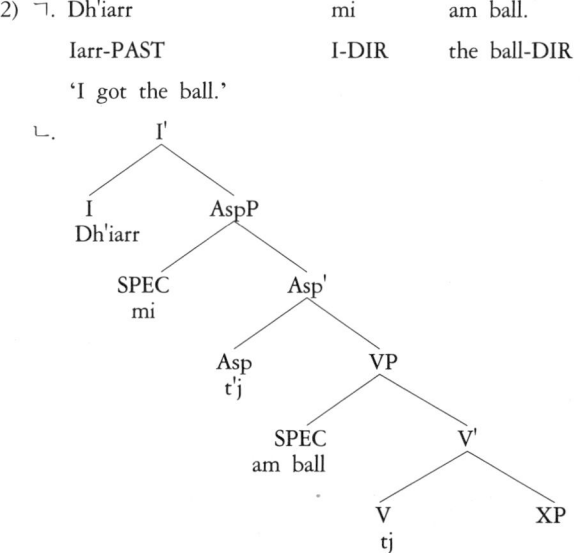

박소영(2004 : 39)에서도 이러한 견해와 맥을 같이하여 국어의 동사구 구조를 다음과 같이 상정하였다.

(73)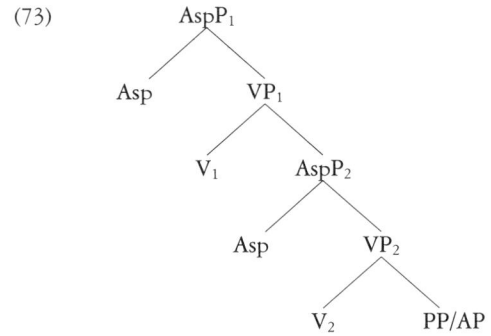

박소영(2004)에서는 Tavis(2000)에서와 같이 VP_1과 VP_2 사이에 하나의 AspP를 두는 입장을 취하되, VP1 위에 또 하나의 Asp를 두어, 모두 두 개의 AspP를 설정한다. 전자를 $AspP_2$, 후자를 $AspP_1$으로 명명하고, '$AspP_2$'는 동사와 내적 논항과의 결합에 의하여 결정되는 상적 특질을, '$AspP_1$'은 $AspP_2$의 외적 논항과 여러 상적 형식이 결합하여 이루어지는 상적 특질을 반영하는 것으로 보았다.68) 그리고 각각의 영향권을 가지는 부사, 즉 정도 부사는 $AspP_2$의 영역을, 양태 부사는 $AspP_1$의 영역을 갖고 부가된다고 보았다. 이와 같은 관점에서 정도 부사의 수식을 받는 동사구문의 구조를 다음과 같이 보았다.

---

68) 이러한 견해는 Verkuyl(1993), Travis(in prep.) 등에서의 Inner/Outer Aspect, Smith(1991)에서의 상황 유형과 관점상의 구별과 유사하다. 모두 사건 내적인 시간적 특성과 관점에 의한 상을 구별하려는 노력들이다.

(74) ㄱ. 채소가 아주/매우/거의 시들었다.
ㄴ.

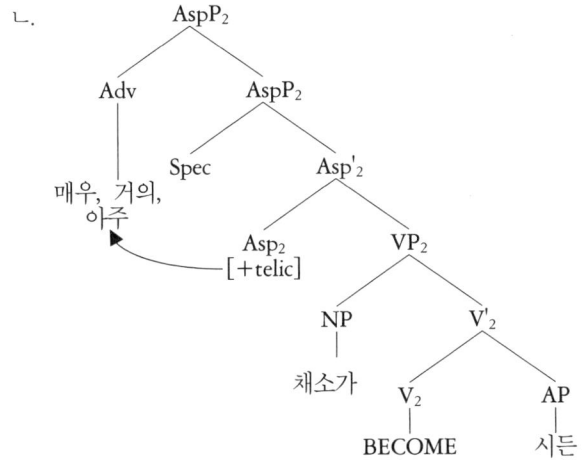

그러나 박소영(2004)의 견해는 몇 가지 의문과 더불어 문제점이 존재한다. 첫째, 국어에 AspP를 설정해야 하는 이유와 타당성에 대한 설명이 부족하다. 적어도 새로운 통사적 단위를 상정하려면 그러한 구조를 설정해야 하는 경험적 증거가 있든지, 아니면 AspP의 지정어나 보충어 자리가 반드시 있어야 하는 국어 문장의 통사적 특징을 제시하든지 해야 할 것이다. 부가되는 부사어의 수식 영역을 위해 그러한 구 단위가 존재한다고 보는 것은 타당성의 정도가 약하다.69) 우선 AspP$_2$의 지정어(spec) 위치가 비어 있다. 위와 같이 지정어 자리가 항상 비어 있다면 AspP라는 통사적 범주가 진실로 국어에서 설정되어야 하는 것인지 설득력을 갖기 어렵다. 또한 '매우 채소가 시들다'보다는 '채소가 매우 시들다'가 훨씬 자연스러운 문장 구성인데, (74)는 이런 언어 현실을 반영하지 못하고 있다.70)

---

69) Cinque(1999)에서는 부사어의 수식 영역과 관련하여 스무 개의 이상의 구적 단위를 세분하는 경우가 있었다.
70) 물론 '채소'가 주격을 받기 위해서 상승하면 '채소 매우 시들다'의 어순을 설명할 수 있다. 하지만, 상위의 AspP$_1$에 부가되는 양태 부사 '빨리'에 하위에 부가되는 정도

둘째, 박소영(2004 : 39)에서는 'AspP₂'가 동사와 내적 논항과의 결합에 의하여 결정되는 상적 특질, [±telic]을 반영하는 것이라고 보고 있다. 그런데, 앞서 (61)~(64)와 같은 예들에 나오는 완성성은 동사나 그의 논항으로부터 기인하였다고 보기 어렵다. 오히려 이 경우에는 부사가 [+완성성]에 영향을 미치고 있다고 봐야 할 것이다. 그렇다면 이때의 부사는 어느 위치에서 실현되어야 할 것인가. 박소영(2004)에서는 정도 부사와 양태 부사의 위치를 구별하기 위해 AspP를 설정하고 있으나, 진정 AspP와 관계가 있는 부사에 대해서는 논의를 하고 있지 않다. 우리는 이 부사가 AspP에 부가되어 Asp에 의해 허가된다고 보기보다는 이들이 AspP의 완성성을 부여하는 것으로 보겠다. 즉 이들은 AspP 위에 부가되는 부사어가 아니라 VP 위에 부가되는 부사어로 봐야 할 것이다.

이와 같은 견해는 다음과 같은 이점을 갖는다. 첫째, AspP에 대한 경험적 타당성을 획득할 수 있다. 앞서 지적한 대로, AspP가 하나의 통사적 범주로 인정받기 위해서는 핵의 존재뿐만 아니라 지정어나 보충어 자리의 필요성까지 설명되어야 한다.

우선 우리가 설정하고 있는 동사구(VP)의 기저 구조를 살펴보자.

부사 '매우'가 실현될 수 없다는 점, 즉 "*채소가 빨리 매우 시들다."가 안 되는 점을 감안하면 여전히 문제점이 남아 있다.

(75)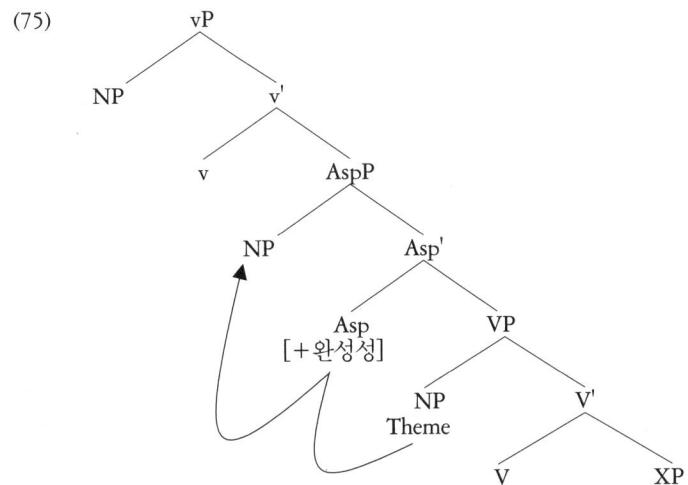

　Asp는 [±완성성(telic)]을 나타내는 기능적 핵이다. 이는 문장이 드러내는 완성성 여부가 반영되어 있는 곳이다. 이 기능적 핵의 상적 특성은 동사, 그리고 논항과의 상적 합성을 통해 결정될 수도 있고, VP₂에 부가된 부사 '다'의 실현을 통해서도 결정된다. 만약 Asp에 [+완성성]이 있을 경우, VP₂ 아래 있는 대상역(theme) NP는 AspP의 지정어 자리로 이동하게 되는데, 이때 이동한 NP는 Asp의 [+완성성]에 영향을 받게 되므로 완성 사건 유형의 척도(Measure)가 된다.[71]

　이는 우선 다음과 같은 차이를 쉽게 설명할 수 있다.

　　(76) ㄱ. 종승이가 볼펜을 썼다.
　　　　ㄴ. 종승이가 볼펜을 다 썼다.

(76ㄱ)의 경우는 VP₂ '볼펜을 쓰다'가 [+완성성]이 없기 때문에 NP

---

71) 상적 역할로서 '척도'에 대한 자세한 논의는 Tenny(1994), 양정석(2001), 홍윤기(2002) 등을 참조.

'볼펜을'이 AspP의 지정어 위치로 이동하면 [-완성성] 자질을 갖는 목적어가 된다. 따라서 이 문장은 완성 사건 유형도 아니며 '볼펜을'이 완성의 척도가 되지도 않는다. 반면 (76ㄴ)의 경우는 부사 '다'의 실현이 [+완성성]이 존재한다는 것을 나타내므로, '볼펜을'은 AspP의 지정어 위치로 이동하고 완성 사건 유형의 척도가 된다. 즉, 이때의 '볼펜'은 '볼펜의 잉크액'이든지 '볼펜의 용도'이든지 척도로서의 의미를 지니게 되고, 전체 문장은 완성 사건 유형의 의미를 갖게 된다.

오충연(2006)에서는 우리와 달리 부사 '다'가 완료성과 관련이 있는 것으로 보고 있다. 즉 사건 유형이 가지는 내적인 목표와 관련된 완성이 아니라 어떤 행위가 끝나는 것과 관련된다는 것이다. '다'와 같은 부사는 술부의 종결상 표시 기능을 강화하는 역할을 하는 것으로 본 것이다.

(77) ㄱ. 밥을 다 먹었어요.
ㄴ. 밥을 다 먹어서 남아 있지 않아요.
ㄷ. 밥은 남아 있지만, 저는 다 먹었어요.
ㄹ. 밥은 남아 있지만, 이만큼이면 저는 다 먹은 거예요.

(77ㄱ, ㄴ)은 목적어의 양화성과 관련하여 완성의 의미가 가능하지만 (77ㄷ)은 주어의 행위 종료를 나타내는 것이기 때문에 '다'의 기능을 종결 강화로 보는 것이 타당하다고 본 것이다. 그러나 오충연(2006)에서 이를 '성취적 종결성'으로 볼 수도 있다고 한 것에서 알 수 있듯이 이때의 '다'를 단순한 행위의 종료라고 보기는 어려울 듯하다. 다시 말해서 (77ㄷ)과 같이 말하기 위해서는 행위의 완성으로서의 목표점을 상정하지 않고서는 위와 같이 말하기 어렵기 때문이다. 이는 (77ㄹ)을 통해서 확인할 수 있다. 이때 '다'와 같은 완성성을 전제하는 부사가 가능한 것은 '밥 한 공기'가 아니라 화자가 상정한 '이만큼'이 척도로서 기능하고 있기 때문이다. 이에

우리는 부사어 '다'가 AspP의 하위의 부가되어 '[+완성성]'과 관련된 상적 역할을 하는 것으로 본다.

둘째, 두 가지 기능을 가지고 사용되는 '다'의 차이를 구조적으로 명시할 수 있다. '다'는 명사구를 양화하는 것과 사건의 완성성을 표시하는 것, 두 가지로 나눌 수 있다.[72] 그와 같은 관점에서 다음 문장은 두 가지의 의미를 가지고 있다.

(78) 사람들이 다 모였다.

'다'가 '사람들'을 양화하는 경우는 단순히 '사람들 모두'라는 의미로 사건에 대한 상적 특성과는 관련이 없다. 즉 사람들이 어떤 내적 시간의 과정을 통해 모이게 되었는지와는 관련이 없다. 반면 '다'가 모이는 사건의 완성성을 나타낼 때는 내적 시간의 과정, 예를 들어 사람들이 하나둘 모여 이제 다 모였다는 의미를 갖게 된다. 전자의 경우에는 '사람들'과 '다'가 수량사 구문과 같은 NP 구성[73]을 갖게 되고, 후자의 경우는 '다'가 AspP의 아래에서 실현되게 된다. 이러한 구조적 차이는 다음과 같은 문장을 통해서도 분명히 확인할 수 있다.

(79) ㄱ. *?사람들이 다 한 시간 만에 모였다.
ㄴ. 사람들이 한 시간 만에 다 모였다.

---

72) 『표준국어대사전』에도 이러한 차이가 정의를 통해 구분되어 있다.
다 「부」「1」남거나 빠진 것이 없이 모두. ¶올 사람은 다 왔다./줄 것은 다 주고, 받을 것은 다 받아 오너라./남들이 다 가는 고향을 나는 왜 못 가나.≪박경리, 토지≫§
「2」행동이나 상태의 정도가 한도(限度)에 이르렀음을 나타내는 말. ¶신이 다 닳았다./사람이 다 죽게 되었다./시간이 다 되었으니 돈을 내놓아야지요.≪염상섭, 윤전기≫§
73) 수량사 구문의 통사 구조는 김지홍(1994), 시정곤(2000) 등 참조.

완성 사건 유형과 공기하는 부사어 '한 시간 만에'가 (79ㄴ)에서만 나타날 수 있다는 것은 앞서의 구조와 관련해서 쉽게 설명된다. '모이다'는 기본적으로 행위 유형을 나타내는 동사이다. 그런데 '한 시간 만에'가 실현되었다는 것은 이 문장이 완성 유형의 사건 유형이라는 것을 말한다. 더불어 '다'도 완성성을 부여하는 기능을 가져야지 명사구를 양화하는 기능을 가져서는 안 된다. 그런데 완성성과 관련한 부사 '다'는 AspP의 하위에 부가되어야 하므로, 반드시 AspP의 상위에 부가되는 '한 시간 만에'보다 하위에 실현되어야 하는 것이다. (79ㄱ)이 어색하거나 비문이 되는 이유가 바로 이것이다.

셋째, '타동사적 처소교차 구문',[74] 일명 'spray/load' 유형에 나오는 격교체 현상을 설명할 수 있다.

(80) ㄱ. 인부들이 건물 벽에 페인트를 칠했다.
ㄴ. 인부들이 건물 벽을 페인트로 칠했다.

대개 이들 두 문장을 비교하면서, 그들의 의미 차이를 '부분/전체'의 차이로 보고 있다. 이러한 의미 차이는 기본적으로 목적어로 무엇이 실현되었는지에 따라, 그 완성성의 척도가 달라지는 것에 의한 결과이다. 즉 (80ㄴ)의 경우는 '건물 벽'이 AspP의 지정어 자리에 오면서 사건의 완성점이 되고, 그 때문에 '전체'의 의미가 발생하는 것이다. 반면 (80ㄱ)은 '페인트'가 목적어로 실현되어 AspP의 하위에서 완성성의 척도가 될 수 있는 후보가 된다. 이때 '건물 벽'은 완성성의 척도가 되지 않으므로, '전체'와 관련된 의미를 갖지 않는다.

---

74) '타동사적 처소교차 구문'이 다른 처소교차 구문과는 구별되는 존재라는 사실은 연재훈(1998)에서 밝히고 있다.

그런데 양정석(2002 : 213)에서는 다음의 예문을 통해서 "목적어가 한계성을 내포하는 '잣대'가 되어 사건을 재어 나눈다는 Tenny의 예측이 들어맞지 않는다"고 했다.

(81) 인부들이 그 페인트를 건물 벽에 칠했는데, 페인트는 아직 남아 있다.

그러나 (81)의 경우는 위에서 지적했던 것처럼 국어의 목적어가 반드시 완성성의 척도가 되지 않는 것과 관련된 것이다. 다음의 예문과 같이, '다'에 의해 완성성이 분명히 드러난 경우, '목적어'의 실현이 완성성의 척도와 정확하게 연결된다는 것을 알 수 있다.

(82) ㄱ. #인부들이 건물 벽에 남아 있던 페인트를 다 칠했다. 그래도 페인트가 남았다.
ㄴ. 인부들이 건물 벽을 남아 있던 페인트로 다 칠했다. 그래도 페인트가 남았다.

(82ㄱ)의 경우는 '남아 있던 페인트'가 AspP의 지정어 위치에 있으므로, '완성성'의 척도가 된다. 그런데, '다'에 의해 '완성'이 이루어졌으므로, 척도의 대상이 남아 있다고 말하는 것은 이상하다. 반면, (82ㄴ)의 경우는 '건물 벽'이 AspP의 지정어 위치에 있게 되고, '완성성'의 척도가 된다. 이에 따라 '다'에 의한 '완성'은 '건물 벽'에 있게 되고, '페인트'가 남아 있다고 하는 말하는 것은 이상한 것이 아니다. 이처럼 처소 교차구문에서의 격교체 현상은 AspP를 설정함으로써, 의미와 구조적인 측면 모두에서 설명력을 가질 수 있다.

2.4. 사건의 실제적 적용과 분석
－반복 사건 표현을 중심으로

모든 경험은 다시 할 수 없다.
— 이탈로 칼비노

앞선 절에서 문장의미로서 사건의 본질, 사건 논항의 설정, 사건의 구조적 실현 등에 대해 논의했다. 이러한 문장의미에 대한 설정과 이해가 국어 문장의 의미 연구에 어떤 설명력을 갖는지 대상을 한정하여 실제적으로 적용하고 분석하고자 한다. 우선 전체로서의 사건이 문장의미 형성에 있어 유의미한 단위라는 것을 입증하는 것이 선결되어야 한다. 이 점에서 단문의 의미 안에 사건의 반복이 나타난다는 것은 의미 개체로서의 사건이 언어 안에서 유의미한 단위를 형성하고 있다는 것을 잘 보여주는 현상이라 할 수 있다. 더불어 전체로서의 사건과 구성 성분 간의 의미관계를 보여 주는 데에도 좋은 논거가 되리라 생각한다. 2.4절에서는 반복 사건을 나타내는 국어 문장의 의미 구성을 살펴보는 것을 통해 사건에 기반한 문장의미 구성 연구가 얼마나 타당성이 있는지 밝히고자 한다.

이번 절의 세부 목표는 다음과 같다.

첫째, 사건 반복의 개념 정립 : 우리는 어떻게 사건의 반복성을 파악하는가. 사건의 반복성을 판별하기 위한 개념 조건은 무엇인가.

둘째, 사건 반복의 구성 요소 : 사건 반복의 문장의미를 가능하게 하는 문장의 주요한 요소들은 무엇인가.

셋째, 요소 간의 상호 작용을 통한 반복 의미 형성 : 문장의 여러 구성 성분들이 어떤 상호 작용을 통해 반복 사건의 문장의미를 형성하는가.

종래 사건 반복 혹은 빈도의 의미와 관련된 연구는 대개 두 번째 문제

와 관련하여 문법 범주별로 그 의미를 살펴보는 데 국한되어 있었다. 특히 반복을 나타내는 동사 혹은 동사에 붙는 선어말어미, 보조용언 등의 상적 특성과 같이 그 연구의 영역이 서술어로 제한되어 있었다. 그런데 이 책의 기본 입장은 문장의 어떤 요소가 반복성을 가지고 있느냐에 초점이 놓인 것이 아니라, 전체로서의 문장이 사건 반복을 어떻게 의미하는지에 초점이 놓여 있기 때문에 기존의 견해와 구분된다. 즉 문장을 이루는 구성 요소가 반복성을 가지고 있지 않더라도, 전체와의 관계 혹은 부분들 간의 상호 작용을 통해 의미 생성이 가능할 수 있다고 본다. 따라서 세 번째와 같은 목표 또한 문장의미 연구에서 중요하다고 할 수 있다.

2.4.1. 사건 반복의 개념과 기준

1) 복수 사건의 매개변수(parameter)

Cusic(1981 : 76~111)에서는 사건 혹은 행위의 복수성을 체계적으로 살피기 위해 다음과 같이 네 가지 사건 복수성(event plurality)[75])의 매개변수를 설정하고 있다.

(83) ㄱ. 국면/사건/경우의 매개변수(the phase/event/occasion parameter)
    ㄴ. 상대적 측량 매개변수(a relative measure parameter)
    ㄷ. 연속성 매개변수(a connectedness parameter)
    ㄹ. 배분성 매개변수(a distribution parameter)

먼저 '국면/사건/경우의 매개변수'는 다음과 같은 예문을 통해 그 개념을 파악할 수 있다.

---

[75]) 이러한 현상이 최근 언어 연구의 한 분야를 형성하면서 'pluractionality'라는 용어가 생기기도 했다.

(84) ㄱ. The mouse nibbled the cheese.
　　ㄴ. The mouse nibbled the cheese again and again on Thursday.
　　ㄷ. Again and again, the mouse nibbled the cheese on Thursday.
　　　　　　　　　　　　　　　　　　　　　　—Cusic(1981 : 65)의 예

(84ㄱ)의 경우는 nibble이라는 동사의 의미—'take a little bite'—를 통해 사건 안에서 이루어진 내적 복수성을 표현한다[the level of phases]. 동사가 의미하는 행위 안에 여러 국면이 반복하여 나타난다고 할 수 있다. (84ㄴ)은 목요일 하루 안에 nibble이라는 행위가 여러 번 반복되었다는 것을 의미한다[the level of events]. 전자가 여러 국면이 동사의 의미 안에 통합되는 것과는 달리, 후자는 동사가 의미하는 행위가 반복되는 것이라고 할 수 있다. (84ㄷ)은 치즈를 갉아먹는 행위가 목요일마다 이루어졌다는 것을 의미한다[the level of occasions]. 동사가 의미하는 유형 사건이 단순히 반복되는 것이 아니라 목요일이라는 상황 요소까지 포함하여 반복되는 것이다. 그러나 '사건 반복'과 '경우 반복'은 유형론적으로 구별 표지가 거의 나타나지 않는다고 한다. 우리의 입장에서도 '사건 반복'과 '경우 반복'이 유의미하게 구별되는 것인지 의심스럽다고 보고 이를 구별하지 않는다. 우리는 (84ㄱ)과 같은 예를 사건-내적 반복(Event-internal Repetition, 이하 축어로 IR)으로, (84ㄴ, ㄷ)과 같은 예를 사건-외적 반복(Event-External Repetition, 이하 축어로 ER)으로 부르겠다.

이러한 의미가 언어 범주를 형성하고 있다는 것을 몇몇 언어를 통해 확인할 수 있다. 예를 들어, 북부 캘리포니아의 인디언 언어의 하나인 Yurok어는 이를 구분하는 표지가 독립적으로 존재한다.

(85) wi　'o　　kegemol-e'm
　　 PRO LOC　steal.ER-2SG

'You are always stealing there' [kemol-, 'steal']

(86) kic   pegpegoh   ku   yohlko
     PERF   split.IR   ART   log
     'I made the log into kindling' (split it all up) [pegoh, 'split']
                                                    ─Wood(2002 : 1)

(85)의 경우 '-eg-'는 사건-외적 반복, 여기서는 습관적 의미를 표상하는 데 사용되는 표지이고, (86)에서 어간의 중첩(re-duplication)은 사건-내적 반복을 표상한다.76)

둘째, '상대적 측량 매개변수'는 반복과 관련된 어감을 나타낸다. 예를 들어 한국어 빈도 부사어의 경우, 그 빈도의 정도에 따라 '항상>자주, 종종>가끔' 등의 차이를 보여 주고, '점점'의 경우는 증가 및 감소와 관련하여 사건 반복을 나타낸다.

셋째, '연속성 매개변수'는 경계(bounds)의 상대적 부각과 관련된 것이다. 앞서 '국면/사건/경우의 매개변수'와 관련하여 국면 층위의 사건 내적 반복은 경계가 분명하지 않고 연속적인 특성을 갖는 반면, 사건 층위의 사건 외적 반복은 불연속적인 특성을 갖는다. 주로 국면 층위의 사건 반복은 동사가 나타내는 사건으로 단일하게 통합되는 반면, 사건 층위의 외적 반복은 외적으로 단위화된 사건의 반복이므로 불연속적이게 된다. 극단적인 연속의 반복은 '행위성(activity)' 동작류의 진행을 들 수 있다. 예를 들어 '달리고 있다'는 다양한 행위 국면의 완전한 연속을 의미한다. 반면 국어의 '-곤 하다'는 불연속적인 사건만을 나타낸다고 할 수 있다.

넷째, '배분성 매개변수'는 시공간 안에서 행위자로부터 행위자를, 행위로부터 행위를, 물체로부터 물체를, 속성으로부터 속성을 분리하는 것을

---

76) 더 자세하고 풍부한 유형론적 관찰은 Cusic(1981), Xrakovskij(1997) 참조.

말한다. 즉 반복 의미의 생성은 시간이나 공간의 논리를 통해 사건을 분리하여 파악함으로써 생기는 것이라고 말할 수 있다.

Cusic(1981)이 다소 비형식적인 접근이었다면, Lasersohn(1995)에서는 이러한 특성들을 형식적으로 잘 표상하고 있다. 동사의 복수행위적(pluractional, PA) 의미를 나타내기 위한 골격(skeleton)은 다음과 같다고 보았다.

(87) V-PA(X) ⇔ $\forall e \in X[V(e)]$ & card(X) ≥ n

　　　　　　　　　　　　　　　　　—Lasersohn(1995 : 242) (13.2)

즉 복수화된 동사는 X[V(e)]이면서 n번 이상인 사건을 의미한다. X의 수(cardinality)는 화용적으로 결정된다고 보았다. 그러나 위의 표상은 배분성 매개변수를 명시적으로 드러내지 못하기 때문에 더 정교하게 명세할 필요가 있다. Lasersohn(1995)은 시간, 공간, 참여자가 겹쳐지지 않도록 요구하는 절을 추가한다.

(88) V-PA(X) ⇔ $\forall e, e' \in X[V(e)$ & $\neg f(e) \circ f(e')]$ & card(X) ≥ n

　　　　　　　　　　　　　　　　　—Lasersohn(1995 : 251) (13.5)

f는 시간적, 시공간적, 혹은 V에 의해 할당된 의미역을 가리킨다. 사건 반복은 시간적, 시공간적, 혹은 의미역의 차이를 통해 배분성이 확보되면서 성립될 수 있다. 예를 들어 연속성 매개변수의 차이는 다음과 같이 나타낼 수 있다.

(89) ㄱ. V-PA(X) ⇔ $\forall e, e' \in X[V(e)$ & $\neg \tau(e) \circ \tau(e')]$ & $\exists t[between(t,$
　　　　$\tau(e), \tau(e'))$ & $\neg \exists e''[V(e'')$ & $t=\tau(e'')]]$ & card(X) ≥ n

ㄴ. V-PA(X) ⇔ ∀e, e' ∈X[V(e) & ¬τ(e) o τ(e')] & ¬∃ t[between(t, τ(e), τ(e')) & ¬∃e"[V(e") & t=τ(e")]] & card(X) ≥ n

— Lasersohn(1995 : 254) (13.9/10)

(89ㄱ)의 경우는 사건 외적 반복을 나타내는 것으로서 불연속적인 사건의 배분을 나타낸다. 두 사건 사이에 t라는 시간이 존재하고 이 시간에 V에 의해 지시되는 사건이 존재하지 않기 때문이다. 반면 (89ㄴ)의 경우는 사건 내적 반복을 나타내는 것으로서 연속적인 사건의 반복을 나타낸다. 즉 두 사건 사이에 t라는 시간이 존재하지 않고 더불어 V 유형이 아닌 사건이 존재하지 않으므로 연속적이라 할 수 있다.

2) 반복 사건의 조건과 기준

다음에서는 위의 Cusic(1981)과 Lasersohn(1995)의 견해를 일차적으로 수용하되, 국어의 현상을 바탕으로 사건 반복[77]의 개념과 기준을 좀더 정교하게 정립하고자 한다.

먼저 항상 사건의 반복성을 전제로 하는 부사어 '또'의 특성을 살펴본다.

화자가 다음과 같은 사건을 목격했다고 가정하자.

(90) 목격 사건 : 유승이가 거실에서 라면을 빨리 먹는다.

화자는 이 사건을 목격한 후 다음과 같이 다양하게 그 반복성을 표현할

---

[77] 사건 반복은 철학적으로도 주요한 논제였다. 즉 시공간적으로 한정된 특정한 개체가 어떻게 반복될 수 있는가에 대한 문제 제기와 그에 대한 해결 과정이 철학적인 관점에서 논의되었다. 자세한 논의는 김영정(1997), Brandl(2000) 참조.

수 있다.

> (91) ㄱ. 또 유승이가 먹네. / 또 라면을 먹네. / 또 빨리 먹네. / 또 거실에서 먹네.
> ㄴ. 또 라면을 빨리 먹네. / 또 거실에서 라면을 먹네. / 또 거실에서 빨리 먹네.
> ㄷ. 또 거실에서 라면을 빨리 먹네.

(91ㄱ)은 두 가지 구성 성분의 동일성, (91ㄴ)은 세 개의 동일 구성 성분의 동일성, (93ㄷ)은 네 개의 구성 성분을 가지고 반복성을 포착하고 있다.78) 예를 들어 "또 거실에서 먹네."의 경우, 행위자가 누구이든 먹는 대상이 무엇이든 먹는 방식이 무엇이든 관계없이 먹는 행위와 장소의 동일성을 바탕으로 반복성을 포착하였다. 이 경우 공통성이 없는 구성 성분에 대해서는 실현이 제약된다. 예를 들어, "또 거실에서 먹네."의 경우는 먹는 대상과 관련된 성분이 실현되어 있지 않으므로 먹는 대상의 동일성이 없는 경우 '라면을'과 같은 목적어가 실현되면 안 된다. 만약 실현된다면 '라면을'도 반드시 반복 사건의 공통 구성 요소이어야 한다.79) 이 점에서 보면 이들 문장에서 필수 성분과 부가 성분을 가르는 기준은 '서술어의 의미 구조'보다는 사건 구성의 동일성이 그 제약 조건이 된다고 할 수 있다.

---

78) 위의 경우 청자가 유승이라면, (91)의 모든 문장은 행위주의 동일성도 기반이 된 것이라고 할 수 있다. 그러나 청자가 다른 사람일 경우는 행위주의 동일성이 반드시 전제되지는 않는다.
79) 물론 다른 동일 구성 요소가 생략되고 초점이 되는 요소만 실현된 것으로 볼 수도 있다. 그렇다고 항상 필수 성분이 생략된 거라고 말할 수는 없다. 그럴 경우 '누가', '무엇을'을 같은 말이 생략되었다고 봐야 한다. 이 점에서 필수 성분은 '무엇을' 등으로 표현할 수 있지만 다른 부가 성분은 그렇게 생략된 말로 표현하기 어렵다는 점도 필수 성분과 부가 성분을 나누는 기준이 될 수 있을지 모른다.

(92) ㄱ. 또 먹는 거니?80)
ㄴ. 또 유승이/너니?
ㄷ. 또 거실이니?
ㄹ. 또 라면이니?
ㅁ. 또 빨리니?

(92)의 경우는 사건을 구성하는 요소들 중 하나라도 공통성이 있으면 반복 사건을 나타낼 수 있다는 것을 보여 준다. 예를 들어 "또 거실이니?"의 경우, 다른 구성 요소들은 전혀 공통성이 없이 거실이라는 장소의 동일성을 두고 이와 같은 표현이 가능하다. 즉 앞서 (90)의 사건, 즉 '유승이가 거실에서 라면을 먹은 사건'과 '종승이가 거실에서 숙제를 한 사건'을 화자가 모두 목격하고 '거실'이라는 공통성을 통해 (92ㄷ)과 같이 표현할 수 있다는 것이다.81)

---

80) "또 먹니?"의 경우는 행위자가 청자이면서 행위자의 반복성도 전제하는 경향이 있다. 반면 "또 먹는 거니?"는 그러한 전제가 없이 해석될 수 있다. 이는 사건의미론에서 'eat(e)'라고 하지 않고 'eating(e)'이라고 표상하는 것과 관련이 된다. 이 형식은 원래 'activity(e)=eating'과 같이 표상되어야 하나 편의상 위와 같이 하는 것이다. 동사의 경우는 하나의 개체로 인식하기 어렵기 때문에 명사형으로 바꿔 표상해야 한다.
81) 조사 '-도'의 경우도 사건 반복과 관련이 된다.

(1) 종승이도 그 모임에 참석했다.

(1)은 종승이뿐만 아니라 다른 참석자가 있음을 함의한다. 즉 '어떤 사람이 그 모임에 참석한 사건'이 존재하지 않으면 '-도' 조사를 쓸 수 없다. 이를 통해 '-도'는 결합한 명사구만 구성이 다르고 나머지 구성은 동일한 사건이 존재한다는 것을 함의한다고 할 수 있다.
그런데 '-도'가 위의 경우와 같은 함의 양상을 항상 보여 주는 것은 아닌 듯하다.

(2) 유승이는 어제 여자 친구와 밥도 먹고 영화도 보고 술도 마셨다.

(2)의 경우 '밥'이나 '영화'뿐만 아니라 '먹다', '보다'도 구성이 다르다는 것을 알 수 있다. 이를 통해 우리는 조사 '-도'는 결합한 명사구와 서술어는 다르지만 나머지 구성은 동일한 사건이 존재한다고 볼 수 있을 것이다. 하지만 이때 서술어의 교체가 무조건 자유로운 것은 아니다. 이 때문에 조사 '-도'를 통해서는 사건 반복의 개념을 형

이를 통해 우리는 다음과 같이 '사건 반복의 최소 조건'을 세울 수 있다.

(93) 사건 반복의 최소 조건 (1)
어떤 사건 간에도 사건의 구성 요소 중 하나라도 동일성이 있으면 반복 사건을 구성할 수 있다.

이러한 현상은 신-사건의미론의 의미역 이론이 타당하다는 것을 입증하는 논거가 될 수 있다. 신-사건의미론에서는 각 구성 요소가 동사가 아닌 전체로서의 사건과 관계를 맺으며 의미 기능을 갖는다고 주장하고 있다. 더불어 의미역이나 논항 등이 서술어의 의미·통사 구조에 종속되어 있다고 보지 않고 모든 구성 성분이 사건의 관점에서 대등한 의미 지위를 가지고 연결되어 있다. (86)의 문장을 사건의미론의 방식으로 표상하면 다음과 같다.

(90') 크e[먹는 것(e) & 행위주(e, 유승) & 대상(e, 라면) & 장소(e, 거실) & 빨리(e)]

종래 언어학 연구의 전통 안에서는 '먹다'라는 서술어가 두 개의 논항을 갖고 그것이 각각 행위주역과 대상역을 갖는다고 보는 것이 일반적이었다. 그러나 신-사건의미론에서는 동사가 하나의 논항, 즉 사건 논항만을 가지게 된다. 나머지 모든 구성 요소들도 사건과 관련한 의미관계를 대등하게 나타낸다.

(92)의 경우 사건의 모든 구성 요소는 다른 사건과의 구성 비교를 통해

식적으로 찾기가 어렵다. 조사 '-도'의 의미와 기능에 대한 최근 논의로는 서태룡(2005) 참조.

동일성이 확인되면 반복 사건을 표상할 수 있다. 만약 단순히 개별 동사가 갖는 논항의 의미 지표로서 의미역이 존재한다면 다른 동사가 실현된 구성 요소와의 비교를 통해 반복성을 나타내는 위의 현상들은 설명하기가 어렵게 된다. (90')과 같이 전체로서의 사건과 그것을 구성하는 요소 간의 의미관계로 보아야만 (91)과 (92)의 현상들이 자연스럽게 설명될 수 있을 것이다.

이에 따라 '또' 부사어를 전체론적 관점에서 그 의미를 제시하면 다음과 같다.

(94) ∃e[또(e) & fn(e)] → ∃*e'[fn(e')][82] & e≠e'

위의 표상이 의미하는 바는 '또'는 그 문장에서 실현된 구성 요소를 갖는 사건이 복수로 존재한다는 것을 함의한다는 것이다.

두 번째 반복 사건의 조건을 살펴보자.

(95) ㄱ. 철수는 종을 두 번 쳐 봤다.
ㄴ. 철수는 두 번 종을 쳐 봤다.

(95)의 두 문장은 모두 중의적 해석이 가능하나, 더 선호되는 해석이 존재한다. (95ㄱ)의 경우, 동일한 종에 대해 동일한 시간 영역 안에서 연속적으로 두 번 쳤다는 의미가 선호되나, (95ㄴ)의 경우는 종을 쳐 본 경험이 불연속적으로 두 번 있다는 의미가 선호된다.

Parsons(1990 : 224)에서는 빈도 부사어가 사건 혹은 시간을 각각 양화하

---

82) f는 사건과 개체 간의 의미관계를 의미한다. 의미역 혹은 행위, 양태 등 그 의미관계는 다양하다. *은 배분적 상태를 의미한다. 이 용어의 사용은 Link(1983)으로부터 기원한다.

기 때문에 이런 차이가 생기는 것이라고 보면서 아래와 같이 환언하여 설명하였다.

(96) ㄱ. Brutus stabbed Caesar twice.
(∃I)[I<now & (∃2e)(∃t)[t∈I & Stabbing(e) & Agent(e, Brutus) & Theme(e, Caesar) & Cul(e, t)]].
ㄴ. Twice, Brutus stabbed Caesar.
(∃2t)(∃I)[I<now & At(I,t) & (∃e)(∃t')[t'∈I & Stabbing(e) & Agent(e, Brutus) & Theme(e, Caesar) & Cul(e, t')]].[83]

(96ㄱ)의 경우 두 번의 행위는 연속적으로 이루어진 것으로, 'stabbing' 하는 두 개의 사건에 대응하여 구별되는 두 개의 시간이 존재한다고 볼 수 없다고 했다. 이때 'twice'는 사건만을 양화한다고 보았다. 반면 (96ㄴ)의 경우는 구별되는 두 개의 사건시가 존재한다고 보았다. 이때 'twice'는 시간을 양화하는 것이다.

우리도 이와 같은 관점을 수용하지만 몇 가지 위의 생각을 정교하게 할 필요성을 느낀다. 첫째, (96)의 해석은 단순히 빈도의 부사어가 사건이나 시간을 양화한다고만 밝힐 뿐 이들이 갖는 상이한 함의관계는 표상하지 않고 있다. 문제는 사건이나 시간의 양화는 결과적으로 같은 의미를 나타내게 된다는 것이다. 즉 사건 발생은 사건시를 항상 함의하기 때문에 사

---

83) Parsons(1990 : 311)에서는 위의 형식이 다음과 같은 것의 축약형이라고 보았다.

(96) ㄱ. (∃I)[I<now & (∃e₁)(∃e₂)[e₁≠e₂ & (∃t)[t∈I & Stabbing(e₁) & Agent(e₁, Brutus) & Theme(e₁, Caesar) & Cul(e₁, t)] & (∃t)[t∈I & Stabbing(e₂) & Agent(e₂, Brutus) & Theme(e₂, Caesar) & Cul(e₂, t)]]].
ㄴ. (∃t₁)(∃t₂)[[t₁≠t₂ & (∃I)[I<now & At(I, t₁) & (∃e)(∃t)[t∈I & Stabbing(e) & Agent(e, Brutus) & Theme(e, Caesar) & Cul(e, t)] & (∃I)[I<now & At(I, t₂) & (∃e)(∃t)[t∈I & Stabbing(e) & Agent(e, Brutus) & Theme(e, Caesar) & Cul(e, t)]]].

건이 두 개 존재하면 당연히 사건시가 두 개 존재하게 되는 것이고, 반대로 사건시가 두 개 존재하면 두 개의 사건이 존재하게 되는 것이다.[84] 즉 사건이나 사건시 어느 하나를 양화해도 두 개 모두 양화된 수는 동일하게 되어 있다.[85] 따라서 단순히 사건이나 사건시를 양화한다는 것만으로는 이들의 차이를 설명하기 어렵다. 이를 해결하기 위해 우리는 사건을 양화하는 경우와 사건시를 양화하는 경우, 각각 함의가 다르다는 조건을 달아야 한다. 즉

(97) ㄱ. 두 번(e) → $\exists e_1 \exists et_1[\cdots]$ & $\exists e_2 \exists et_2[\cdots]$ & $e=e_1 \oplus e_2$ & $et=et_1 \oplus et_2$

ㄴ. 두 번(et) → $\exists e_1 \exists et_1[\cdots]$ & $\exists e_2 \exists et_2[\cdots]$ & $et \neq et_1 \oplus et_2$[86]

즉 사건을 양화하는 경우는 n개의 사건과 n개의 사건시가 존재하지만, 이때 사건시는 연속적이므로 et라는 사건시로 통합된다. 반면 사건시를 양화하는 경우는 역시 n개의 사건과 n개의 사건시가 존재하지만, 이때 사건시는 반드시 시간 간격을 가지므로 통합될 수 없다는 것을 함의한다는 것이다.

---

[84] Landman(1993), Bayer(1996)에서 지적한 바와 같이, Brutus가 양손에 칼을 들고 각각 배와 등을 동시에 찔렀을 경우, 사건은 두 개이지만 사건시는 하나라고 볼 수 있다. 그러나 이 역시 두 개의 사건시가 존재하고, 그것이 동일하다고 보는 것이 논리적으로 타당하다고 볼 수 있다.

[85] 만약 사건을 시공간적 개체(individuals)로 보지 않고, Kim(1976) 등에서와 같이 유형이나 실체(entities)로 보면 시간을 양화하는 것과 사건을 양화하는 것은 다를 수 있다. 사건이 특정한 시간에 예화한다고 보므로, 사건과 시간을 양화하는 것은 다른 것이 된다. 그러나 Davidson이나 Parsons, 그리고 우리의 입장은 사건을 개체로 인식하기 때문에 시간과 사건을 양화하는 것이 기본적으로 다를 수 없다.

[86] 이를 Lasersohn(1995)의 형식에 따라 쓰면 다음과 같다.

(97') ㄱ. 두 번(e) → $\exists e_1 \exists et_1[\cdots]$ & $\exists e_2 \exists et_2[\cdots]$ & $\neg \exists et_3 \neg \exists e_1[between(et_1, et_2)] = et_3$ & $\cdots$]

ㄴ. 두 번(et) → $\exists e_1 \exists et_1[\cdots]$ & $\exists e_2 \exists et_2[\cdots]$ & $\exists et_3 \exists e_1[between(et_1, et_2)] = et_3$ & $\cdots$]

둘째 사건-내적 반복은 사건을 집합적으로(collectively) 해석하는 반면, 사건-외적 반복은 사건을 배분적으로(distributively) 해석한다. (96)의 표상으로는 이런 해석상의 차이를 나타낼 수 없다. 그러나 (97)과 같은 함의관계가 정립되면 그러한 해석상의 차이를 분명하게 보일 수 있다.

셋째, 의도적인 누락인지 실수에 따른 누락인지 확실치 않으나 시간을 양화할 경우는 사건 밖에 'At(I,t)'가 존재하는데, 사건을 양화할 경우는 이 구성소가 존재하지 않는다. 'At(I,t)'의 의미적 특성을 봤을 때 두 경우 모두 'At(I,t)'가 존재해야 할 것이다. 오히려 이런 문제를 해결하기 위해서는 의미적으로나 구조적으로 '두 번(e)'와 '두 번(et)'가 실현되는 위치가 다르다는 것을 보이는 것이 더 타당할 것이다.

앞서 사건의 구조적 실현과 관련하여 하나의 완전한 사건의 끝점, 혹은 경계를 의미하는 사건 관련 범주 EP를 설정하였다. 이러한 범주를 설정하면 '두 번(et)'의 경우는 구조적으로 EP의 상위에 부가되는 것이고, '두 번(e)'는 EP의 하위에 부가된다고 볼 수 있다.

(98)
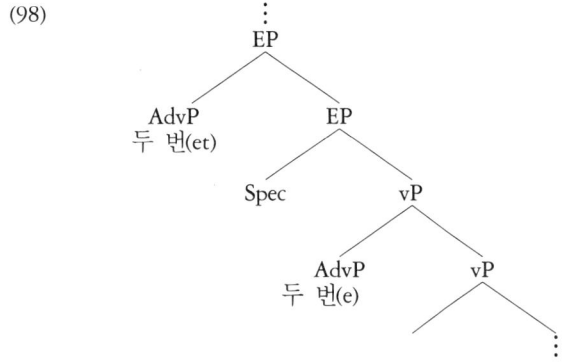

이런 특성을 모두 감안하여 (95ㄱ, ㄴ)을 각각 환언하면 다음과 같다.

(95') ㄱ. (∃et)(∃e)[쳐보다(e) & 행위주(e, 철수) & 대상(e, 종) & 두 번(e)
& Cul(e, et)]].
* 두 번(e) → ∃e₁∃et₁[…] & ∃e₂∃et₂[…] & e=e₁⊕e₂ &
et=et₁⊕et₂
ㄴ. (∃et)[두 번(et) & (∃e)[쳐보다(e) & 행위주(e, 철수) & 대상(e,
종) & Cul(e, ET)]].
* 두 번(et) → ∃e₁∃et₁[…] & ∃e₂∃et₂[…] & et≠et₁⊕et₂

우리는 사건-외적 반복에 대해서만 반복 사건을 인정하고 사건-내적 반복에 대해서는 반복 사건을 인정하지 않는다. 그 이유는 아래에서 다시 논하겠지만 사건을 배분적으로 인식하지 않고 집합적으로 인식하기 때문이다. 즉 시공간적으로 개체로 인식될 수 있는 사건의 반복이 아닌 단일한 사건으로 인식되기 때문에 다른 상적 특성을 갖는 단일 사건과 경계가 모호해지기 때문이다. 따라서 사건-외부 반복을 나타내기 위해서는 각 사건의 발생 시간이 연속적이지 않고, 간격을 가져야 한다.

(99) 사건 반복의 최소 조건 (2)
적어도 두 사건의 발생 시간이 연속적이지 않고 구별되는 시간 간격을 가져야 반복 사건이 될 수 있다.

2.4.2. 사건 반복을 나타내는 주요 요소

이번 항에서는 우리말에서 사건 반복을 나타내는 주요 요소를 살피고자 한다.[87] 여기서 주요 요소라고 하는 것이 담고 있는 의미를 명백히 할 필요가 있다. 문장의 의미 형성은 어느 한 요소에 의한 단독적인 의미 구현

---

[87] 김영희(1975)에서는 거듭상을 "서술어로 풀이되는 규칙적, 반복적 양상"이라 정의하고 그 유형을 다음과 같이 나누고 주요 요소를 밝히고 있다.

이라기보다는 모든 구성 요소들이 상호 작용한 결과이다. 따라서 문장이 반복의 의미를 나타내는 것은 어느 한 요소에 의한 것이 아니라, 모든 문장의 요소들이 그러한 의미 형성에 일정한 역할을 하고 있다는 것이다. 즉 어떤 요소가 강하게 반복의 의미와 관련된다고 하더라도 다른 구성 요소들이 그러한 환경을 만들어 주지 못하면 반복의 의미가 드러나지 않을 수도 있다. 그러나 그러한 요소들 간에도 반복 의미 형성과 관련한 비중의 차이가 존재한다. 따라서 특정 요소가 사건 반복을 의미하는데 충분한 요소일 수 있다. 우리가 말하는 반복 의미의 주요 문장 구성 요소란 반복 의미 형성의 충분조건을 만족하는 요소를 말한다.

앞서 사건 반복의 요건 중 하나가 구별되는 사건시 간격의 존재이기 때문에, 사건 반복을 나타내는 요소는 주로 (단문의 경우) 사건의 시간적 차이를 나타내는 요소라는 것을 예상할 수 있다. 아래에서는 그러한 요소들을 차례대로 살펴 볼 것이다.

1) 부사어

종래 빈도 부사어라고 하는 것들이 여기에 속한다. 빈도 부사어는 빈도가 한정되어 있느냐 아니면 한정되어 있지 않느냐에 따라 크게 한정적 빈도 부사어와 비한정적 빈도 부사어로 나뉜다.[88] 한정적 빈도 부사어는

거듭상	홑거듭상	거듭상-1	의성어/의태어 : 까불, 깜박깜박 등
		거듭상-2	보조동사 : -어 대-, -어 쌓-
		거듭상-3	빈도 부사어 : 자꾸, 연거푸
	겹거듭상	두겹거듭상	자꾸 까불대다
		세겹거듭상	자꾸 까불대 쌓다

그러나 우리와 같이 사건-외적 반복과 사건-내적 반복을 구분하고 있지 않다.
[88] Parsons(1990)에서는 빈도를 나타내는 부사어의 부류 중에 다음과 같은 것을 비율 부사어(proportion adverbials)로 보고 빈도 부사어 부류 안에 포함시켰다.

'두 번, 세 번' 등과 같이 사건의 횟수를 나타내는 부사어를 가리키고, 비한정적 빈도 부사어는 '자주, 가끔, 종종'과 같이 횟수를 정할 수 없는 부사어를 가리킨다. 국어에서 비한정적 빈도 부사어는 모두 사건 (외적) 반복을 의미한다.

(100) ㄱ. 아인이는 (*어제 7시에) 도서관에 가끔 갔다.
ㄴ. 하지만 (*어제 8시에) 스케이트장에는 자주 갔다.

이들 부사어가 사건-내적 반복을 의미하는 경우는 없다.

그러나 앞서 살폈던 것처럼 한정적 빈도 부사어의 경우는 그 위치에 따라 사건-내적 반복과 사건-외적 반복이 모두 가능하다.

(101) ㄱ. 종승이는 아침 일곱 시에 종을 두 번 쳤다.
ㄴ. 하지만 다음날 일곱 시에는 세 번 쳤다.

위 경우는 모두 특정한 시간에 연속적으로 이루어진 사건-내적 반복을 의미한다.

의성어와 의태어가 사건-외적 반복을 의미하는 경우가 있다. 기본적으로 의성어와 의태어는 동사 행위의 의해 나타나게 되는 소리나 모양을 의미하므로 사건-내적 반복만을 의미할 수 있을 것 같으나, 다음과 같이 사

---

(1) 종승이는 대개/대부분/보통 왼손으로 밥을 먹는다.

위 문장은 종승이의 식사 행위에서 왼손에 의한 식사가 높은 빈도임을 단언할 수도 있고, 왼손을 가지고 하는 행위 중에서 종승이의 식사 행위가 높은 빈도라는 것을 단언할 수도 있으며, 혹은 어떤 문맥에서, 어떤 다른 종류의 행위 사이에서 왼손 식사가 높은 빈도임을 말할 수도 있다('종승이는 비밀 문서를 건네기 위해 그가 준비되어 있다는 것을 어떻게 신호하는가'에 대한 답으로서).

이들 부사어는 반복의 의미를 가능하게 하나, 우리의 범위를 넘는 다양한 의미 현상이 관련되어 있으므로, 여기에서는 다루지 않는다.

건-외적 반복을 의미하는 경우가 있다.

(102) ㄱ. 유승이가 묻는 말에 척척 잘 대답했다.
      ㄴ. 종승이가 그 모형 비행기를 척척 잘 만들었다.

(102ㄱ)의 경우, 묻는 행위와 대답하는 행위는 반드시 복수이어야 한다. 단일한 질문과 대답의 상황에 '척척'을 쓰기는 어렵다. 만약 '척척'을 빼면 이러한 사건 반복의 함의는 사라진다. 반면 (102ㄴ)의 경우, '척척'은 만드는 각 단계의 진행이 매끄럽다는 의미로 사건-내적 반복을 의미한다. 이를 통해 우리는 '척척'과 같은 의태어가 사건 반복의 충분 요소가 될 수는 있으나, 이들이 반드시 사건 반복을 나타내는 것은 아니라는 것을 알 수 있다. 즉 서술어구가 내적인 단계가 없는 것으로 해석될 때 '척척'과 같은 의태어는 사건-외적 반복을 의미하고, 서술어구의 내적 단계를 설정할 수 있으면 사건-내적 반복의 의미를 갖는다.

2) 동사구 구성

여기서 동사구 구성은 크게 두 가지로 나뉜다. 하나는 '보조적 연결어미+보조동사'로 이루어진 구성을 말한다. 또 하나는 'V1-고 또 V1' 구성이다. 후자는 단문이 아닌 복문 구성으로 볼 수 있으므로 여기에서는 논하지 않는다.[89] 전자의 경우, 연결어미와 보조동사를 따로 분류하지 않고 하나의 동사구 구성으로 파악하는 이유는 이들 구성에서 어느 하나가 그러한 의미를 구현한다고 볼 수 없기 때문이다.

'-곤 하다'[90]의 경우는 반드시 사건 반복의 의미를 나타내게 된다.

---

89) 같은 이유로 '오다가다 한다', '울다웃다 한다' 등의 구성도 논외로 한다.
90) 김성화(1990 : 156~157)에서는 '-곤 하다'에서 '-곤'을 '-고는'의 축약으로, '하다'는 선행 동사의 대용으로 보았다. 예를 들어 '마시곤 한다'는 기원적으로 '마시고는 (또)

(103) 종승이는 어릴 적에 탁구를 치곤 했다.

이호승(2001 : 232~234)에서는 '-곤 하다'가 관점상의 기능보다는 사건 유형 형성에 참여하는 기능을 갖는다고 보았다. 그 이유 중 하나는 '-곤 하다'가 미완료상적 기능이나 완료상적 기능 중 어느 것도 보여 주지 않는다는 것이다.

(104) ㄱ. 철수는 작년 여름에 매일 테니스를 치곤 했다.
　　　ㄴ. 그는 내가 찾아갈 때마다 테니스를 치고 있곤 했다.
　　　　　　　　　　　　　　　　　　　― 이호승(2001)의 (43) 예

(104ㄱ)의 '-곤 하다'는 [철수는 - 치다]의 상황 전체가 습관적으로 반복되었다는 것을 나타내고, (104ㄴ)의 '-곤 하다'는 [철수는 - 치고 있다]라는 상황이 습관적으로 반복되었다는 것을 나타낸다. 이때 중요한 점은 반복되는 대상의 성격이 서로 다르다는 점이다. (104ㄱ)에서는 시작점, 내부 단계, 끝점을 모두 포괄한 상황 전체의 반복이고, (104ㄴ)에서는 시작점, 끝점을 제외하고 내부 단계만을 반복의 대상으로 삼고 있다. 이는 '-곤 하다' 사건 유형 전체 혹은 일부분만을 명시적으로 드러내는 관점상과는 무관하다는 것을 의미한다고 한다. 이 입장에 동의하며, '-곤 하다'는 사건 반복의 주요 요소 중 하나로 본다.

반면, 종래 반복을 의미한다고 본 '-어 대-'와 '-어 쌓-'의 경우는 반드시 사건 반복을 표현한다고 이야기하기 어렵다. 이들에 대해 연속성 반복(김성화, 1990), 반복에 대한 부정적 태도(정회자, 1994) 등과 같은 의견을 내세우며 반복의 의미를 나타낸다고 보고 있으나, 우리는 이들을 반복의

마신다'라는 의미를 갖게 되는 것이다.

의미를 형성하는 문장의 구성소로 보지 않는다.

(105) ㄱ. 막내가 식빵을 열심히 먹어 댄다.
ㄴ. 사람들이 계속 웃어 쌓는다.

'-어 대-'가 쓰인 (105ㄱ)의 경우 사건 반복의 의미가 잘 나타나지 않는다. 술어 '먹다'의 유형 안에 통합되는 내부 단계의 연속으로 보인다. (105ㄴ)의 경우는 반복의 의미보다는 복수 행위주와 '계속'이라는 부사어에 의해 연속되는 동작을 이야기하는 것이지, 우리가 정의한 반복 사건 표현으로 보기는 어렵다.91)

3) 조사 및 접사

'마다'의 경우는 대응 효과를 위해 반드시 결합된 명사구의 복수성이 전제되어야만 한다. 그래서 '마다'에 선행하는 요소들이 반복되는 경우도 있다. 예를 들어 '거리거리마다', '사람사람마다' 등.

(106) ㄱ. 이곳에 오는 사람들마다 이 가게를 칭찬한다.
ㄴ. 이번 휴일에는 레코드가게마다 세일을 한다.
ㄷ. 유승이는 금요일마다 친구에게 술 먹자고 전화한다.

(106ㄱ)의 경우 '사람들마다'는 주격조사 실현의 '사람들이'가 사건의 배분성을 확보하지 못하는 것과 달리, '이 가게를 칭찬하는 사건'이 반복된다는 것을 의미하게 된다. (106ㄴ, ㄷ)의 경우도 배분적인 사건의 해석을 표상하게 된다.

그러나 앞서 주요 요소의 특성에서 밝힌 바와 같이, 주요 요소가 반복

---

91) 최현배(1961 : 392)에서는 이들을 반복이 아닌 '강조 보조동사'로 보고 있다.

사건을 항상 보장하는 것은 아니다. 즉 이들이 반복 사건을 의미하기 위해서는 나머지 구성 요소들도 사건 반복을 의미할 수 있는 환경을 제공해야 한다. 다음의 경우, '마다'가 문장의 구성 요소이기는 하지만 이들을 사건 반복으로 보기는 어렵다.

(107) 결혼 제도는 나라마다 다르다/상이하다/차이가 있다.

(107)에서 '나라마다'를 통해 '나라'라는 명사의 복수성은 전제된다고 할 수 있으나 이미 서술어가 복수성을 요구하고 있고, 더불어 반복되는 사건이 무엇인지 설정하기 어렵다. 이 경우 사건 반복을 의미한다고 할 수 없다.

접사 '-씩'의 경우도 배분성을 갖고 있으므로 사건 반복과 깊은 관련을 맺고 있다.

(108) ㄱ. 두 사람씩 들어오세요.
ㄴ. 우리 반 친구들이 사과를 두 개씩 먹었다.
ㄷ. 이 물건을 천 원씩에 팔았다.

이 경우 '-씩' 자체가 반복성을 가지고 있다기보다는 배분적인 적용을 위해 항상 복수의 행위자나 복수의 대상을 요구하고, 그 복수의 행위자나 대상이 집합적이 아닌 배분적으로 사건에 관여하므로 사건 반복을 의미하게 되는 것이다.

4) 동사의 동작류

동사가 어휘 내적으로 가지는 상적 특성을 동작류 혹은 어휘상이라고 한다.92) 종래 동작류의 유형과 관련하여, 반복상의 설정이 많은 논란을 불러 일으켰다.

(109) ㄱ. 철수가 강아지를 때렸다.
ㄴ. 군사들이 적진을 향해 화살을 쏘았다.

(109)의 경우, '때리다'나 '쏘다'의 어휘 의미를 통해 반복의 의미가 형성된 것으로 느껴진다. 그러나 임채훈(2001)에서 지적한 것처럼, 이들 동사의 어휘 의미 안에 반복의 의미를 설정하는 것은 문제가 있다.

(109') ㄱ. 철수가 강아지를 한 대 때렸다.
ㄴ. 군사들이 적진을 향해 화살을 한 발 쏘았다.

(109')에서와 같이 '한 대', '한 발'과 같은 단위 명사구가 선행할 때 이들 동사는 일회성 행위를 나타내게 된다. 만약 이들 동사가 어휘 내적으로 반복의 의미를 가지고 있다면, '한 대', '한 발'과 같은 단위 명사구와는 의미 충돌을 일으켜 공기할 수 없어야 될 것이다.[93]

종래 많은 연구에서 '-거리다'나 '-대다'가 붙어서 반복성을 나타낼 수 있다고 보았다. 그러나 이들이 과연 사건-외적 반복을 의미할 수 있는지 검토가 필요하다.

(110) 멀리서 불빛이 한 번 반짝거렸다.

위의 경우 '한 번'이 갖는 특성으로 인해 중의적으로 해석될 수 있다.

---

[92] 용어상의 통일이 요구된다. '동작류'는 '동작상'에 대응되고, '어휘상'은 '문법상'에 대응된다. 그런데 이에 대응하는 통사적 단위가 동사 어휘에 그치지 않고 목적어를 포함한 동사구로 확장된다는 점을 감안하면 '동작류'라는 용어가 더 타당할 듯하다.
[93] 이와 유사한 반박이 여러 논의에서 발견된다. 최근의 논의로는 양정석(2002) 참조.

즉 사건-내적으로 '한 번'일 수도 있고, 사건 외적으로 '한 번'일 수 있다. 내적이든 외적이든 '한 번'이라는 것으로 사건의 횟수를 제한할 수 있으므로 이들이 반복성을 충분하게 가졌다고 보기는 어렵다.

결론적으로 동사의 동작류 혹은 어휘상은 항상 사건-내적 반복만을 의미하고 사건-외적 반복을 의미할 수는 없으므로 사건 반복의 주요 요소로 볼 수 없다.

5) 양화된 명사구

양화된 명사구도 사건 반복과 깊은 관련을 맺고 있다.

(111) 유승이가 사과 두 개를/두 개의 사과를 아인이에게 줬다.

위 문장은 중의적이다. 유승이가 두 개의 사과를 특정한 시간에 줬다면 단일 사건이 되지만, 한 개씩 다른 시간에 줬다면 유승이가 사과를 준 사건은 두 번이 된다. 만약 전자의 해석을 갖는 경우라면, 특정한 상황의 진행을 의미하는 '-고 있-'과의 결합이 가능하지만, 후자의 해석으로는 결합이 불가능하다.

(111') ㄱ. 유승이가 지금 아인이에게 사과 두 개를 주고 있다.
　　　ㄴ. #유승이가 어제와 오늘 아인이에게 사과 두 개를 주고 있다.

그러나 양화된 명사구가 항상 사건 반복을 함의한다고 보기는 어렵다.

(112) ㄱ. 두 사람이 모였다/만났다/서로 헤어졌다.
　　　ㄴ. 공책 두 권을 합쳤다/붙였다.

위와 같이 서술어가 양화된 명사구를 요구하는 경우, 이들은 양화된 만큼의 개별 사건을 의미하는 것이 아니라 서술어가 의미하는 행위의 유형 안에 통합되어 해석된다. 따라서 양화된 명사구도 사건 반복의 충분 요소로 보기 어렵다.

더불어 양화된 명사구를 통합하는 부사어 '서로, 같이, 함께' 등이나 사건의 횟수를 제한하는 '한 번에, 한꺼번에' 등과 같은 요소가 출현하면 이들의 배분성은 사라지고 사건 반복의 의미를 생성하기 어렵다.

(113) ㄱ. 두 사람이 도서관에 같이 갔다.
ㄴ. 유승이가 종승이에게 사과 두 개를 한꺼번에 보냈다.

2.4.3. 사건 반복 구성 요소의 상호 작용

문장의미가 단순히 문장 성분들의 합이 아니라는 것에는 많은 연구들이 의견의 일치를 보여 왔다. 그러나 단순한 합이 아니라고 했을 때, 문장의미에 나타나는 구성소의 합 외의 α값이 무엇인지에 대해서는 아직 완전히 일치되는 의견이 존재하지 않는다. 문장 구성(constructions)의 의미(Fillmore, 1985/1988; Goldberg, 1995; 정주리, 2000; 임채훈, 2002ㄴ)라든가, 혹은 문맥으로부터 도출되는 의미라든가(Egg, 2005 : flexible semantics), 많은 견해가 존재했다. 또 하나 주목할 만한 것은 문장 성분 상호 간의 작용이라고 할 수 있다. 어떤 성분이 다른 성분과 좀더 밀접한 관계를 가지고 의미 작용을 이루었을 때 일정한 의미 생성이 이루어진다면, 이 또한 문장의미를 구성하는 중요한 요소라고 할 수 있을 것이다.[94]

---

[94] 임채훈(2002ㄱ)에서는 비유 구문과 관련하여 성분들 간의 상호 작용을 통한 의미 선택 문제를 심도 있게 다루었다. 즉, 비유어가 문장의 주어, 목적어 등 어떤 성분과 관련을 맺느냐에 따라 중의성이 해소된다는 것을 보였다.

사건 반복의 문장의미에서도 이러한 성분 간의 상호 작용이 드러난다. 사건 반복 의미 생성과 관련하여 구성 요소 간의 상호 작용은 다음의 두 가지 관점에서 살펴볼 수 있다.

첫째, 사건 반복을 의미하지 않는 요소 간의 의미 작용
둘째, 사건 반복을 의미하는 요소 간의 의미 작용

1) 사건 반복의 주요 요소가 없는 문장에서의 사건 반복

앞서 제시된 사건 반복의 주요 요소 없이도 사건 반복의 의미를 나타내는 문장이 존재한다. 이들은 성분들 간의 상호 작용을 통해 반복의 의미를 나타낸다고 할 수 있다. 박덕유(1998 : 212)에서는 순간 동사와 이행 동사 등과 진행형의 보조동사가 결합하면 반복의 의미를 나타낼 수 있다고 하였다.

(114) ㄱ. 철호는 영호를 때리고 있다.
　　　ㄴ. 그 경찰은 총을 쏘고 있다.
　　　　　　　　　　　　—박덕유(1998 : 212)의 (139)번 예문 재수록

(115) ㄱ. 학생들이 그 장소에 도착하고 있다.
　　　ㄴ. 피리소리에 따라서 쥐들이 강물 아래로 떨어지고 있다.
　　　　　　　　　　　　—박덕유(1998 : 212)의 (139)번 예문 재수록

(114)의 경우, '때리다', '쏘다'는 순간적으로 행위가 이루어진다는 동작류를 가지는데, 이들이 행위의 지속을 나타내는 '-고 있-'과 결합하면, 반복의 의미를 가질 수 있게 되는 것이다. 반면, (115)의 이행 동사는 그 양상이 (114)와는 다르다. (115)의 경우는 행위주가 반드시 복수이어야만 반복의 의미가 가능하다.

(115') ㄱ. 학생이 그 장소에 도착하고 있다.
　　　 ㄴ. 피리소리에 따라서 쥐가 강물 아래로 떨어지고 있다.

(115')을 보면 순간상의 동작류와 '-고 있-'의 결합이 항상 사건 반복을 함의한다고 볼 수는 없다는 것을 알 수 있다. (114)의 경우도 마찬가지이다. 사건-내적 반복 의미가 가능하나 앞서 밝힌 바대로 극단적인 내적 반복은 행위의 연속과 같다고 볼 수 있고 아울러 외적 반복 의미는 자체적으로 갖기 어려우므로 사건 반복의 구성 요소로 보기는 어렵다.

다른 측면에서 보면 '-고 있-'만을 통해서도 반복의 의미를 표현할 수 있다.

(116) ㄱ. 아인이가 운전 강습을 받고 있다.
　　　 ㄴ. 종승이가 보약을 먹고 있다.

(116)은 중의적인 해석이 가능하다. 하나는 현재 진행의 의미로서, 운전 강습이나 보약을 먹는 행위가 지금 이루어지고 있다는 의미이다. 또 하나는 운전 강습이나 보약을 먹는 행위가 요즘 이루어진다고 있다는 반복의 의미를 나타낸다. 시발점을 나타내는 시간 부사어와 공기했을 때 후자의 해석은 더 분명하게 드러난다.

(116') ㄱ. 아인이가 한 달 전부터 운전 강습을 받고 있다.
　　　　 ㄴ. 종승이가 어제부터 보약을 먹고 있다.

(116')의 경우 '-고 있-'의 현재 진행과 '한 달 전 부터', '어제부터' 등의 시구간을 나타내는 시간 부사어가 상호 작용을 통해 반복의 의미를 생성한다고 할 수 있다. 즉, '한 달 전부터, 어제부터' 술어가 나타내는 행위

가 하나의 행위로 연속적으로 진행될 수는 없으므로, 자연스레 반복의 의미가 생성되는 것이다.

그러나 (116)의 경우는 문맥적 해석의 도움 없이 문장 자체의 의미만으로는 반복의 의미를 생성한다고 하기 어렵다. 왜냐하면 이와 같은 방식의 문맥적 해석을 통한 반복의 의미 파악은 모든 시제 표현에 가능하기 때문이다.

(117) ㄱ. 아인이는 운전 강습을 받았다.
ㄴ. 아인이는 운전 강습을 받을 것이다.

(117)의 경우처럼, 한정적 시간을 요하는 동사가 쓰인 문장에 대해 장기간의 시구간을 문맥적으로 전제한다면, 그 의미관계상 반복의 의미가 자연스레 나타난다. 여기에 시구간을 나타내는 시간 부사어를 쓰면 그 의미가 분명히 드러난다.

(117') ㄱ. 아인이는 한 달 동안 운전 강습을 받았다.
ㄴ. 아인이는 한 달 동안 운전 강습을 받을 것이다.

우리는 (117)의 경우는 사건 반복의 문장의미를 갖는다고 보지 않으나, (117')에 대해서는 문장 성분들의 상호 작용을 통해 사건 반복 의미가 형성되었다고 본다. 즉 (117)은 해석될 수는 있으나, 생성한 것은 아니라는 것이고, (117')은 생성과 해석이 모두 이루어졌다고 본다. 결국 언어학적인 문제는 일차적으로 언어로 표현된 것에 한정될 필요가 있다.

이와 같은 현상에 대해 양정석(2002 : 115)에서는 다음과 같이 해결하고자 했다.[95]

---

[95] 이 부분은 양정석 선생님과의 서너 차례의 서신 교환을 통해 이루어진 논의를 밝혀

(118) ㄱ. 그가 10분 동안 벽을 쳤다.
　　　ㄴ. [PL ([벽을 친다])
　　　　　 [Time 10분 동안]]

어떤 부가어가 문장 속의 다른 요소들과 함께 주어질 때, 이 부가어가 해석되기 위해서는 그 자체의 의미뿐만 아니라 동사 또는 동사와 어울리는 다른 요소들이 가지는 특정한 의미가 그 조건으로서 주어져야 한다. (118)의 '10분 동안'과 같은 부가어 표현은, 동사와 마찬가지로, 문장에 대해 선택 제약을 부과한다. 문장의 의미가 지속성을 가지는 사건이어야 한다는 것이다. 시간 부사어는 마치 동사처럼 선택 제약을 부과한다. '10분 동안'이 부과하는 '지속'의 자질을 '벽을 치다'와 같은 순간성 자질의 표현이 위반하고 있고, 다시 이것이 적절하게 해석되기 위해 '반복'의 의미로 전이되는 과정을 이 문장은 포함하고 있는 것이다. 이와 같은 점들을 부가어 대응 규칙으로 형식화함으로써 각 단계에서 일어나는 의미적 현상을 정확하게 포착할 수 있다.

(119) 'NP 동안' 부가어 대응 규칙 (양정석, 2002 : 120)
　　　[NP 동안]이 의미 성분 [A]에 대응되고 IP가 [B]에 대응되면, [IP [NP 동안] IP]은 다음 의미 구조에 대응된다.

$$\begin{bmatrix} -b \\ [B] \\ [_{Time}\ A,\ +durative] \end{bmatrix}$$

적은 것이다. 최대한 서신의 내용을 훼손치 않고 밝혀 적으려 했으나 양정석 선생님의 견해가 잘못 전달된 부분이 있다면 그것은 모두 필자의 잘못이다.

(120) 복수화 규칙(보충해석 규칙)

$$\begin{bmatrix} +b, -i \\ X \end{bmatrix} \rightarrow \begin{bmatrix} -b, +i \\ PL(X) \end{bmatrix}$$

그러나 다음과 같은 예문에서는 동사구가 지속성을 가지고 있음에도 불구하고, 부가어와의 결합을 통해서 반복의 의미가 생성되고 있다.

(121) 유승이는 십 년 동안 수레를 밀었다.

이 문장에서는 동사구가 지속성을 갖고 있고 부가어도 동사구도 경계(boundary)를 갖지 않기 때문에 '복수화 규칙(보충해석 규칙)'이 작용할 수 있는 환경이 아니다. 그럼에도 불구하고 반복의 의미가 가능하다. 양정석(2002)에서는 이를 해결하기 위해 징표(token)로서의 사건을 유형(type)으로서의 사건으로 전환시키는 '추론 규칙'을 상정한다. 예를 들어, 성취성 동사인 '치다'의 문장이 "그는 대장간에서 쇠를 친다."와 같은 예에서는 "그는 직업이 대장장이이다"라는, 징표 아닌 유형으로서의 '치는' 사건의 표현이 될 수 있다. 이와 같은 '습관적' 의미, 즉 '유형'적 의미는 모든 사건 유형에 나타날 수 있는데, 이런 '유형'적 의미는 비한계성을 가진다고 상정할 수 있을 듯하다는 것이다. 그렇다면 동작성 동사 '밀다'를 가지는 위 예문에서도 이 '징표 사건의 유형화' 규칙이 적용되어 비한계성(-b)을 갖게 되고, 따라서 '동안 부가어 대응 규칙'이 부과한 비한계성의 조건을 충족시킨다고 설명할 수 있다. 즉, 위 예문은 반복의 의미가 아니라, '유형'의 의미로 해석되는 것이라고 본 것이다.

그러나 다음과 같이 이 문장에 사건의 빈도를 나타내는 빈도 부사어가 결합한 경우는 더 이상 유형으로 해석되지 않고 축자적인 의미로서의 '수레를 미는 사건', 즉 징표(token)로서의 사건으로 해석되게 된다.

(122) 유승이는 십년 동안 종종/여러 번/한 번 수레를 밀었다.

위의 경우, '십년 동안'이 '수레를 미는 사건'의 내부 시간이 아닌 것은 확실하다. 아울러 빈도에 의해 개별화된 사건으로 인지할 수 있으므로 유형적인 의미로 실현되었다고 볼 수도 없다.

우리는 위와 같은 문제를 해결하는 방법은 사건-내적 반복과 사건-외적 반복을 구별하는 것, 아울러 이를 구조적으로 설명하기 위해 설정한 EP가 해결점이라고 본다. 즉 '동안' 부사어가 EP의 하위에 부가되는 경우는 사건의 내적 기간을 의미하지만, 이들이 EP의 상위에 부가되면 더이상 사건의 내적 기간이 아닌 외적 기간을 의미한다는 것이다.[96] 사건 외적 기간의 명시는 자연스레 사건-외적 반복을 함의할 수 있는 조건을 갖게 한다.

2) 반복을 나타내는 주요 구성소 간의 상호 작용

빈도 부사어는 양화된 성분과의 의미 작용을 통해 다양한 의미를 형성할 수 있다.

(123) ㄱ. 그가 열 개의 상자를 두 번 창고에 넣었다.
　　　ㄴ. 그가 두 번 열 개의 상자를 창고에 넣었다.

이들은 김영희(1984)에서 곱셈 관계 구문으로 불리는 것으로서, (123)에서는 '두 번'의 위치와 관계없이 스무 개의 상자를 넣었다는 의미를 갖는

---

[96] 사건 외적 기간이 어떤 기간을 의미하는지는 발화자의 관점에 달려 있다. 이 점에서 문장을 특정한 발화상황에서의 사건의 존재로 보고 있는 현재의 논의에 한 논거가 될 수 있을 것이다.

다. 즉 빈도 부사어가 양화된 성분보다 상위의 의미 영역을 갖는다는 것을 보여 준다. 그러나 빈도 부사어에 '만에'와 같은 부사어가 결합하면 의미 변화가 생긴다.

(124) ㄱ. 그가 열 개의 상자를 두 번 만에 창고에 넣었다.
 ㄴ. 그가 두 번 만에 열 개의 상자를 창고에 넣었다.

(124)에서는 스무 개의 상자를 넣었다는 곱셈 관계의 의미가 파악되지 않으며, 단지 열 개의 상자가 옮겨졌다는 의미를 갖는다. 이 경우는 양화된 성분이 상위의 의미 영역을 갖는 것으로 보아야 한다.
한정적 빈도 부사어와 비한정적 빈도 부사어는 공기하여 쓰일 수 있다.

(125) ㄱ. 역사는 {종종 두 번/*두 번 종종} 반복된다.
 ㄴ. {가끔 두 번/*두 번 가끔} 생각하면 일을 쉽게 해결할 때가 있다.

위에서 보는 것처럼 비한정적 빈도 부사어는 한정적 빈도 부사어보다 의미적으로든 구조적으로든 항상 상위에 위치하여야 한다. 더불어 이 경우 비한정적 빈도 부사어는 EP의 상위 위치에 부가되어 사건-외적 반복을 의미하고, 한정적 빈도 부사어는 EP 내부에 위치해 사건-내적 반복을 의미해야 한다.

(126) ㄱ. 철수는 서류를 쓸 때, 연필을 종종 사용하곤 했다.
 ㄴ. 철수는 서류를 쓸 때, 연필을 두 번 사용하곤 했다.

(126ㄱ)에서 비한정적 빈도를 나타내는 '종종'과 '-곤 하-'는 서로 의미 충돌 없이 공기하여 쓰일 수 있다. 반면 (126ㄴ)에서는 '두 번'이 사건-외

적 반복을 의미할 수 없고 사건-내적 반복만을 의미해야 한다.

사건 반복을 의미하는 문장 속 구성 요소와 그 지위를 밝히면 다음과 같다.

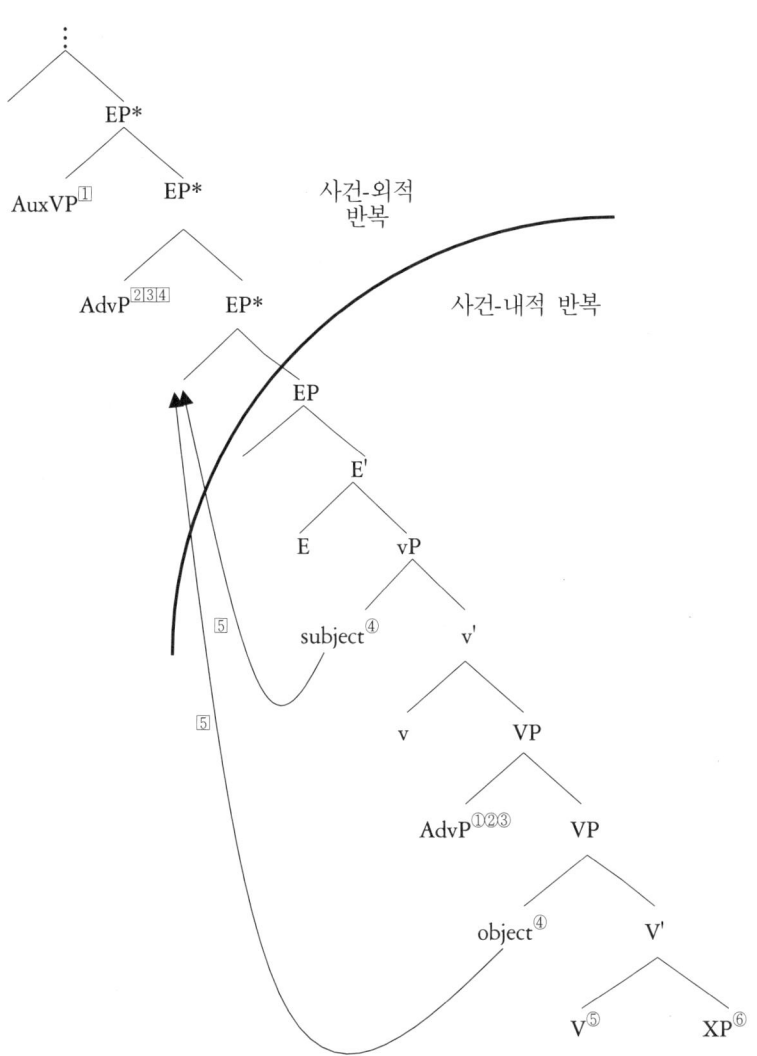

[그림 2] 사건 반복의 구성 요소와 그 지위

(127) 사건-외적 반복의 구성 요소
   ① EP 상위에 부가되는 보조동사 구성97) : -곤 하-
   ② EP 상위에 부가되는 빈도 부사어 : 종종, 가끔, 두 번, 세 번 등
      －한정적 빈도 부사어의 경우 연속적 행위를 의미하지 않는 경우
   ③ EP 상위에 부가되는 의성어/의태어 : 착착, 띄엄띄엄 등
      －서술어가 내부 국면을 가지 않는 순간적 동작류를 의미하는 경우
   ④ EP 상위에 부가되는 기간 부사어 : 동안 등
      －서술어의 내적 기간을 나타내지 않는 경우
   ⑤ EP 상위로 이동하는 명사구 : NP마다, NP씩/양화된 명사구
      －서술어나 '함께, 같이' 등의 부사어에 의해 구성 요소들이 통합되지 않는 경우

(128) 사건-내적 반복의 구성 요소
   ① EP 하위에 부가되는 빈도 부사어 : 두 번, 세 번 등
      －연속적 행위를 의미하는 경우
   ② EP 하위에 부가되는 의성어/의태어 : 착착 등
      －서술어가 내부 국면의 성상을 나타내는 경우
   ③ EP 하위에 부가되는 기간 부사어 : 동안, 만에 등
      －서술어의 내적 기간을 나타내는 경우
   ④ EP 하위에 실현된 양화된 명사구
   ⑤ EP 하위에 실현된 V : 쏘다, 반짝거리다 등
   ⑥ EP 하위에 실현된 보조동사 구성 : -어 대-, -어 쌓- 등

　　EP를 기능적 범주로 설정한 원래의 의도는 'cause' 자질과 사동주의 위치 등을 위한 것이었지만 여기에서는 그것이 가지는 중요한 기능을 추가하고자 한다. 즉 EP는 사건-외적 반복과 사건-내적 반복을 가르는 기준점

---

97) 보조용언의 통사 구조에 대해서는 논란이 많았다. 크게 복문 구조로 볼 것인지 아니면 V의 보어로서 동사구 구조로 볼 것인지로 그 견해를 나눌 수 있다. 우리는 기본적으로 김기혁(1995)의 견해, 즉 동사구의 보어로서의 보조용언 구성을 따르나, '-곤 하-'는 사건-외적 반복과 관계하므로 EP 상위에 부가되는 것으로 본다.

이 되고 EP는 사건 외적 상을 반영하는 범주가 된다. 따라서 사동 EP 상위에 '-곤 하-'나 빈도 부사어 등이 부가되면 사건 반복(EP*)을 의미하게 된다. 또 EP의 지정어 위치에 양화된 명사구나 'NP마다' 등이 이동해 오면서 사건 반복(EP*)을 의미할 수 있게 된다.

2.5. 사건의 구성과 의미 역할
―'놀다'가 실현된 문장에서 방식(manner)의 의미 역할에 대하여

이 절에서는 문장을 구성하는 의미 요소 중의 하나인 '방식(manner)'이 국어 문장에서 어떻게 실현되는지를 살피고자 한다.[98] 어떠한 환경과 조건에서 '방식'의 의미 기능이 드러나는지, 또한 어떤 구성 요소들이 '방식'의 의미를 구현하는지 살피는 것을 목적으로 한다.

2.5.1. 문제 제기

근래 동사의 의미 구조 안에 있는 논항뿐만 아니라 문장을 구성하는 모든 성분에 대해 이들이 어떻게 문장의미 형성에 참여하고 있는지, 이들의 의미 기능은 무엇인지 총체적으로 살피는 연구 및 프로젝트가 국외에서 활발하게 이루어지고 있다.[99]

---

[98] 이 연구는 문장의미가 제한적인, 몇 가지 의미 역할 범주로 구성되어 있다는 대전제 아래 이루어진 것이다. 문장의미를 사건의 구현이라고 보았을 때, 우리가 사건을 구성하는 인식 범주와 조건은 문장의미를 구성하는 범주와도 상관관계를 맺고 있다고 볼 수 있을 것이다. 문장의미의 완전한 구성을 살피기 위해서는 이러한 의미 역할의 완전한 목록을 완성하는 것이 필요하다. 이 책은 그러한 시도 중의 하나로 '방식(manner)'의 의미 구성 범주 설정의 타당성과 실현 양상을 살피고 있다.

[99] 대표적인 것으로 FrameNet(http://framenet.icsi.berkeley.edu/), PropBank(http://verbs. colorado.

이 연구도 전체 문장의미 구성을 살피는 관점에서, 문장의미를 구성하는 의미 역할(semantic roles)[100] 중 하나인 '방식'의 설정, 범위와 조건 등을 살피고자 한다. 이를 위해 <세종말뭉치>에서 동사 '놀다'가 실현된 문장[101]을 추출하여 '방식'의 실현 양상을 살펴보고자 한다.

<세종전자사전>의 '놀다' 항목의 기술에는 다음과 같이 이 동사의 논항구조와 예가 제시되어 있다.

(129) 놀다 < X >, X = Agent (인간|동물)
ㄱ. 아이들이 <u>신나게</u> 노느라 시간 가는 줄도 모른다.
ㄴ. 사슴들이 정원에서 풀을 뜯으며 <u>한가로이</u> 놀고 있다.
ㄷ. 수많은 물고기들이 연못 속에서 서로 <u>떼지어</u> 논다.
(밑줄은 필자의 것임.)

'놀다'는 행위주 논항을 갖는 1항 술어이다. 그런데 '놀다'의 예로 제시된 문장 안에는 밑줄 친 바와 같이 모두 '방식'과 관련된 의미 성분이 실현되어 있다. (129ㄱ, ㄴ)은 방식 부사(어)로서, 우리가 일반적으로 방식의 의미 역할을 한다고 보는 것들이다. 반면 (129ㄷ)은 동사구 구성을 이루는 것으로, '노는 행위'의 방식을 명세한다는 점에서 역시 '방식'의 의미 범주 안에 포함시킬 수 있을 것이다. 이렇게 '방식'도 문장의미를 구성하는 주요한 의미 역할 중의 하나라고 볼 수 있다.

이러한 생각을 바탕으로 크게 두 가지 문제를 해결하고자 한다.[102]

---

edu/~mpalmer/)와 같은 것들이 있다. 이들 모두 의미 역할(semantic role) 목록에 '방식'을 포함하고 있다.
[100] 여기서 의미 역할은 의미역과는 구별되는 개념이다. 의미역이 동사의 논항에 대한 의미적 표지라면, 의미 역할은 문장에 실현된 모든 구성 성분에 대한 의미적 표지를 말한다.
[101] 특정한 술어를 중심으로 살피는 것은 동일한, 그리고 제한적인 조건에서 살피기 위함이지, 다른 의도나 이유는 없다.

첫째, '방식(manner)'은 문장의미 구성에 있어 어떤 기능과 의미 영역을 갖는가.

둘째, '방식(manner)'의 의미를 갖는 구성 요소들은 어떤 것들이 있는가. 더불어 이러한 구성 요소들이 '방식'의 의미를 갖게 되는 환경과 조건은 무엇인가.

먼저 '방식'을 하나의 의미 범주 및 역할이라고 본다면, 먼저 '방식'의 개념적 정의와 조건을 설정해야 할 것이다. 그리고 이를 기반으로 이러한 의미 역할을 실현하는 문장의 구성 요소들이 어떤 것이 있는지 파악해야 할 것이다. (129)의 예에서 알 수 있는 것처럼 방식 부사(어)뿐만 아니라 다양한 형식의 구성 요소들이 '방식'으로 기능할 수 있다. 어떤 요소들이 어떠한 조건에서 '방식'으로 해석되는지 그 목록과 조건을 명세한다면, 문장의미 구성에서 '방식'의 의미 기능을 하는 요소들을 자동으로 추출할 수 있는 가능성을 제시할 수 있으리라 생각한다.

'방식(manner)'은 서술어가 의미하는 사건이 발생할 때의 모양이나 상태를 말한다. 박소영(2000 : 169~170)에서는 "동작이 행해질 때 일어나는 부차적인 동작의 부연 설명"이라고 하면서 이것은 "주체의 물리적 · 심리적 자세나 상태를 나타내는 것으로 소급"된다고 보았다. 우리도 박소영(2000)

---

102) 우연찮게도 필자가 이 글을 썼던 시기와 맞물려 핀란드의 탐페레(Tampere)에서는 "'Manner' in the theory of language"(2007. 8. 20~21.)라는 이름의 심포지움이 열렸다. 이 심포지움의 주요 주제는 다음과 같다.
  —Is 'manner' one category/feature or many?
  —How are "manner-phenomena" lexicalized/grammaticalized in different languages?
  —What is the proper description of 'manner' for different linguistic phenomena?
  —Should the linguistic category of 'manner' be restricted to semantico-grammatical phenomena; how to treat such notions as e.g. 'style' or 'mode' with respect to 'manner'?

의 정의를 일차적으로 따른다. 즉, '방식'은 두 가지 의미 영역을 모두 포함하는 것이라고 본다.

   (130) ㄱ. 방에서 <u>천천히</u> 놀다 가거라.
         ㄴ. 아이들이 미술관 안에서 <u>철없이</u> 놀고 있다.

(130ㄱ)에서 '천천히'는 '방에서 노는 행위'의 속도를 의미하는 것으로, 이는 서술어가 의미하는 사건의 상태를 서술하는 기능을 갖는다. 반면 (130ㄴ)에서 '철없이'는 '미술관 안에서 놀고 있는 아이들'의 상태를 평가하고 있다. 그러나 이때 행위 주체에 대한 이러한 평가는 단순히 주체의 특성을 한정하는 의미가 아니라 행위에 대한 평가이다. 따라서 이들도 넓은 의미의 측면에서 보면 '방식'의 의미 안에 포함시킬 수 있을 것이다. 즉 행위에 대한 서술뿐만 아니라 행위에 대한 평가도 광의의 의미에서 '방식'으로 볼 수 있다는 것이다.

2.5.2. 방식의 의미 실현 성분

아래에서는 방식의 의미 영역 안에 있는, 방식을 표상하는 성분들을 분류하고 그 특성을 살펴보고자 한다.

1) 방식 부사

방식(manner)을 나타내는 가장 대표적인 요소 중의 하나가 '방식 부사'[103]이다.

[103) manner adverb와 관련하여 국어 연구의 대당 용어는 혼란스럽다. 국어 연구에서는 동태 부사(서정수 1994, 임유종 1999), 상태 부사(왕문용·민현식 1993)라는 용어가 있으며, 성상 부사(남기심·고영근 1995)는 정도 부사를 포함하고 있는 상위의 용어

(131) <방식 부사> 놀다
   ㄱ. 사람들이 공원에서 <u>한가로이</u> 놀고 있다.[104]
   ㄴ. 단박에 친해져서 <u>잘도</u> 놀았다.
   ㄷ. 우리는 <u>정신없이</u> 놀았다.
   ㄹ. 그 친구는 하루 종일 집에서 <u>빈둥빈둥</u> 놀았다.

'방식'은 어떠한 사건이 이루어질 때의 상태를 서술하는 요소이다. (131ㄱ)에서 '한가로이'는 '사람들이 공원에서 놀고 있는 모양, 상태' 등을 서술하는 요소이다. 이들 방식 부사는 그것의 주요 의미 기능이 '방식'이므로 방식 부사의 어휘 목록이 구축된다면 이들에게는 자동으로 '방식'의 의미 역할을 부여할 수 있을 것이다. <세종전자사전>에서는 우리가 '방식 부사'라고 하는 것을 '양태 부사'라 이름하고 그것을 각각 '방식'과 '상징'으로 하위분류하였다. <세종전자사전>에서 양태 부사의 목록은 3304개이고, 이들 중 '방식'의 의미를 갖는 부사는 1998개, '상징'의 의미를 갖는 부사는 1323개이다.[105]

<세종말뭉치>에서 추출한 '놀다' 실현 문장에서 방식 부사가 실현된

   이다. 반면 영어학이나 언어학 학자들은 이를 양태 부사라고 한다. "세종전자사전"에서도 이 용어를 사용하였다. 그러나 국어 연구에서 화자의 주관적 태도를 나타내는 말이 양태성(modality)이므로 혼란을 야기할 수 있다. 우리는 이들 부사가 사건의 방식을 표현하는 것이므로 '방식 부사'라고 명한다.

104) <세종말뭉치>에서 '놀다'가 실현된 문장은 다양한 형식으로, 즉 '어말어미'뿐만 아니라 '부사절/관형절' 어미와 함께 실현되었지만 여기에서는 편의상 '어말어미'로 바꿔 예문을 제시하였다.

105) 정확한 숫자는 3307개가 맞다. '방식'과 '상징'의 수를 더한 것이 맞지 않는 것은 몇 가지 입력 과정에서 오류가 있기 때문이다. '세종전자사전'의 정확성을 돕는 입장에서 오류를 밝히면 다음과 같다.

  (1) ㄱ. 기특히, 된통, 휘황히 <정도 부사/방식 → 양태 부사/방식>
      ㄴ. 드문드문 <양태 부사/공간 → 양태 부사/방식>
      ㄷ. 스르르<양태 부사/모양 → 양태 부사/상징>
      ㄹ. 은연중에<양태 부사/방법? → 양태 부사/방식>

양상은 다음과 같다.

(132) '놀다' 실현 문장에서 방식 부사의 실현 양상과 빈도(총 205건)
ㄱ. '-이/히' 부사 : 같이, 열심히, 적당히, 철없이, 정신없이, 자유로이, 천천히 등(총 70건)
ㄴ. -적으로 : 신사적으로, 자율적으로 등(총 4건)
ㄷ. -대로 : 제멋대로, 정반대로 등(총 8건)
ㄹ. 상징 부사 : 빈둥빈둥, 건들건들, 흥청망청 등(총 23건)
ㅁ. 기타 : 따로(27건), 혼자(21건), 잘(24건), 함께(32건), 그저(4건), 그냥(6건) (총 100건)

그런데 위의 방식 부사들이 항상 '방식'의 의미로 해석되는 것은 아니다. 다음 예문을 보면,

(133) ㄱ. <u>빨리</u> 놀고 싶어서 일찍 왔어요.
ㄴ. 한 시간 만에 이 놀이기구들을 다 탔으니, 너무 <u>빨리</u> 논 거 아냐?

임채훈(2007ㄴ)에서 지적한 것처럼, '빨리'는 두 가지 의미 기능을 갖는다. 하나는 '빠른 속도로'의 의미로 동작의 속도를 나타내는 방식 부사이며, 또 하나는 행위의 시작을 앞당긴다는 의미로 시간 부사로서의 의미 기능을 갖는다. (133ㄱ)의 경우는 '노는 행위'의 시작을 앞당긴다는 의미로 방식 부사라기보다는 시간 부사로 봐야 할 것이다. 즉 당초에 놀기로 한 시간보다 빠른 시간에 그 행위가 시작된다는 것을 의미한다. 반면 (133ㄴ)은 노는 속도가 빠르다는 방식 부사로서의 의미를 갖고 있다.

'잘'도 기본적으로 '방식 부사'로서의 의미 기능을 갖지만, '빈도 부사'로서 '자주'의 의미를 갖기도 한다.[106]

---

106) <세종말뭉치>에서 검색된 24건의 예는 모두 방식 부사로서 쓰였다. 빈도 부사로 쓰

(134) ㄱ. 아인이는 고생하시는 어머니를 도와 드리려고 동생을 데리고 잘
놉니다.
ㄴ. 특별한 일이 없을 때는 인사동에서 잘 논다.

(134ㄱ)에서 '잘'은 '만족스럽게, 능숙하게'의 의미로 쓰인 방식 부사이다. 반면 (134ㄴ)은 방식 부사로서의 의미도 가능하나, '자주'라는 의미의 빈도 부사로도 해석할 수 있다.

우리가 이들 부사의 의미 기능을 이렇게 구별해낼 수 있다는 것은 이들을 구별할 수 있는 환경이 존재한다는 것을 말해 준다. 즉 중의성을 해소하는 방법이 우리의 언어 능력 속에 존재한다는 것을 말해 준다. 대개 기존 연구에서 이를 '화용적인 환경' 혹은 '문맥'으로 일컬었다. 문제는 '화용적인 환경'이나 '문맥'이라는 언급 후에 그것이 구체적으로 무엇인지 상세하게 밝히는 작업이 부족했다는 것이다. 즉 이것을 언어학 영역을 벗어나는 문제로 보거나 해결할 수 없는 문제로 치부해 버렸다. 모호한 것이 아니라 중의적인 것이고 또한 그것을 해결하는 능력이 우리에게 있다면 이것을 설명하는 작업도 무엇보다 필요하다고 하겠다.

이러한 문제를 해결하기 어려운 이유는 이러한 중의성 해소가 몇몇 가시적인 표지나 어휘의 존재에 의한 것이 아니라, 구 단위 이상의 의미 해석을 통한 것이기 때문이다. (133ㄴ)의 경우, '빨리'가 방식 부사로 해석되는 것은 '한 시간 만에 놀이기구들을 다 탔다'라는 절의 해석을 통한 것이다. 결국 '빨리'가 방식으로 기능하는 환경과 조건은 문장 안에 '행위의 기간'으로 해석되는 요소와 호응할 수 있느냐 하는 것이다. 이들 요소는 형태소 단위에서부터 절 단위를 넘어서는 것까지 있을 것이다. (134ㄴ)의 경우도 '특별한 일이 없을 때'가 '다수의 경우'로 해석되므로, 이에 호응

인 예는 없었다.

하는 말로 '잘'의 의미를 빈도로 볼 수 있는 것이다. 역시 문장 안에 '다수의 경우'로 해석될 수 있는 요소와의 호응 여부가 조건으로 명세되어야 할 것이다.

이와 같이 호응하는 의미 요소를 명세함으로써, 중의성을 해결하는 모형을 구축할 수 있을 것이다.

2) '형용사+게' 부사어

방식을 나타내는 대표적인 부사어 중의 하나로 '형용사+게' 부사어가 있다.[107]

우리는 문장의 구성 성분들이 그 문장이 의미하는 사건의 특성을 각각 서술한다고 주장하였다. 부사어도 단순히 동사를 수식하는 기능을 가진 것이 아니라 문장 전체가 의미하는 사건을 서술한다고 할 수 있다. 부사어의 기능을 단순히 수식이라고 보는 것은 다음과 같은 문제를 갖고 있다. 우선 '수식'이라는 개념 자체가 광의적인 면이 있어 의미 구성의 과정을 명징하게 설명할 수 없다. 게다가 '수식'이라고 보는 것도 타당성이 있는 것인지 의심스럽다.

(135) ²아이들이 따뜻하게 놀았다.

(135)의 예가 비문으로 느껴지는 이유는 '따뜻하게'가 '놀다' 서술어를 수식하는 것이 의미상 잘 맞지 않기 때문인 듯하다. 부사(어)가 동사를 단순히 수식한다는 관점에서는 위와 같은 주장을 할 수 있다. 그러나 다음

---

107) <세종말뭉치>에서 '-게' 부사어가 실현된 것은 모두 97개였다. 주목할 만한 사실은 이들 모두 '형용사+게' 부사어였다는 것이다. 단, '신 나게'의 경우는 기본적으로 '동사+게'의 형태라고 볼 수 있으나 이미 의미적으로 심리 상태를 나타나는 형용사의 의미로 전이한 것으로 보인다.

예문을 보면,

    (136) 아이들이 난로 옆에서 따뜻하게 놀았다.

  (135~136)과 같은 현상은 '따뜻하게'와 같은 부사어가 단순히 서술어를 수식하는 의미 기능을 갖는다고 설명하는 것이 문제가 있다는 것을 보여 준다. (135)와 달리 (136)에서 '따뜻하게'가 실현될 수 있는 것은 '난로 옆에서'와 같은 부가어의 실현과 관계가 있다. 즉 단순히 서술어 '놀(았)다'를 수식하는 것이 아니라 '아이들이 난로 옆에서 논 사건' 전체와 '따뜻하게'가 관계있음을 알 수 있다. 이 점에서 부사어를 단순히 서술어를 수식하는 요소로 볼 것이 아니며, 이들도 문장 전체가 의미하는 사건과 관계한다고 보는 것이 적절할 것이다.

  '방식 부사'처럼 '형용사+게' 역시 문장에서 구별되는 의미 역할을 갖고 있다.

    (137) ㄱ. 소의 무리들이 풀을 뜯으며 <u>한가롭게</u> 놀고 있었다.
          ㄴ. 간만에 <u>가슴이 후련하게</u> 놀 수 있었어요.

  (137ㄱ)의 경우는 '소의 무리들이 노는' 방식이 '한가롭다'라는 것을 나타낸다고 할 수 있다. 그러나 (137ㄴ)의 경우 '간만에 노는' 방식이 '가슴이 후련하다'라고 할 수는 없다. 가슴이 후련한 것은 '간만에 논 사건' 후에 일어난 화자의 '결과 상태'라고 할 수 있다. 임채훈(2007ㄱ)에서는 '형용사+게'가 '방식'과 '결과 상태'라는 두 가지 의미 역할을 갖는다고 보면서, 이들의 의미 생성·해석 조건을 다음과 같이 보았다.[108]

---

108) 4.1절에서 이 내용을 자세히 다루고 있다.

■ '형용사+게' 부사어의 의미 생성·해석 조건
  1) '형용사'의 대상 논항이 무엇인가.
     문장이 의미하는 사건(event)이 대상 논항인가?
     아니면, 그 사건을 구성하는 개체(indivual)가 대상 논항인가?
  2) 대상 논항이 사건인 경우, '형용사+게' 부사어는 그 사건의 방식 등을 표상한다.
  3) 대상 논항이 개체인 경우, '형용사+게' 부사어는 그 문장이 의미하는 사건과 인과의 의미관계를 갖는 상태를 표상한다.

'형용사+게' 부사어에서 '형용사'가 의미상 '사건'을 대상 논항으로 했을 때는 그 사건의 방식을 서술하게 되고, 형용사가 의미상 해당 문장이 의미하는 사건이 아닌 다른 것을 대상 논항으로 할 때는 그 사건과 인과 관계를 맺는 결과 상태를 의미한다는 것이다. (137ㄱ)의 경우는 인과 관계가 다음과 같이 성립하지 않으나 (137ㄴ)의 경우는 인과 관계가 성립한다.

(137') ㄱ. #소의 무리들이 풀을 뜯고 놀고 나니, 한가롭다.
        ㄴ. 간만에 놀고 나니, 가슴이 후련하다.

따라서 '형용사+게' 부사어는 모두 그 사건의 방식을 나타내는 것이 아니므로, 위의 기제를 통해 '방식'과 '결과 상태'를 구분할 필요가 있다.

(138) 아이들이 재미있게/즐겁게 놀고 있다.

(138)의 경우는 좀 더 정밀한 검토가 필요하다. 표면적으로는 '재미있게/즐겁게'가 '아이들'을 대상 논항으로 하여 그들의 심리 상태를 서술하는 것으로 볼 수 있기 때문이다. 이와 같이 해석하면 '재미있게/즐겁게'는 사건의 방식이 아닌, 결과 상태를 서술하는 것으로 봐야 할 것이다. 그러나

이들을 사건 후에 일어난 결과 상태로 보는 것은 무리가 있어 보인다.

(138') ?아이들이 놀고 나니 재미있다/즐겁다.

우선 (138')과 같이 결과 구문으로 환언할 때 어색하기 때문이다. 더불어 엄밀한 의미에서 이것은 아이들의 심리 상태를 나타내는 말이 아니라, 화자가 '아이들이 놀고 있는 사건'의 양상을 심리 술어를 통해 서술하고 있는 것이라고 할 수 있다. 즉 '재미있게/즐겁게'는 "아이들이 재미있다/즐겁다"보다는 "재미있는/즐거운 여행/놀이"에서처럼 사건의 특성을 서술하고 있다고 보는 것이 타당할 것이다. 이렇게 전체 사건에 대한 평가 역시 '방식'의 의미 역할이 의미하는 바로 볼 수 있다.

3) '-고, -(으)며, -(으)면서' 부사절

'놀다'에 선행하는 요소로 '-고, -(으)며, -(으)면서' 등과 같은 절이 상당수 실현되어 있다. 일반적으로 연결어미 '-고', '-며', '-면서'는 '순서, 나열, 동시' 등과 같은 의미를 표상하는 것으로 알려져 있다.[109] 그러나 다음 예문을 보면 이들을 '순서, 나열, 동시'와 같은 의미를 갖는 절이라고 보기 어렵다는 것을 알 수 있다.

(139) 아이들이 자전거를 타고/타며/타면서 놀고 있어요.

(139)의 경우, '아이들이 자전거를 타는 사건'과 '아이들이 노는 사건'이

---

109) 이러한 견해는 오랜 기간 별다른 이견 없이 이어져 왔다. (최현배 1931, 고영근·남기심 1987, 서정수 1999 등). 그러나 최근 이들이 갖는 의미의 차이 혹은 다른 의미 기능에 주목하는 연구들이 늘고 있다. 안주호(2006)에서는 '-면서'가 '-며'와 교체되지 않는 환경을 제시하고, '-면서'의 역사적 기원을 추적하면서 '-면서'가 [시발][대립]의 의미 기능도 가지고 있음을 증명하였다.

각각 나열되거나 혹은 순서를 나타내거나 동시에 일어나는 것이라고 보기 어렵다. 오히려 '자전거를 타는 것'은 아이들이 노는 방식을 구체적으로 설명하고 있다고 봐야 한다. 이 점에서 이들 '-고/-며/-면서' 절은 '노는 사건'의 방식을 의미한다고 봐야 할 것이다.

이들 연결어미에 대해 '방식'의 의미 기능을 갖는다고 주장한 논의들이 있었다. 박소영(2000)에서는 '방식'110)을 나타내는 '-고' 절의 문장 계층적인 위치 매김을 하였다. 그리하여 주어의 실현 양상, 결합되는 용언의 종류와 관련하여 '-고' 절이 '방식'으로 해석된다고 보았다. 박소영(2000)에서 '방식'의 의미가 나타난다고 제시한 환경과 조건은 다음과 같다.

(140) ㄱ. 주어의 실현 : 방식을 나타내는 '-고' 절의 주어는 주절의 주어와 일치하며, 그 안에 독자적인 주어를 가질 수 없다.
ㄴ. 술어의 실현 :
1) '-고'와 결합하는 술어의 의미 특성 : 재귀성 즉, 주체의 동작이 결과적으로 주체에게 영향을 미쳐서 주체 상태의 변화를 초래하는 것들, 예를 들어 신체 동사, 소유 동사, 착용 동사, 위치 관계 동사, 동반 동사, 심리 동사 등
2) 상적 특성 : '-고' 절의 동작이 완료된 후의 남은 상태가 지속되고 있는 가운데, 혹은 '-고' 절이 나타내는 상태가 지속되는 가운데, 주절의 동작이 진행되는 것

---

110) 박소영(2000)에서는 '양태'라는 용어를 사용하였다. 여기에서는 '방식'이라는 용어를 그대로 사용한다. 박소영(2000 : 169~170)에서는 '방식'을 다음과 같이 정의하였다. "'양태'라는 의미는 '주절 동작의 행동 양식'을 나타낸다. 다시 말해 주절의 동작이 행해질 때 일어나는 부차적인 동작의 부연 설명인 것이다. 그런데 이러한 행동 양식은 결국 바로 주체의 물리적·심리적 자세나 상태를 나타내는 것으로 소급되는 것이라고 할 수 있다. 요컨대 일반적인 양태의 의미를 taxis적인 입장에서 정의하는 것은 무리가 있다고 할 수 있다. 다시 말하면, '양태'란 '주절 서술어가 나타내는 동작이 행해질 때의 주체의 자세나 태도'를 나타내는 것이라고 정의내릴 수 있다."

이러한 환경과 조건에서 '방식'의 의미가 나타난다고 박소영(2000)에서 제시한 예는 다음과 같다.

(141) ㄱ. 그 긴 의자에는 머리가 긴 어린 처녀가 초록색 파카를 입고서 내게 등을 돌리고 앉아 있었다.-신체 동사
ㄴ. 우리는 매일 하루에 한두 번씩 전화통을 붙잡고 수다를 떨곤 했다.-소유 동사
ㄷ. 배란다에선 횟집 종업원인 여자가 붉은 스웨터를 입고 나와 정성껏 유리를 닦고 있었다.-착용 동사
ㄹ. 불빛을 등지고 선 부대장이 한 손을 들어 까딱 움직였다.-위치 관계·동반을 나타내는 동사
ㅁ. 그냥 믿고 마시는 거야.-심리 동사

그러나 이와 같이 '방식'의 의미를 파악한다면 '방식'으로 볼 수 있는 부사절이 너무 광범위해지며, 확대 해석을 한다면 모든 부사절을 '방식'으로 해석할 수 있다.

(142) ㄱ. 저녁은 어떻게 먹어요? / 저기 가서 먹으면 돼.
ㄴ. 이 음식은 어떻게 먹는 거예요? / 이 양념장을 넣어서 먹으면 돼.

(142)의 경우도 주체의 동작이 결과적으로 주체에게 영향을 미쳐서 주체 상태에 변화를 일으키고 있다고 할 수 있다. 하지만 이들까지 '방식'의 의미가 있는 것으로 본다면 대부분의 부사절이 기본적으로는 '방식'의 의미를 갖고 있다고 보아야 할 것이다.

그런데 이들을 '방식'의 의미 역할을 갖는 것으로 볼 수 없는 이유는 그뿐만이 아니다. 앞서 '방식'은 하나의 사건을 구성하는 의미 역할 중에 하나라고 보았다. 따라서 이러한 부사절이 서술어가 의미하는 사건과 동

일한 사건을 서술하는 요소라고 볼 수 있을 것인가 하는 점을 고려해 볼 필요가 있다. '저기 가는 사건'과 '저녁을 먹는 사건'은 구별되는 두 사건이기 때문에 이들은 각기 다른 사건을 서술하고 있다고 봐야 할 것이다. (141ㄱ)의 경우도 '등을 돌리는 사건'과 '앉는 사건'은 구별되는 두 사건으로, '등을 돌리는 것'이 '앉는 사건'을 구성하는 요소라고 하기는 어렵다. 결국 이들은 하나의 사건에 대한 서술이 아니라 두 개의 사건 간에 존재하는 의미관계를 나타내는 것으로 보아야 할 것이다. 즉 이들은 선행하는 사건의 상태가 후행하는 사건에 지속되는 의미관계를 나타내는 것으로 보아야 할 것이다. 따라서 이들은 결과 상태 지속을 나타내는 '-(으)ㄴ 채'와 대치가 가능하다.

(141') ㄱ. (……) 내게 <u>등을 돌린 채</u> 앉아 있었다.-신체 동사
ㄴ. 우리는 매일 하루에 한두 번씩 <u>전화통을 붙잡은 채</u> 수다를 떨곤 했다.-소유 동사
ㄷ. (……) 여자가 <u>붉은 스웨터를 입은 채</u> 나와 정성껏 유리를 닦고 있었다.-착용 동사
ㄹ. <u>불빛을 등진 채</u> 선 부대장이 한 손을 들어 까딱 움직였다.-위치 관계·동반을 나타내는 동사
ㅁ. ?<u>그냥 믿은 채</u> 마시는 거야.-심리 동사

선행하는 행위의 상태가 유지되어 후행하는 행위에 영향을 미치는 것을 '방식'이라고 해석하는 것은 문제가 있다. 이들은 우리가 현재 이야기하고 있는 '방식'과 구별하여 논의하여야 한다. 왜냐하면 이들은 기본적으로 사건 간의 관계를 이야기하는 것이기 때문이다. 즉 두 개의 구체적인 행위 간에 이루어지는 관계를 말하는 것이라고 할 수 있다. 여기에서 논의하고 있는 '방식'은 다른 성분과 마찬가지로 동일한, 하나의 사건을 서술하는

의미 역할을 가리킨다. 기본적으로 하나의 문장은 하나의 사건을 표상한다. (139)의 경우는 '자전거를 타는 사건'과 '노는 사건'이 각각 나열되거나 혹은 순서를 명시한 것으로 볼 수 없다. 오히려 '놀다' 앞에 선행하는 행위는 '노는 행위'가 구체적으로 무엇이었는지 명세하고 있는 것으로 보인다. 따라서 이들은 (139)의 문장을 '-(으)ㄴ 채'로 대치할 경우 어색하거나 다른 의미가 된다.

 (139') ⁽ʔ⁾아이들이 <u>자전거를 탄 채</u> 놀고 있어요.

 이러한 차이가 발생하는 이유는 '놀다'가 '사건-성향 서술어'이기 때문이다. 임채훈(2006)에서는 '사건-성향 서술어(구)'라는 범주를 새로이 설정한다.111) 사건-성향 서술어는 구체적 행위를 종합하여 서술하는 서술어를 말한다.112) 즉 '놀다'는 수많은 구체적인 행위에 대하여 그것을 종합하여 성향을 부여한 술어라고 할 수 있다. 노래를 부르는 것, 자전거를 타는 것, 공을 차는 것 등 수많은 행위가 '놀다'라는 술어에 의해 종합되어 지

---

111) 이에 대해서는 이 책 3.2절에서 자세히 다룬다.
112) 이 때문에 이 서술어는 그 자체가 본유적인 상적 특성을 갖지 않고 그것이 지시하는 구체적인 행위에 따라 상적 특성이 달라진다. 예를 들어

 (1) 유승이가 일주일 {동안/만에} 약속을 지켰다.

'동안'과 '만에'는 각각 동사가 의미하는 동작류(aktionsart)의 상적 특성에 따라 공기 제약의 차이를 갖는다. 위의 경우 '약속을 지키다'는 '동안'과 '만에'와 모두 공기할 수 있는 상적 특성을 갖고 있는 것으로 보인다. 그러나 다음과 같이 약속의 내용이 명세된 경우 공기 제약이 달라진다.

 (2) 유승이가 돈을 다 갚겠다고 약속했다. 그리고 일주일 {*동안/만에} 약속을 지켰다.

즉 '약속을 지키다'는 약속이 의미하는 구체적인 행위가 가리키는 상적 특성에 따라 그 동작류가 결정된다. 이는 이 서술어(구)가 구체적인 행위를 의미하는 것이 아니라 그에 대한 지시와 성향을 나타내는 서술어이기 때문이다. '사건-성향 서술어'의 자세한 특징에 대해서는 임채훈(2006) 참조.

시될 수 있다. 위의 예에서 '-고/며/면서'가 의미하는 구체적인 행위가 '놀다'와 병렬되는 행위가 아니라 '방식'으로 해석되는 것은 '놀다'가 사건-성향 서술어의 특징을 갖기 때문이다. 즉 행위의 종합적 지시에 앞서 구체적 행위가 방식으로 명세된 것이라고 할 수 있다. 따라서 '사건-성향 서술어' 앞에 실현된 '-고, -며, -면서' 절은 해당 사건의 '방식'을 의미할 수 있다.

먼저 '-고' 절의 양상을 살펴보자. <세종말뭉치>에서 '-고'가 실현된 문장은 모두 158개였다. 이 중 '가지고/갖고/데리고 놀다'가 66개(31/27/8)로, 이 연어적 구성을 빼면 92개이다. 이 중 '방식'의 의미로 쓰인 것이 54개(59%)이고, '순서, 나열'의 의미로 쓰인 것이 38개(41%)이다. '놀다'가 실현된 문장에서 '방식'의 의미로 쓰인 '-고' 절이 더 빈번하다는 것을 보여준다. 이는 박소영(2000)에서 '방식'으로 쓰인 '-고' 절이 차지하는 비율 15%(202/1361)보다 월등히 높은 비율이다. 물론 박소영(2000)에서 본 기준과 우리가 보는 '방식'의 의미는 서로 다르다. 우리는 '놀다'가 실현된 문장에서 '방식'의 의미로 쓰인 '-고' 절이 압도적으로 출현하는 이유에 대해 주목할 필요가 있다. 즉 사건-성향 술어가 쓰인 예에서는 '방식'의 의미 실현이 더 일반적인 것이라고 볼 수 있다.

(143) '방식'의 의미로 쓰인 '-고' 절
ㄱ. 학생들이 점심시간에 복도에서 서로 <u>뒹굴고</u> 놀고 있다.
ㄴ. 돌이가 방안에서 <u>게임을 하고</u> 놀고 있다.
ㄷ. 아이들이 <u>신문지로 가면을 만들고</u> 놀고 있다.

(144) '방식'이 아닌 의미로 쓰인 '-고' 절
ㄱ. <u>숙제는 끝내 놓고</u> 놀아야지.
ㄴ. 영원히 <u>먹고 자고</u> 놀고 살았으면 좋겠다.
ㄷ. 곡마단 앞에는 <u>어린애를 업고</u> 놀고 있는 할머니들이 많았다.

(144ㄱ)의 경우는 두 사건의 순서를 의미하고, (144ㄴ)은 사건을 나열하고 있다. 박소영(2000)에서는 (144ㄷ)을 '방식'의 의미를 가진 것으로 보고 있으나 이는 '방식'이라고 볼 수 없다. 앞서 밝힌 바대로 이들은 서술어와 동일한 사건을 구성하는 것이 아니다. 다음과 같은 점에서도 이들이 (143)과 같은, '방식'을 의미하는 '-고' 절과는 다르다는 것을 알 수 있다.

(144') ㄷ. 곡마단 앞에는 포대기로 어린애를 업고 놀고 있는 할머니들이 많았다.
≠ 곡마단 앞에는 포대기로 놀고 있는 할머니들이 많았다.

(144ㄷ')에서 '-고' 절 안에 쓰인 성분은 후행절의 성분이 될 수 없다. 두 절이 의미하는 사건이 서로 다르기 때문에 이런 제약이 있는 것은 당연하다. 반면 이 논의에서 '방식'의 의미로 쓰였다고 본 '-고' 절의 성분은 후행절의 성분으로도 쓰일 수 있다. 이것은 같은 사건을 구성하는 의미 성분이기 때문에 가능한 것이다.

(143') ㄴ. 돌이가 방안에서 게임을 하고 놀고 있다.
≒ 아이가 방안에서 게임을 놀고 있다.[113]
ㄷ. 아이들이 신문지로 가면을 만들고 놀고 있다.
≒ 아이들이 신문지로 놀고 있다.
≒ 아이들이 가면으로 놀고 있다.

(143'ㄷ)의 경우에는 '가면을'이 실현될 수 없고 '가면으로'만 실현될 수 있다. 이 때문에 반례로 볼 수도 있다. 그러나 이 경우 '놀다'는 의미적인 제약이 아니라 통사적인 제약이라고 할 수 있다. 즉 '놀다' 앞에 '-을/를'

---

113) '놀다'라는 말 앞에 목적어가 실현되는 것은 다소 어색할 수 있다. 그러나 '놀이, 게임' 등은 '놀다'의 목적어로 실현될 수 있다.

목적어 실현이 제약되므로 '가면을'이 실현될 수 없는 것이지, '가면'이 노는 사건의 구성 요소가 될 수 없다는 의미적 제약에 의한 것이 아니다. 오히려 '가면으로'와 같이 '놀다'의 통사적 제약에 맞춰 구성 요소가 실현될 수 있다. 이는 앞서 (144'ㄷ)의 '포대기로'가 어떠한 조사의 실현에 의해서도 '놀다'의 구성 성분이 될 수 없는 것과 비교된다. 이들은 '노는 사건'의 구성 요소가 아니기 때문에 제약되는 것이다.

다음의 '-고' 절은 더 정밀한 논의가 필요하다.

(145) 그가 <u>일을 안 하고</u> 놀고 있다.

(145)와 같이 부정이 실현된 문장이 표상하는 사건은 무엇인가. 이를 설명하기 위해서는 부정문이 의미하는 바가 무엇인지 밝혀야 한다. Krifka(1989)에서는 '부정(negation)'이 포함되어 있는 문장의 의미 해석을 다음과 같은 방식으로 한다. Krifka(1989 : 100~104)에서는 먼저 maximal event(**MAE**)와 t라는 시간의 maximal event(**MAT**)를 다음과 같이 정의한다.

(146) ㄱ. $\forall e \forall t$ [**MXT**(e, t) $\leftrightarrow$ e = FU($\lambda e[\tau e \sqsubseteq t]$)]
　　　　[**MXT**는 t의 종속 기간에 발생한 모든 사건의 통합이다
　　　　(maximal event at a time t is the fusion of all events that occur
　　　　at subintervals of t).]
　　ㄴ. $\forall e$ [**MXE**(e) $\leftrightarrow$ $\exists t$ =[e = FU($\lambda e[\tau e \sqsubseteq t]$)]
　　　　[**MXE**는 어떤 기간의 종속 기간에 발생한 모든 사건의 통합이
　　　　다(a maximal event is the fusion of all events that occur at
　　　　subintervals of some interval).]

이를 바탕으로 부정(negation)은 다음과 같이 환언할 수 있다.

(147) do not $\Rightarrow \lambda P \lambda e[MXE(e) \wedge \neg \exists e'[P(e') \wedge e' \subseteq e]]$
　　　※ P = predicate

즉, MXE와 e'이 아닌 사건의 교집합이 부정이 의미하는 사건이 되는 것이다. 이 규칙을 다음과 같은 예에 적용하면,

(148) John did not arrive (ignoring tense)
　　　$\lambda e[\mathbf{MXE}(e) \wedge \neg \exists e'[arrive(e') \wedge Ag(e', j) \wedge e' \subseteq e]]$

위 문장이 의미하는 사건 e는, '어떤 시간에 발생한 모든 사건의 총합'에서 'John이 도착하는 사건'을 뺀 것이라고 할 수 있다. 다시 말해서 사건을 부정하는 문장의 의미는 그 시간에 일어난 모든 사건들이 후보가 될 수 있다. 단 부정의 대상이 되는 사건은 후보가 될 수 없다.

이와 같은 관점에서 보면 '일을 안 하다'는 '그 시간에 발생한 모든 사건'에서 '일하는 사건'을 제외시키는 것이므로, 결국 '일을 안 하는 사건'은 '노는 사건'과 동일한 사건을 지시한다고 할 수 있다. 결국 이러한 '<부정>-고' 절은 주절이 의미하는 사건에 대한 부연 설명 및 상태를 설명하는 것이라고 볼 수 있다. 따라서 (140)의 경우도 '방식'을 의미하는 '-고' 절이라고 볼 수 있다.

(149) 아인이가 놀이터에서 한 번도 안 넘어지고 잘 놀고 있다.

(149)의 경우도 '아인이가 놀이터에서 한 번도 안 넘어지다'라는 사건의 의미는 그 시간에 일어난, '넘어지는 사건'을 제외한 모든 사건과 동일한 외연을 갖게 되므로 결국 '노는 사건'과 동일한 사건을 지시하게 된다. 더불어 '노는 사건'을 다른 측면에서 설명하는 '방식'의 의미 역할을 하게

되는 것이다.
'-며'의 경우는 '방식'으로 쓰인 경우가 더욱 압도적이다.

(150) '방식'의 의미로 쓰인 '-며' 절
ㄱ. 아이들이 고무줄놀이/기차놀이/술래잡기를 하며 논다.
ㄴ. 철이는 동생과 이리저리 뛰어다니며 놀고 있다.
ㄷ. 모래성도 쌓고 두꺼비집도 지으며 놀았다.

(151) '방식'의 의미가 아닌 '-며' 절
ㄱ. 그 친구들은 같이 배우며 놀기도 한다.
ㄴ. 꽁보리밥이라도 먹어 주며 놀다 가라고 했다.

총 58개의 예문 중에서 '방식'의 의미로 쓰인 것이 54개(93%)이고 '방식'의 의미가 아닌 '-며' 절이 4개(7%)에 불과하다. 이는 '놀다' 서술어 앞에서 쓰인 '-며' 절은 '방식'의 의미로 쓰이는 것이 일반적이라는 것을 보여 준다.
'-면서'의 경우는 총 9개의 예 중에서 5개가 '방식'의 의미로 쓰였고 4개가 '동시 혹은 연속 동작'의 의미로 쓰였다고 할 수 있다.

(152) '방식'의 의미로 쓰인 '-면서' 절
ㄱ. 조개껍질과 조약돌을 주우면서 놀고 있는 소년이 있었다.
ㄴ. 맹자는 공부하는 흉내를 내면서 놀았다.
ㄷ. 노래도 하고 춤도 추고 밤을 새면서 놀았죠.

(153) '방식'의 의미로 쓰이지 않은 '-면서' 절
ㄱ. 나는 그 언니를 착한 언니라고 하면서 같이 놀고 그랬다.
ㄴ. 찬 눈바람을 맞으면서 놀았다.
ㄷ. 동네에서 벌거벗고 다니면서 놀던 어린 시절이 생각났다.
ㄹ. 생후 2개월이 되면 손가락을 빨면서 노는 모습을 보게 된다.

물론 (152~153)의 '-면서' 절의 의미를 '방식'으로 해석할 수도 있고, '동시 동작'의 의미로 해석할 수도 있다. 예를 들어 (153ㄴ)은 '동시 동작'의 의미로 해석했지만, '노는 행위'의 방식, 즉 찬 눈바람을 맞는 것이 노는 방법이라면 '방식'으로 해석할 수도 있다. 물론 세상사적 지식에 따르면 그럴 가능성은 적어진다. (153ㄹ)의 경우도 '손가락을 빠는 행위'가 '노는 행위'와 구별되는 행위라면 '동시 동작'으로 봐야 한다. 반면 아기가 노는 것이 곧 '손가락을 빠는 것'이라면 '방식'으로 해석할 수 있다.

'-고/면서/며' 절에서 '방식'의 의미를 후행하는 술어와 동일한 사건을 지시하는 경우로 한정하는 이유는 다음과 같다. 만약 그와 같은 한정이 없이는 모든 부사절이 '방식'으로 해석될 수 있기 때문이다. (153ㄴ)을 다음과 같이 그 어미를 바꿔 봤을 때,

(153') ㄴ. 찬 눈바람을 맞아도 놀았다.

(153ㄴ)을 '노는 사건'을 구성하는 '방식'으로 해석한다면 (153ㄴ)에서 '찬 눈바람을 맞아도'와 같은 부사절도 방식으로 해석해야 한다. 그러면 모든 부사절은 다 '방식'의 의미를 갖고 있다고 봐야 할 것이다. 앞서 밝힌 것처럼 '-고/면서/며' 절이 방식으로 해석되는 것은 후행하는 서술어가 '사건-성향 술어'로 쓰이고 있기 때문에 구체적인 행위를 명세할 필요가 있고 이것이 '-고/면서/며' 절로 실현되는 것이다.

'뛰어 놀다'의 경우,114) 노는 행위를 구체적으로 밝힌 것이 '뛰다'라고 볼 수도 있다.

(154) 아이들이 운동장에서 맘껏 뛰어 놀고 있다.

---

114) 17개의 빈도를 보여 주었다.

물론 '뛰어놀다'를 합성어로 볼 경우, '방식'이 융합된 합성어로 볼 수 있을 것이다. Talmy(2003)에서는 이동 동사의 의미 안에 'CAUSE, MANNER, PATH' 등이 융합되어(conflated) 나타난다고 보았다. 하나의 어휘 안에 '방식'이 융합될 수도 있고 합성어의 구성 안에 '방식'이 포함될 수도 있을 것이다.

4) 기타 실현 성분들

그밖에 '방식'과 관련하여 살필 성분들은 다음과 같은 것들이 있다.

(155) 아이들이 <u>맨발로</u> 놀고 있다.

(155)의 경우는 '맨발로'가 행위 주체의 상태를 의미할 뿐만 아니라 행위가 이루어지는 때의 상태를 의미하므로 '방식'으로 볼 수 있다. 김지은(1998)에서 조사 '(으)로'는 그것이 결합한 명사구가 다른 성분 X가 새로이 가지게 되거나 X의 새로이 강조되는 속성, 상태, 조건 등임을 나타내는 조사라고 하였다. 이와 같이 '-로' 앞에 있는 명사구가 문장 성분의 상태 등을 나타내는 경우에는 '방식'의 의미 기능을 한다고 볼 수 있다.

그러나 위와 같은 요소를 '방식'으로 해석하면 다음과 같은 것도 의미상 '방식'으로 보아야 한다고 주장할 수 있다.

(156) 아이들이 신발을 벗고 놀고 있다.

그런데 앞서 밝힌 바대로 이는 '노는 사건'의 구성 요소로 보기 어렵다. 즉 '신발을 벗는 사건'이 독립적으로 사건을 구성하기 때문이다. 예를 들어 '의자 위에'와 같은 성분은 '신발을 벗는 사건'의 구성 요소는 되지만

'노는 사건'의 구성 요소는 될 수 없다.

(156') 아이들이 의자 위에 신발을 벗고 놀고 있다.
　　　 ≠ 아이들이 의자 위에 놀고 있다.

그뿐만 아니라 '신발을 벗고'와 '맨발로'는 동일한 의미가 아니다. '신발을 벗는 사건'이 '맨발로'와 같은 상태를 의미하는 것은 추론에 의한 것이며 이것 자체가 '방식'의 의미를 갖고 있다고 볼 수는 없다. 따라서 추론을 통해 (155)와 (156)은 유의문이 될 수 있으나, 그 때문에 '신발을 벗고'를 '방식'의 의미 역할을 하는 요소로 볼 수는 없다.

'혼자, 함께, 같이' 등의 경우는 '방식 부사'로서, 그 사건의 방식을 서술하고 있다고 할 수 있다. 그렇다면 다음과 같이 자립적인 서술성을 잃고 연어적 구성으로 쓰이는 표현도 '방식'의 의미 역할 안에 포함시킬 수 있을 것이다.

(157) -와 더불어/-을 데리고
　　　 ㄱ. 그 시절에 나는 많은 현사(賢士)들과 더불어 놀았다.
　　　 ㄴ. 아무 일이 없을 때면 버릇처럼 광규를 데리고 놀았다.

'처럼', '같이' 등과 같은 비교 부사어에 의한 표현도 이 사건이 일어나는 방식에 대한 설명이 될 수 있다.[115]

(158) ㄱ. 왜 그렇게 바보처럼 놀고 있니?
　　　 ㄴ. 그 분이 꼭 오빠처럼 같이 놀아줬어요.

---

115) 총 12건이 추출되었다.

이 경우 주어와 '바보, 오빠' 등을 동일선상에 두는 것은 이들이 완전히 동일한 속성을 갖고 있기보다는 바보가 노는 행위의 방식, 오빠가 놀아주는 방식의 유사성에 의해 이러한 표현이 가능하다고 볼 수 있다.

2.5.3. 요약 및 정리

우리는 문장을 구성하는 의미 역할 중의 하나로 '방식'을 설정하고, 어떤 성분들이 어떠한 조건에서 '방식'의 의미 역할을 하는지 살펴보았다. 이를 통해 밝혀진 '방식'의 의미 역할 구성 요소들은 다음과 같다.

> (159) '방식(manner)'의 의미 역할을 하는 요소들
> 1) 방식 부사 : 빨리, 열심히, 정신없이 등
>   - 단, 이들 부사어는 빈도, 시간, 정도 부사 등으로 기능할 수도 있음.
> 2) '형용사+게' 부사어 : 신나게, 즐겁게 등
>   - 단, '형용사+게' 부사어는 '결과 상태'의 의미로 기능할 수도 있음.
> 3) 사건-성향 술어에 선행하는 '-고/-(으)며/-(으)면서'
> 4) 문장 성분의 상태를 서술하는 'NP-으로' : 맨발로, 알몸으로
> 5) 사건과 '방식'에서 유사성을 나타내는 'NP처럼/같이'
> 6) 기타 연어적 구성 표현 : -와 더불어, -를 데리고 등

앞서 밝힌 바대로, 문장의미 구성의 면모를 밝히기 위해서는 이러한 의미 역할의 완전한 목록과 의미 실현 양상을 살피는 것이 필요하다. 기존의 연구가 주로 동사의 의미역을 중심으로 논의되었다면 이제는 문장을 구성하는 모든 성분들의 의미 역할을 명세하는 방향으로 진척되어야 할 것이다.

2.6. 사건과 상태

신-사건의미론이라 불리는 견해가 대두된 여러 가지 이유 중의 하나는 Davidson(1967)이 행위성 문장에 대해서만 사건 논항을 설정하고 나머지 상태 문장에 대해서는 어떠한 확실한 생각을 나타내지 않았기 때문이다. 신-사건의미론은 이러한 상태성 문장에 대해서도 사건의미론의 방법론을 확장하여, 상태성 문장은 상태 논항을 갖는 것으로 보았다.

그러나 이에 대해 여러 가지 현상적 근거를 통해 사건 논항의 확대 적용은 불가하다는 입장을 밝힌 논의가 근래에 여러 가지로 나타났다.[116] 우리는 그 중 가장 최근의 논의인 Maienborn(2004, 2005)를 점검한다.

Maienborn(2004, 2005)에서는 먼저 상태성 문장이 독일어의 지각 구문의 보어로 쓰일 수 없다는 것을 보였다.

(160) ㄱ. * Ich sah Carol müe sein. *copula + SLP*
I saw Carol tired be.
ㄴ. * Ich sah Carol blond sein. *copula + ILP*
I saw Carol blond be.
ㄷ. * Ich sah die Tomaten 1 Kg wiegen. *statives*
I saw the tomatoes 1 kg weigh.

이는 국어의 경우도 마찬가지이다.

(161) ㄱ. *나는 라디오 소리가 큰 것을 들었다.
ㄴ. *나는 그녀가 예쁜 것을 보았다.
ㄷ. (*)나는 토마토가 1kg인 것을 보았다.

---

116) 대표적인 논의로 Kratzer(1995)와 Katz(2000, 2003)을 들 수 있다.

또 이들은 위치 부사어와 공기할 수 없다. 만약 이들이 사건처럼 시공간 속의 개체라면, 혹은 그렇게 인식된다면 장소 부사어와 공기할 수 있어야 할 것이다.

(162) ㄱ. * Das Kleid ist auf der Wächeleine nass.
    copula + SLP
    The dress is on the clothesline wet.
ㄴ. * Carol war (die ganze Zeit) vor dem Spiegel eitel.
    copula + ILP
    Carol was (the whole time) in-front-of the mirror vain.

이를 통해 Maienborn(2005 : 20~21)에서는 상태는 앞서의 사건과는 다른 특성을 가지고 있다고 보고 다음과 같이 정리했다.

(163) 상태(K-states)[117]
    상태는 추상적 대상으로서 t라는 시간에 그리고 x라는 대상에 P라는 속성이 예화된 것이다. (K-states are abstract objects for the exemplification of a property P at a holder x and a time t).

(164) 상태의 존재론적 속성(Ontological properties of K-states)
    1. 상태는 추상적 대상으로서, 직접적인 지각의 대상이 될 수 없고, 공간 상에 위치할 수 없다(K-states, being abstract objects, are not accessible to direct perception and have no location in space).
    2. 상태는 (고도의) 인지적 작용에 의한 이해되는 것이다(K-states, being abstract objects, are accessible to (higher) cognitive operations).

---

[117] 이를 Kimian State라고 명명한 이유는 이러한 견해를 Kim(1969, 1976)의 견해를 통해 얻은 것이기 때문이다. 그러나 Kim(1969, 1976)은 Davidson(1967)을 비판하면서 모든 문장의 의미를 '속성의 예화'로 본 것이었다. Maienborn(2004, 2005)은 사건에 대해서는 Davidson(1967)의 입장을 취하면서 상태에 대해서는 Kim(1969)를 따르고 있다.

3. 상태는 시간 상에는 위치할 수 있다(K-states can be located in time).

(165) 상태의 언어학적 구현(Linguistic diagnostics for K-states)
1. 상태 표현은 지각 동사의 비한정적 보문이 될 수 없고, 위치 부사와 결합할 수도 없다(K-state expressions cannot serve as infinitival complements of perception verbs and do not combine with locative modifiers).
2. 상태 표현은 조응 지시될 수 있다(K-state expressions are accessible for anaphoric reference).
3. 상태 표현은 시간 부사어와 결합할 수 있다(K-state expressions combine with temporal modifiers).

그리고 이것을 Asher(1993)의 세계의 내적 구성의 연속체(spectrum of world immanence) 속에서 아래와 같은 위치를 갖는다고 보고 있다. 즉 '상태'는 추상적 대상과 시·공간적 실체의 중간 범주인 것으로 본 것이다.

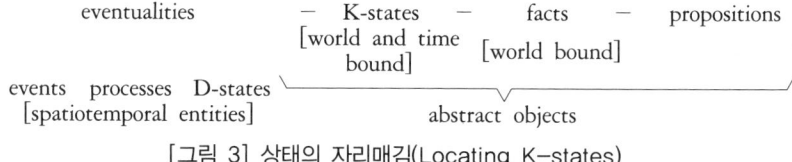

[그림 3] 상태의 자리매김(Locating K-states)

우리는 이와 같은 상반된 견해들, 사건과 상태를 다른 방식과 관점으로 보는 것이 타당한지, 아니면 이를 같은 방식으로 처리하는 것이 더 좋을지 판단 내릴 수 없다.[118] 아울러 문장의 다른 측면들, 즉 사건으로 볼 수 없는 사실, 명제의 층위를 어떻게 처리할지에 대해서도 단언할 수 없다. 향후 계속되는 연구들을 기대한다.

---

118) 실제로 *Theoretical Linguistics* 31권 3호에서는 이 주제를 특집으로 하여 많은 연구자들이 논문을 내고 설전을 벌였다.

제3장
서술어구의 문장의미 구성

    서술어(구)는 사건의 속성을 결정하는 문장의 구성 요소이다. 서술어(구)는 대개 동사나 형용사에 해당하지만, 이들이 가지는 서술 정보가 부족한 경우, 목적어를 포함한 다른 요소까지 서술어구의 범위를 확대해야 하는 경우가 있다. 국어에서 서술어(구)는 대개 '목적어+동사' 구성을 취한다. 본 장에서는 사건의 종류를 나타내는 서술어(구)의 특징을 살핀다.
    종래 문법 연구의 핵심은 바로 서술어(구)에 있었다고 해도 과언이 아니다. 서술어가 문장을 구성하는 통사 및 의미 구조를 내재적으로 포함하고 있다고 보았기 때문이다. 그러나 이 연구에서 일관되게 주장한 바와 같이, 모든 부분적 개체들은 전체적 개체인 사건과 상관관계를 맺으며 의미 기능이 결정되기 때문에 서술어(구)도 예외가 될 수 없다. 이번 장에서는 그러한 견해를 뒷받침하는 것으로, 사건-성향 술어의 특성을 살피도록 하겠다.
    사건-성향 서술어(구)는 행위와 그에 대한 판단이 융합되어 있는 서술어(구)이다. 이들은 그 어휘의 고유[축자적] 의미뿐만 아니라 그러한 판단을 내리게 된 구체적 행위에 대한 의미와도 관련이 있다. 이들 서술어(구)의 완전한 해석을 위해서는 지시하는 사건을 항상 참조해야 한다는 점에서 전체-부분 간의 의미관계가 잘 드러나는 대상이라 할 수 있다. 제3장에서는 이러한 사건-성향 서술어(구)가 가지는 상적 특성을 중심으로 이들이 문장의미 구성에서 어떤 역할을 하는지 밝히고자 한다.

3.1. 동작류에 대한 기존 논의 분석

다음과 같은 현상에 주목해 보자.

(1) ㄱ. 유승이는 한 달 동안 약속을 잘 지켰다.
　　ㄴ. *유승이는 돈을 다 갚겠다는 약속을 한 달 동안 잘 지켰다.

(2) ㄱ. (*)유승이는 일주일 동안 약속을 어겼다.
　　ㄴ. 유승이는 집에 일찍 들어오겠다는 약속을 일주일 동안 어겼다.

(1ㄱ)은 자연스럽게 사용될 수 있으나, (1ㄴ)은 어색하다. 반대로 (2ㄴ)은 자연스러운 반면, (2ㄱ)에 대한 판단은 다소 혼란스럽다. '동안' 부사어의 경우, 대개 행위(activity)나 완성(accomplishment) 유형의 동사와는 공기 가능하지만, 성취(achievement) 유형과는 공기 제약이 있다.119) 위 예를 보면, 동일한 동사가 이 부사어와의 공기 제약에 차이를 보이고 있어 이들이 어떤 상적 특성을 갖고 있는지 단언하기 어렵다. 이는 Vendler(1967) 이후 국내외의 많은 연구에서 동사 혹은 동사구가 본유적으로(inherently) 상적 특성을 갖고 있다고 보는 견해에 대해 의문을 갖게 한다.

---

119) 항상 그러한 공기 관계가 성립하는 것은 아니다. 관련 현상과 '동안' '만에'가 갖는 특성은 4.3절에서 다룬다.

우리는 이러한 현상을 바탕으로 기존의 상 연구에 대해 다음과 같은 문제를 제기한다.

> 첫째, 기존의 동작류(혹은 어휘상)[120] 분류는 모든 동사에 적용될 수 있는가? 즉 동사는 모두 본유적인 상적 의미 특성을 갖고 있는 것인가?
> 둘째, 본유적인 동사의 상적 특성은 문장 단위에서도 유지되는가? 즉, 이들 특성이 항상 다른 문장 성분과의 공기 제약을 합리적으로 예측·설명할 만큼 강력한가?
> 셋째, 문장의 상적 특성을 결정하는 요소에는 무엇이 있는가? 기존의 견해, 즉 동사나 그것의 논항만을 동작류의 구성 요소로 보는 것은 타당한가?
> 넷째, 문맥이나 수식어로 인해 상적인 변화가 일어난다는 상적 추이(aspectual shift)나 강제(coercion), 재해석(reinterpretation) 등으로 위의 예는 설명할 수 있는 현상인가?

결론부터 말하자면, 우리는 위의 문제에 대해 기본적으로 모두 '아니다'라고 답한다. (1)과 (2)의 현상은 그런 답변을 내리게 하는 증거이며, 이는 기존 연구에서 다루지 않은 새로운 동작류에 대한 해석과 설명이 필요하다는 걸 말해준다. 즉 본유적으로 상적 특성을 갖지 않는 동사구에 대한 연구의 필요성이 제기된다.

다음에서는 문장의 상적 특성을 결정하는 요소들을 검토하면서 사건-성향 서술어구가 가지는 전체론적 의미 현상을 논의하도록 하겠다.

---

[120] 동사의 고유한 상적 특성에 대해서는 그 대당 용어 및 번역어가 실로 다양하다. 우리는 고영근(1994)의 분류와 용어를 따라 동작류라는 용어를 사용한다.

3.1.1. 서술어구의 상적 분류

3.1.1.1. 동사의 상적 분류

Vendler(1967) 식의 동사 분류는 국어 연구에도 많은 영향을 미쳐, 그와 같은 관점에서 동사가 가지고 있는, 본유적인 상적 특성을 밝히는 연구가 1970년대 말부터 활발하게 있었다. 다음은 정문수(1984)에서 제시한 동사의 상적 특성을 분별할 수 있는 주요 분류 기준이다.[121]

[표 1] 동사의 상적 특성 및 분류 기준, 정문수(1984)

특성 및 판별 기준	풀이씨	행위 동사	완성 동사 非결과성	완성 동사 결과성	성취 동사 非결과성	성취 동사 결과성	상태 동사
1. T 만에 V-었다		→ T 동안 V-지 않았었다 (T=V'~V$_0$)	V-기 시작해서 다(완전히) V-는데 T가 걸렸다(T=V$_a$~V$_c$)		T 동안 V-지 않았었다(T=V' ~V)		bad
2. V-다(가) V'-었다		V-었다	→ V-었다		bad		bad
3. T 동안 V-었다		T= V$_0$~R	bad	T= V$_c$~R	bad	T=V ~R	bad
4. V-는다		발화시≤사건시	발화시≤사건시		발화시<사건시		bad
5. -고$_1$ 있-		OK	OK		bad		bad
6. -고$_2$/어 있-		bad	bad		OK	bad	OK	bad

물론 정문수(1984)에서 제시한 상적 특성이나 분류 기준에 대한 비판이 이후에도 계속 되었고, 그 비판이 합당한 것도 사실이나, 위의 기준들은 이후에도 통용되는 것들이기에, 우리도 위의 기준을 기본적으로 채택하고 있다.[122]

---

[121] 정문수(1984) 외에도 동사의 상적 특성에 대해 살핀 논의가 많이 있었다. 이남순(1981), 李智凉(1982), 황병순(2000), 정희자(1994), 박덕유(1998) 등이 있다. 이들 논의에서 설정하는 상적 자질이나 분류 방식 등에는 차이가 존재하나, 큰 틀에서 보면 대동소이하다. 각 논의의 특징 비교와 문제점에 대한 지적은 박덕유(1998) 참고.

1) "T 만에 V-었다"

'만에'는 어떤 동작의 끝점과 어울려 '동작의 기간'을 표현하는 부사어이다. 따라서 끝점이 상정되지 않는 '행위' 유형의 동사는 '만에'와 공기할 수 없거나 행위의 시작점을 끝점으로 상정해 그 동작이 이루어지지 않은 기간을 가리키게 된다. 반면 '완성' 유형의 동사에서는 동작의 기간을 나타낼 수 있다. '성취' 유형의 동사에서는 시작점과 끝점이 동일하므로, 그 동작이 이루어지지 않은 기간을 가리키게 된다.

2) "V-다(가) V'-었다"

'-다가'는 동작의 중단을 나타낸다. 따라서 동질성을 띤 동작의 연속을 의미하는 '행위' 유형의 경우, 동작의 중단이 일어나더라도 동작이 이루어졌다고 이야기할 수 있다. 그러나 '완성'은 이질적인 동작의 연속이고 '성취' 유형의 동사는 내부 과정이 없으므로, 그런 함의를 갖기 어렵다.

3) "T 동안 V-었다"

'동안'은 동작의 내적 기간을 명시하는 부사어이다. 따라서 내적 기간을 가진 '행위' 동사나 '완성' 동사의 경우는 공기 가능하지만, 내적 기간을 갖지 않는 '성취' 유형의 동사와는 공기할 수 없다. 아울러 '동안'은 '만에'와 달리 동작의 완결, 즉 끝점을 상정하지 않고 있기 때문에 '완성' 유형이나 '성취' 유형의 동사와 공기할 수 있을 때에도 의미적 제약이 있다. '완성' 유형의 경우, 내적인 기간을 의미하되 완성점을 제외한 기간을 의미한다거나, 아니면 완성 이후의 결과 상태 기간을 의미하게 된다.

---

122) 이들 기준에 대한 상세한 점검과 실례 제시는 지면 관계상 기존 연구 성과로 돌린다.

3.1.1.2. 동사구의 상적 분류

위의 동작류 연구에 나타나는 특징 중의 하나는 각 동사가 각각 하나의 유형―동일한 상적 특성의 집합―에 속한다고 본다는 것이다. 이와 같은 관점에서는 동일한 형태의 동사라도 상적 특성이 다르면 서로 다른 동사로 처리해야 한다. 그러나 다음과 같은 언어 현실을 보면, 이들을 서로 다른 동사로 처리하는 것이 타당하지 않다는 것을 알 수 있다. 아울러 동작류의 대응 단위는 동사가 아닌 동사구라는 것을 알 수 있다.123)

(3) ㄱ. 철수가 노래를 불렀다.
　　ㄴ. 철수가 노래를 한 곡 불렀다.

정문수(1982 : 47)에서는 (3)과 같은 예를 제시하면서 동사 '부르-'는 수량적으로 한정된 목적어를 갖지 않을 경우에는 [-완성성]을 갖고, 반대의 경우에는 [+완성성]을 갖는다고 분석했다. 이는 주어나 목적어의 수량성이 동사의 상적 특성에 영향을 준다는 점을 지적한 것이다. 그러나 위와 같이 문장의 상적 특성, 혹은 상적 유형의 변화가 있을 때마다 동사의 상적 특성이 바뀐다고 보는 것은 타당하지 않다. 우선 이호승(1997)에서 지적한 바대로, 동사가 논항의 수량적 정보까지 예측할 수는 없으며, 따라서 이 정보는 동사의 의미 안에 있을 수 없다. 또한 (3ㄱ)과 (3ㄴ)의 동사가 서로 다른 의미를 가졌다고 보는 것, 즉 별개의 동사로 처리하는 어휘적 관점도 자연스러워 보이지 않는다. 이 때문에 상적 유형의 통사적 단위를 동사가 아닌, 동사와 논항들과의 결합, 즉 동사구(VP)로 봐야 한다는 견해124)가 타당성을 획득하게 되었다. 아울러 논항의 실현 양상이 완성성의

---

123) 이러한 견해는 Verkuyl(1972)에서 이미 제기된 것이다. 그러나 상과 격 실현의 상관성에 대한 논의가 이루어지면서 이러한 견해는 이후 더욱 일반화되었다.
124) 이러한 견해를 보이는 대표적 논의로 Smith(1991), Verkuyl(1993) 등이 있다. 국내에

실현과 깊은 관련을 맺는다는 논의가 많이 이루어졌다.125) 우리도 이와 같이 동사보다는 동사구가 동작류 분류의 대상이 되어야 한다는 것에 의견을 같이 한다.

3.1.2. 상적 추이(Aspect Shift), 혹은 강제(Coercion)

동사나 동사구가 본유적으로 상적 특성을 갖더라도, 부사구나 문맥에 의해 상적인 변화가 일어난다거나 재해석된다고 보는 견해가 1980년대 후반부터 늘어나기 시작했다.126) 그에 대한 선구적인 연구로 Moens & Steedman(1988)을 들 수 있다. 이들은 동사구가 부사어나 문맥에 의해 어떻게 상적인 추이가 일어나는지 살피고, 그 결과를 다음과 같이 체계적인 모형으로 제시하였다.127)

는 이호승(1997), 조민정(2000), 홍윤기(2002), 오충연(2006) 등이 있다.
125) 이 책 2.3절에서는 국어가 명사구의 한정성이 명시적으로 드러나는 언어가 아니기 때문에 논항의 실현만으로는 완성성 여부가 잘 드러나지 않는다고 보았다. 더불어 국어의 경우는 부사 '다'의 실현이 [+완성성]의 지표가 될 수 있다고 보았다.
126) 양정석(2003)에서는 이러한 현상을 보충어 해석 규칙을 통해 해결하기도 한다.
127) 이와 유사한 견해를 가진 국어 연구로 우창현(2003)을 들 수 있다. 우창현(2003)에서는 상 해석에 관여적일 수 있는 부사어(구)나 논항까지 포함하여 전체 문장 차원에서 상 해석이 이루어져야 한다고 주장한다.

[표 2] 상적 추이 및 강제(Moens & Steedman, 1988)

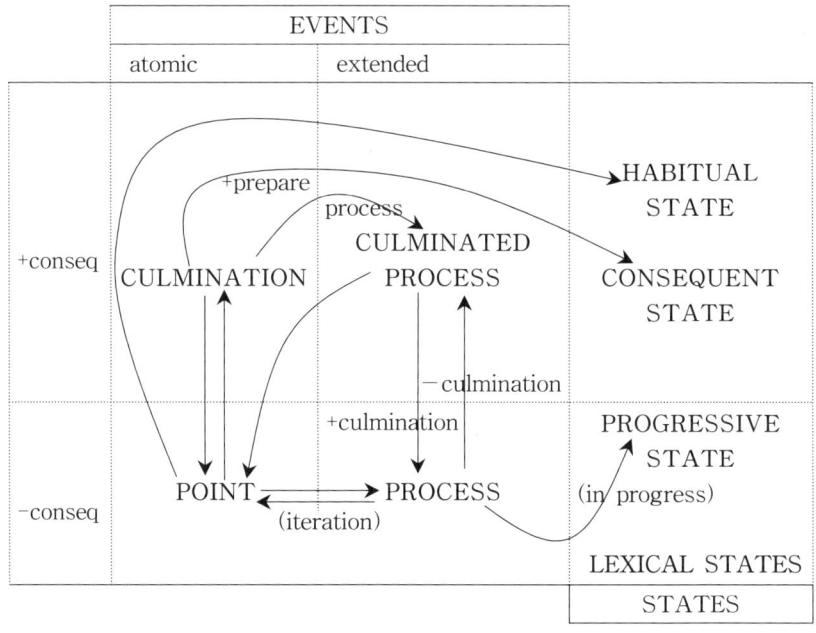

(4) ㄱ. Sandra was hiccuping.
　　　　　　　　　　—Moens & Steedman(1988 : 17)의 (13)번 예
　　ㄴ. 철수는 매일 약을 먹고 있다.
　　　　　　　　　　—우창현(2003 : 228)의 (1)번 예

(4ㄱ)의 경우, 'hiccupy'는 성취 유형(위에서는 'POINT')의 동사이지만, 진행형과 결합하면서 반복과 진행 과정의 의미로 변하게 된다. (4ㄴ)의 경우도 '먹다'는 완성 유형의 동사이지만, '-고 있-'과 '매일' 부가어에 의해 '반복의 과정'이라는 의미를 갖게 된다. 이처럼 동사나 동사구가 본유적으로 갖고 있는 상적 특성도 부가어와 결합하면서 상적 추이가 일어나거나 재해석된다.

3.1.3. 의사-이중 술어(擬似-二重 述語)

Ryle(1949/1970)에서는 우리가 '사건들을 있는 그대로 보고(報告)하고 싶어 하는 것은 물론이고 그 사건들에 대해 설명하고 싶어한다'고 하면서 우리의 언어 속에는 이에 따라 사건어(episodic words)와 성향어(dispositional words)가 모두 존재한다고 보았다. 아울러 우리의 언어에는 또 이런 성향과 사건의 의미가 섞여 있는 단어도 있다고 했다. 대표적인 경우로 다음을 들고 있다.

    (5) ㄱ. The bird is migrating.
        ㄴ. The bird is migrant.
        ㄷ. The bird is flying south.

(5ㄱ)의 경우처럼, '철새가 이동하고 있다'라고 말하는 것은 (5ㄴ)처럼 '그 새가 철새이다'라고 말하는 것보다는 사건어로서의 특성이 강하게 나타나지만, (5ㄷ)에서처럼 '그 새가 남쪽으로 날아가고 있다'고 말하는 것보다는 더 설명적이고 성향이 드러난 표현이라는 것이다.

아울러 다음과 같은 문답이 가능하다는 점에 주목하고 이들 단어가 가지는 특성을 다시금 설명한다.

    (6) Q : Why is the bird flying south?
        A : Because it is migrating.

'새가 남쪽으로 날아가는 것'과 '철새가 이동하는 것'은 동일한 사건을 보고하는 표현으로, 후자가 전자의 원인이 아니다. 따라서 이유를 답하는 문장에 적합한 표현이 아니다. 그럼에도 불구하고 이러한 표현이 자연스럽게 사용될 수 있는 것은 'it is migrating'이 부분적으로는 발생 사건을 보고 하는 것이지만, 또 한편으로는 예측적(predictive)이고 설명적인(explanatory) 표현이기 때문이라는 것이다.

Kearns(2003)에서는 Ryle(1949/1970)에서 논의되었던 현상에 준하는 단어들을 의사-이중 술어(quasi-duality predicates)라 칭하였다. 의사-이중 술어란, 하나의 술어 안에 두 개의 행위나 사건이 나타나는 경우를 말한다. Ryle 식(式)으로 말한다면, 하나의 술어 안에 성향어와 사건어의 특성이 모두 있는 경우를 말한다. 예를 들어, 위에서 말한 '철새가 이동하다(a bird is migrating)'가 그 경우의 하나이다. 또 '득점을 하다(score a goal)'라는 술어는 '공을 골대 안에 차 넣는', 실제 발생 사건과 '점수를 얻었다'는 평가로서의 성향까지 모두 나타난다. 이것도 의사-이중 술어라고 할 수 있다.

또 Kearns(2003)에서는 Ryle(1949/1970)에서 의사-이중 술어 중의 하나를 Vendler(1967)과 같은 상적 분류에 기초하지 않았음에도 불구하고 성취(achievement)란 용어를 사용한 것에 주목하고 이를 상적인 관점에서 검토하였다. 그 결과 이들은 기존의 성취 유형과는 구별되는 특징을 갖고 있다고 밝히고, 이를 지속적 성취(durative achievement)라 하였다.

우선 이들은 기주 사건(host event)[128]과 동일한 발생 기간(interval of occurrence)을 공유하고 있다고 보았다.

(7) ㄱ. In reading the letter he was breaking his promise.
　　ㄴ. It took him five minutes to read the letter.
　　ㄷ. It took only five minutes to break his promise.
　　　　　　　　　　　　　　　　　　　　— Kearns(2003 : 610)의 (15)번 예

---

128) 여기서 기주 사건이란 평가와 성향의 대상이 되는 구체적 행위 혹은 사건을 말한다. 예를 들어, 'the bird is migrating'의 기주 사건은 'the bird is flying south'가 되고, 'score a goal'의 경우 'kick the ball over the goalpost'가 기주 사건이 된다.

(7)의 예를 보았을 때, *break one's promise*은 5분간 있었던 일을 의미하고, *read the letter*와 마찬가지로 지속의 의미를 갖는 것으로 보인다. 그러나 대개 지속의 의미를 갖고 있는 동사 혹은 동사구가 *for*-부사어와 공기 가능한 것과 달리 이 술어는 그 부사어와 공기 가능하지 않다. 기타 지속을 의미하는 여러 어구와의 결합도 불가능하다.

(8) ㄱ. He was reading the letter for five minutes.
    ㄴ. #He was breaking his promise for five minutes.

(9) ㄱ. He continued/stopped reading the letter.
    ㄴ. #He continued/stopped breaking his promise.

(10) ㄱ. He is still reading the letter.
     ㄴ. #He is still breaking his promise.

이 때문에 Kearns(2003)은 이들이 기주 사건과 동일한 발생의 기간을 공유할지라도, 이들은 내부 구조 혹은 내부 과정을 갖지 못하는 것으로 본다. 그리고 이들을 지속의 의미가 있는 성취 유형으로 기존의 성취 유형과 구별하여 분류하였다.

다음 장에서는 이러한 현상이 국어에서는 어떻게 나타나는지 살피도록 하겠다. 즉, 기존의 성취 유형과는 다른 지속적 성취(durative achievement) 유형을 국어에서도 설정해야 하는지, 아니면 국어의 경우는 다른 특성이 드러나는지 살피도록 하겠다.

3.2. 사건-성향 서술어구의 문장의미 구성

이번 절에서는 사건-성향 서술어구129)가 어떤 상적 특성을 갖고 있는지 살펴보고자 한다. 이를 위해서 '약속을 지키다'類와 '약속을 어기다'類를 중심으로 이들의 상적 특성을 알아보고자 한다.

3.2.1. 동작류로서의 특성

이들이 동작류로서 어느 유형에 속하는지 정문수(1984)을 바탕으로 한 분류 기준에 적용해 보자.

1) '약속을 지키다'類의 경우

-"T 만에 V-었다"

(11) 유승이는 삼 년 만에 약속을 지켰다.
  → 유승이는 삼 년 동안 약속을 지키지 않았다.
  ↛ 유승이는 약속을 지키기 시작해서 완전히 지키는 데 삼 년이 걸렸다.

(11)의 현상은 '약속을 지키다'가 성취 유형이라는 것을 보여 준다.

---

129) 여기서 '사건-성향 술어'는 앞서 살폈던 Kearns(2003)의 'quasi-duality predicate'를 가리킨다. Kearns(2003)에서 '의사(quasi)'라는 말을 붙인 이유는 두 개의 술어가 아니라 하나의 술어가 두 개의 서술성을 갖고 있기 때문일 것이다. 당초 본 연구에서도 이러한 현상의 대당 용어로 '이중 술어'를 고려했으나, 이러한 용어 사용이 오해를 불러일으킬 소지가 크다는 지적이 있었다. 이에 우리는 이들 술어가 갖는 의미 특성을 구체적으로 표현하기 위해 '사건-성향 술어'를 제안해 본다. 이 현상의 타당성과 영역이 확고하게 될수록 이 용어에 대한 구체적 논의도 활발해질 것이라 생각한다.

−"V-다(가) V'-었다"
(12) 유승이는 약속을 지키다가 말았다.
↛ 유승이는 약속을 지켰다.

(12)의 경우가 유의미하게 느껴지는 경우는 약속의 내용이 반복성을 가지고 있을 때이다. 예를 들어 매일 우유를 한 잔 먹는 것이 약속인 경우, 유승이는 며칠 약속을 지키다가 그 이후에는 약속을 지키지 않을 수 있다. 그 경우에도 유승이가 약속을 지켰다는 함의는 생기지 않는다. 이 판별 기준을 통해서는 행위 유형이 아닐 수 있다는 것을 확인할 수 있다. 그렇다면 성취 유형인 것인가.

−"T 동안 V-었다"
(13) 유승이는 {(*)10분 동안 / (*)한 시간 동안 / 삼 년 동안} 약속을 지켰다.

(14) 유승이는 삼 년 동안 약속을 지키고$_{1/2}$ 있었다.

이 동사구가 '동안' 부사어나 '-고 있-'과의 공기가 가능하다는 점130)을 고려해 보았을 때는 행위 유형으로 보는 것이 타당할 듯하다. 그러나 위의 판별 기준에서는 오히려 성취 유형에 가까웠다. 이 점에서 이들이 어떤 유형에 속하는지 단정하기 어렵다.

---

130) 긴 기간이 제시될수록 자연스러워지는 현상은 약속을 지켰다는 믿음을 갖기 위해서는 어느 정도 충분한 시간이 필요하다는 세상사적 지식의 영향을 미치는 것으로 보인다.

2) '약속을 어기다'類의 경우

'약속을 어기다'가 동작류로서 어느 유형에 속하는지 위와 동일한 판별 기준을 적용해 알아보자.

- "T 만에 V-었다"

    (15) 유승이는 삼 년 만에 약속을 어겼다.
    → 유승이는 삼 년 동안 약속을 어기지 않았다.
    ↛ 유승이는 약속을 어기기 시작해서 완전히 어기는 데 삼 년이 걸렸다.

이 역시 성취 유형 중의 하나라는 것을 알 수 있다.

- "V-다(가) V'-었다"

    (16) 유승이는 약속을 어기다가 말았다.
    →/↛ 유승이는 약속을 어겼다.

앞서의 경우처럼 (16)을 유의미하게 해석하려면, 반복성을 상정해야 한다. 그 경우, (12)와는 달리 행위 유형 혹은 성취 유형으로서의 가능성이 모두 있다. 즉, 한 번이라도 약속된 내용에 어긋나는 행동을 할 경우, '약속을 어겼다'고 말할 수 있다. 반면 몇 번 어기더라도 약속을 지킨 행위가 압도적이라면 '약속을 어겼다'라고 할 수 없을 것이다. 아무튼 이 기준을 통해서도 상적 유형을 결정하기가 어렵다는 것을 알 수 있다.

- "T 동안 V-었다"

    (17) 유승이는 {*10분 동안 / (*)한 시간 동안 / (*)삼 년 동안} 약속을 어겼다.

(18) (#)유승이는 삼 년 동안 약속을 어기고₁/₂ 있다.

(18)의 경우, 유승이가 약속을 어긴 후의 결과 상태가 유지되는 것인지, 아니면 그 행위가 지속되고 있는 것인지 분명하지 않다. 따라서 '-고 있-'이 어떤 의미로 사용되었는지 확언하기 어렵다.

위의 검증 과정에서 알 수 있는 것은 이들의 상적 특성을 파악하기 위해서는 반드시 약속의 내용을 점검해야 한다는 것이다. '약속을 지키다'나 '약속을 어기다' 모두 그 자체로 상적 특성이 무엇인지 파악하기는 힘들며 약속의 내용을 살펴야 하는 것이다. 다음 절에서는 '약속의 내용'을 바탕으로 이들 동사구가 어떤 상적 특성을 구현하는지 살펴보도록 하겠다.

3.2.2. 사건 내용 점검과 상적 특성

1) '약속을 지키다'類의 경우

'약속을 지키다'는 그것 자체가 구체적인 행위를 지시하는 표현이 아니다. 구체적인 행위와 약속의 내용이 일치되었다는 판단을 통해 표현되는 말이다. 다시 말해서, 약속을 지키는 행위가 무엇인지 구체적으로 알려면 '약속'의 내용을 살펴야 한다. 따라서 '약속을 지키다'가 그 자체로 어떤 상적 특성을 갖기보다는 '약속'의 내용과 관련하여 상적 특성을 갖게 되리라고 예측할 수 있다.

(19) 아인이는 (쉬지 않고) 열심히 공부하기로 약속했다.
    ㄱ. 아인이는 2시간 동안 그 약속을 잘 지키고 있다.[131]
    ㄴ. (#)아인이는 1시간 만에 그 약속을 잘 지켰다.

---

[131] '-고 있-'을 쓰는 이유는 지속성을 강조하기 위한 것 외의 다른 이유는 없다.

(19') ㄱ. 아인이는 2시간 동안 (쉬지 않고) 열심히 공부하고 있다.
ㄴ. (#)아인이는 1시간 만에 (쉬지 않고) 열심히 공부하고 있다.

(19ㄱ)의 경우, '동안' 부사어가 자연스럽게 공기 가능하다. 이때, 아인이가 약속을 잘 지킨 행위는 쉬지 않고 열심히 공부한 행위이며, 그 기간이 두 시간이라는 것이다. 반면 (19ㄴ)에서 '만에' 부사어는 공기가능하지 않다.132) 이러한 특성은 행위 유형이 가지는 특성이며, 약속의 내용 즉 '열심히 공부하다'가 갖는 상적 특성이다. 약속의 내용이 행위 유형의 특성을 가질 때, '약속을 지키다'도 역시 행위 유형을 갖는다는 것을 알 수 있다.

(20) 아인이는 (밖에 나가지 않고 방에서) 모형 비행기를 만들기로 약속했다.
ㄱ. 아인이는 그 약속을 한 시간 동안 잘 지키고 있다.
ㄴ. #아인이는 그 약속을 한 시간 만에 잘 지켰다.

(21) 아인이는 (종승이를 위해 굉장히 만들기 어려운) 모형 비행기를 만들기로 약속했다.
ㄱ. #아인이는 그 약속을 한 시간 동안 잘 지키고 있다.
ㄴ. 아인이는 그 약속을 한 시간 만에 지켰다.

(20') ㄱ. 아인이는 (밖에 나가지 않고 방에서) 한 시간 동안 모형 비행기를 만들고 있다.
ㄴ. (#)아인이는 (밖에 나가지 않고 방에서) 한 시간 만에 모형 비행기를 만들었다.

---

132) '한 시간 만에'가 가능하다고 볼 수 있는 경우에도 이들이 '공부를 열심히 한 시간'을 명시하는 것이 아니라 공부를 열심히 하지 않다가 열심히 하기 시작한 시점 간의 간격이 '한 시간'이라는 것이다. 이것은 행위 유형에 전반적으로 나타나는 현상이다.

(21') ㄱ. 아인이는 (종승이를 위해 굉장히 만들기 어려운) 모형 비행기를
한 시간 동안 만들고 있다.
ㄴ. 아인이는 (종승이를 위해 굉장히 만들기 어려운) 모형 비행기를
한 시간 만에 만들었다.

(20)과 (21)의 경우, '모형 비행기를 만들다'가 모두 완성 유형의 동사구임에도 불구하고 기간 부사어와 관련하여 다른 공기 양상을 보여 준다. 이것은 앞서 지적했던 바대로, 동사가 아닌 동사구가 상적 분류의 대상이 되어야 한다는 것과 관련된 것이다. 목적어로 실현된 논항의 한정성 여부가 행위와 완성 유형을 구별해 주는 척도가 되므로, 이것에 의해 각 동사구가 어느 유형에 속하게 되는지 결정된다. (20)의 경우는 '모형 비행기'가 한정된 대상이 아니므로, 약속의 내용은 '행위 유형'의 특성을 갖게 되고, '약속을 지키다' 역시 이에 따른 기간 부사어와의 공기 양상을 보여 준다. 반면 (21)의 경우 '모형 비행기'는 한정된 대상이므로, '완성 유형'의 특성을 갖게 되고, '약속을 지키다' 역시 이에 따른 기간 부사어와의 공기 양상을 보여 준다.

(22) 유승이는 그 시험에 꼭 붙겠다고 약속했다.
ㄱ. #유승이는 일년 동안 그 약속을 지키고 있다.
ㄴ. 유승이는 일년 만에 그 약속을 지켰다.

(22') ㄱ. #유승이는 일년 동안 그 시험에 붙었다.
ㄴ. 유승이는 일년 만에 그 시험에 붙었다.

(22)의 경우, 약속의 내용 '시험에 붙다'는 성취 유형의 동사구이다. '일년 동안'은 제약되고, '일년 만에'가 '약속을 지키다'와 공기 가능하다. 이 점에서 약속의 내용이 성취 유형인 경우에 '약속을 지키다'도 그 상적 특

성을 그대로 따른다는 것을 볼 수 있다.

　이런 사건-성향 술어 구문의 특성을 우리의 방법론으로 정리하면 이러한 의미 양상을 더욱 효과적으로 파악할 수 있다. 다음은 앞서 (19)의 예를 사건의미론의 관점에서 분석한 것이다.

(19) 아인이는 (쉬지 않고) 열심히 공부하기로 약속했다. 아인이는 2시간 동안 그 약속을 잘 지키고 있다.

(19″) 아인이는 2시간 동안 그 약속을 잘 지키고 있다.
[∃I : 2시간 (I)][∀et : et ∈ I] [∃e [약속i을 지킴(e) & 행위주(e, 아인이)]
　　　　　　　　　　　→∃e' [함i(e') & & 행위주(e', 아인이)] & e'⊆e]
※ 약속i = (쉬지 않고) 열심히 공부하기, 함i(e') = (쉬지 않고) 열심히 공부함

　위의 표상에서 보듯이, '약속을 지키다'는 약속이 지시하는 행위를 한다는 것을 그 의미로 한다. 따라서 '약속을 지키다' 동사구가 있는 문장의 의미는 약속의 내용이 지시하는 행위의 실현을 항상 그 함의로 갖는다. 즉 약속을 지켰다는 것은 약속이 가리키는 행위의 실현을 의미한다. 아울러 그 문장의 상적 특성은 '함i(e)'의 상적 특성과 동일하다는 것을 알 수 있다. 이것은 동사구가 본유적으로 상적 특성을 갖고 있다고 보는 견해에 문제를 제기할 수 있는 현상이다. 더불어 이와 같은 사건-성향 술어 구문은 그것이 가리키는, 구체적인 사건의 상적 특성을 상속받는다는 것을 알 수 있다.

2) '약속을 어기다'類의 경우

'약속을 어기다' 역시 그 자체로는 그 행위가 구체적으로 무엇을 나타내는지 알 수 없다. 이것 역시 '약속을 지키다'와 마찬가지로 그 자체가 어떤 상적 특성을 갖기보다는 '약속'의 내용과 관련하여 상적 특성을 갖게 되리라고 예측할 수 있다. 그러나 '약속을 지키다'와 달리 이것은 '약속 사건'을 그대로 지시하지 않고 그것의 부정을 의미하기 때문에 그 양상이 다소 복잡하다.

(23) 아인이는 (쉬지 않고) 열심히 공부하기로 약속했다.
　ㄱ. 아인이는 두 시간 동안 약속을 어기고 있다.
　ㄴ. 아인이는 두 시간 만에 약속을 어기고 있다.

(23)에서 '아인이가 약속을 어긴 행위'는 '열심히 공부하지 않은 행위'이다.

(23') ㄱ. 아인이는 두 시간 동안 열심히 공부하지 않고 있다.
　　 ㄴ. 아인이는 두 시간 만에 열심히 공부하지 않고 있다.

그런데 문제는 '열심히 공부하지 않은 행위' 역시 어떤 구체적인 행위만을 나타내는 사건어가 아니고 그와 더불어 설명/평가가 공존하는 사건-성향 술어일 가능성이 높다는 데 있다. 즉 여기서 '약속을 어기다'는 '열심히 공부하지 않은 행위'를 의미할 수도 있지만, 'TV를 본 행위'나 '친구와 이야기한 행위' 등을 보고 내린 평가의 의미가 존재한다는 것이다.

(24) 아인이는 열심히 공부하기로 했다. 그런데 두 시간 동안 약속을 어기고 TV를 봤다.

이때 '약속을 어기다'는 두 가지 모두를 지시할 수 있다. 열심히 공부하지 않은 행위나 TV를 보는 행위 모두 약속을 어기고 한 행동이다.

(24') ㄱ. 아인이는 두 시간 동안 열심히 공부하지 않았다.
ㄴ. 아인이는 두 시간 동안 TV를 봤다.

우리가 여기서 밝혀야 할 것은 이때 '약속을 어기다'가 지시하는 행위는 무엇인가 하는 것이고, 어떤 행위가 '약속을 어기다'의 상적 특성에 영향을 끼치는 대상인가 하는 것이다.

우리는 먼저 '약속을 어기다'류가 약속의 부정을 의미하므로, 부정의 문장은 어떤 의미를 표상하며, 어떤 상적 특성을 갖는지 살필 필요가 있다.

Krifka(1989)와 Zucchi & White(2001)에서는 '부정(negation)'이 포함되어 있는 문장의 의미 해석을 다음과 같은 방식으로 한다.133) Krifka(1989 : 100~104)에서는 먼저 maximal event(MAE)와 t라는 시간의 maximal event(MAT)를 다음과 같이 정의한다.

(25) $\forall e \forall t$ [**MXT**(e, t) $\leftrightarrow$ e = FU($\lambda e[\tau e \subseteq t]$)]
[**MXT**는 t의 종속 기간에 발생한 모든 사건의 통합이다(maximal event at a time t is the fusion of all events that occur at subintervals of t).]

---

133) Bauerle(1988; 곽은주(1999)에서 재인용)에서는 부정문의 대용어가 부정의 사건을 지시할 수 없는 현상을 통해 부정의 사건은 존재하지 않으며 오로지 긍정의 사건으로만 구성된다고 하였다.

(1) ㄱ. Pele scored a goal. It occurred in the 5 minute of the game.
ㄴ. Pele scored a goal. It was unlikely.
(2) ㄱ. *Pele scored no goal. It occurred in the 5 minute of the game.
ㄴ. Pele scored no goal. It was unlikely.

(26) $\forall e[\mathbf{MXE}(e) \leftrightarrow \exists t[e = FU(\lambda e[\tau e \subseteq t])]]$
[MXE는 어떤 기간의 종속 기간에 발생한 모든 사건의 통합이다
(a maximal event is the fusion of all events that occur at subintervals of some interval).]

이를 바탕으로 부정(negation)은 다음과 같이 환언한다.

(27) do not $\Rightarrow \lambda P \lambda e[\mathbf{MXE}(e) \wedge \neg \exists e'[P(e') \wedge e' \subseteq e]]$
※ P = predicate

즉, MXE와 e'이 아닌 사건의 교집합이 부정이 의미하는 사건이 되는 것이다. 이 규칙을 다음과 같은 예에 적용하면,

(28) John did not arrive (ignoring tense)
$\lambda e[\mathbf{MXE}(e) \wedge \neg \exists e'[arrive(e') \wedge Ag(e', j) \wedge e' \subseteq e]]$

위 문장이 의미하는 사건 e는, '어떤 시간에 발생한 모든 사건의 통합'과 'John이 도착하는 사건을 포함하지 않는 사건' 간의 교집합에 의한 것이다. Krifka(1989)에서는 이와 같은 방식의 부정 설명은 *for*-부사어가 성취 유형 문장의 부정에도 공기할 수 있는 이유를 설명할 수 있다고 하였다.

(29) ㄱ. #John arrived for two hours.
ㄴ. John did not arrived for two hours.

for-부사어의 분포와 관련하여 그의 가정 중의 하나는 다음과 같다.

(30) 가정(assumption) : for-부사어의 적용 영역은 비-양자[134) 사건 술어 (non-quantized event predicates)로 제한된다.

이 가정에 따르면, (29ㄴ)에서 for-부사어의 수식이 가능한 것은 e가 비-양자화된 상태이기 때문이다.

국어의 경우에도 상태 유형을 제외하고 모든 상적 유형의 부정은 '동안' 부사어와 공기 가능하다.135)

(31) ㄱ. 유승이는 1시간 동안/1시간째 공부를 안/못 하고 있다.
ㄴ. 아인이는 1시간 동안/1시간째 그 모형 비행기를 안/못 만들고 있다.
ㄷ. 종승이는 (#)1시간 동안/1시간째 도착하지 않고/못 하고 있다.136)

이러한 부정의 설명 방식을 '약속을 어기다'의 경우에도 적용할 수 있다.

(24″) 아인이는 열심히 공부하기로 했다. 그런데 두 시간 동안 약속을 어기고 TV를 봤다.
[∃I : 2시간 (I)][∀et : et ∈ I][∃e [약속i을 어김(e) & 행위주(e, 아인이)]
$\rightarrow$∃e' [¬함i(e') & & 행위주(e', 아인이)] & e'⊆e]]
1) 약속i = 열심히 공부하기, ¬함i(e') = 열심히 공부 안 함
2) ¬함i(e) = TV를 봄

---

134) 여기서 양자화된다는(quantized) 것은 명사에서 가산성(可算性)을 갖는다는 것과 동궤의 개념에서 말하는 것이다. 양자가 불연속적인 최소 단위를 말하므로, 술어가 불연속적이라는 것은 경계를 갖는다는 것을 의미한다.
135) 이 점에서 사건의 부정을 나타내는 문장은 상태적이라고 한 de Swart & Molendijk(1994)의 견해는 타당하지 않다. 상태 동사에 '동안' 부사어는 공기 가능하지 않다. 사건의 부정 문제에 대해서는 Amsili & Le Draoulec(1995) 참조.
136) 이 책에서는 부정의 상적 특성에 대해서 자세히 다루지 못했다. 하지만 부정의 상적 특성은 위와 같이 쉽게 이야기할 수 있는 성질의 것이 아니다. 부정의 수식 영역, 중의성, 동사(구)가 가지는 의미에 의한 해석에 대한 간섭 등 고려해야 하는 변수가 상당하다. 아직 국어에서 부정의 상적 특성에 대해서는 활발하게 논의되지 못했다. 국외의 연구로 de Swart & Molendijk(1994), de Swart(1996), Mittwoch(2001) 등 참고.

∃e'[**MXE**(e') ∧ ¬∃e"[공부함(e") ∧ 행위주(e", 아인이) ∧ e" ⊆ e']]
→ ∃e'[봄(e') & 대상(e', TV) & 행위주(e', 아인이)]

(24') ㄱ. 아인이는 두 시간 동안 열심히 공부하지 않았다.
ㄴ. 아인이는 두 시간 동안 TV를 봤다.

(24ㄱ)의 의미는 (24-1")만 적용되었을 경우이고, (24ㄴ')은 (24-2")까지 적용된 것이라고 할 수 있다. 그러나 위의 경우는 (24ㄱ, ㄴ)이 모두 행위 유형에 속하므로 최초 '약속을 어기다'가 어느 사건으로부터 상적 특성을 상속받았는지 구분할 수 없다. 그러나 다음의 경우,

(32) 종승이는 아내와 싸우고 나가면서 절대 안 들어오겠다고 선포했다. 그러나
ㄱ. 그는 한 시간 만에 그 말을 어기고 들어왔다.
ㄴ. *그는 한 시간 동안 그 말을 어기고 들어왔다.

여기서 약속한 내용은 '절대 안 들어오겠다'는 것이고, 그 말을 어긴 행위는 '절대 안 들어오지 않았다' 혹은 '들어왔다'일 것이다. 그런데 '부정'은 非양화된 사건 술어의 특성을 갖게 하므로137) '동안' 부사어의 공기가 대부분 가능해야 하는데, 위 (32)의 경우를 보면 그렇지 않다. 반면, 이것은 '들어오다'가 가지는 상적 특성에는 적합한 공기 양상이다. 이것은 '약속을 어기다'가 가리키는 것은 일차적으로 '약속의 내용'에 대한 부정이지만, 그것이 어떤 구체적 행위에 의한 것일 경우, '약속을 어기다'는 그 행위에 대한 사건 보고와 더불어 성향/평가가 된다는 것이다. 그리고 상적(相

---

137) 실제로 '절대 안 들어오지 않았다'는 단 한 번이 아닌, 여러 번 들어온 것을 의미할 수도 있다. 따라서 이들은 경계가 있는, 양자화된 상태가 아니다.

的)으로도 구체적 사건의 특성을 상속받는다는 것을 말해 준다. 이는 앞서 이야기했던 Krifka(1989)의 부정에 대한 해석에도 힘을 실어 준다. Krifka(1989)에서는 부정이 단순한 사건의 부정이 아니라 그 사건의 시점에서 일어난 모든 사건의 통합과 부정 사건의 교집합이라고 하였다. 결국 약속을 어긴 행위에 대한 지시는 약속 내용의 부정과 그 시점에 일어난 사건과의 결합에서 나온다고 하겠다. 그리고 그러한 통합이 어떤 구체적인 행위를 지시할 경우, '약속을 어기다'는 단순한 부정을 넘어, 구체적인 행위에 대한 지시를 하게 된다.

약속의 내용이 다른 상적 유형일 경우에도 상황은 마찬가지이다.

(33) 종승이는 모형 비행기를 만들기로 약속했다.
그런데 두 시간 동안 약속을 어기고 종이비행기를 만들었다.

(34) 유승이는 월말에 돈을 다 갚기로 약속했다.
그런데 유승이는 두 달 동안이나/두 달째 약속을 어기고 잠적 중이다.

'약속을 어기다'는 약속이 지시하는 행위의 부정을 그 의미로 한다. 따라서 '약속을 어기다' 동사구가 있는 문장의 의미는 약속의 내용이 지시하는 행위가 아닌 사건의 실현, '¬함i(e')'을 함의한다. 아울러 그 문장의 상적 특성은 '¬함i(e')'의 상적 특성과 동일하다는 것을 알 수 있다. 그러나 '¬함i(e')'이 다른 구체적인 사건으로 명세될 경우, '약속을 어기다'는 그 행위를 지시하며, 아울러 그 행위의 상적 특성에 영향을 받는다.

이와 같은 특성을 보이는 '약속을 V' 동사구로는 다음과 같은 것들이 있다.

(35) 약속을 깨다, 약속을 넘기다, 약속을 뒤집다, 약속을 어기다, 약속을 위반하다, 약속을 잊다, 약속을 저버리다, 약속을 파기하다, 약속을 헌신짝처럼 팽개치다 …

제4장
부사어구와 문장의미 구성

> 부사가 무엇과 관계하고 있는지 정확하게 알고 있는 사람은 아무도 없다.
> (Nobody seems to know exactly what to do with adverbs.)
> ─Ernst, 2002 : 2

　제4장에서는 부사어구가 문장의미 구성에서 어떤 역할을 하는지 살펴보고자 한다. 부사어구의 종류는 다른 구성 요소에 비해 그 범위가 상당히 넓다. 그리고 그 범위만큼 이들이 문장의미 구성에 있어서 하는 역할도 다양하다. 이 장에서는 부사어구 중에서 사건과 발화상황 논항의 설정을 강력하게 뒷받침할 만한 현상인 '형용사+게' 부사어구, 시간 부사어구, 비교 부사어구 등을 일차적인 대상으로 하여 문장의미 구성을 살핀다.[138]

　문장을 구성하는 성분 중 하나로 부사어구를 설정하는 것이 일반적이지만, 이들은 하나의 범주로 묶기가 어려울 만큼 다양한 의미와 기능을 가지고 있다. 종래 부사어구가 가지는 특징의 하나로 서술어구를 수식하는 기능을 제시하고 있으나 '수식'이라는 개념 자체가 모호할 뿐만 아니라

---
138) 우리와 같은 관점을 통해 상징 부사를 연구한 논의로 김진해(2006)을 들 수 있다. 김진해(2006)에서의 주장은 상징 부사가 사건 논항을 매개로 하여 동사에 의해 구현되는 사건의 방식(manner)이나 결과 상태를 나타내는 기능을 한다고 하는 것이다. 이것은 부가어로서의 부사가 문장 생성의 과정에서 어떤 기능을 하는지 포착할 수 있을 뿐만 아니라, 상징 부사가 문장의 상적 특성과 어떠한 관계를 맺고 있는지를 좀 더 면밀히 분석할 수 있는 틀을 제공한다는 점에서 의의가 있다고 하겠다.

부사어구가 갖는 다양한 의미 기능이 '수식'이라는 용어로 묶일 수 있을지 회의적인 면이 있다. 아래에서는 이와 같이 부사어구가 서술어를 수식한다는 관점에 문제를 제기하고 부사어구의 문장의미 구성을 어떻게 보아야 할지 새로운 관점을 제시하고자 한다.

4.1. '형용사+게' 부사어구의 문장의미 구성

4.1.1. 문제 제기

'형용사+게' 부사어139)와 관련하여 주목할 만한 문제로 다음과 같은 것들이 있다.

첫째, '형용사+게'는 다음과 같이 문장에서 중의성을 유발하는 경우가 많다.

---

139) 여기에서 '-이/히' 파생 부사를 제외하고 '형용사+게'만을 논의의 대상으로 삼는 이유 중의 하나는 이들이 '-이/히' 파생부사에 비해, 서술성을 잘 유지하고 있기 때문이다. 최현배(1929)에서는 '-이/히' 부사는 부사로 전성된 형태이지만, '-게' 부사어는 부사절의 서술부를 이루면서 절 전체를 부사적 기능으로 바꾼다고 하였다. 서정수(1996 : 773~774)에서도 그에 동의하면서 다음과 같이 그 근거를 제시했다.

(1) ㄱ. (?)저 비행기가 고도가 높이 떴다.
    ㄴ. 저 비행기가 고도가 높게 떴다.
(2) ㄱ. (?)이 기차가 속도가 아주 빨리 달린다.
    ㄴ. 이 기차가 속도가 아주 빠르게 달린다.
(3) ㄱ. 주인이 담을 높이 쌓았다.
    ㄴ. 주인이 담을 높게 쌓았다.
(4) ㄱ. *주인이 담이 높이 쌓았다.
    ㄴ. 주인이 담이 높게 쌓았다.

'높게' 형태는 그 앞의 명사구에 대한 서술어 구실을 함으로써 구문론적인 결합 관계를 가질 수 있음을 시사한다. 이와는 달리 '높이' 형태는 그런 서술어 기능이 거의 드러나지 않는다.

(1) 그녀가 무례하게 그 교수님의 말에 답했다.

(1)의 경우, '무례하게'와 관련하여 두 가지 의미 해석이 가능하다. 하나는 현재의 상황에서 교수님 말에 답하는 것은 무례한 일이라는 의미, 또 하나는 그녀가 교수님 말에 답하는 방식이 무례하다는 의미가 그것이다. 위의 경우, 기본적으로 '무례하게'의 어휘 의미가 동일하고 표면적인 구조도 동일하므로, 중의성을 유발하는 조건이나 이유는 다른 곳에 있는 듯하다. 이런 중의성은 어떻게 발생하게 되는 것인가. 이런 중의성이 가능한 조건, 원인 등은 무엇인가.

다음의 경우도 중의성이 존재하나, 위의 경우와는 다른 양상이다.

(2) 우리 가게는 배달원이 따뜻하게 피자를 배달한다.

위의 경우, '배달되는 피자'의 상태가 '따뜻하다'는 의미를 가질 수도 있고, 배달원이 배달하는 동안 '따뜻하다'는 의미를 가질 수도 있다.140) 이 경우, '따뜻하게'는 '목적어'와 관계할 수도 있고, 주어와 관계할 수도 있다. '형용사+게' 부사어는 이와 같이 문장 성분 중 무엇과도 관계하여 의미를 형성할 수 있는 것인가. 만약 그렇다면 여러 문장 성분과의 의미 작용을 인가하고 제약하는 조건은 무엇인가.

둘째, 기존 연구에서는 '형용사+게' 부사어 중에서 결과적 해석을 갖는 것이 존재한다고 보았다.

(3) ㄱ. 유승이가 테이블을 서투르게 닦았다.

---

140) 실제로 이 문장은 인터넷에서 배달원을 모집하는 광고(http://dreamwiz.hotalba.co.kr/AlbaInformation/Subway/view.asp?id=5139680)에 나온 것이다. 이 가게는 스쿠터가 아닌 다마스로 배달하기 때문에 추운 겨울에도 따뜻하게 배달할 수 있다는 것이었다.

ㄴ. 유승이가 테이블을 깨끗하게 닦았다.

(3ㄴ)의 경우 '깨끗하게'는 닦은 행위 후 목적어의 결과 상태를 의미한다고 할 수 있다. 이를 결과적 해석의 부사어 '-게'라고 본다. 반면 (3ㄱ)은 닦은 후 테이블의 결과 상태가 서투르다는 걸 의미하는 것이 아니므로, 결과 부사어가 아니다. 이러한 의미 양상의 차이는 어디에서 기인하는 것인가. 형용사의 의미인가, 아니면 수식하는 동사의 의미에 따른 것인가.

이와 같은 문제제기와 관련되는 기존 논의로 다음과 같은 것들이 있다. 이환묵(1974)에서는 Jackendoff(1972)에서 문장 부사의 종류를 두 가지, 즉 화자-지향 부사(speaker-oriented adverb)와 주어-지향 부사(subject-oriented adverb)로 나눈 것을 비판하면서141), 주어-지향 부사는 문장 부사가 아닌 술부 부사라고 주장한다.

(4) ㄱ. Horatio has probably lost his mind.
    ㄴ. It is probable (to me) that Horatio has lost his mind.
    ㄷ. I consider it probable that Horatio has lost his mind.
                                        — 이환묵(1974 : 424) (27) 예

(5) ㄱ. John cleverly dropped his cup of coffee.
    ㄴ. It was clever of John to drop his cup of coffee.
    ㄷ. John was clever to drop his cup of coffee.
                                        — 이환묵(1974 : 424) (28) 예

(4ㄱ)을 환언한 (4ㄴ, ㄷ)을 볼 때, 우리는 'probably'가 문장 전체와 관계함을 알 수 있다. 반면 (5ㄱ)을 환언한 (5ㄴ, ㄷ)을 보면, 'cleverly'가 문

---

141) 이환묵(1974)에서는 이를 각각 향화자 부사, 향주어 부사로 명명했다. 그런데 oriented-ness를 향성이라 번역하는 것이 어색하다는 것을 감안한다면, 우리와 같이 지향성이라 하는 것이 좋을 듯하다.

장 전체와 관계하기보다는 주어와 관계함을 알 수 있다. 즉 'probably'는 문장 전체와 관계하므로 문장 부사이지만 'cleverly'는 주어와 관계하는 것이므로 문장 부사라 하기 어렵다는 것이다. 이를 증명하는 논거 중의 하나로 수동 변형을 들 수 있다. 'probably'는 문장 전체와 관계하므로, 수동 변형 후에도 의미의 변화가 없다. 그러나 'cleverly'는 주어와 관계하는 것이므로, 주어가 바뀌면 의미가 변화하게 된다. 즉 (7ㄱ)은 'the doctor is clever'이지만 (7ㄴ)은 'John is clever'가 된다는 것이다.

(6) ㄱ. The doctor probably has examined John.
　　ㄴ. John probably has been examined by the doctor.
　　　　　　　　　　　　　　　　　— 이환묵(1974 : 424) (29) 예

(7) ㄱ. The doctor cleverly has examined John.
　　ㄴ. John cleverly has been examined by the doctor.
　　　　　　　　　　　　　　　　　— 이환묵(1974 : 424) (30) 예

또한 의문 변형의 경우에도 문장 단위의 변화이므로 문장 부사인 화자-지향 부사는 제약되지만 주어-지향 부사는 그런 제약이 없다는 것이다.

(8) *Did Frank probably beat all his opponents?

(9) Did Frank cleverly beat all his opponents?

그렇다면 이환묵(1974)에서는 주어-지향 부사를 무엇으로 본 것인가. 다음의 설명을 보면 그가 이들을 방식 부사(manner adverb)와 동일한(?) 술부 부사라고 보고 있다는 것을 알 수 있다.

Jackenoff의 주장에 따르면, (40)의 carelessly는 모두 향주어 부사일 것이다. 향주어 부사이기 때문에 주어인 John과 공기 관계만 성립한다면 양태 부사가 아니므로, is나 a boy와 is sick의 공기 관계의 성립 여부에 관계없이 이것을 포함한 (40)은 모두 문법적인 문장이어야 할 것이다.

(40) ㄱ. *John carelessly is a boy.
ㄴ. *John carelessly is sick.

그러나 (40)에서 carelessly는 주어의 성격을 나타내는 기능은 발휘할 수 있으나, carelessly가 가진 또 하나의 기능인 행위의 양태를 나타내는 기능이 is a boy나 is sick와 같은 비행위술부에서는 이루어질 수 없다는 사실로써 (40)의 비문법성을 설명할 수 있다. 여기서 주어의 성격과 동사의 양태 사이에는 불가분의 관계가 있음을 알 수 있다. 따라서 carelessly를 그 위치에 따라 향주어 부사 또는 양태 부사라고 주장한 것은 carelessly와 같은 부사가 갖는 기능상의 양면성을 이해하지 못한 데서 범한 오류이다.

— 이환묵(1974 : 427)

위의 주장에 따르면 'carelessly'와 같은 부사어는 화자-지향 부사와 양태 부사의 기능을 동전의 양면처럼 동시에 가지고 있다고 봐야 한다. 그러나 이환묵(1974)의 주장대로 동일한 것이 두 개의 기능을 가진 것이라고 보는 것은 문제가 있다. 우선 동일한 것이 두 개의 기능을 가진 것이라면 두 가지 의미 해석이 항상 가능해야 하나, 다음은 분명하게 서로 다른 의미 해석을 각기 갖는다.

(10) ㄱ. 아이들이 아빠를 너무 무례하게 대한다.
ㄴ. 아이들이 절 안에서 무례하게 떠든다.

(10ㄱ)의 경우, '아이들이 아빠를 대하는 방식'이 '무례하다'는 의미만 있을 뿐, '아이들이 아빠를 대하는 것'은 '무례한 일'이라고 해석하기는

힘들다. 즉 방식 부사로의 해석만이 가능하다. (10ㄴ)의 경우는 반대로, '절 안에서 떠드는 방식'이 무례하다는 것을 의미하는 것이 아니라, 절 안에서 떠드는 아이들이 무례하다고 봐야 한다. 또 실제로 위치와 '-도'와 같은 조사의 실현을 통해 이 두 가지 의미가 완전히 구별되기도 한다.

(10') ㄱ. 아이들이 아빠를 무례하게도 대한다/아이들이 무례하게도 아빠를 대한다.
ㄴ. 아이들이 절 안에서 무례하게도 떠든다/아이들이 무례하게도 절 안에서 떠든다.

이에 이환묵(1974)의 견해와는 달리, 주어-지향 부사와 방식 부사는 구별되는 것이라고 봐야 한다. 후에 밝혀지겠지만 이환묵(1974)의 (40) 문장이 비문이 되는 이유는 'carelessly'가 수식할 동사의 방식이 존재하지 않는다는 것뿐만 아니라 인과 관계를 상정하기 어렵다는 것도 영향을 미치고 있기 때문이다.

이양혜(2000)에서는 '-게'의 기능을 다음의 네 가지로 나누었다.

(11) ㄱ. 문장 연결 기능의 '-게'
온 집이 깨끗하게, 영희는 청소를 하였다.
ㄴ. 중간 기능의 접사 1 : 낱말 연결 기능의 '-게, 사동·피동 표현
선생의 죽음이 그녀를 슬프게 만들었다.
ㄷ. 중간 기능의 접사 2 : 부사형 형성 기능의 '-게'
그녀는 집을 아름답게 꾸몄다.
ㄹ. 파생 접미사 '-게'
그 애는 쉬운 문제를 어렵게 풀었다.

이양혜(2000)의 관점에서 보면 앞선 (1)의 중의성은 '무례하게'가 각각 파생 부사와 '중간 기능의 접사2'에 의한 부사어로 실현되었기 때문에 발

생한 것이라고 볼 수 있다. 그리고 이양혜(2000)의 견해에 따르면 그것은 다음과 같이 구조적 차이를 갖고 있다.

 (1') ㄱ. [[그녀가 무례하]$_{S1}$-게 교수님의 말에 답했다]$_{S2}$.
   ㄴ. [그녀가 [무례하게 교수님의 말에 답했다]VP]$_S$.

이양혜(2000)의 가장 큰 특징은 '-게'가 가지는 특징을 형태·통어론적인 관점에서 다뤘다는 것이다. 그리고 그 점 때문에 문제점이 드러난다. 즉 의미적 측면보다는 형태·통어론적인 측면을 강조했기 때문에 그와 같은 측면에서는 설명할 수 없는 많은 현상에 직면하게 된다. 예를 들어 구조적 측면을 강조하다 보면 다음의 문장이 어떻게 구조적으로 중의성을 갖는지 설명하기 어렵다. 즉 (2'ㄴ)과 같은 구조 설정이 타당한지 의심스럽다.142)

 (2') ㄱ. [우리 집은 [배달원이 따뜻하]$_{S1}$-게 피자를 배달한다]$_{S2}$.
   ㄴ. [우리 집은 배달원이 [따뜻하-게 피자를]$_{S1}$ 배달한다]$_{S2}$.

후에 다시 언급하겠지만, '-게'의 주어로 해석될 만한 것이 문장에 실현되지 않은 경우도 설명하기 어렵다.

 (12) 종이를 크게 말아라!

---

142) 구조적 관점에서 이 현상을 설명하기 위해 (2ㄱ)과 같은 구조를 설정할 것이 아니라 '따뜻하게'를 파생 부사로 보고 다음과 같은 구조를 가진다고 볼 수도 있다. 즉

 (2') ㄱ. [우리 집은 배달원이 [따뜻하게 피자를 배달한다]VP.]

그러나 위와 같은 구성을 갖지 않는 이유는 '피자를 배달하는 방식'이 '따뜻하다'는 의미가 아니라 '배달원이 따뜻하다'는 인과적 해석을 갖기 때문이다. 다음 절에서 이러한 차이를 분명하게 보인다.

#[[종이가 크]s1-게 말아라!]s2.

위 경우에 '크게'의 주어로 해석될 만한 것은 '말린 종이의 지름'이지 종이가 아니기 때문에 구조적인 측면으로 설명하면 문제가 발생한다.

McConnell-Ginet(1982)에서는 (1)과 같은, 부사어와 관련한 중의성을 설명하기 위해 다음과 같이 추상적인 상위 술어 ACT를 설정해야 한다고 본다. 그녀는 먼저 다음과 같이 부사어의 연산자 접근이 문제가 있다는 것을 지적한다.

(13) ㄱ. Louisa rudely departed
   (Louisa) (rudely (λx (x departed)))
 ㄴ. Louisa departed rudely
   (Louisa) (λx (x (rudely (departed)))
        —McConnell-Ginet(1982 : 161)의 (38) 예

즉 'x departed'와 '(λx (x (departed))'는 구조적으로는 다르지만 의미적인 차이는 없으므로 결과적으로 연산자 방식으로는 (13ㄱ, ㄴ)이 동일한 의미를 갖게 되는 오류가 발생한다. 그래서 상위의 술어 ACT를 가정하고 (13ㄴ)에서는 'rudely'가 방식 부사(manner adverb)로서 동사를 수식하고, (13ㄱ)에서는 추상적인 ACT를 수식한다고 주장한다.

그러나 이 접근의 가장 큰 문제는 과연 추상적인 ACT를 설정하는 것이 타당한 것인가 하는 점이다. 모든 문장에 ACT를 설정할 수 있다면 항상 중의성이 발생해야 하는데, 앞서 (12)의 경우처럼 중의성이 발생하지 않는 경우가 있기 때문에 문제가 된다.

Wyner(1994)에서는 다음과 같이 주어-지향 부사와 방식 부사가 함의관계에 있어 차이가 있다는 것에 주목한다.

(14) John kissed her passionately on the lips.
→ John kissed her passionately.

(15) Inappropriately, he kissed her on the lips.
↛ Inappropriately, he kissed her.

앞서 우리의 방법론에서도 밝힌 바 있듯이, 부사어를 연산자로 보지 않고 술어로 보는 사건의미론의 주요한 논거 중의 하나는 부사어의 생략에 따른 '함의관계 성립 유무'이다. (14)에서 보는 것처럼 'passionately'는 'on the lips'의 생략에 영향을 받지 않는다. 그러나 주어-지향 부사 'inappropriately'는 'on the lips'의 생략에 영향을 받는다. 즉 뽀뽀한 것은 문제가 안 되지만, 입술에 한 것이 부적절할 수 있기 때문이다.

아울러 동일한 사건을 지시하지만 부사어가 달리 실현된 문장에서 상반된 주어-지향 부사가 실현될 수 있다는 것도 방식 부사와의 차이를 보여준다.

(16) ㄱ. Appropriately, John kissed her on the porch.
ㄴ. Inappropriately, John kissed her on the lips.

(16ㄱ, ㄴ)은 베란다, 혹은 쪽마루에서 존이 그녀의 입술에 뽀뽀를 했다는 사건을 의미한다. 이 경우 베란다에서 한 것은 적절하지만, 입술에 한 것은 부적절하다고 이야기할 수 있다. 즉 동일한 사건에 대해 상반된 평가가 존재하는 것이다.

이런 주어-지향 부사와 방식 부사의 차이는 '-게' 부사어에도 나타난다.

(17) ㄱ. 유승이는 오늘 교실에서 친한 친구에게 기분 나쁘게 대했다.
ㄴ. → 유승이는 친한 친구에게 기분 나쁘게 대했다.

(18) ㄱ. 삼순이는 기분 나쁘게 삼식이에게 화장실에서 프로포즈를 받았다.
ㄴ. (↛) 삼순이는 기분 나쁘게 삼식이에게 프로포즈를 받았다.

(17)의 경우, (17ㄱ)은 '오늘 교실에서'가 생략된 (17ㄴ)을 함의할 수 있다. 반면 (18ㄱ)은 '화장실에서'가 생략된 (18ㄴ)을 반드시 함의할 수 없다. 왜냐하면 '기분 나쁜 이유'는 프로포즈 장소가 화장실이었기 때문이고, 오히려 삼식이에게 프로포즈를 받은 것에 대해서는 기분 좋을 수도 있기 때문이다.

이를 통해 Wyner(1994)는 주어-지향 부사와 방식 부사의 차이점을 다음과 같이 본다. 방식 부사는 그것 자체로 사건을 개별화하지만, 주어-지향 부사는 그렇지 않다는 것이다. 다음은 이를 형식화한 것이다.

(19) ㄱ. 방식 부사
    $\lambda P\ \lambda e_i\ [P(e_i)\ \&\ ADV(e_i)]$
ㄴ. 주어-지향 부사
    1) $\lambda P\ \exists e_i\ [P(e_i)\ \&\ MIN\ (e_i, P)\ \&\ ADV(e_i)]$
    2) PADJ(e, Agt)
    ※ P = predicate

MIN(e_i,P)는 최소의(minimal) 사건이라는 것을 의미한다. 다시 말해서, 잠재적인 부사어의 부가를 배제한다. 그리고 MIN은 존재 양화(existential closure)를 수행케 한다. 방식 부사는 추가 부사어의 부가를 허용하는 반면, 주어-지향 부사는 그렇지 않다는 것을 보여 준다. 이는 방식 부사는 부가어의 생략과 추가에도 그 함의관계가 달라지지 않는 반면, 주어-지향 부사는 이러한 부가어의 생략과 추가에 민감하다는 현상을 잘 설명해준다. Wyner의 견해는 주어-지향 부사와 방식 부사가 갖는 중요한 특징 중의

하나를 발견한 것으로 보인다. 그러나 이것이 이들 부사의 본질적인 의미, 기능의 차이를 설명해주는 것은 아니라 할 수 있다. 즉 그의 견해는 'MIN'이라는 요소를 제거하면, 두 부사의 기능은 동일한 것이라고 보게 되는 것이다. 따라서 이들이 어떤 의미 기능상의 차이를 갖는지 구체적으로 설명하기 어려운 면이 있다.

최근 Ernst(2002)에서는 주어-지향 부사와 방식 부사가 갖는 의미 차이를 구체적으로 제시하고 있다.

(20) ㄱ. 방식 부사
ADV (e) = e [REL manifests] P_{ADJ} in Agent.
ㄴ. 화자-지향 부사
ADV (e) = e [REL warrants positing] P_{ADJ} in Agent.

즉 방식 부사는 e라는 사건에 P라는 속성이 '외현적으로 표명된(manifest) 것'이라면, 주어-지향 부사는 e라는 사건에 외현적인 징후로 나타난 것은 아니지만 그 사건에 'P라는 속성이 있음을 보증한다는(warrant) 것'이다.

(21) ㄱ. Louise cleverly had opened the vent (so that the poison gas would be pulled from the room).
ㄴ. Louise had opened the vent cleverly (with chewing gum and an old pool cue).

(21ㄱ)의 'cleverly'는 주어-지향 부사로서 배출구를 연 행위를 한 Lousie 가 영리했다는 것을 의미한다면, (21ㄴ)은 방식 부사로서 '껌으로 오래된 수영장 마개를 연 방식'이 영리하다는 것을 의미한다. 즉 (21ㄱ)은 어떤 행동이 영리한 것인지 속성이 외현적으로 드러나지는 않았지만 행위주에 그런 속성이 있다는 것을 e라는 사건이 보증해 준다면, (21ㄴ)은 외현적으

로 드러난 행위주의 행동, 즉 껌으로 낡은 통풍구의 마개를 연 일이 '영리하다'는 것을 의미하는 것이다.

이런 의미 차이는 이들이 부사어의 속성을 부과하기 위해 비교하는 사건에 있어서도 차이를 갖게 한다.

(22) Rudely, she left.
∃e'[leave(e') & Agent(e', she)] & ∃e"[P(e") & ⋯] & RUDE (e'/¶e"¶[143]), she)

(23) She left rudely.
∃e'[leave(e') & Agent(e', she)]] & ∃e"[leave(e") & Agent(e", she)]
    & RUDE (e'/¶e"¶, she)]

(22)에서는 그 상황에서 관련된 어떤 사건과 비교해 보았을 때, '그녀가 떠난 사건'은 무례하다는 것을 의미한다. 반면 (23)에서는 비교하는 사건이 동일하게 '그녀가 떠난 사건'이지만 그 사건이 일어나는 여러 다른 방식과 비교해 보았을 때, 이 사건의 방식이 무례하다는 것이다. 즉 주어-지향 부사는 그 문장이 의미하는 사건과 관련된 다른 사건을 비교하여 그 속성을 부과하는 것인데 반해, 방식 부사는 그 문장이 의미하는 사건과 동일한 술어를 가진 다른 사건을 비교하여 속성을 부과하는 것이다.

이번 절에서는 앞서 제기한 문제를 중심으로 '형용사+게'가 문장에서 어떤 의미를, 어떻게 구현하는지 살펴보고자 한다.

논지 전개상의 편의를 위해 결론부터 말하자면, 우리는 '형용사+게' 부사어의 의미 생성·해석 조건을 다음과 같이 본다.

---

143) '¶C¶'는 비교 사건을 나타낸다. 이러한 기호는 Higginbotham(1989)에서부터 시작되었다.

■ '형용사+게' 부사어의 의미 생성·해석 조건

1) '형용사'의 대상 논항이 무엇인가.
   해당 문장이 의미하는 <u>사건(event)</u>이 대상 논항인가.
   아니면, 그 사건을 구성하는 <u>개체(individual)</u>가 대상 논항인가.
2) 대상 논항이 <u>사건</u>인 경우, '형용사+게' 부사어는 <u>그 사건의 방식</u> 등을 표상한다.
3) 대상 논항이 <u>개체</u>인 경우, '형용사+게' 부사어는 그 문장이 의미하는 사건과 <u>인과의 의미관계를 갖는 상태</u>를 표상한다.

4.1.2. '형용사+게', 사건의 방식과 결과

종래의 견해들은 주로 부사어가 사건의 방식을 의미하는지, 아니면 주어와 관계하는지에 따라[144] 중의성을 설명하고자 했다. 하지만 앞서 4.1.1항에서 소개한 견해들이 공통적으로 설명하지 못하는 '형용사+게' 부사어의 특징적인 현상들이 있다.

(24) 우리 가게는 배달원이 따뜻하게 피자를 배달해요.

위 문장은 '배달되는 피자'의 상태가 '따뜻하다'는 의미를 가질 수도 있고, 배달원이 배달하는 동안 '따뜻하다'는 의미를 가질 수도 있다. 방식과 주어 지향의 중의성이 아닌, 목적어 지향의 의미가 가능함을 말해 준다. 다음 예들은 다른 문장 성분들도 '형용사+게'의 대상이 될 수 있다는 것을 보여 준다.[145]

---

[144] Wyner(1998)과 Geuber(2002)에서는 이들이 주어-지향 부사가 아니라 의미역과 관련된 행위주-지향 부사라고 주장하였다.
[145] '형용사+게' 부사어를 필수적으로 요구하는 서술어의 경우, '형용사'의 특성에 따라 그와 관련된 대상 논항의 통사적 실현이 달라지는 경우가 있다. 이은섭(2006)에서는

(25) ㄱ. 아이들이 방에서 찰흙을 가지고 지저분하게 놀았다.
ㄴ. 영희는 철수에게 기분 나쁘게 소리쳤다.
ㄷ. 바닥에 깨끗하게 타일을 깔았다.

앞서 밝힌 것처럼 '형용사+게'는 '형용사'가 가지는 어휘 의미를 그대로 유지하고 있다. 따라서 '형용사'가 취하는 대상 논항과 더불어 서술적인 의미를 생성한다. 결국 '형용사+게'의 의미를 파악하기 위해서는 일차적으로 '형용사'의 대상 논항이 무엇인지 파악하는 것이 필요하다. 방식 부사의 경우는 그 문장이 의미하는 사건을 대상 논항으로 삼는다. 이는 기존의 사건의미론이나 위에서 언급한 기존의 연구 성과와 동일한 입장이다. 그러나 '형용사+게'가 문장이 의미하는 사건을 대상 논항으로 취하지 않고, 그 사건을 구성하는 성분을 대상으로 삼을 경우는 그 사건과는 구별되는 독립적인 상태를 구성하게 된다. 이를 사건의미론의 관점으로 표상하면 다음과 같다.

(26) 그녀가 무례하게 교수님께 답했다.

(26') ㄱ. ∃e[답하다(e) & 무례하게/무례하다(e) & Agent(e, 그녀) & Goal(e, 교수님)]
ㄴ. ∃e[답하다(e) & Agent(e, 그녀) & Goal(e, 교수님)] & ∃s[무례하다(s) & Theme(s, 그녀)]

(26ㄱ')에서는 '무례하게'가 사건 논항을 취해 그 사건의 방식을 서술한

'-게 굴다' 구문에서 대격과 여격으로 모두 실현되는 문장의 특징을 제시하고 있다.

(1) ㄱ. 철수가 영희에게 못살게/귀찮게 굴던?
ㄴ. 철수가 영희를 못살게/귀찮게 굴던?

대개 '-게 굴다' 구문에서 '-게' 부사어 앞 논항은 '-에게'로 실현되는 것이 일반적이나 위의 '못살게'와 '귀찮게'는 특이하게 '-에게'와 '-를'로 모두 실현 가능하다. 이것은 다른 형용사와 달리 위 두 형용사가 심리 형용사로서 부사어 앞에 실현된 성분이 경험주가 되는 것과 관련이 있다고 보고 있다.

다면, 즉 그 행위가 무례하다는 것을 나타낸다면, (26ㄴ')은 그 사건의 구성 요소와 상관관계를 맺는 상태, 즉 '그녀가 무례하다'는 상태를 독립적으로 구성한다. 즉 방식 부사는 동일한 사건 논항을 취해 그 사건을 구성하는 요소로의 역할을 한다면, 주어-지향 부사는 상태 논항을 취해 독립된 상태를 구성한다고 보는 것이다. 그리고 종래의 주어-지향 부사가 주어만을 그 대상으로 취했다면, (25)의 현상에도 알 수 있듯이 '형용사+게'는 그 문장의 어떤 요소라도 취할 수 있다고 보는 것이다. 이에 우리는 '주어'라는 명세를 빼고 일단 지향-부사어라고 명한다. 그러나 이러한 가정은 다음이 비문이 되는 이유를 설명하지 못한다.

(27) *종승이가 따뜻하게 붓글씨를 쓴다.

만약 위의 주장대로 문장의 어떤 요소라도 취해서 독립된 상태를 구성할 수 있다면, (27)의 예는 비문이 되서는 안 된다. '종승이'나 '붓글씨'를 대상 논항으로 취해서 독립적인 상태를 구성할 수 있기 때문이다. 이에 지향 부사어가 성립되기 위해서는 어떤 인가 조건이 필요하다는 것을 알 수 있다. 우리는 이를 인과 관계라고 본다. 즉 그 문장이 의미하는 사건과 '형용사+게'가 의미하는 상태가 원인과 결과의 관계를 가져야만 한다는 것이다. (25')의 경우를 보면 다음과 같이 인과 관계를 갖는 환언이 가능하다는 것을 알 수 있다.146)

(25') ㄱ. 아이들이 찰흙을 가지고 놀아서, 방바닥이 지저분하다.
　　　ㄴ. 영희가 소리쳐서, 철수가 기분 나쁘다.
　　　ㄷ. 타일을 깔아서, 바닥이 깨끗하다.

---

146) 여기에서 이야기하는 환언은 순수한 의미적 차원에서 이루어지는 것이지, 변형·생성문법적인 관점에서의 변형적 환언은 아니다.

(27)의 경우는 인과 관계를 갖기 어렵다.

(27') #종승이가 붓글씨를 써서, 따뜻하다.

그러나 (27)의 경우도 인과성을 부여할 수 있는 요소가 실현되면 정문이 된다.

(27") 종승이가 난로 옆에서 따뜻하게 붓글씨를 쓴다.
→ 종승이가 난로 옆에서 붓글씨를 써서, (종승이가) 따뜻하다.

이를 반영하여 사건의미론적인 환언을 하면 지향 부사어에는 항상 CAUSE(e, s)가 추가되어야 한다는 것을 알 수 있다.

(26') ㄴ. ∃e[CAUSE(e', s) & ∃e'[답하다(e') & Agent(e', 그녀) & Goal(e', 교수님)]
& ∃s[무례하다(s) & Theme(s, 그녀)]]

이러한 현상들은 앞서 주장했던 '형용사+게' 부사어의 의미 생성·해석 조건이 타당하다는 것을 보여 준다.

▎'형용사+게' 부사어의 의미 생성·해석 조건
　1) '형용사'의 대상 논항이 무엇인가.
　　　문장이 의미하는 <u>사건(event)</u>이 대상 논항인가?
　　　아니면, 그 사건을 구성하는 <u>개체(indivual)</u>가 대상 논항인가?
　2) 대상 논항이 <u>사건</u>인 경우, '형용사+게' 부사어는 <u>그 사건의 방식</u> 등을 표상한다.
　3) 대상 논항이 <u>개체</u>인 경우, '형용사+게' 부사어는 그 문장이 의미하는 사건과 <u>인과의 의미관계</u>를 갖는 상태를 표상한다.

이런 견해는 앞서 Wyner(1994)에서 제기한 방식 부사와 주어-지향 부사의 함의관계 차이도 설명할 수 있다. 방식 부사(어)는 그 문장이 의미하는 사건을 구성하는 요소이므로, 동일한 사건을 구성하는 성분의 가감에 민감하지 않다. 그러나 지향 부사(어)는 그 문장이 의미하는 사건과 인과 관계를 맺고 있으므로, 표상된 사건의 구성 요소 중 인과 관계와 밀접한 관련이 있는 성분의 가감에 민감할 수밖에 없는 것이다. 즉 MIN이라는 요소를 설정하지 않더라도, 이러한 함의관계의 차이를 설명할 수 있는 것이다.

4.1.3. '형용사+게'와 서술어의 관계

박소영(2001, 2004)에서는 종래 방식 부사로만 처리하던 '-게' 부사어 중에서 결과적 해석을 갖는 것이 있다고 보고 이를 방식 부사와 구별해야 한다고 보았다.

(28) ㄱ. 유승이는 테이블을 서투르게 닦았다.
ㄴ. 유승이는 테이블을 깨끗하게 닦았다.

(28ㄱ)은 '서투르게'는 유승이가 테이블을 닦는 방식을 의미하지만, (28ㄴ)의 '깨끗하게'는 테이블을 닦는 방식이 아니라, 닦은 후의 결과 상태를 의미한다. 박소영(2001, 2004)에서는 '형용사+게' 부사어가 목적어 대상 논항의 결과적 상태를 의미하기 위해서는 다음과 같은 두 가지 조건을 만족시켜야 한다고 주장한다.

(29) '형용사+게' 부사어가 결과 부사어가 되기 위한 조건
   1) 결과 부사형 '-게'는 상태 변화, 특히 형태나 질의 변화를 수반하는 동사가 주동사로 실현되어야 한다.

2) 결과 부사형에 결합하는 형용사는 대체적으로 행동주성을 갖지 않고, 어떤 대상의 객관적인 형상이나 상태, 질을 나타내는 것이어야만 한다.

(29-1)에 제시한 조건을 만족하는 동사 유형은 다음과 같다.

(30) ㄱ. 상태 변화 타동사 : 닦다, 청소하다, 씻다, 빨다, 정돈하다, 자르다, 썰다, 부수다, 깨다, 폭파하다, 굽히다, 구부리다, 펴다, 줄이다, 늘이다, 갈다, 말리다, 익히다, 식히다, 조이다, 말다, 뭉치다, 굳히다 등
ㄴ. 제조 동사 : 짓다, 쑤다, 짜다, 찍다, 튀기다, 굽다, 말다, 접다, 빚다, 깎다, 갈다, 꼬다, 엮다, 가꾸다, 꾸미다, 차리다, 타다, 그리다, 쓰다, 짓다, 파다 등
ㄷ. 비대격 동사 : (몸이)마르다, 야위다, (살이)찌다, (목이)마르다, 맑다, 흐리다, 시들다, 굳다, 식다, 얼다, 타다, 녹다 등
ㄹ. 피동 동사 : 깨지다, 뭉쳐지다, 짜여지다, 고정되다, 정돈되다, 씻겨지다, 끊어지다, 비워지다, 지워지다 등

(29-1)의 조건을 만족하지 못하는 동사 유형은 다음과 같다.

(31) ㄱ. 이동동사 : 가다, 오다, 도착하다, 건너다, 넘다, 돌다, 비키다 / 주다, 받다, 넣다, 놓다, 달다, 두다, 묻다, 밀다, 보내다, 빼다, 옮기다, 팔다, 쫓다 등
ㄴ. 소비동사, 심리 동사 : 먹다, 마시다, 사랑하다, 미워하다 등

그러나 박소영(2001, 2004)의 견해는 두 가지 관점에서 문제점이 드러난다.

첫째, 위의 조건을 모두 만족하더라도 주어나 목적어 대상 논항의 결과 상태를 의미하는 것으로 해석할 수 없는 경우가 (많이) 존재한다.

(32) ㄱ. 종이를 크게 말아라!
ㄴ. 김 작가는 여러 사람들의 이야기를 한 편의 드라마로 재미있게 엮었다.
ㄷ. 책장에 책들이 깔끔하게 정돈되었다.

(32ㄱ)의 경우 '크게'는 '종이'의 결과 상태를 의미하는 것이 아니라, 말린 종이의 지름이 크다는 것이다. (32ㄴ)의 경우도 목적어인 '사람들의 이야기'가 재미있는 것이 아니라, '드라마'가 재미있는 것이며, (32ㄷ)도 '책들'이 깔끔하기보다는 '책들이 정돈된 책장'이 깔끔하다고 보아야 할 것이다. 결국 앞선 절에서 밝힌 바대로, 방식 부사어가 아닌 지향 부사어는 목적어뿐만 아니라 문장의 여러 성분들이 대상 논항이 되어 결과 상태를 의미할 수 있다.

(32ㄱ)에 대해서는 좀 더 논의할 필요가 있다. (32ㄱ)의 경우는 '크게'에 해당하는 '말린 종이의 지름'이 문장의 성분으로 실현되어 있지 않다. 이에 대해서는 Geuber(2002)에서도 지적한 바 있다.

(33) I opened the door wide.

위의 문장을 기존의 사건의미론의 방식으로 환언하면 다음과 같다.[147]

(33') to open the wide =
 (∃e) [Cul(e) & Agent(e, x)
 & (∃e') [Cul(e') & Theme(e', y) & CAUSE (e, e')
 & (∃s) [open(s) & Theme(s, y) & Hold(s) & BEC(e', s) & Being-wide(s)]]]

---

[147] 사건의 상적 내용을 나타내는 표시로 Cul = culminate는 완결성을 의미하며, Hold는 상태성, 혹은 행위성 등을 의미한다. 자세한 내용은 Parsons(1990) 참조.

그런데 문제는 위의 환언에서 과연 'wide'의 대상(theme)이 무엇인가 하는 점이다. 'wide'의 대상 논항이 'the door'가 될 수는 없다. 문이 넓은 것은 아니기 때문이다. 이 때문에 Geuber(2002 : 80)에서는 다음과 같은 가정을 한다.

(34) 결과 부사(어)는 함축되어 있는, 창조된 대상을 서술한다.
(Resultative adverbs predicate of implicit created objects.)

그리고 위의 (33)에 대해 다음과 같이 환언한다.

(33") $\exists s,x\ [open(s)(x)\ \&\ \exists l : openingN(l)\ \&\ l \subset fLOC(x)\ \&\ wide(l)]$
($\lambda P\ \lambda x\ (\exists e\ [RES\text{-}I(e,\ x)\ \&\ P(e)],\ *RES\text{-}I\ =\ resultant\ individuals,$
$*l=location)$

즉 'wide'는 결과 부사어로, 'open'의 결과로 생긴 공간(location)을 대상 논항으로 하고, 그것의 상태를 서술하는 것으로 본 것이다. 우리는 이 견해에 동의하면서, '형용사+게'의 대상 논항은 문장에 실현된 구성 성분뿐만 아니라 그 문장이 의미하는 사건과 관련된 결과 개체(resultant individuals)도 대상 논항이 될 수 있다고 본다.

둘째, 결과 부사어가 나타날 수 없는 조건의 경우, 예를 들어 이동 동사나 소비 동사의 경우에도 결과 해석을 가질 수 있다.

(35) ㄱ. 보안 위원들이 문화재를 안전하게 옮겨 두었다.
ㄴ. 이 화분을 저쪽 자리에 어울리게 놓아라.
ㄷ. 아이가 사과 하나를 깨끗하게/지저분하게 먹었다.

(35ㄱ, ㄴ)의 경우, '옮겨 두다', '놓다'는 이동 동사이므로 결과 해석이

불가해야 하나, 옮겨 둔 결과 상태가 각각 '문화재가 안전하다', '이 화분이 저쪽 자리에 어울리다'이다. 즉 이러한 이동 동사에도 결과 해석이 가능하다는 것을 보여 준다. 아울러 (35ㄷ)의 경우도 결과 해석을 갖는 것으로 보아야 한다. 그런데 박소영(2004)에서는 이때의 '깨끗하게'는 대상이 소비된 정도의 끝점을 나타내는 것으로, 이들 부사어는 영향 입은 대상의 '양' 차원을 계량하는 정도 부사의 의미로 해석된다고 하였다. 하지만 '깨끗하게'와 반대되는 의미의 '지저분하게'는 '양' 차원을 계량하는 정도 부사의 의미로 볼 수 없다. 따라서 이들도 결과 해석으로 보아야 하며, 이때 '깨끗하다'나 '지저분하다'의 대상 논항은 앞서 논의한 바대로 문맥 추론을 통한 결과 개체가 되어야 할 것이다. 예를 들면 '사과 찌꺼기' 정도가 될 수 있을 것이다.

다음의 예도 박소영(2001, 2004)의 주장대로 주동사가 이동 동사이기 때문에 비문이 되는 것이 아니라 지향 부사어가 되기 위한 인가 조건인 인과 관계가 성립되지 않기 때문에 비문이 되는 것이다.

(36) ㄱ. #은수는 음식을 차갑게 날랐다.[148]
    ㄴ. #은수는 수레를 차갑게 밀었다.

— 박소영(2001 : 53) (12)의 예

(36') ㄱ. #은수가 음식을 날라서 (음식이) 차갑다.
    ㄴ. #은수가 수레를 밀어서 (수레가) 차갑다.

그러나 이들 문장에 인과 관계를 성립할 수 있는 성분이 실현되면 '이동 동사'에서도 결과적 해석의 '차갑게'가 가능하다.

[148) '차갑게'와 반대되는 '따뜻하게'의 경우는 용인가능한 듯하다.

(37) ㄱ. 은수는 얼음 쟁반으로 음식을 차갑게 날랐다.
　　 ㄴ. 은수는 추운 겨울에 맨손으로 차갑게 수레를 밀었다.

(37') ㄱ. 은수는 얼음 쟁반으로 음식을 날라서, 음식이 차갑다.
　　　ㄴ. 은수는 추운 겨울에 맨손으로 수레를 밀어서, (은수가 손이) 차갑다.

이러한 결과가 의미하는 바는 '형용사+게' 부사어의 의미 양상을 피수식 서술어나 수식 부사어가 가지는 어휘(의미)적 속성만으로는 설명할 수 없다는 것이다. '형용사+게' 부사어가 가지는 의미 구현이나 제약은 문장 전체의 의미 문제와 상관하여 설명해야 한다. 즉 문장을 구성하는 성분과 문장이 의미하는 전체 '사건'이 어떻게 상호 작용을 하는가에 달려 있는 것이다.

앞선 절에서 밝힌 바대로, '형용사+게'의 의미는 기본적으로 무엇을 형용사의 대상 논항으로 갖는가에 따라 결정된다. 개체가 대상 논항인 경우에는 기본적으로 인과 관계를 갖기 때문에 '형용사+게' 부사어의 결과적 용법으로서의 범위는 박소영(2001, 2004)에서 제시한 범위를 훨씬 넘어서게 된다. 따라서 박소영(2001, 2004)에서처럼 방식 부사의 하위 부류로 결과 부사어를 설정할 수 있는 것이 아니라, 방식 부사어와 구별되는 결과적 해석의 지향 부사어가 존재하는 것이다.

4.1.4. '형용사+게'와 사건-성향, 발화상황의 관계

'형용사+게'와 관련하여 더 논의할 현상들이 남아 있다.
먼저 동일한 형태의 '형용사+게' 부사어가 방식 부사(어)와 지향 부사(어) 모두 가능하다는 점에서 이들이 갖는 의미관계가 설명되어야 할 것이다. Geuber(2002)에서 지적한 바와 같이 실제로 이 두 부사어는 하나의 사건 안에 연결될 수 있는 특징이 있다. 예를 들어 John과 Jim이 협상을 하고 있다. 그리고 그 과정에서 John이 다음과 같은 행동을 했다고 가정하자.

(38) John immediately accepted all of Jim's demands

우리는 위 행위에 대해 어리석다고(stupid) 말할 수 있다. 그런데 동일한 상황에 대해 우리는 방식 부사와 지향 부사를 모두 사용할 수 있다.

(39) ㄱ. John stupidly accepted all of Jim's demands
ㄴ. John negotiated stupidly

(39ㄱ)의 경우의 'stupidly'는 주어-지향 부사로 해석되는 것이고, (39ㄴ)의 경우는 방식 부사로 해석된다. 어떻게 방식 부사와 지향 부사가 동일한 사건 안에서 서로 연결될 수 있는 것일까. 그렇게 연결될 수 있는 환경은 무엇인가.

우리는 그 실마리를 구체적 행위 술어와 사건-성향 술어 간의 관계 안에서 찾을 수 있을 듯하다. 앞서 제3장에서는 구체적 행위 사건으로부터 상적 특성을 상속받는 특성을 가진 사건-성향 술어를 제시한 바 있다. 예를 들어, 사건-성향 술어인 '약속을 지키다'의 경우, 그것 자체가 본유적인 상적 속성을 갖지 않고, 항상 구체적인 행위인 약속의 내용으로부터 상적 특성을 상속받는다는 것이다.

(40) 아인이는 (쉬지 않고) 열심히 공부하기로 약속했다.
ㄱ. 그런데 아인이는 2시간 동안 그 약속을 잘 지키고 있다.[149]

---

149) '-고 있-'을 쓰는 이유는 지속성을 강조하기 위한 것 외의 다른 이유는 없다.

ㄴ. #그런데 아인이는 1시간 만에 그 약속을 잘 지켰다.

(41) 아인이는 (밖에 나가지 않고 방에서) 모형 비행기를 만들기로 약속했다.
　　ㄱ. 그런데 아인이는 그 약속을 한 시간 동안 잘 지키고 있다.
　　ㄴ. #그런데 아인이는 그 약속을 한 시간 만에 잘 지켰다.

(42) 아인이는 (종승이를 위해 굉장히 만들기 어려운) 모형 비행기를 만들기로 약속했다.
　　ㄱ. #그런데 아인이는 그 약속을 한 시간 동안 잘 지키고 있다.
　　ㄴ. 그런데 아인이는 그 약속을 한 시간 만에 지켰다.

(43) 유승이는 그 시험에 꼭 붙겠다고 약속했다.
　　ㄱ. #그런데 유승이는 일년 동안 그 약속을 지키고 있다.
　　ㄴ. 그런데 유승이는 일년 만에 그 약속을 지켰다.

위의 예에서 알 수 있는 것처럼 사건-성향 술어인 '약속을 지키다'는 그것 자체가 본유적인 상적 속성을 가지고 있지 않고 항상 그것이 지시하는 구체적 행위의 상적 특성을 따르고 있다. 이런 관계를 보여 주는 것이 사건-성향 술어이다. 그런데 이 사건 성향 술어는 방식 부사어와 지향 부사어의 연결 관계를 보여주는 듯하다.

(44) 종승이는 오늘 일찍 들어오기로 아내와 약속했다.
　　ㄱ. 종승이는 성실하게(도) 일찍 들어왔다.
　　ㄴ. 종승이는 성실하게 약속을 지켰다.

동일한 '성실하게'가 약속의 구체적 내용인 (44ㄱ)의 경우에는 지향 부사어로 해석되는 반면, 사건-성향 술어가 실현된 (44ㄴ)에서는 방식 부사어로 쓰이고 있다.

자세한 논의가 더 필요하지만 구체적 행위에서는 지향 부사(어)이던 것이 사건-성향 술어에서는 방식 술어로 바뀌는 연결 관계가 존재하는 것은 아닌가 제안을 해본다. 이는 방식 부사어와 지향 부사어 간의 의미관계를 밝히는 데 도움이 되지 않을까 생각한다.

둘째, 여기에서는 논의의 대상으로 삼지 않았지만 '형용사+게' 부사어 중에는 방식 부사어나 지향 부사어로 설명하기 어려운 것들이 존재한다.

(45) 기쁘게도 우리 팀이 결승전에 진출했습니다.

위의 경우, '기쁘게도'는 문장이 의미하는 사건의 방식을 의미하는 것도 아니고, 사건과 인과 관계를 갖는 지향 부사어도 아니다. 이들은 발화자가 형용사의 대상 논항이라 할 수 있다. 이렇게 발화자가 대상 논항이 되는 경우는 우리의 방법론이나 사건의미론의 방법론으로도 설명하기 어려운 면이 있다. 우리는 문장의미를 '발화상황을 전제로 한 사건의 존재'로 보았다. 즉 문장의미는 사건의 존재뿐만 아니라 발화상황도 전제해야만 한다는 것을 주장한 것이다. 그렇다면 지향 부사의 대상 논항은 그 사건을 구성하는 요소뿐만 아니라 그 사건을 발화하는 상황의 구성 요소까지 확대할 수 있을 것이다. 그리고 이 부사어도 앞서의 지향 부사처럼 인과 관계가 성립한다.

(45') 우리 팀이 결승전에 진출해서 기쁘다.

따라서 (45)의 '기쁘게도'와 같은 부사어도 지향 부사어의 하나이나 발화자를 대상 논항으로 하는 것으로 보고, 다음과 같이 환언할 수 있을 것이다.

(45″) ∃u[말하다(u) & Speaker(u, x) & Hearer(u, y) & Theme(u, e)] &
CAUSE(e, s)
& ∃e[진출하다(e) & Agent(e, 우리 팀) & Goal(e, 결승전)]
& ∃s[기쁘다(s) & Theme(s, x)]

4.2. 시간 부사어의 문장의미 구성

> 루이가 침실에서 내려와 식탁에 앉았다.
> "내 딸은 아직도 뭘 한다니? 너희 둘 다 학교에 늦겠다."
> "방금 내려올 거예요."
> 루이가 대답했다.
> "'방금' 내려오는 게 아니라 '금방' 내려온다고 말하는 거야."
> 마티아스가 목소리를 높이며 말했다.
> ―마르크 레비, <행복한 프랑스 책방> 중에서, p.346

4.2.1. 문제 제기

문장의미가 어떤 사건의 존재를 말한다고 할 때, 그 사건의 시간적 특성을 표상하는 국어의 주요 요소는 시제 형태소이다. 그러나 시제 형태소 외에도 문장의미에서 시간적 특성을 구성하는 요소는 여러 가지가 있다. 사건의 내적 시간 특성을 결정하는 동사의 상적 특성, 그리고 각 논항이 가지는 상적 역할, 그리고 시간 부사어 등을 예로 들 수가 있다. 이번 장에서는 이들 여러 요소 중에서 시간 부사어가 가지는 문장의미 구성에 있어서의 특성을 살피고자 한다.

(46) 유승이가 빨리 밥을 먹었다.

(46)은 '빨리'가 가지는 문장에서의 의미 역할에 따라 중의성이 드러난다.150) 한 가지 해석은 종승이가 밥을 먹는 행위가 빠르다는 것을 나타낸다. 또 다른 해석은 종승이가 밥을 먹은 시간이 빠르다는 것이다. 전자 해석의 경우는 행위의 내적 시간 양상에 대한 인식이고, 후자의 해석은 행위 시간의 선후 관계에 대한 인식의 표현이다. 이는 동일 형태의 시간 부사어가 문장에서 다른 의미 구성을 이룬다는 것을 보여 준다.

(47) ㄱ. 유승이가 어제 밥을 먹었다.
ㄴ. 유승이가 벌써 밥을 먹었다.

(47)의 예에 나오는 '어제'나 '벌써'는 모두 먹은 행위의 내적 시간 양상을 표현하는 것이 아니라, 사건이 가지는 시간 선상에서의 특성을 말하고 있다. 그런데 '어제'의 경우는 과거의 시제 표현이 불특정 과거를 나타내는 상황 속에서, '어제'라는 영역으로 과거의 시간을 한정하는 역할을 하고 있다. 즉 사건의 시간을 지시하는 역할을 하고 있다. 반면, '벌써'의 경우는 과거의 시간을 직접적으로 지시하기보다는, 밥을 먹는 사건의 시간이 화자가 생각하는 기준시보다 앞서 일어났다는 것을 의미하고 있다.
이처럼 시간 부사어는 단순한 시간의 지시 표현이 아니라, 각기 다른 의미 영역을 가지고 문장의미를 구성하고 있다. 이런 현상과 관련하여, 이번 장에서는 문장의미를 사건과 발화상황이라는 두 가지 전체적 개체와 각 문장 성분들, 즉 부분적 개체들의 상호 작용이라고 보는 입장에 따라

---

150) 이러한 중의성은 시간 부사의 문장 위치에 의해 해소된다고 보는 견해가 많다. 즉, VP를 수식하느냐 혹은 문장 전체를 수식하느냐에 따라 중의성이 해결된다는 것이다. 물론, 이러한 점을 충분히 인정할 수 있으나, 국어의 어순이 고정적이지 않고, (56)과 같은 문장에서는 수식의 범위를 쉽게 결정할 수 없으므로, 이 장에서는 어순에 의한 중의성 해소는 일단 논외로 두었다.

서 시간 부사어의 각기 다른 역할을 구별하여 살펴보고자 한다. 아울러 이러한 기능의 차이로 인해 동형의 시간 부사어가 어떤 중의성을 유발하는지 살피도록 하겠다.

4.2.2. 앞선 연구들

문장의미에 나타나는 시간적 특성은 크게 두 가지로 나눌 수 있다. 첫째, 그 문장이 의미하는 사건이 시간축 상에서 어느 위치에 있느냐를 나타내는 시간 지표적 특성, 이를 '시제'라 한다. 둘째, 완료나 진행과 같은 사건의 내적 시간 구성을 나타내는 시간 양상적 특성, 이를 '상'이라 한다. 국어에서 시제는 대개 선어말어미에 의해 드러나고, 상적 특성은 동사 혹은 보조동사 구성, 그리고 선어말어미 등에 의해 나타난다. 이러한 문장의미에서의 시간적 특성에 따라 시간 부사어의 기능과 특성을 논의하는 많은 연구들이 있었다.

우선 전통적인 의미 분류를 넘어서 체계적인 시간 부사 분류를 보여 준 민현식(2004)를 검토한다. 더불어 기타 연구들 중에서 주목할 만한 내용들에 대해 비판적으로 살펴본다.

민현식(2004)의 가장 큰 특징은 전통적인 의미 분류를 지양하고, 시간 부사가 갖는 기능을 시제와 상의 명시 기능 및 시제, 상 문법 형태의 보조 기능이라고 보았다는 점이다. 그리고 이에 따라 시간 부사어를 크게 시제 관련 부사와 상 관련 부사로 나누었다.

1) 시제 관련 부사어

시제 관련 부사어는 시제를 명시하는 기능을 가지고 있다. 시제가 발화시와의 관계를 통해 절대 시제, 다른 사건시와의 관계를 통해 상대 시제를 갖는 것처럼, 이들을 명시하는 시간 부사어도 크게 절대성 시간 부사와 상대성 시간 부사로 나뉜다. 그리고 이들 개념이 혼용되어 있는 혼용 시간 부사를 추가할 수 있다. 다시 말해서 "시제 부사의 어휘의미들은 모두가 어떤 기준시를 중심한 선행시(과거)냐 동시(현재)냐 후행시(미래)냐의 의미 자질을 지니기에 그 기준이 발화시 U인가, 사건시 E인가에 따라 절대 시제와 상대 시제의 해석이 자동적으로 가능하다. 그리고 그 기준시를 취하는 유형은 U시만 가능한 A류, E시만 가능한 B류, U시와 E시가 다 가능한 C류로 나뉠"(민현식, 2004) 수 있다.

[표 3] 현대국어 기본 시제의 시제 부사

	A류(절대형) 절대성 시간 부사	B류(상대형) 상대성 시간 부사	C류(혼용형) 절대·상대성 시간 부사
과거 (선행시) A	일찍이, 접때, 그전에, 그전때, 예전에 작년, 지난해 … 어제	그#전에 그#전해, 그#전날	전에, 앞에 이#전에, 이전에 전해, 전날
현재 (동시) S	지금 요즈음, 근래, 오늘날 금년, 올해 …오늘	당시, 그 때 그즈음 그해, 당년, 그날, 당일	이제, 이때 이즈음 이해, 이날
미래 (후행시) P	내년, 내후년 … 내일, 모레 …	그#후에 이듬해, 그 다음해 이튿날, (그) 다음날	장차, 앞으로, 후에, 이후에, 명년, 다음해, 후년, 오는 해, 훗날, 후일
미지시			언제, 어느때, 어느 날
부정시			아무 때, 아무 날

기본 시제의 시간 부사와 달리 부차 시제의 시제 부사는 시제를 직접적으로 명시하는 것이 아니라 특정 시제의 직전/직후를 나타낸다는 점에서 부차적이라고 보았다.

[표 4] 현대국어 부차 시제의 시제 부사

	A류(절대형) 절대성 시간 부사	B류(상대형) 상대성 시간 부사	C류(혼용형) 절대·상대성 시간 부사
직전 과거 IA	방금, 아까 잠시 전		금방, 조금 전, 갓, 막
직후 미래 IP	이따가		금방, 조금 후, 잠시 후, 곧, 즉시, 바로

2) 상 관련 부사

상은 시제와 달리 특정한 시간 선상의 특정 위치를 나타내는 것이 아니라 사건이 가지고 있는 시간적 구성을 나타내는 것이다. 민현식(2004)에서는 시간 부사 중에도 위와 같이 사건시를 명시하는 것이 아니라 사건의 시간 구성을 나타내는 시간 부사가 있다고 보았다. 그리고 이들을 완료상(perfective), 진행상(progressive), 예정상(prospective) 등을 나타내는 문법상[151] 시간 부사어와 동사가 어휘적으로 가지고 있는 상 특성과 호응하는 어휘상[152] 시간 부사어로 나누었다.

[표 5] 문법상의 시간 부사

완료상		진행상	
단순 완료상	강조 완료상	단순 진행상	미완료 진행상
이미	벌써	바야흐로, 한창	아직

---

151) 문법상 대신에 화자의 관점을 나타낸다는 점에서 '관점상(viewpoint aspect)'이라는 용어도 통용되고 있다.
152) 어휘상 대신에 동사의 상적 분류를 나타낸다는 점에서 '동작류(aktionsart)'라는 용어도 통용되고 있다.

[표 6] 어휘상의 시간 부사

순서상 (順序相)	선행상 (先行相)	1) 시초(始初) : 처음, 원래
		2) 사전(事前) : 미리, 일찍
		3) 비교 : 먼저, 우선
		4) 상태 : 빨리, 얼른, 어서
	동시상 (同時相)	1) 일시(一時) : 한꺼번에, 동시에
		2) 적시(適時) : 마침, 때마침
		3) 상태 : 함께, 같이, 더불어
	후행상 (後行相)	1) 종반(終盤) : 나중에, 마지막에
		2) 비교 : 다음에, 후에
		3) 양태(樣態) : 과연, 마침내, 드디어
		4) 상태 : 천천히, 늦게
순간상(瞬間相)		문득, 갑자기, 홀연히, 난데없이, 얼핏, 언뜻 …
지속상(持續相)		1) 특정기간(特定期間) : 한밤중, 종일
		2) 시한(時限) : 여태, 지금껏
		3) 단기(短期) : 잠깐, 잠시
		4) 장기(長期) : 오래, 길이, 영원히
		5) 불변(不變) : 항상, 늘, 매양
		6) 연속(連續) : 잇달아, 계속
		7) 점진(漸進) : 날로, 점점
반복상 (反復相)	단순	다시, 또, 도로 …
	주기	1) 규칙 : 날마다, 매일
		2) 불규칙 : 자주, 가끔, 때때로

위의 분류에서 가장 문제가 되는 부분은 어휘상 중 '순서상'과 '반복상'이다. 일반적으로 어휘상은 술어가 가지는 내적인 시간 구성을 의미한다. 즉 Vendler(1961)에서 제시한 바와 같이, 술어가 내재적으로 가지고 있는 시간 구성을 의미하기 때문에 술어가 의미하는 사건의 내부 경계를 넘어 다른 사건과의 비교를 통한 시간 관계는 더 이상 어휘상의 문제가 아니다. 즉 다른 사건과의 순서를 비교하는 것은 술어가 가지는 어휘 의미로는 예

측할 수 없는 영역이다. 따라서 어휘상 안에 '순서상'을 설정하는 것 자체가 모순이다. 이러한 문제는 술어와 부사어와의 관계에서도 드러난다. 어휘상이 문법 범주로서 의미가 있는 것은 이들이 다른 성분과의 공기 제약을 일으키기 때문인데, '순서상'의 경우는 이런 공기 제약을 전혀 가지고 있지 않다.153) 예를 들어 '순서상' 관련 부사의 경우, 이들은 '행위(activity)', '완성(accomplishment)', '성취(achievement)'의 동사에 대해 전혀 제약을 갖지 않고 공기할 수 있다.

(48) ㄱ. 처음/미리/한꺼번에/나중에/마침내 달렸다. - 행위
ㄴ. 처음/미리/한꺼번에/나중에/마침내 먹었다. - 완성
ㄷ. 처음/미리/한꺼번에/나중에/마침내 도착했다. - 성취

(48)은 이들 부사어가 어휘상과는 아무런 관계가 없음을 보여 준다. 반복상도 마찬가지이다. 앞서 2.4절에서 밝힌 바대로, 사건-내적 반복과 사건-외적 반복이 있는데 사건-외적 반복은 어휘상의 문제가 아니라 그 문장의 의미하는 사건의 반복이므로 문장 단위의 문제이다. 이들은 동사의 어휘상과 관련하여 제약이 없다는 것을 예측할 수 있다.

(49) ㄱ. 또/날마다/자주/가끔 달렸다. - 행위
ㄴ. 또/날마다/자주/가끔 빵을 먹었다. - 완성
ㄷ. 또/날마다/자주/가끔154) 편지를 부쳤다. - 성취

---

153) 위의 순간상, 지속상 관련 부사어는 어휘상과 관련을 맺고 있다. 이에 대해서는 봉원덕(2004)에서도 논의하고 있다.
154) '자주/가끔 도착하다'는 다소 이상하게 들릴 수 있다. 그 이유는 '자주, 가끔'이 동일한 행위주의 반복 행위와 관련이 되는데, 특정한 개인이 반복해서 도착했다는 것이 이상하기 때문이다. 이는 동사가 가지고 있는 어휘 내적인 특성이라기보다는 '자주', '가끔'의 특성으로 인한 것이다.

이 점에서 '어휘상 관련 부사어'의 설정은 문제가 있다는 것이 드러난다. 또한 '선행 순서상'에 해당하는 '빨리'의 경우 문장에서 중의성이 드러난다. 즉 이들의 의미 기능이 한 가지가 아님을 알 수 있다.

(50) 유승이가 빨리 밥을 먹었다.

민현식(2004 : 71)에서는 "어떤 사건이 신속하게 이루어지는 상태를 표현하는 것에 의미의 초점이 놓여 성상 부사의 성격도 지니나 시간자질도 있기에 시간 부사로 다룬다"고 하였는데, 이 표현만으로는 이들의 중의성을 포착한 것인지 아니면 동일한 의미 기능의 양 측면을 다룬 것인지 알 수 없다. 후에 동형이의 시간 부사어의 중의성에서 다루겠지만 이들은 서로 다른 의미 기능을 갖는 것이며 위의 분류로는 그러한 차이를 보여 주기 어렵다는 것을 밝히도록 하겠다.

더불어 아래에서 사건과 발화상황에 의한 시간 부사어 분류를 시도하면서 '문법상 관련 부사어'의 설정도 문제가 있다는 것을 밝히도록 하겠다.

4.2.3. 사건과 발화상황에 의한 시간 부사어 분류

앞서 살펴보았던 여러 연구들과 달리 우리는 시간 부사어도 여타 다른 문장의 구성 요소처럼 사건 혹은 발화상황과의 상관관계를 통해 의미 기능을 갖는다고 본다. 이러한 관점에 따라 시간 부사어의 종류를 다음과 같이 크게 세 가지로 나눌 수 있다.

첫째, 사건시와 발화시의 관계를 나타내는 시간 부사어
둘째, 사건시와 다른 사건시의 관계를 나타내는 시간 부사어

셋째, 사건에 대한 화자의 인식을 나타내는 시간 부사어

해당 의미 영역의 시간 부사어 예는 다음과 같다.

(51) ㄱ. 종승이가 오늘 장가를 갔다.
　　ㄴ. 종승이가 벌써 장가를 갔다.
　　ㄷ. 종승이가 갑자기 장가를 갔다.

(51ㄱ)에서 '오늘'은 장가를 간 시간을 지시하고 있다. 이때 '오늘'이 지시하는 시간을 알기 위해서는 발화시를 참조해야 한다. 즉 발화시와 같은 날에 있을 때 '오늘'이라고 말할 수 있으므로, 이 부사는 사건시와 발화시의 관계를 통해 그 의미 기능이 드러난다. (51ㄴ)에서 '벌써'는 발화시를 참조하여 사건시를 해석하는 것이 아니라, 화자가 생각하는 어떤 기준시를 참조하여 사건시를 해석하는 것이다. 예를 들어, 종승이가 장가를 갈 만한 나이가 삼십대 초반인데, 종승이가 이십대 중반에 장가를 갔다면 '벌써'라는 시간 부사어의 사용이 자연스럽다. 이렇게 다른 사건시가 기준이 되었다는 점에서 이들은 사건과 사건 간의 관계를 통해 그 의미 기능이 드러나는 시간 부사어라고 할 수 있다. (51ㄷ)에서 '갑자기'는 장가를 간 사건이 갑작스럽다는 것을 나타낸다. 이때 '갑자기'는 발화시나 또 다른 사건시와의 관계를 나타내는 것이 아니라 해당 사건의 내적 시간 양상을 나타내는 것이다.

우리는 (51ㄱ)과 같은 시간 부사어를 '사건시-발화시 관계 시간 부사어', (51ㄴ)을 '사건시-기준사건시 관계 시간 부사어', (51ㄷ)은 여타 방식 부사(manner adverb)와 동일하지만 시간적 의미를 나타내는 점에서 '시간적 방식 부사어'라고 부르겠다.

1) 사건시-발화시 관계 시간 부사어

먼저 (51ㄱ)에 해당하는 시간 부사어의 특징을 살펴보자.

(52) ㄱ. 그제, 어제, 오늘, 내일 등
　　　ㄴ. 이제, 지금, 방금, 금방, 이따가 등

(52ㄱ)에 해당하는 시간 부사어는 모두 사건시를 직접 지시하는 특징이 있다. 그러나 이들 모두 발화시를 참조하여 해석하는 것이므로 발화상황이 항상 전체적 개체로서 공존해야 사건시를 정확히 파악할 수 있다. (52ㄱ)이 갖는 의미를 표상하면 다음과 같다.

(53) ㄱ. 그제(et, ut) → $\lambda ut \lambda et[et<ut, ut-et=2일]$
　　　ㄴ. 어제(et, ut) → $\lambda ut \lambda et[et<ut, ut-et=1일]$
　　　ㄷ. 오늘(et, ut) → $\lambda ut \lambda et[et<ut \text{ or } ut<et, ut-et=0일]$
　　　ㄹ. 내일(et, ut) → $\lambda ut \lambda et[ut<et, ut-et=1일]$
　　　ㅁ. 모레(et, ut) → $\lambda ut \lambda et[ut<et, ut-et=2일]$

(53ㄴ)에 해당하는 시간 부사어는 (53ㄱ)처럼 발화시를 참조하여 사건시를 추정하는 것은 동일하나 사건시를 명시하지는 않는다는 점에서 차이가 있다. 민현식(2004)에서 지적한 바와 같이 '직전/직후'를 나타내기 때문에 명시성이 떨어지더라도 그 의미 기능을 다할 수 있는 것으로 보인다. 이들 부사어는 앞서 민현식(2004)의 '시제 관련 부사'와 동일한 것이다.

(54) ㄱ. 이제/지금(et, ut) → $\lambda ut \lambda et[et \fallingdotseq ut]$[155]
　　　ㄴ. 방금(et, ut) → $\lambda ut \lambda et[et \leq ut]$
　　　ㄷ. 금방(et, ut) → $\lambda ut \lambda et[ut \leq et]$

---

[155] '이제'와 '지금'의 더 세부적인 차이에 대해서는 서상규(1987), 김호정(2007) 참조.

ㄹ. 이따가(et, ut) → λutλet[ut<et]

'금방'과 '방금'의 차이는 무엇인가.156) '금방'과 '방금' 모두 발화시에 인접한다는 점에서는 동일하나, 이들은 발화시와 관련하여 선후행에 있어 차이를 갖는다. 즉 '방금'은 발화시 바로 전에 사건시가 발생했다는 것을 의미한다면 '금방'은 발화시 후에 사건시가 있다는 점에서 차이를 갖는다.

(55) *금방 전, 방금 전

여기서 중요한 것은 '지금'이라는 우리의 인식, 발화시와 관련되는 '지금'이라는 인식이 기본적으로 과거에 약간 치우쳐있다는 인식이 반영되어야 한다. 즉 발화시, 지금이라는 것이 기본적으로 현재의 시점을 의미한다고 하지만 결국 인식은 과거의 특성을 가지고 있을 수밖에 없다. 즉 인식이 일어나는 순간 벌써 그 시간에 대한 인식은 과거가 될 수밖에 없다. 따라서 '금방'이나 '방금'이 모두 '지금'에 대한 발화시 인식이 있다 하더라도 그것은 기본적으로 물리적으로 과거에 놓인다는 것이다. 따라서 '금방'이나 '방금' 모두 기준으로 삼는 현재의 발화시는 약간 과거라고 할 수 있다.

금방은 기본적으로 발화시 전후 모두 사건시를 가리킬 수 있다.

(56) 금방 먹었다/금방 먹을 것이다/금방 먹는다.

엄밀하게 말해서 '금방'은 사건시와 발화시 관계에 있어 선후 관계를 명시적으로 드러내기보다는 시제에 의해 선후 관계를 참조해야 한다.

---

156) '금방'과 '방금'의 차이에 대해서는 봉미경(2005) 참조.

2) 사건시-기준 사건시 관계 시간 부사어

사건시와 기준 사건시와의 관계를 나타내는 시간 부사어는 다음과 같다.

(57) ㄱ. 벌써, 미리, 이미, 먼저 등
     ㄴ. 나중에, 마침내, 아직 등
     ㄷ. 처음, 우선, 마지막 등
     ㄹ. 함께, 동시에 등

2-1) 기준시에 앞선 사건시를 나타내는 부사들(et < rt)

먼저 '벌써, 미리, 이미' 등은 사건시와 기준 사건시 간 선후 관계에서 해당 문장의 사건시가 선행하는 경우를 말한다.

(58) 유승이는 벌써/이미/미리/먼저 저녁을 먹었다.

종래 '벌써', '이미' 등은 사건의 완료와 관련되는 것으로 해석하였다.[157] 이 때문에 민현식(2004)에서는 (58)의 여러 부사어는 '어휘상' 시간 부사로 처리하였으나, 이들은 '문법상' 시간 부사로 처리하였다. 그러나 우리는 이들을 '완료' 의미의 문법상 관련 부사라고 보지 않는다. 왜냐하면 다음 예에서 볼 수 있는 것처럼 이들 부사어가 진행의 보조용언 '-고 있-'과 공기 가능하거나 완료성을 상정하기 어려운 '상태성' 문장에 출현하기 때문이다.

(59) ㄱ. 가을이 벌써 가고 있네요.
     ㄴ. 선진국들은 이미 휴대폰 핵심 부품을 개발하고 있다.

(60) 이미 충분히 예쁘니까 더 화장 안 해도 돼.

---

157) 민현식(1990), 김진수(1985) 등.

'벌써'나 '이미'가 완료의 의미를 강조하는 것이라면 (59)의 예에 나오는 것처럼 '진행'의 보조용언과 충돌해야 하는데 그렇지 않고 자연스럽게 쓰일 수 있다. 이 점에서 '벌써'가 '완료'의 의미가 아닌 다른 어떤 의미 기능을 하는지 살필 필요가 있다. (60)과 같은 형용사 구문은 일차적으로 시간적 양상에서 벗어나므로 완료성과 관련이 적어지는데, '이미'와 '예쁘다'가 공기하는 양상을 보여 준다. 그렇다면 우리는 이들 부사어를 상적인 관점에서 해석할 것이 아니라 다른 측면에서 다뤄야 할 필요를 느낀다.

우리는 이들이 다른 사건시와의 시간 관계를 나타내는 것으로 본다. 먼저 (59ㄱ)의 시간 부사어는 기준 사건의 시간보다 선행하는 시간에 사건이 일어났다는 것을 말한다. 즉 (58)의 문장은 지금 시각이 4시밖에 안 됐는데 저녁을 먹은 경우 사용할 수 있다. 이 경우 기준이 되는 사건시는 일반적으로 식사를 하는 7시쯤을 가리킨다. 물론 기준 사건은 문맥에 따라 변경될 수 있다. 우리가 저녁을 먹고 있을 때, 누군가 유승이는 밥을 먹었냐고 물어 볼 수 있고 이에 대한 답으로 (58)과 같이 답할 수 있다. 이 경우 기준이 되는 사건시는 우리가 밥을 먹는 사건시이다.

따라서 이들 부사어의 의미를 형식화하여 제시하면 다음과 같다.

(61) 벌써(et, rt)/이미(et, rt)/미리(et, rt)/먼저(et, rt) → $\lambda et \lambda rt[et < rt]$

그러면 이들 부사어 간의 의미 차이는 무엇인가. '먼저'의 경우는 기준 사건이 해당 사건과 같은 유형이지만 사건의 구성 요소가 달라야 한다는 점에서 차이를 갖는다.

(62) ㄱ. 종승이가 (유승이보다) 먼저/*벌써/*이미 도착했다.
ㄴ. 사과를 (배보다) 먼저/*벌써/*이미 먹었다.
ㄷ. 종로에서 (시청보다) 먼저/*벌써/*이미 만났다.

즉 (62ㄱ)의 경우는 '종승이가 도착하는 사건'이 '다른 사람(들)이 도착하는 사건'보다 선행하는 것이고, (62ㄴ)의 경우는 '사과를 먹는 사건'이 '다른 음식(들)을 먹는 사건'보다 선행하는 것이다. (62ㄷ)은 '우리가 종로에서 만나는 사건'이 '다른 곳에서 만나는 사건'보다 선행하는 것이다.[158] 이들 모두 기준 사건이 유형 상 유사하나 행위주가 다르거나 대상이 다르거나 또는 장소가 다르다는 점에서 사건을 구성하는 요소 중 적어도 하나 이상이 차이가 있어야 한다는 특징을 가지고 있다. 이것이 '먼저'가 가지는 고유한 의미 기능이라 할 수 있다.

(63) 먼저(et, rt) → $\lambda et \lambda rt[et < rt\ \&\ e \fallingdotseq r\ \&\ 적어도\ f1(e) \neq f1(r)]$

위의 형식화는 해당 문장의 사건시가 어떤 기준 사건시보다 앞설 때 사용하나, 기준 사건은 유사 사건이면서 구성 요소 중 적어도 하나는 달라야 함을 나타낸다.

'미리'는 어떤 사건의 발생 전에 그 사건에 도움이 되는 사건을 일으켰다는 것을 의미한다. 즉 '미리'에 후행하는 사건은 해당 문장이 의미하는 사건을 통해 이득을 얻게 되는 사건이다.

(64) ㄱ. 미리 공부하니까 수업에 열중하는 데 도움이 된다.
　　　ㄴ. 미리 와서 발표회를 준비했다.

(64ㄱ, ㄴ)에서 알 수 있는 것처럼, '미리' 한 행동은 후행하는 사건의 실현에 도움이 된다. 따라서 '미리'의 의미를 형식화하면 다음과 같다.

---

158) 이 경우 '만나는 사건'이 아니고 영화를 보고 같이 밥을 먹는 사건이 될 수도 있다.

(65) 미리(et, rt) → λetλrt[et<rt & Benefit(rt)]

이 때문에 청유형이나 명령형에서 '미리' 부사는 자연스럽게 쓰일 수 있다.

(66) 미리 먹어 둬. 미리 먹어 두자.

'먼저'와 '미리'는 기준 사건이 해당 사건과 동일하지 않지만, '벌써'와 '이미'에서는 동일한 구성 요소의 사건이 다른 시간에 발생한 것이 기준 사건이 된다. 따라서 '먼저, 미리'와 '벌써, 이미'는 공기 제약이 존재하지 않는다.

(67) ㄱ. {벌써/이미} {먼저/미리} 먹었어.
　　 ㄴ. 먼저 미리 먹었어.
　　 ㄷ. *벌써 이미 먹었어.

(67ㄱ, ㄴ)에서 각 부사어는 기준 사건의 설정이 다르기 때문에 공기 관계에 제약이 없다. 그러나 (67ㄷ)은 동일한 기준 사건을 상정하기 때문에 공기할 수 없다. 그러나 '벌써'와 '이미' 간에도 차이는 존재한다. 이들의 차이에 대해서는 다음 항, 동형이의의 시간 부사어의 기능을 살피면서 제시하겠다.

'이미'와 '벌써'의 경우는 '완료'의 의미를 상정하면서 대개 이들이 과거형과만 공기한다고 보는 것이 일반적이다. 그러나 이들이 반드시 과거형과 공기하는 것은 아니다.

(68) ㄱ. 오늘 유행하던 것이 내일이면 이미/벌써 낡은 것이 된다.
    ㄴ. 내일이면 이미/벌써 늦으리.
    ㄷ. 벌써/*이미 먹게?

(69) 벌써부터/*이미부터 그 사람 편들기 하는 거야?

2-2) 사건시가 기준시에 후행하는 것을 나타내는 시간 부사들(rt < et)

앞서의 시간 부사어는 사건시가 기준시에 비해 선행한다는 것을 나타낸다. 반면 다음의 부사어들은 사건시가 기준시에 후행하는 특징을 갖는다.

(70) ㄱ. 유승이는 나중에 저녁을 먹었다.
    ㄴ. 종승이는 아직 저녁을 먹고 있다.

(70ㄱ)의 '나중에'는 어떤 기준 사건보다 '유승이가 저녁을 먹은 사건'이 후에 발생했다는 것을 나타낸다. 따라서 '나중에'는 앞서 '벌써' 등과 달리 사건시가 기준시에 후행하는 '사건시-기준 사건시 관계 부사어'가 되는 것이다.

(71) 나중에(et, rt) → λrtλet[rt<et]

'아직'의 경우는 그 의미가 다소 복잡하다. 민현식(2004)에서는 '아직'을 '미완료 진행'의 의미 기능을 갖는 시간 부사로 보고 있다. 그러나 앞서의 경우처럼 보조용언의 공기 양상을 보면 '아직'을 상-관련 부사라고 보기는 어렵다는 것을 알 수 있다. 다음 예에서 보는 것처럼 이들은 '미완료'가 아닌 결과 지속의 '-고 있-'이나 '-아/어 있-'과 공기 가능하다.

(72) ㄱ. 이틀이나 지났는데, 그 옷을 아직 입고 있다.

ㄴ. 그 사람이 아직 앉아 있다.

　(72ㄱ)은 '미완료 진행'의 의미가 아니라 결과 지속의 의미를 나타낸다. (72ㄴ)도 마찬가지이다. 앉아 있는 행위의 완료 이후 그 결과 상태가 이어지고 있는 상황이다.

　또한 일반적으로 '아직'은 부정과 호응하며 '-었-'과 공기(共起)한다. 물론 이 경우 의미상으로는 미완료 진행을 의미한다고 볼 수 있다. 즉 행위의 완료가 이루어지 않은 것이니까 미완료라고 말할 수 있는 것이다. 그러나 다음 문장을 보면

　　(73) 아직 시작을 안 했다.

　'시작을 안 했다'는 것은 어떤 행위도 존재하지 않는다는 것이다. 어떤 행위의 존재를 상정할 수 없으므로 행위의 미완료 혹은 진행의 해석을 갖기 어렵다. 이에 따라 이 논의에서는 '아직'을 '미완료 진행'의 의미로 보지 않는다. 이 논의의 입장대로 해당 사건과 다른 사건 간의 관계를 나타내는 부사어로 보는 것이 더 타당하다고 할 수 있다. '아직'은 화자가 상정하는 어떤 사건의 발생시가 있는데 현재 사건시가 그 발생시보다 후행한다는 것을 나타낸다. 즉 '아직 입고 있다'는 옷을 입고 있지 않아야 할 사건시가 지난 다음에도 옷을 입고 있는 사건이 존재한다는 의미인 것이다. 즉 화자가 생각하는 기준시보다 현재의 사건시가 후행하고 있다는 것을 나타낸다는 것이다.

　그런데 '나중에'와 '아직'의 차이는 무엇인가. 역시 이들은 기준 사건의 상정에서 차이를 갖는다. '나중에'는 동일 유형의 사건이 기준 사건이 되나 즉 사건의 구성이 같은 것이 기준이 되는 것이 특징이나 '아직'의 경우

는 기준 사건이 해당 사건과 반대/역(逆) 관계를 갖는다. 이를 형식화하여 나타내면 다음과 같다.

(74) ㄱ. 나중에(et, rt) → λrtλet[rt<et & λr ≒ λe]
ㄴ. 아직(et, rt) → λrtλet[rt<et & & λr ↔ λe]

다음 문장에서 '아직'이 제약되는 이유는 무엇인가.

(75) 철수가 벌써/이미/미리/*아직 대학생이 되었어요.

이것은 단순히 '아직'이 부정형과 공기하거나 미완료 상태를 나타내기 때문에 그러한 것이 아니다. (74)에서 보는 것처럼 '아직'은 기준 사건시에 비해 문장의 사건시가 선행하는 것이다. 그리고 기준 사건은 현재 문장의 사건과는 반대되는 사건이다.
(75)에서 기준 사건은 '철수가 대학생이 되지 않다.'인데 이 사건이 기준 사건, 기대 사건이 되기 어렵다는 것을 알 수 있다.
사건시-기준시 시간 부사어의 세 번째 종류, (57ㄷ)의 '처음, 마지막에' 등은 다른 사건시와의 관계를 나타낸다는 점에서는 위의 시간 부사어와 동일한 종류이다. 그러나 이들 부사어는 위의 부사어가 상대적 관계를 나타내는 것과는 달리 절대적 위치를 나타낸다는 점에서 차이가 있다.

(76) ㄱ. 아인이가 처음 여기에 도착했다.
ㄴ. 종승이가 마지막에 여기에 도착했다.

(76ㄱ)은 여러 관련 사건 중에서 '아인이가 도착한 사건'이 제일 앞에 위치한다는 것을 말한다. (76ㄴ)은 '종승이가 도착한 사건'이 제일 뒤에

위치한다는 것을 말한다. 이를 형식화하여 나타내면 다음과 같다.

(77) ㄱ. 처음(et, rt)   → $\lambda rt_n \cdots \lambda et[\lambda et > \lambda rt_1 > \cdots \lambda rt_n]$
    ㄴ. 마지막에(et, rt) → $\lambda rt_n \cdots \lambda et[\lambda rt_n > \cdots \lambda rt_1 > \lambda et]$

사건시-기준시 시간 부사어의 네 번째 종류, (57ㄹ)은 여러 사건들의 사건시가 동일하다는 것을 나타내는 시간 부사어이다.

(78) ㄱ. 종승이와 아인이가 동시에/함께 합격했다.
    ㄴ. 유승이가 졸업과 동시에/함께 취업했다.

(78ㄱ)에서는 '종승이가 합격한 사건'과 '아인이가 합격한 사건'이 같은 사건시임을 나타내고, (78ㄴ)은 '졸업'과 '취직'이라는 것이 같은 사건시를 공유하고 있다는 것, 즉 졸업 사건의 끝점과 취업 사건의 시작점이 일치함을 말한다. 따라서 이들 시간 부사어의 의미 기능을 형식화하면

(79) 동시에/함께(et_1, et_n) → $\lambda et_n \cdots \lambda et[\lambda et_1 = \cdots \lambda rt_n]$

마지막으로 사건의 내적 특성을 나타내는 '시간적 방식 부사어(MTA)'가 있다. 이들은 크게 내적 기간이 거의 없는 '순간 방식 부사어'와 내적 기간이 긴 '지속 방식 부사어'로 나눌 수 있다.

(80) ㄱ. 갑자기, 돌연, 잠깐 등
    ㄴ. 한참, 여태, 오래 등

이들은 발화시나 다른 사건시와의 관계를 나타내지 않고 해당 사건의 내적인 시간 구성과 관련이 있는 부사어이다.

4.2.4. 동형이의(同形異意)의 시간 부사어와 중의성 문제

시간 부사어 중에는 형태는 동일하나 의미 기능이 다른 시간 부사어가 존재한다. 이 때문에 이들 부사어는 문장의 중의성을 유발한다. 4.2.4항에서는 동형의 시간 부사어가 갖는 다양한 의미 기능을 살피고자 한다. 이것이 중요한 이유는 이들 동형의 시간 부사어가 갖는 상이한 의미 기능을 구분하여 보지 않으면 오히려 각 시간 부사어가 갖는 특성에 대해 혼란을 갖기 때문이다.

앞서 시간 부사어를 다음과 같이 세 가지로 나누었다. 사건시-발화시 관계 시간 부사어, 사건시-기준시 관계 시간 부사어, 사건 방식 시간 부사어. 이 중 동형이의 관계가 풍부하게 나타나는 시간 부사어의 유형은 사건시-기준시 관계 시간 부사어와 사건 방식 관계 시간 부사어이다.

1) '벌써'

『표준 국어 대사전』을 보면 '벌써'에 대해 다음과 같이 두 가지 뜻풀이를 하고 있다.

> 벌써 ㉮ 「1」 예상보다 빠르게 어느새. ¶벌써 일어서려고?/벌써 10년의 세월이 흘렀다./창밖에는 벌써 봄기운이 완연했다.
> 「2」 이미 오래 전에. ¶나는 그 일을 벌써부터 알고 있었다.

「1」의 의미 풀이는 두 가지 측면을 가지고 있다. 하나는 '예상보다' 앞에 사건이 일어났다는 것과 '빠르게' 그 사건이 진행되었다는 것이다. 전자에 주목하면 '사건시-기준시 관계 시간 부사어'가 되고 후자에 주목하면 '사건 방식 시간 부사어'가 된다. '벌써'는 이러한 두 가지 의미 기능을 모두 갖고 있다. 따라서 사건 방식 시간 부사어로 '벌써'가 쓰인 상황에서는

'이미'로 대치가 불가능하다.

(81) 10분밖에 안 지났는데, 벌써/*이미 다 먹었어?

(81)의 경우 '벌써'는 다른 사건시를 참조하는 것이 아니라 '먹는 행위'의 내적 시간이 굉장히 빨리 이루어졌음을 의미한다. 따라서 앞서 사건시-기준시 시간 부사어에 속하는 '벌써'와 구별하여야 한다. 즉 사건시-기분시 시간 부사어 '벌써'는 그 사건이 일어나리라 예상했던 사건시보다 선행하여 해당 사건이 일어났다는 것을 의미하지만, 사건 방식 시간 부사어 '벌써'는 그 사건의 내적인 기간이 짧다는 것을 나타낸다는 점에서 차이가 있다.
이런 기능의 차이는 다음과 같은 현상적 차이를 낳는다. 사건시-기준시 시간 부사어 '벌써'는 '-부터' 조사의 결합이 가능하다. 그러나 사건방식 시간 부사어로서는 불가능하다.

(82) ㄱ. 서울시 교통정책에 대한 불만이 벌써부터 나오고 있다.
　　　ㄴ. 10분밖에 안 지났는데 *벌써부터 다 먹었니?

사건방식 시간 부사어는 사건 간의 선후 관계를 의미하는 것이 아니라 내적 기간의 빠르기를 의미하는 것이므로 출발점이나 선행 지점을 의미하는 조사 '-부터'와의 쓰임이 제약되지만, 사건시-기준시 시간 부사어는 두 사건 간의 선행 지점을 의미하므로 조사 '-부터'와의 결합이 가능한 것이다.
이 점에서 「표준국어대사전」의 의미 풀이는 재고의 여지가 있다. 즉 「1」의 설명에 '벌써'의 상이한 두 기능이 모두 포함되어 있고, ERTA에 해당하는 「2」의 의미 기능이 따로 설정되어 있다. 이는 제시한 예를 통해서도 드러난다.

(83) 창밖에는 벌써/벌써부터/이미 봄기운이 완연했다.

(83)의 경우 '봄기운이 완연한' 내적 시간이 빠르다는 것을 의미하는 것이 아니라, 다른 사건시, 예를 들면 예년에 봄기운이 완연했던 사건시보다 빠르다는 것을 의미하므로, ERTA로 실현된 것이며 '벌써부터'와 같이 조사 결합형의 실현에서도 알 수 있듯이 뜻풀이 「2」로도 볼 수 있다.

종래 '벌써'와 '이미'의 차이에 대해 강조성 강도의 차이라고 보는 경향이 있었는데 위의 내용을 보면 이들이 어떤 의미 기능 차이가 있는지 확연히 드러난다. 즉 '이미'는 ERTA의 기능밖에 없으나 '벌써'는 ERTA와 MTA 두 기능을 가지고 있는 것이다. ERTA로는 이들 부사어가 유사하지만 '벌써'가 MTA를 갖고 있다는 점에서 차이가 있다.

그밖에 '벌써'와 '이미'에 화자가 사건을 바라보는 양태(modality)에서 차이가 있다고 볼 수 있다. '벌써'는 사건의 발생이 화자의 예상보다 빨리 이루어졌다는 것에 대한 놀람의 의미가 있다고 볼 수 있다. 반면 '이미'는 그와 같은 의미가 잘 드러나지 않는다.

(84) 우리 반에서 제일 공부를 못 하는 종승이가 벌써/?이미 문제를 풀었다고.

그러나 이러한 양태적 의미가 모든 언중, 모든 문맥에서 구별되어 나타난다고 보기 어려우므로 이를 이들 부사의 변별적 의미로 상정하기는 쉽지 않다.

2) '천천히', '빨리'

'천천히'와 '빨리'도 두 가지 의미 기능을 가지고 있다.

(85) 종승이는 천천히 저녁을 먹었다.
　　ㄱ. 종승이는 보통 7시에 저녁을 먹는데, 오늘은 천천히 8시에 먹었다.
　　ㄴ. 종승이는 친구들과 이야기하면서 두 시간 동안 천천히 저녁을 먹었다.

(86) 종승이는 빨리 저녁을 먹었다.
　　ㄱ. 종승이는 보통 7시에 저녁을 먹는데, 오늘은 빨리 6시에 먹었다.
　　ㄴ. 종승이는 한마디 말도 없이 10분 만에 빨리 저녁을 먹었다.

(85ㄱ)과 (86ㄴ)에서 '천천히'와 '빨리'는 ERTA로 쓰였다. 즉 다른 기준 사건시에 비해 해당 사건시가 선행하는지 후행하는지를 밝혀 말하고 있다. 그러나 (85ㄴ)과 (86ㄱ)에서는 '저녁을 먹는 행위'가 갖는 내적 시간의 빠르기를 밝혀 말하고 있다. 이들 문장에서 중의성이 발생하는 것은 이들 부사어가 두 가지 의미 기능을 가지고 있기 때문이다.

3) 함께

앞서 '함께'는 ERTA로서 두 개 이상의 사건시가 동일하다는 것을 나타내는 시간 부사어라고 하였다. 그러나 이 부사어가 실현된 문장에서 두 개 이상의 사건을 상정하기가 어려운 경우가 있다.

(87) ㄱ. 이번 휴가에는 가족과 함께 보내고 싶어요.
　　ㄴ. 유승이는 부모님과 함께 살고 있습니다.

(87ㄱ, ㄴ)에서는 두 가지 구별되는 사건이 존재한다고 할 수 없다. 즉 행위주와 '명사+와'가 각각 어떤 행동을 해 사건을 형성하는 것으로 볼 수는 없다. 이 때문에 이들을 ERTA로 보는 것은 무리이며, 이 경우는 '휴

가를 보내는 사건'과 '사는 사건'의 방식을 나타내는 방식 부사어로 보는 것이 타당할 것이다.

이러한 기능 차이를 유발하는 원인은 무엇인가. 결국 이러한 현상이 가능한 이유는 사건을 내적으로 살피는 것과 외적으로 살피는 것이 언어에 일반화되어 있기 때문이다. 앞서 사건의 구조적 실현과 관련하여 문장의 구조를 다음과 같이 상정하였다. 이 경우 ERTA는 다른 사건과의 비교를 의미하므로 당연히 EP의 상위에 실현되어야 한다. 반면 MTA는 EP 하위에 실현된다.

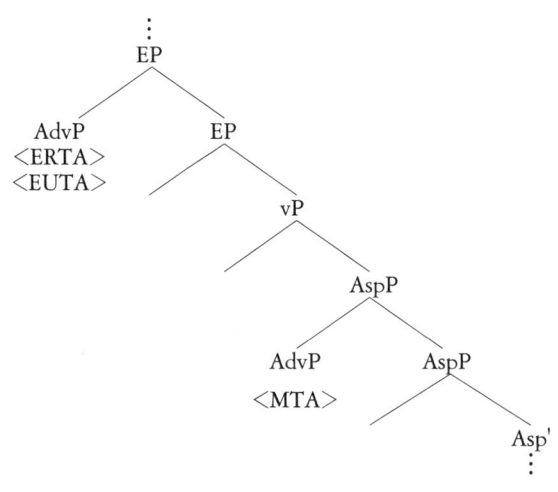

[그림 4] 시간 부사어의 구조적 실현

이러한 구조적 차이는 어순 제약 현상과도 관련된다.

(88) 이미 10분 만에 빨리/*빨리 10분 만에 이미 먹었어요.

즉 사건과의 관계를 나타내는 ERTA '이미'는 상위에 실현되어야 하고,

사건의 내적 기간을 나타내는 MTA '빨리'는 하위에 실현되어야 하는 것이다.

4.2.5. 요약 및 정리

4.2절에서는 시간 부사어가 문장의미를 구성하는데 있어 어떤 역할을 하는지 살펴보았다. 그 결과, 시간 부사어는 구별되는 세 가지 역할을 가지고, 문장의미 영역을 구성하고 있었다. 다음은 이를 요약한 것이다.

[표 7] 시간 부사어 분류와 부사의 예

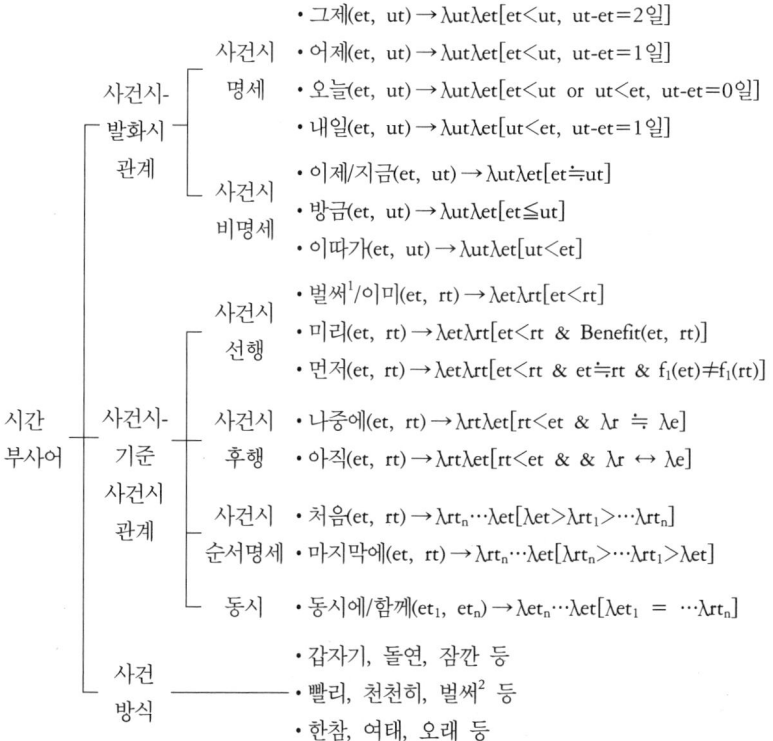

4.3. 기간-지속 부사어구의 문장의미 구성

4.3절에서는 '동안', '만에' 등과 같은 기간-지속 부사어구가 문장의미 구성에서 어떤 역할을 하는지 살펴보고자 한다. 대개 국어에서 일정한 기간은 '동안'이나 '만에'와 같은 부사어에 의해 명세된다. 우리는 이러한 시간 표현에 의해 실현된 문장이 몇몇 어휘 의미 차원에서는 쉽게 해결할 수 없는 복잡한 양상을 가지고 있다고 본다. 즉 전체로서의 사건을 상정하여 그것과의 관계를 통해 의미 기능을 살피지 않고서는 이들의 의미 기능을 명확히 밝힐 수 없다. 이는 어휘의미론과는 독립하여 문장의미론이 가지는 중요한 위상과도 연결된다.

4.3.1. 문제 제기

종래 기간-지속 부사어구과 관련된 연구는, 어휘의미론적 관점에서 동작상과 관련한 몇몇 부사어의 공기 제약에 초점이 맞추어져 있었다. 예를 들어, 행위(activity) 동사는 주로 '동안' 부사어와 공기하는 반면, 성취(achievement) 동사는 '만에' 부사어와 공기한다는 것이다.

(89) ㄱ. 유승이가 삼십 분 동안/(*)삼십 분 만에 달렸다.
ㄴ. 유승이가 (*)한 달 동안/한 달 만에 서울을 떠났다.159)

이러한 설명은 어휘의미에 바탕을 둔 단순한 공기 제약 현상에 국한된

---

159) (89ㄱ)의 '삼십 분 만에'와 (89ㄴ)의 '한 달 동안'이 모두 가능하다고 판단하는 국어 화자도 있다. 이들도 허용가능 하다면, '동안'과 '만에'의 공기 제약은 우리가 주장하는 바대로, 어휘의미 상의 공기 제약 문제를 넘어 문장의미 차원의 검토가 필요하다는 것을 반증하게 된다. 후술할 내용에서 이들 부사어가 허용 가능한 이유를 밝힌다.

다. 그러나 문장 단위에서 살펴보았을 때, 그 실현 양상은 다소 복잡하다.

(90) ㄱ. 유승이가 (*)삼십 분 동안/삼십 분 만에 다시 달렸다.
　　 ㄴ. 유승이가 한 달 동안/(*)한 달 만에 서울을 두 번 떠났다.

기존의 견해에 따르면 (90ㄱ)은 '달리다'라는 행위 동사가 있으므로 '동안' 부사어와 공기할 수 있어야 하나, 반대로 '만에' 부사어구와 공기 가능하다. (90ㄴ) 역시 '떠나다'라는 성취 동사가 실현되어 있으므로 '만에' 부사어와 공기하여야 하나 '동안' 부사어와 공기 가능하다. (89)와 비교하였을 때 '다시'와 '두 번'과 같은 부사어의 존재가 이런 차이를 유발한 것으로 보인다. 따라서 '동안'과 '만에' 부사어는 문장 성분 실현의 차이에 따라, 공기할 수 있는 성분은 변화를 겪게 되고, 결국 이들 부사어는 문장 전체와 관련이 있음을 알 수 있다. 4.3절에서는 이러한 현상에 주목하여 이들 부사어의 의미 기능을 문장 전체, 즉 전체론적 관점에서 살펴야 한다는 것을 보일 것이다.

그에 앞서 기존 논의를 바탕으로 '동안', '만에' 부사어가 어떤 의미를 갖고 있는지 정리해 보자.

앞서 살펴보았던 것처럼, '동안' 부사어는 기본적으로 행위 동사와는 공기하나, 성취 동사와는 공기하지 못한다. 이런 현상적 차이는 '동안' 부사어가 동질적(homogenous) 행위의 지속에는 공기할 수 있으나, 이질적인(heterogenous) 행위에는 공기하지 못한다는 설명으로 귀결되었다. 때문에 이들 부사어는 동작류(aktionsart)의 측면에서 '행위(activity)/성취(achievement)'를 구별하는 기준이 되었고, 관점상(viewpoint aspect)의 측면에서 '진행(progressive)/완료(perfective)'를 구별하는 기준이 되었다. 이러한 논의 대부분이 동작류와 관점상에 초점이 놓여 있었기 때문에 '동안'이 가지는 의미의 분석은 그렇게 체계적으로 다루어지지 않았다. 즉, '동안' 부사어가 가지는 어떤 의미 특성이 이러한 선택 제약을 일으키는지 자세히 논의되지 않았다.

기존 논의와 관련하여, (91)과 같은 문장의 의미는 '모형 비행기를 만드는 행위'가 한 시간 동안 지속되었다는 것을 나타낸다고 볼 수 있다.

(91) 종승이가 모형 비행기를 한 시간 동안 만들었다.

이러한 입장에서 '한 시간 동안'은 다음과 같이 해석되어야 한다. 기간-지속 부사어는 내적으로 시작점(starting point, 이하 sp)과 끝점(ending point, 이하 ep)을 함의하고 있다. 따라서 '한 시간 동안'은 'ep-sp=한 시간'이라는 것을 의미한다. 또한 '동안'은 동질적 행위의 지속을 의미하기 때문에 sp와 ep에서의 행위는 모두 동일한 행위를 의미해야 한다. (91)의 경우, sp는 '만들다'라는 행위의 시작점이고, ep는 '만들다'라는 행위의 끝점이 될 것이다. 이를 정리하면 [표 8]과 같다.

[표 8] '동안' 부사어의 의미(기존 논의)

※ 'x 동안'
1) x = 기간
2) ep-sp = x
3) sp(v), ep(v)
4) sp ~ ep = 동질적(homogenous)

'x'는 기간을 나타내는 단위가 와야 한다. 'ep-sp=x'는 끝점에서 시작점을 뺀 기간이 'x'가 된다는 것이다. 이때, sp와 ep는 각각 동사가 나타내는 행위의 시작점과 끝점이 된다. 동일한 동사의 시작점과 끝점이므로, 이때

sp와 ep 사이에서는 동질적인 행위가 지속된다고 할 수 있다.
'만에' 부사어는 기본적으로 성취 동사와 공기하여 쓰인다. 성취 동사는 성취점을 기준으로 선행 부분과 후행 부분이 존재한다. '만에'의 경우는 선행 부분의 기간과 연관이 된다.

(92) 그 친구가 서울을 이틀 만에 떠났다.

'이틀 만에'가 지속 기간을 명시한다면, 이 역시 시작점과 끝점이 있을 것이다. 끝점의 경우는 '성취점'이 된다는 것을 알 수 있으나, 시작점이 무엇인지는 분명하지 않다. 그러나 '만에' 부사어가 나오는 완전한 구성의 문장을 보면 시작점에 대한 실마리를 찾을 수 있다.

(93) 그 친구가 서울에 온 지 이틀 만에 떠났다.

'이틀 만에'의 시작점은 '그 친구가 올라오는 사건의 끝점'이고, 끝점은 '그 친구가 떠나는 사건의 시작점'이다. 따라서 'x 만에'의 의미는 다음과 같다.

[표 9] '만에' 부사어의 의미(기존 논의)

※ 'x 만에'
1) x = 기간
2) ep-sp = x
3) sp = ep(e_{pre}), ep = sp(e)

'x'는 'x 동안'과 마찬가지로 기간을 나타내는 시간 단위가 오게 된다. 반면, '잠을 자는, 글을 쓰는'과 같은, 시간 비명세 사건은 올 수 없다.

'ep-sp=x'는 끝점에서 시작점을 뺀 기간이 'x'가 된다. 이때, sp는 e에 선행하는 사건, epre의 끝점이고, ep는 e라는 사건의 끝점이다.

4.3.2. '동안' 부사어구의 의미

앞서 살펴보았던 것처럼, '동안' 부사어는 기본적으로 행위 동사와는 공기하나, 성취 동사와는 공기하지 못한다. 이런 현상적 차이는 '동안' 부사어가 동질적(homogenous) 행위의 지속에는 공기할 수 있으나, 이질적인(heterogenous) 행위에는 공기하지 못한다는 설명으로 귀결되었다. 때문에 이들 부사어는 동작류(aktionsart)의 측면에서 '행위(activity)/성취(achievement)'를 구별하는 기준이 되었고, 관점상(viewpoint aspect)의 측면에서 '진행(progressive)/완료(perfective)'를 구별하는 기준이 되었다. 기존 논의를 바탕으로 '동안' 부사어의 의미를 정리하면 다음과 같다.

[표 10] '동안' 부사어의 의미(기존 논의)

※ 'x 동안'
1) x = 기간
2) ep-sp = x
3) sp(v), ep(v)
4) sp ~ ep = 동질적(homogenous)

[표 10]에 따르면 (91)의 '한 시간 동안'은 '모형 비행기를 만드는 행위'가 한 시간 동안 지속되었다는 것을 나타낸다고 볼 수 있다.

(91) 종승이가 모형 비행기를 한 시간 동안 만들었다.

(91)에서처럼 'x'는 기간을 나타내는 단위가 와야 한다. 'ep-sp=x'는 끝점에서 시작점을 뺀 기간이 'x'가 된다는 것이다. 이때, sp와 ep는 각각 동사가 나타내는 행위의 시작점과 끝점이 된다. 동일한 동사의 시작점과 끝점이므로, 이때 sp와 ep 사이에서는 동질적인 행위가 지속된다고 할 수 있다.

그런데 네 번째 의미 명세는 다음과 같은 문장에서 유지될 수 없다.

(94) 아인이는 슈베르트 소나타 21번을 한 달 동안 들었다.

(94)의 경우, '슈베르트 소나타 21번'이 어휘적으로 가지는 기간160)과 한 달이라는 기간이 충돌한다. [표 10]의 조건에 따르면 이 문장은 비문이 되어야 하나, 충분히 수용 가능하다. 그래서 종래 이러한 문장에 대해 '반복'의 의미 생성이 논의되었다.161) 즉, 어휘적인 기간과 시간 부사어에 의해 명세된 기간이 상충되었을 때, 그 때는 반복의 의미를 추론한다는 것이다. 따라서 [표 10]의 4)항은 '동안'의 의미 조건 속에 반드시 내재되어 있다고 볼 수 없다. 나머지 조항에 대해서는 크게 문제가 되지 않는다. 특히 [표 10] 3항의 경우, 반복의 의미를 인정하더라도, sp와 ep를 모두 동사가 의미하는 사건으로 본다면 문제가 되지 않을 수 있다.

그런데 이러한 성분 간의 상충이 반드시 반복의 의미를 생성하는 것은 아니어서, 또다시 문제가 된다.

---

160) 이 소나타는 제시부를 반복하느냐 그렇지 않느냐에 따라 연주 시간이 달라지지만 최근 경향은 제시부를 모두 반복하여 연주하는 것이다. 제시부를 모두 반복할 경우 연주 시간은 대략 45분 정도 된다.
161) 이런 반복의 의미 생성을 해석하는 방식은 여러 가지가 있다. 강제(coercion)에 의한 상적 추이(Pustejovsky, 1995; Pulman, 1997; de Swart, 1998), 재해석(reinterpretation) (Egg, 2002), 보충 해석 규칙(양정석, 2002) 등 참조.

(95) 아인이는 슈베르트 소나타 21번을 한 달 동안 한 번 들었다.

(95)의 경우, '한 번'이라는 성분의 실현으로 반복의 의미는 저지된다. 아울러, 슈베르트 소나타가 가지는 어휘적 기간 때문에 '한 달 동안' 소나타를 듣는 행위도 지속될 수 없다. 그렇다면, [표 10]의 3항도 문제가 된다. 이때 시작점과 끝점은 동사 '듣다'와 관련이 없기 때문이다. 여기서 '한 달 동안'이 의미하는 바는 무엇이며, 이러한 부사어가 공기 가능한 이유는 무엇인가. 이에 대한 실마리를 우리는 다음과 같은 현상에서 찾을 수 있다.

(96) ㄱ. 아인이가 잠을 자는 동안 유승이가 공부를 했다.
ㄴ. 아인이가 잠을 자는 동안 유승이가 집을 떠났다.

'x 동안'에서 'x'에 '한 시간, 한 달'과 같은 객관적 시간 단위만 오는 것은 아니다. 'x' 자리에 '잠을 자는', '밥을 먹는'과 같은 사건이 와서 간접적으로 기간을 나타낼 수 있다.

(96ㄱ)에서는 아인이가 잠을 자는 동안 유승이가 공부를 한 사건이 지속되었다고 볼 수 있으므로 'x'라는 기간은 여전히 주절 사건의 기간이다. 그러나 (96ㄴ)은 '동안'과 공기할 수 없다고 한 성취 동사 '떠나다'가 쓰였다. 아울러 아인이가 잠을 자는 동안 유승이가 집을 떠난 사건이 지속되었다고 볼 수도 없다.

따라서 우리는 'x 동안'의 시작점과 끝점이 동사가 나타내는 사건의 시작점과 끝점이라는 [표 10]의 3항에 대한 수정을 필요로 한다. 'x 동안'의 경우, x는 시작점과 끝점을 갖는데, 이러한 시작점과 끝점이 명세되어 있는 경우, 즉 (96)과 같이 '잠을 자는 사건'이라고 명세되어 있는 경우, 이는 동사가 나타내는 사건의 기간을 나타내는 것이 아니다. 단지 그러한 사건이 지속되는 시간에 어떤 사건이 존재한다는 것을 말할 뿐이다. 그런데 'x 동안'에 기간이 오는 경우는 중의적이라고 할 수 있다. 즉 그 기간이 다른 사건의 기간을 의미할 경우는 단지 그 기간 안에 사건이 존재한다는 것만을 의미하고, 그 기간이 그 문장이 의미하는 사건의 기간인 경우는 그 행위의 지속을 의미하게 되는 것이다.

따라서, [표 10]의 '동안' 부사어의 의미는 다음과 같이 수정되어야 한다.

[표 11] '동안' 부사어의 의미(최종)

※ 'x 동안'
1) x = x_1(기간) or x_2(사건)
2) sp(e), ep(e)
  −x_1 즉 기간이 명시되었을 때,
   e = 주절 사건 or 문맥에 의해 상정되는 사건
  −x_2 즉 사건이 명시되었을 때
   e = x_2 (명세된 사건)
3) ep-sp = x_1(기간) or x_2(사건)의 기간

x 자리에 기간이 올 경우, 이 기간의 시작점과 끝점으로 해석할 수 있는 사건이 명세되어 있지 않으므로, 주절 사건이 시작점과 끝점일 수도 있고, 혹은 문맥에 의해 상정되는 사건이 시작점과 끝점일 수도 있다. 전자의 경우는 주절 사건의 기간을 나타내게 된다. 반면, x 자리에 사건이 올 경우, 이 사건이 '동안'의 시작점과 끝점으로 해석되므로, 주절 사건의 기간과는 일차적인 관계를 맺지 않는다.

이와 같은 '동안'의 용법 설정은 앞서 논란이 되었던 문장이 가능한 이

유를 알 수 있게 한다.

(97) 아인이가 한 달 동안 슈베르트 소나타 21번을 한 번 들었다.

이때 '한 달 동안'은 문맥에 의해 상정된 기간이다. 예를 들어 친구가 CD를 빌려 준 기간일 수도 있고, CD를 사서 현재까지 소유하고 있는 기간일 수도 있다. 어쨌든 그 기간 동안 '아인이가 그 음악을 들은 사건'이 '한 번' 존재한다는 것을 나타내는 문장인 것이다.

이러한 현상은 부분의 의미를 해석하는 데 있어 전체로서의 사건 개념이 얼마나 중요한지를 잘 보여주는 것이라 하겠다.

(91), (94), (96) 문장을 우리의 방법론에 따라 환언하면 다음과 같다.

(91') 종승이가 모형 비행기를 한 시간 동안 만들었다.
∃e[만들다(e) & 행위주(e, 종승) & 대상(e, 모형 비행기) & 동안(e, 한 시간)]
※ '동안(e, 한 시간)' →
   1) ep-sp = 한 시간
   2) sp(e), ep(e)

(94') 아인이가 슈베르트 피아노 소나타 21번을 한 달 동안 한 번 들었다.
∃e[듣다(e) & 행위주(e, 아인) & 대상(e, 슈베르트 피아노 소나타 21번) & 한 번(e)]
  & ∃e_{unspec}[동안(e_{unspec}, 한 달)162)
※ '동안(e_{unspec}, 한 달)' →
   1) ep-sp = 한 달
   2) sp(e_{unspec}), ep(e_{unspec})

---

162) e_{unspec}은 비명세된 사건(unspecified event)을 말한다.

(96') 아인이가 잠을 자는 동안 유승이가 집을 떠났다.
ㅋe[떠나다(e) & 행위주(e, 유승) & 대상(e, 집)]
  & ㅋe'[잠을 자다(e') & 행위주(e', 아인) & 동안(e')]
※ '동안(e')' →
  1) ep-sp = e'의 기간
  2) sp(e'), ep(e')

4.3.3. '만에' 부사어구의 의미

앞서 살핀 바대로 '만에' 부사어는 기본적으로 성취 동사와 공기하여 쓰인다. 성취 동사는 성취점을 기준으로 선행 부분과 후행 부분이 존재한다. '만에'의 경우는 선행 부분의 기간과 연관이 된다.

[표 12] '만에' 부사어의 의미(기존 논의)

※ 'x 만에'
  1) x = 기간
  2) ep-sp = x
  3) sp = ep(e_{pre}), ep = sp(e)

'x'는 'x 동안'과 마찬가지로 기간을 나타내는 시간 단위가 오게 된다. 반면, '잠을 자는, 글을 쓰는'과 같은, 시간 비명세 사건은 올 수 없다. 'ep-sp=x'는 끝점에서 시작점을 뺀 기간이 'x'가 된다. 이때, sp는 e에 선행하는 사건, e_{pre}의 끝점이고, ep는 e라는 사건의 끝점이다.

이렇게 보았을 때, 가장 문제가 되는 것은 '동안'과 '만에'가 모두 가능한 다음 문장의 의미 차이이다.

(98) ㄱ. 아인이가 한 시간 동안 모형 비행기를 만들었다.

ㄴ. 아인이가 한 시간 만에 모형 비행기를 만들었다.

(98ㄴ)의 경우, '한 시간 만에'의 시작점과 끝점은 무엇인가. 만드는 행위의 선행 사건은 무엇인가. 일단 그것이 명세되지 않았기 때문에 그 사건이 무엇인지 알 수 없으나, 적어도 그 사건은 '모형 비행기를 만들지 않은 사건'임에는 틀림없다. 이를 e_{pre}로 보았을 때, e_{pre}의 끝점은 e라는 사건의 시작점과 일치하게 된다. 따라서 특별히 선행 사건이 명시되지 않은 경우, e_{pre}의 끝점은 e의 시작점과 동일하게 된다. 선행 사건이 명시될 경우, 이러한 추론은 저지된다.

(99) 아인이는 모형 비행기를 산 지, 사흘 만에 그것을 만들었다.

(99)의 경우, '사흘 만에'의 시작점은 '모형 비행기를 만드는 사건'의 시작점이 아니라, 선행 사건인 '모형 비행기를 사는 사건'의 끝점이 된다.

다시 (98)의 문장으로 돌아가서, (98ㄴ)의 경우 (98ㄱ)과는 달리, '모형 비행기의 완성'을 함의하고 있다. 따라서 '만에'의 끝점은 단순히 사건의 끝점이 아니라, e 사건의 완성점(complete point, 이하 cp)으로 보는 것이 좋을 것이다. 그렇다면 '달리다'와 같은 행위의 사건이나, '떠나다'와 같은 동사에 의한 성취 사건은 완성점이 무엇인가. '달리다'의 경우, 완성점은 달리는 사건의 시작점이 된다. 왜냐하면, '달리는 사건'은 기본적으로 동질적인 사건이기 때문에 시작점이나 끝점이 모두 완성점의 측면에서 동일하다. 따라서 시간상의 흐름에서 선행하는 시작점이 완성점이 되는 것이다. 반면, '떠나다'와 같은 성취 사건은 성취점이 완성점이 된다.

이에 따라, [표 12]의 '만에' 부사어의 의미는 다음과 같이 수정되어야 한다.

[표 13] '만에' 부사어의 의미(최종)

※ 만에(e, x)
  1) x = 기간
  2) ep-sp = x
  3) sp = ep(e_{pre}), ep = cp(e)

이 부사어 역시 '동안'과 마찬가지로 동사가 나타내는 행위의 기간을 나타내는 것이 아니라, 사건의 기간을 나타내는 것이므로, 우리의 의미 분석 방법에 따르면 다음과 같이 해석된다.

(100) 그 친구가 서울을 이틀 만에 떠났다.
  ∃e[떠나다(e) & 행위주(e, 그 친구) & 대상(e, 서울) & 만에(e, 이틀)]
  ※ '만에(e, e_{pre}, 이틀)'
    1) ep-sp = 이틀
    2) sp = ep(e_{pre}), ep = pp(e)
    (∃e_{pre})[~떠나다(e_{pre}) & 행위주(e_{pre}, 그 친구) & 대상(e_{pre}, 서울)]

(100)에서는 e의 선행 사건이 명시되지 않았으므로, 떠나지 않은 사건이 선행 사건이 된다. 그러나 (101)의 경우는 (100)의 경우와 동일하나, e의 선행 사건에 대해서만 다음과 같이 달리 해석된다.

(101) 그 친구가 서울에 온 지 이틀 만에 떠났다.
  ∃e[떠나다(e) & 행위주(e, 그 친구) & 대상(e, 서울)]
  & ∃e_{pre}[오다(e_{pre}) & 행위주(e_{pre}, 그 친구) & 목적(지)(e_{pre}, 서울)]]
  & 만에(e, e_{pre}, 이틀)
  ※ '만에(e, e_{pre}, 이틀)'
    1) ep-sp = 이틀
    2) sp = ep(e_{pre}), ep = pp(e)

4.3.4. 기간-지속 부사어구와 사건의 구성 요소의 관계

앞서는 기간-지속 부사어, '동안'과 '만에'는 모두 동사의 행위 기간이 아닌, 사건의 기간을 명세한다는 것을 알 수 있었다. 이를 통해, 지속 기간 부사어가 단순히 동사와 상호 작용하는 것이 아니라, 문장의 여러 성분과 상호 작용할 것이라는 것을 예측할 수 있다.

4.3.4항에서는 여러 성분과의 상호 작용을 보이기 위해 동작류에 따라 나누어 살펴보도록 한다. 동작류에 따라 지속 기간 부사어의 의미 작용을 보이는 것은 동작류가 이들 지속 기간 부사어를 선택 제약하기 때문이 아니다. 오히려 다양한 문장 성분의 실현에 따라 문장 전체의 의미가 달라지는 것을 통해 동작류에 의한 선택 제약 설정은 타당하지 않다는 것을 보이기 위함이다.

종래 행위 동사는 '동안' 부사어와는 공기하나 '만에' 부사어와는 공기할 수 없다고 보았다.

(102) 유승이가 한 시간 동안/(*)한 시간 만에 운동장을 달렸다.

(102)에서 '한 시간 동안'은 쓰일 수 있으나, '한 시간 만에'가 쓰일 수 없는 이유는 이들 동작류가 가지는 상적 특성에 의한 것이 아니라 앞서 우리가 살폈던 '동안', '만에'의 의미 기능 때문이다. 위에서 '한 시간 동안'의 시작점과 끝점이 명세되지 않았기 때문에, 주절의 사건 즉, '유승이가 운동장을 달린 사건'이 시작점과 끝점이 된다. 이는 충분히 간격을 가질 수 있다. 그러나 '한 시간 만에'에서 시작점은 '달리는 사건'의 선행 사건 끝점이 되고 끝점은 '달리는 사건'의 완성점이 된다. 이때, 선행 사건이 주어지지 않았으므로, 선행 사건은 '유승이가 운동장을 달리지 않은 사건'의 끝점이고, 이는 '유승이가 운동장을 달린 사건'의 시작점과 동일하

다. 또한, '유승이가 운동장을 달린 사건'의 완성점은 이 사건이 동질적인 사건이므로, 이 사건의 시작점이 완성점이 된다. 그렇다면, 선행 사건의 끝점과 주절 사건의 완성점은 동일하게 주절 사건의 시작점이 된다. 이는 전혀 기간을 가질 수 없으며, 이에 따라 '만에' 부사어는 저지되는 것이다.

반면, (102)에서 '한 시간 만에'가 가능하다고 보는 화자는 반드시 선행 사건(e_{pre})을 상정하게 된다. 즉, 선행 사건을 '유승이가 운동장을 달리지 않은 사건', '~e'로 보는 것이 아니라, 예를 들어 '그 전에 운동장을 달렸던 사건'이라든가, '높이 뛰기를 한 사건'이라든가, 구체적인 선행 사건을 전제로 할 경우에는 '만에'가 용인 가능해진다.

한편, 이 문장에 기간 상정을 가능하게 하는 성분이 실현되면, '만에' 부사어는 실현될 수 있다.

(103) 유승이는 15초 만에 운동장 100m를 달렸다.

(103)의 경우, '15초 만에'의 시작점은 '유승이가 운동장 100m를 달리지 않은 사건'의 끝점이다. 다시 말해서, '유승이가 운동장 100m를 달리는 사건'의 시작점이 된다. 반면, '15초 만에'의 끝점은 '유승이가 운동장 100m를 달린 사건'의 완성점, 즉 100m를 골인한 시점이 된다. 따라서 선행 사건의 끝점과 주절 사건의 완성점은 15초라는 시간 간격을 충분히 가질 수 있고, '만에'도 용인 가능하게 되는 것이다.

(104) ㄱ. 유승이는 10분 동안 운동장을 다시 달렸다.
ㄴ. 유승이는 10분 만에 운동장을 다시 달렸다.

(104ㄱ)의 경우, '운동장을 다시 달린 사건'의 시작점과 끝점이 '10분 동안'의 시작점과 끝점이 된다. 따라서 '운동장을 다시 달린 사건'의 기간

이 10분이 된다. 반면 (104ㄴ)의 경우는, '10분 만에'의 시작점은 '운동장을 다시 달린 사건'의 선행 사건의 끝점이다. 이때 선행 사건은 '운동장을 다시 달리지 않은 사건'이 아니라, '다시'라는 문장 성분에 의해, 그 전에 '운동장을 앞서 달린 사건'이 된다. 바로 이 선행 사건의 끝점이 '10분 만에'의 시작점이 된다. '10분 만에'의 끝점은 '운동장을 다시 달린 사건'의 완성점, 즉 '운동장을 다시 달린 사건'의 시작점이 된다. 따라서 이때의 '10분 만에'는 선행 사건과 후행 사건의 시간 간격을 의미하게 된다.

완성 동사는 '동안' 부사어와 '만에' 부사어 모두 공기 가능하다. 앞서 (98)의 문장에서 설명했던 바와 같이, '동안' 부사어와 '만에' 부사어는 각각 부사어가 가지는 의미 특성에 따라 사건 지속의 의미가 다르게 나타나게 된다.

종래 성취 동사는 '만에' 부사어와 공기하나, '동안' 부사어와는 공기하지 못한다고 보았다.

(105) 종승이가 서울을 *1년 동안/1년 만에 떠났다.

'종승이가 서울을 떠나는 사건'의 시작점과 끝점은 엄밀한 의미에서 시간 간격이 없다. 따라서 '동안' 부사어의 쓰임은 저지된다. 그러나 이러한 간격을 가능하게 하는 문장 성분이 실현되었을 경우, '동안' 부사어는 실현될 수 있다.

(106) 종승이가 삼일 동안 휴가를 떠났다.

(106)의 경우, '휴가'가 사건의 기간을 나타낼 수 있는 의미를 갖고 있으므로 이에 따라 시작점과 끝점의 간격을 가능하게 한다.

(107) 종승이가 1년 동안 서울을 두 번 떠났다.

앞서 설명했던 바와 마찬가지로, '종승이가 서울을 두 번 떠나는 사건'은 그 사건의 빈도를 두 번으로 한정할 수 있는, 또다른 사건의 기간이 존재하고, 바로 그 기간의 시작점과 끝점이 '동안' 부사어의 시작점과 끝점이 되는 것이다. 따라서 이 경우 동사의 동작상과는 별개로 '동안' 부사어의 쓰임이 가능하게 된다.

4.4. 비교 부사어구의 문장의미 구성

4.4.1. 문제 제기

기존 연구에서는 주로 형용사를 서술어로 한 구문에서 '처럼', '만큼' 등과 같은 조사가 가지는 의미상의 변별에 초점이 맞추어져 있었다. '처럼'은 '견줌의 주체≤견줌의 대상'과 같은 견줌의 정도성을 가지고, '만큼'은 '견줌의 주체<견줌의 대상'과 같은 정도성을 가진다고 보았다.[163] 그러나 이러한 해석은 '처럼', '만큼' 등이 가지는 다양한 특성들을 예측하기에는 부족한 점이 많다.

(108) ㄱ. 유승이가 180cm만큼/*처럼 크다.
ㄴ. 정원에 잡초들이 흉터처럼/*만큼 드러나 있다.

김정대(1993 : 29)에서는 (108ㄱ)에서 '처럼'이 왜 수치 명사가 올 때 제약되는지 알 수 없다고 하였다. 마찬가지로 (108ㄴ)에서 '만큼'이 제약되

---

163) 김승곤(1987), 김봉모(1990), 김정대(1991), 이승명(1992) 등 참조.

는 이유를 기존의 연구에서는 분명히 밝히고 있지 못하고 있다. 우리는 '처럼', '만큼' 등이 부사가 정도 부사와 방식 부사로 나뉘는 것164)처럼, '처럼'과 '만큼'도 각각 이에 대응하는 부사적 용법과 의미 차이를 갖는다고 본다. 따라서 (108ㄱ)에서 '수치 명사'가 오게 되면 성상적 용법의 '-처럼'이 제약되는 것이고, (108ㄴ)에서 성상적 쓰임의 명사가 오게 되면 정도적 용법의 '-만큼'이 제약되는 것이다.

(109) 종승이가 아인이를 진수처럼 좋아한다.

위 문장은 '진수처럼'과 관련하여 중의성을 갖고 있다. 즉 '진수가 아인이를 좋아하는 것'과 같이 종승이가 아인이를 좋아한다는 의미와 '종승이가 진수를 좋아하는 것'과 같이 종승이가 아인이를 좋아한다는 것이다. 이러한 중의성의 차이는 이들 비교 부사어의 선행 명사가 가지는 고유한 의미와 대등 명사가 가지는 고유한 의미의 비교에 의한 것이 아니라는 것을 보여 준다. 각 명사가 가지는 의미역이 비교이고, 결국은 그런 의미역으로 구성된 사건의 비교가 이러한 중의성을 낳게 하는 것이다. 이렇게 비교 부사어도 전체로서의 사건과 발화상황의 상관관계가 반드시 필요한 전체론적 대상이다.

4.4절에서는 '처럼', '만큼'과 같은 비교 부사어구를 포함하고 있는 문장의 통사·의미적 특성을 살피고자 한다. 비교 부사어구의 경우도 이들이 갖는 고유한 의미보다는 문장 전체의 의미와 상관관계를 맺으며 의미 기능을 갖기 때문에 우리가 주장하고 있는 의미적 전체론의 관점을 잘 보여 주는 현상이라 할 수 있다.

---

164) 부사의 분류는 개념적인 부분에서는 어느 정도 일치를 보이나, 그 용어 문제에서 완전한 통일을 이루고 있지 못하다. 여기에서는 앞서 밝힌 바와 같이 manner adverb에 대해 '방식 부사'라는 용어를 사용한다.

4.4.2. 비교 부사어구의 성상 부사적 특성

비교 부사어는 다른 조사-결합형 부사어와 달리 성상 부사로서의 특성을 강하게 가지고 있다. 여기에서는 비교 부사어가 성상 부사적 특성을 강하게 나타낸다는 것을 보이고자 한다.

1) 비교 부사어와 타 부사어와의 차이

첫째, 다른 부사어는 사건의 참여자이나, 비교 부사어와 부사는 서술어와 의미적으로 관계하면서 사건을 서술하는 기능을 가진다.

(110) ㄱ. 종승이는 <u>집에서</u> 놀았다.
　　　ㄴ. 철수가 <u>암에</u> 걸렸다.
　　　ㄷ. 유승이가 선물을 <u>애인에게</u> 보냈다.

(111) ㄱ. 철수가 <u>매우</u> 아프다.
　　　ㄴ. 종승이가 <u>열심히</u> 설계도를 그린다.
　　　ㄷ. 유승이가 <u>가수처럼</u> 노래를 부른다.

'집에서', '암에', '애인에게'는 사건의 참여자라고 할 수 있으나 '매우', '열심히', '가수처럼'은 해당 문장이 의미하는 사건의 참여자라고 하기 어렵다. 서술어와 더불어 사건의 종류 및 방식, 정도 등을 표현하는 것으로 보아야 한다.

둘째, 타 부사어는 부정문에서 중의성을 유발하지 않으나 비교 부사어는 중의성을 유발한다.

(112) ㄱ. 종승이는 집에서 놀지 않았다.
　　　ㄴ. 철수가 암에 걸리지 않았다.
　　　ㄷ. 종승이가 선물을 애인에게 보냈다.

(113) ㄱ. 그녀는 아인이만큼 예쁘지 않다.
　　　ㄴ. 그 차가 저 차처럼 달리지 않는다.

(114) ㄱ. 그녀는 매우 예쁘지 않다.
　　　ㄴ. 종승이가 열심히 공부하지 않는다.

　(112)에서 각 부사어는 부정어와의 상관관계에서 수식 영역의 차이를 갖지 않는다.165) 반면 (113)와 (114)의 비교 부사어와 부사는 부정어와의 상관관계에서 중의성을 보인다. (113ㄱ)의 경우 '아인이'는 예쁠 수도 있고, 예쁘지 않을 수도 있다. 아인이가 예쁜 경우는 그녀는 아인이와 예쁜 정도가 다른 것이고, '아인이'가 예쁘지 않을 경우, 그녀는 아인이와 예쁜 정도가 같은 것이다. (114ㄱ)의 경우도 '그녀가 매우 예쁜 것'은 아니라는 의미 즉 보통 정도로 예쁘다는 뜻과 '그녀가 아주 못 생겼다'는 의미를 모두 나타낼 수 있다.

2) 비교 부사어와 부사의 공통성

　정도 부사와 방식 부사는 형용사와 동사를 각각 수식한다는 점에서 차이를 갖는다. 이 때문에 임유종(1999)에서는 이를 각각 동사 수식 부사와 형용사/지정사구 수식 부사로 나누었다.

---

165) 종래 '부정'과 관련한 연구에서는 이를 부정의 영역 문제로 다루고자 하였다. 즉 부정의 영역이 어디까지 미치는지에 따른 의미의 중의성이라고 보았던 것이다. 임홍빈(1973)에서는 (112)와 같은 문장도 중의성이 존재한다고 보았다. (112ㄱ)은 부정의 영역에 따라 다음의 세 가지 의미를 갖게 된다고 하였다.

　(112) 종승이는 집에서 놀지 않았다.
　　　　ㄱ. 다른 사람은 집에서 놀았으나, 종승이는 집에서 놀지 않았다.
　　　　ㄴ. 종승이가 다른 곳에서는 놀았으나, 집에서는 놀지 않았다.
　　　　ㄷ. 종승이가 집에서 어찌 하긴 했으나, 놀지는 않았다.

　그러나 이러한 부정 해석은 비교 부사어나 부사와는 양상이 다른 것이다.

(115) ㄱ. 자동차는 매우/무척/아주/*열심히/*빨리/*천천히 빠르다.
ㄴ. 웅진이가 밥을 *매우/*무척/*아주/열심히/빨리/천천히 먹는다.

정도 부사는 '빠르다'와 같은 형용사를 수식 가능하지만, '열심히' 등과 같은 방식 부사는 수식 불가능하다. 반대로, '먹다'와 같은 동사는 방식 부사가 수식 가능하지만, 정도 부사는 수식 불가능하다.166)
비교 부사어 '처럼', '만큼'도 이와 유사한 현상을 보여 준다.

(116) ㄱ. 유승이가 180cm만큼/*처럼 크다.
ㄴ. 정원에 잡초들이 흉터처럼/*만큼 드러나 있다.

위에서 '처럼'은 '크다'와 같은 형용사에 제약되며, '만큼'은 '드러나다'와 같은 동사에 제약 현상을 보인다.
비교 부사어와 부사가 유사하다는 것을 증명하는 예로 다음과 같은 것을 들 수 있다. 서술어 중에서 반드시 정도 부사나 방식 부사와 함께 쓰여야 하는 술어가 있다.

(117) ㄱ. 유승이가 여자 친구에게 까다로이 굴었다.
ㄴ. *유승이가 사람들에게 굴었다.

(118) ㄱ. 아이가 참 잘 생겼네요.
ㄴ. *그 아이가 참 생겼네요.

'굴다'와 '생기다'는 '까다로이'나 '잘'과 같은 부사와 함께 쓰여야 하는데, 비교 부사어는 이를 대신해 쓰일 수 있다.

---

166) 정도 부사와 방식 부사의 이러한 양상에 대한 설명은 다음의 논문을 통해 상세히 파악할 수 있다. 서정수(1975), 홍사만(1994), 손남익(1995), 임유종(1999) 등.

(119) 유승이가 여자 친구에게 불량배처럼 굴었다.

(120) 그 아이는 민수처럼/만큼 생겼다.

이렇게 부사와 '처럼', '만큼' 부사어가 같은 자리에서 교체되어 쓰일 수 있다는 점은 이들 부사어가 부사와 유사한 용법 및 지위를 가졌음을 의미한다.

그런데 비교 부사어는 부사와 달리 '명사+조사'의 결합이므로 수식하는 용언의 제약뿐만 아니라 '처럼', '만큼'이 결합하는 명사에도 제약이 있다. '만큼'은 정도의 의미를 갖고 있으므로 결합하는 명사가 수량적인 개념으로 환언 가능해야 한다. 반면 '처럼'은 방식의 의미를 갖고 있으므로 결합하는 명사가 방식의 개념으로 환언 가능해야 한다. 위의 (116)의 제약 현상도 단순히 서술어가 형용사냐 동사이냐에 따른 것이기보다는 결합하는 명사의 의미도 중요한 것일 수 있다. 특히 비교 부사어 '처럼', '만큼'이 형용사·동사의 제약을 보이지 않는 경우가 있어, 단순히 정도 부사나 방식 부사처럼 서술어와의 제약으로 한정할 수 없다.

(121) ㄱ. 아인이는 클레오파트라처럼/만큼 예쁘다.
　　　ㄴ. 저 자전거는 자동차처럼/만큼 달린다.

위에서 '처럼', '만큼'은 거의 유사한 의미로 보이나, 다음과 같이 달리 해석할 여지가 많다. 즉 (121ㄱ)에서 '클레오파트라만큼'은 예쁜 정도가 매우 높음을 의미하나, '클레오파트라처럼'은 예쁜 모양이 클레오파트라와 닮았다고 할 수 있다. (121ㄴ)도 마찬가지이다. '자동차만큼'은 속도와 관련된 해석일 수 있고, '자동차처럼'은 자전거가 달리는 방식이 '자동차'와 유사하다는 의미를 가질 수 있다.

4.4.3. 비교 부사어구와 사건 구성 요소 간의 관계

비교 부사어는 부사의 용법과 상당히 유사하나, 그 실현 양상에서 차이를 갖는다. 즉, 부사는 전체 사건과의 관계를 통해 그 서술성을 획득하나, 비교 부사어는 문장에 나타난 다양한 문장 성분과 관계를 살펴야 그 의미 기능을 밝힐 수 있다. 따라서 비교 부사어의 실현 양상을 문장의 각 성분과의 관계를 통하여 살펴볼 필요가 있다.

1) 주어-관계 비교 부사어

주어-관계 비교 부사어는 주절의 주어와 관계된 명사(구)가 '-처럼' 등과 같은 조사와 결합한 경우를 말한다.

(122) ㄱ. <u>종승이는 아인이처럼/만큼</u> 작다.   (형용사)
　　　ㄴ. <u>비가 손님처럼/?만큼</u> 온다.   (자동사)
　　　ㄷ. <u>유승이는</u> 장난감을 <u>아인이처럼/만큼</u> 만들었다.   (타동사)

(122)에서 '처럼', '만큼' 앞에 오는 명사는 주어와 관계한 명사들이다. 그러나 단순히 이들 두 명사(구)가 동일한 것이 아니다. 이들은 사건의 구성상에서 동일한 것이며 결과적으로 두 사건의 유사성이 이러한 표현을 가능하게 한 것이다.

(122') ㄱ. 종승이≠아인이
　　　　대상(s_1, 종승이) ≒ 대상(s_2, 아인이) → s_1≒s_2
　　　ㄴ. 비≠손님
　　　　행위주(e_1, 비) ≒ 행위주(e_2, 손님) → e_1≒e_2
　　　ㄷ. 유승이≠아인이
　　　　행위주(e_1, 유승이) ≒ 행위주(e_2, 아인이) → e_1≒e_2

이 현상은 문장을 이루는 구성 요소들이 독자적으로 고유한 의미를 갖고 있는 것이 아니라 전체로서의 사건과 관련하여 의미를 갖고 있다는 것을 잘 보여 준다. 즉 (122ㄱ)에서 '종승이'나 '아인이'가 가지는 내재적 의미를 통해 의미 구성을 하는 것이 아니라 이들이 구성하는 사건/상태의 비교를 통해 의미를 생성하고 있기 때문이다.

대상 간의 유사성이 아니라 전체로서의 사건 혹은 상태가 비교 대상이기 때문에 다음과 같이 주어와 관계하는 비교 부사어의 선행 명사구가 주어와 동일한 구성의 명사구가 아닐 수도 있다.

(123) <u>김 의원</u>은 <u>박 의원의 경우</u>처럼 형사처벌을 받는다.

(123)의 경우는 대응 구성 요소가 아닌 그 구성 요소를 갖고 있는 사건 전체가 되어 있다. 이러한 현상은 대당 구성 요소가 일차적인 비교가 아님을 나타낸다.

물론 비교 대상으로서의 사건과 상태가 축자적인 의미를 갖지 않고 그러한 사건과 상태가 갖는 일반적 함축이 의미 구성에 영향을 미치는 경우도 있다.

(124) ㄱ. 책이 산더미처럼 쌓였다.
     ㄴ. 비가 폭포수처럼 온다.

(124') ㄱ. ?산더미가 쌓이다.
      ㄴ. ?폭포수가 온다.

즉 (124)는 책이 쌓인 개별 사건과 산더미가 쌓인 개별 사건을 비교하는 것이 아니라 산더미가 쌓인 결과 상태, 즉 높고 많은 상태가 비교의 대상이 되고 있는 것이다. 이들은 개별 사건이 아닌 유형화된 사건이 비교 대상이 된다는 점에서 차이가 있다.167)

2) 목적어-관계 비교 부사어

목적어-관계 비교 부사어는 주절의 목적어와 관계된 명사(구)가 '처럼' 등과 같은 조사와 결합한 경우를 말한다.

(125) ㄱ. 그 친구는 <u>그 아이를 자기 자식처럼</u> 보살핀다.
　　　ㄴ. 영수는 <u>직장을 자기 집처럼</u> 다닌다.

목적어-관계 비교 부사어는 위의 주어-관계 비교 부사어와 동일한 양상으로 실현된다. 그래서 타동 구문에서는 중의성을 유발할 수 있다.

(126) 철수는 영희를 진수처럼 좋아한다.

(126)에서 '진수'가 '철수'와 관계할 때(주어-관계 비교 부사어)는 '철수가 진수가 영희를 좋아하는 것처럼 영희를 좋아한다'는 의미를 가지며, '진수'가 '영희'와 관계할 때(목적어-관계 비교 부사어)는 '철수가 진수를 좋아하는 것처럼 영희를 좋아한다'는 의미를 가진다.

3) 부사어-관계 비교 부사어

부사어-관계 비교 부사어는 부사어의 종류가 다양한 만큼, 그 실현 양상이 다양하다.

---

167) 이러한 점에서 Kratzer(1997) 등에서 제시한 것처럼 개체단위 술어(individual-level predicates)와 유형단위 술어(stage-level predicates)를 문장 차원에서 구별할 필요가 있다. 우리는 이를 사건의 시간 구성 요소의 명세성 여부로 설명하고자 했다.

(127) ㄱ. 아이들이 논두렁에서 집에서처럼 놀고 있다. (공간-처소)[168]
ㄴ. 그 사장은 그 물건을 아랫사람에게 윗사람에게처럼 주었다. (공간-관계 대상)
ㄷ. 대학생들은 요즘 옛날처럼 굶지 않는다. (시간)
ㄹ. ?유승이는 그 나무를 손으로 톱으로처럼 잘랐다. (과정-수단)
ㅁ. ?여당이 야당과 정부와처럼 협력한다. (과정-상대)

(127)에서 보는 것처럼 부사어와 관계를 맺는 비교 부사어는 그 관계성을 밝히기 위해 부사격 조사를 그대로 유지한 채 써야 한다. 또 (127ㄹ, ㅁ)에서와 같이 어색함이 존재하는 경우도 있다.

4) 비명시-관계 비교 부사어

'처럼', '만큼' 비교 부사어는 대응하는 구성 요소가 실현되지 않아 다음과 같이 비교 관계에 대응하는 부사어를 상정하기 어려운 경우도 있다.

(128) 눈을 번쩍 떴더니, 꿈속에서처럼 머리가 명쾌하고 고요했다.

(128)에서는 관련 장소 부사어가 명시적으로 드러나 있지 않다. 논리적으로는 반드시 관계하는 성분이 나와야 하는 것이나, 부사어와 관련한 경우는 상정 가능한 부사어가 제약되는 경우가 있다.

(128') *눈을 번쩍 떴더니, 현실에서 꿈속에서처럼 머리가 명쾌하고 고요했다.

(128)에서 '꿈속'과 대응하는 비교 대상은 '현실'이겠으나 이것은 (128')에서와 같이 제약된다. 이는 비명시-관계에 있는 비교 대상이 단순히 대당

---

[168] 부사어의 의미적 분류는 서정수(1996 : 811~812)를 따랐다.

단어가 아니라 전체 사건과 관련되기 때문에 실현되지 않는 것으로 볼 수도 있다.

4.4.4. 비교 부사어구와 사건, 발화상황의 관계

비교 부사어가 구성하는 사건/상태와 해당 문장의 사건/상태는 어떤 관계에 있는 것인가. 일차적으로 유사관계만 있을 것으로 보이나 몇 가지 관계가 더 나타난다. 아래에서는 이러한 의미관계를 자세히 살핀다.

1) 유사관계

기본적으로 비교는 두 대상이 유사해야 한다. 위에서 다룬 예의 대부분이 비교 대상 간 유사관계가 존재한다.

(129) ㄱ. 그는 고양이처럼 살금살금 기어 들어왔다.
ㄴ. 그가 고양이가 (살금살금) 기어 들어오는 것처럼 살금살금 기어 들어왔다.

(129)에서는 '그가 기어 들어오는 사건'과 '고양이가 기어 들어오는 사건'과의 비교를 통해 그의 행동 방식을 설명하고 있다. 이때 두 사건은 유사관계를 가지고 있다.

2) 인과 관계

인과 관계는 세상의 현상을 파악하는 인간의 기본적인 인지 작용으로 비교 구문에도 그런 의미관계가 드러난다.

(130) ㄱ. 건물 전체가 폭격을 당한 것처럼 완전히 무너져 버렸다.

ㄴ. 변전소 사거리는 비가 온 것처럼 물에 흥건히 젖어 있었다.

(130)에서는 '~ 것처럼'이 원인에 해당하고, 서술부가 결과에 해당한다. 즉 '폭격을 당한 것'과 '완전히 무너지는 것'은 일차적으로 유사관계가 아닌 인과 관계라고 할 수 있다. 따라서 (130)의 두 사건 간에는 인과 관계가 성립한다.

그런데 다음과 같이 그 관계가 역순으로 나타나는 경우가 있다.

(131) 온 나라가 망할 것처럼 부정부패의 소용돌이에 빠져 있다.

이 경우 '온 나라가 망할 것'은 '부정부패의 소용돌이에 빠진 사건'의 결과이다. 따라서 이 경우는 (130)과 달리 인과 관계가 반대로 나타났다고 할 수 있다.

3) 집합-개체 관계

집합-개체 관계는 비교 부사어에 그 집합 혹은 부류에 대표 요소가 오는 경우를 말한다.

(132) ㄱ. 김치나 장처럼 변함없이 맛을 주는 것은 우리를 행복하게 한다.
ㄴ. 남자들은 장미처럼 여자들에게 기쁨을 주는 것을 많이 선물해야 한다.

(132ㄱ)에는 '변함없이 맛을 주는 것'의 집합 혹은 부류의 대표격인 '김치나 장'이 비교 부사어로 실현되었다. (132ㄴ)은 여자들에게 기쁨을 주는 것 중 대표적인 물건인 '장미'가 비교 부사어로 선택되었다.

4) 지시-의의 관계

지시-의의 관계는 지시한 것과 그것의 내용을 말한다. 마치 '손가락으로 가리킨 것'과 '저 달'이 동일한 것을 나타내는 것과 같다.

(133) 검찰이 이처럼 전·현직 고위 공무원들의 수뢰혐의를 밝혀내고도 불구속 기소로 한발 물러난 것은 잘못이다.

이때 '이'가 지시하는 내용은 '전·현직 고위 공무원들의 수뢰혐의를 밝혀내고도 불구속 기소로 한발 물러난 것'이다. 물론 이것은 위의 집합-개체로서의 관계로도 해석 가능하다. 그러나 이러한 현상 외에도 지시-의의 관계를 드러내는 것이 있어 이러한 의미관계가 비교 부사어에 존재한다는 것을 알 수 있다.

(134) ㄱ. 종승이가 발표한 것처럼 그들은 다음달 결혼을 한다.
      ㄴ. 신문에 나온 것처럼 김 교수는 대학의 부정부패를 고발했다.

(134ㄱ)에서 종승이가 발표한 것이 지시하는 내용은 '다음달 결혼을 하는 것'이다. '신문에 나온 것'은 '김 교수가 대학의 부정부패를 고발한 것'이다. 이것은 모두 지시와 의의 관계를 나타내는 것이다.

그런데 이러한 관계는 모두 유사관계가 그 기저에 있는 것이라고 할 수 있다. 인과 관계를 나타내는 경우도 두 사건이 원인과 결과로서 대응하는 것이 아니라 비교 부사어가 구성하는 사건의 결과가 해당 문장의 사건과 같은 것이다. 집합-개체도 그들 간에 유사성이 있어야 한다. 지시와 의의 역시 기본적으로는 동일한 것을 나타낸다는 점에서 유사관계가 기저에 있는 것으로 볼 수 있다.

4.4.5. 요약 및 정리

이번 절에서는 '-처럼', '-만큼' 비교 부사어가 문장의 의미 구성에서 어떤 역할을 하는지 살펴보았다. 이들 부사어는 문장을 구성하는 여러 요소들과 비교 관계를 이루며 문장의미를 생성/해석한다. 그런데 이들 부사어와 비교 대응하는 요소들은 각 어휘의 고유한 의미를 비교하는 것이 아니라 그것을 구성 요소로 한 사건 혹은 상태 간의 비교라는 것을 밝혔다. 이는 우리가 일관되게 주장하고 있는, 전체론적 관점이 타당하다는 것을 보여 준다. 즉 문장에서 문장을 구성하는 요소들이 가지는 내재적 의미의 합으로 문장의미가 구성되는 것이 아니라 각 부분들이 전체로서의 사건과 갖는 의미 기능을 통해 문장의미를 구성한다는 것을 보여 준다.

4.5. 정도 부사어의 문장의미 구성

4.5.1. 문제 제기

정도 부사는 인접하는 피수식어, 주로 상태성 용언류나 부사류의 정도를 한정하는 기능을 갖는다고 보는 것이 일반적인 견해이다. 이로 인해 기존 논의의 대부분이 정도 부사와 피수식어의 공기 관계를 통해 정도 부사의 용법을 설명하거나 공기 가능한 피수식어의 의미 특성을 추출하여 분류하는 작업을 하였다. 예를 들어, '아주 예쁘다'는 되지만 '*아주 (사진을) 보다'는 되지 않으므로 '아주'와 같은 정도 부사는 동작성 용언과는 공기할 수 없다고 보는 논의가 대표적인 경우이다. 그러나 문장의미 차원에서 보면 동작성 용언이 실현된 문장에서도 정도 부사의 실현이 완전히 제약되는 것은 아니며 의미관계도 후행하는 요소로 한정되는 것이 아니다.

(135) ㄱ. 그 가수는 콘서트 내내 거의 노래만 불렀다.
　　　ㄴ. 그 아이는 아주 밥만 먹으면 체한다.

(135ㄱ)에서 '거의'는 '노래만'이나 '불렀다'가 갖는 정도성을 한정하는 것으로 보이지 않는다. 콘서트에서 일어날 수 있는 여러 가지 종류의 사건들 중에서 '노래를 부르는 사건'이 압도적으로 높은 비율을 갖고 있다고 말하는 것이다. (135ㄴ)의 경우도 '아주'가 '밥만'이나 '먹으면'을 수식하는 것으로 보이지 않는다. '밥을 먹으면 나타나는 사건'이 다른 것은 없고 '체하는 일만' 존재했다는 것을 의미한다. 이들 부사의 해석은 모두 전체 문장의미를 고려해야만 가능한 것이다.

또한 다음의 현상도 정도 부사의 공기 관계를 인접하는 요소로 제한하여 살피는 것이 과연 타당한 것인지 의문을 갖게 한다.

(136) ㄱ. 그녀는 {코가/*코는} 가장 예쁘다.
　　　ㄴ. 그녀가 우리 셋 중에서 {가장/*매우} 예쁘다.

(136ㄱ)에서 '코가'가 실현되면 '가장'의 실현이 가능하지만 '코는'이 실현되면 '가장'의 실현이 불가하다. 만약 정도 부사 '가장'이 '예쁘다'의 정도성만을 한정하고 두 요소 간의 공기 관계로 결합 관계가 결정된다면, 위와 같은 현상이 왜 생기는지 설명하기 어려울 것이다. 마찬가지로 (136ㄴ)에서도 '매우'가 '예쁘다'와만 공기 관계가 있어 그것을 한정하는 의미 관계만 있다면, '우리 셋 중에서'와 같은 성분이 실현된 문장에서 '매우'가 왜 실현 가능하지 않은지 설명할 수 없다.

이러한 현상들은 기존의 수식 및 공기 관계, 문장의미 구성과 관련하여 다음과 같은 문제를 제기하도록 한다.

첫째, 정도 부사가 인접하는 피수식어만을 수식한다고 보는 견해는 타당한 것인가. 즉 정도 부사는 인접하는 피수식어의 정도성을 명세하는 것이 아닌, 문장 전체가 의미하는 상태의 정도성을 명세하는 것은 아닌가.

둘째, 정도 부사의 공기 관계는 후행하는 요소와만 갖는 관계인 것인가. 아니면 문장 전체의 의미와 관련하여 문장을 구성하는 다양한 요소들과 공기 관계를 맺고 있는 것인가.

정도 부사가 인접하는 피수식어(만)의 정도성을 한정한다고 보는 견해가 일반화된 것은 통사 구조를 의미적으로 과도하게 해석하거나 계층적인 합성성을 의미 생성·해석의 기제로 보았기 때문인 것으로 보인다. 우리는 문장의미는 통사 구조와 동일하게 계층적으로 합성되기보다는 전체론적인 관점에서 전체-부분 간의 관계를 통해 생성·해석된다는 것을 주장하였다. 즉 문장의미가 서술어가 갖는 의미 구조에 논항들이 채워지면서 생성되는 것이 아니라 모든 성분들이 전체 문장이 의미하는 바를 서술하는 것을 통해 이루어진다고 보았다. 그런데 정도 부사를 기존의 논의대로 해석하면 우리의 주장은 적어도 정도 부사에 대해서는 설명력을 잃게 된다. 기존의 논의에 따른다면 정도 부사는 후행하는 요소를 한정하는 것이므로, 문장의 모든 구성 성분들이 그 문장이 의미하는 전체로서의 사건이나 발화상황을 서술한다는 우리의 주장이 더 이상 타당하지 않기 때문이다. 더불어 정도 부사가 후행하는 요소만을 수식하는 기능을 갖는다면 문장의미가 계층적인 의미 합성의 과정이라기보다는 전체와 부분 간의 상호작용이라는 우리의 설명은 타당성을 잃게 된다. 그러나 여기에서는 정도 부사 역시 우리의 주장대로 전체론적인 관점에서 문장이 의미하는 상태의 '정도성'을 서술하는 것이지, 후행하는 피수식어의 '정도성'을 한정하는 것은 아니라는 것을 밝히고자 한다.

4.5절의 대략적인 구성은 다음과 같다. 4.5.2에서는 정도 부사의 공기 관계 양상에 대한 선행 연구 내용을 정리하고 이를 비판적으로 검토한다.

4.5.3에서는 후행하는 요소가 아닌, 문장의 다른 성분과 공기 관계를 맺는 정도 부사의 다양한 양상을 살펴본다. 4.5.4에서는 앞서 살폈던 현상을 통해 정도 부사의 의미 기능을 전체론적 관점에서 제시하고, 이를 토대로 정도 부사를 새롭게 분류하고자 한다.

4.5.2. 정도 부사 공기 관계에 대한 선행 연구

그간 정도 부사에 대한 연구가 다양하게 이루어졌으나 우리는 수식과 공기 관계의 문제만을 집중적으로 살피므로 이에 대한 선행 연구만을 한정하여 살피도록 하겠다.

정도 부사의 공기 관계에 대해서 연구 초기에는 주로 피수식어의 품사적 특징을 중심으로 분류하는 것이 일반적이었다. 그러나 품사 별로 즉 형용사와 부사로 정도 부사의 공기 관계가 분명하게 한정되는 것이 아니므로 의미를 중심으로 세분하여 범주화하는 모습을 보였다.

임유종(1999), 서정수(2005)에서는 정도 부사가 후행하는 요소와의 공기 관계가 뚜렷하게 드러나는 제약 부사의 하나라고 주장하면서 후행하는 요소의 품사나 특징을 통해 다음과 같이 정도 부사를 분류하고 있다.

(137) ㄱ. 형용사 수식 정도 부사류어
ㄴ. 지정사구 수식 정도 부사류어
ㄷ. 관형사 수식 정도 부사류어
ㄹ. 동태 부사류어 수식 정도 부사류어

홍사만(2000)에서는 정도 부사와 공기하는 여러 종류의 피한정어들이 공통적으로 [+정도 매김], [+정도 영역]의 의미 속성을 지님으로써, 한정-피한정어의 관계 기능을 형성한다고 보고 그러한 의미 속성을 가진 피수식어의 종류를 다음과 같이 제시하였다.

(138) ㄱ. 전형적으로 정도 부사와 공기하는 형용사류
 ㄴ. 전형적으로 정도 부사와 공기하는 성상 부사류
 ㄷ. 심리 동사 : 존경하다, 숭배하다, 존중하다 등, '-고 싶다' 표현
 ㄹ. 형용사 기원 사동사 : 낮추다, 넓히다, 좁히다, 굽히다 등
 ㅁ. 형용사 기원 기동 동사 : 넓어지다, 좁아지다, 커지다, 많아지다 등
 ㅂ. 과정 동사 : 마르다, 시들다, 썩다, 상하다, 앓다 등
 ㅅ. 지정사구 : NP+이다
 ㅇ. 성상 관형사 : 헌, 낡은, 새 등
 ㅈ. 일부 동작 동사

박소영(2004)에서는 그간 이루어진 품사 중심의 분류가 갖는 문제점을 인식하고 형용사가 갖는 상태 의미 구조, 동사가 갖는 사건의미 구조를 통해서 정도 부사의 공기 관계를 따지고 그에 호응하는 정도 부사의 의미 분류를 시도하였다. 정도 부사 '매우', '거의', '아주'를 대표로 삼아 이와 공기하는 형용사의 부류를 다음과 같이 세 가지로 나누고 있다.

(139) x_1 y_1이 최소 극한값 x_n, y_n이 최대 극한값이고 $x_1 \leq x_i \leq x_n$이면
 1) 디지털 유형 형용사 : $\{\forall x_i, \exists F : F(x_i)=y_1 \text{ or } y_n\}$
 2) 닫힌 아날로그 유형 형용사 : $\{\forall x_i, \exists F : y_1 < F(x_i) \leq y_n\}$
 3) 열린 아날로그 유형 형용사 : $\{\forall x_i, \exists F : y_1 \rightarrow -\infty \leq F(x_i) \leq y_n \rightarrow +\infty\}$

그리고 이러한 형용사의 세 가지 유형에 따라 각 정도 부사가 공기하는 관계가 다르다는 것을 아래와 같이 밝혔다.

[표 14] 정도 부사의 유형

	디지털 유형		닫힌 아날로그 유형		열린 아날로그 유형	
	없다	같다	비슷하다	깨끗하다	높다	길다
아주	○	○	×	×	×	×
거의	○	○	○	○	×	×
매우	×	×	○	○	○	○

※ 이때 '아주'는 '완전히'의 의미를 나타낼 수 있느냐의 여부에 따른 판단이다.

이러한 연구의 공통점은 정도 부사의 용법을 주로 후행하는 공기 가능한 요소와의 관계를 통해 살폈다는 것이다. 그러나 정도 부사는 앞선 연구에서 주장하는 것처럼 후행하는 공기 요소와만 제약을 갖는 것이 아니라 비후행 요소와도 공기 제약을 가지며 경우에 따라 후행하는 요소와의 제약이 해소되기도 한다. 이는 정도 부사가 수식 대상과의 의미관계만 존재하는 것이 아니라 전체 문장의 의미와 상관하기 때문에 나타나는 현상이다. 이에 대해서는 아래에서 자세히 논하겠다.

4.5.3. 정도 부사의 비후행 요소 공기 관계

이번 항에서는 후행 인접 요소와의 공기 관계만으로는 정도 부사의 쓰임을 완전하게 설명하기 어렵다는 것을 보이고자 한다. 다시 말해서, 공기 가능한 후행 인접 요소가 실현된 문장에서도 다른 성분에 의해 정도 부사가 제약되는 현상을 통해 정도 부사의 의미와 기능을 후행 요소의 수식으로 보는 관점이 타당하지 않다는 것을 보이고자 한다. 더불어 정도 부사의 의미 기능을 후행하는 요소의 수식보다는 결국 문장 전체가 의미하는 상태의 정도를 명세하는 것으로 보는 것이 더 타당하다는 것을 보이고자 한다.

아래에서는 '매우', '가장', '아주' 등과 같은 주요한 정도 부사를 중심으로 논의하도록 하겠다.

1) '매우'

앞서 선행 연구에서 살핀 것처럼 '매우'는 정도성이 있는 형용사와 모두 공기 가능하다.

(140) ㄱ. 아인이는 매우 예쁘다.
ㄴ. *아인이는 셋 중에서 매우 예쁘다.

(140ㄱ)에서 보는 바와 같이, '예쁘다'는 정도성을 상정할 수 있는 상태를 표상하므로 '매우'와의 공기가 가능하다. 그러나 (140ㄴ)에서는 후행하는 요소가 '예쁘다'임에도 불구하고 '매우'의 실현이 제약된다. (140ㄱ)과 비교해 보면 '셋 중에서'의 실현이 '매우'의 실현을 제약하는 것으로 보인다. 하지만 다음 예를 보면 '셋 중에서'의 실현이 반드시 '매우'의 실현을 제약하는 것은 아니라는 것을 알 수 있다.

(140) ㄷ. 셋 중에서 두 명이 매우 예쁘다.

(140ㄷ)에서는 '매우'가 실현 가능한 걸 보면 '셋 중에서'라는 성분 자체가 '매우'의 실현을 제약한다고 보기는 어렵다는 것을 알 수 있다. 이보다는 이 문장이 의미하는 전체로서의 상태가 '매우'의 실현을 제약한다고 할 수 있다. (140ㄴ)과 (140ㄷ)의 차이는 무엇인가. (140ㄴ)에서는 세 사람의 상태가 서로 상대적인 비교의 대상이 되고 있다. 즉 상대적인 상태의 우열을 나타내는 의미를 드러내고 있다. 반면 (140ㄷ)에서는 세 사람의 상태를 서로 비교하여 그 우열을 가리기보다는 세 사람이라는 한정된 집합

안에서 각각의 상태를 이야기하는 것으로 보인다. 그리고 그 중 두 사람의 상태를 선택하여 보고·단언하고 있다.

이러한 현상을 통해 우리는 '매우'는 문장의미에 상대적인 비교의 의미가 드러나고 그러한 의미를 생성하는 요소가 실현되었을 때 제약될 것이라고 예상할 수 있다.

(141) ㄱ. *솔직히 세상에서 그녀가 매우 예쁘다.
ㄴ. *어제 {올 겨울 들어/기상청 설립 이후로} 매우 추웠다.

(141ㄱ)에서는 '세상에서'와 같은 성분이 그녀가 예쁜 정도를 한정적인 대상과 상대적으로 비교한다는 의미를 갖게 한다. (141ㄴ)에서도 마찬가지로 '올 겨울 들어', '기상청 설립 이후로'와 같은 성분들이 여러 추운 상태들과 상대적인 비교를 한다는 의미를 생성하므로 '매우'의 실현이 제약된다.

이러한 현상을 정리해보면 '매우'의 실현은 후행하는 피수식어의 정도성과 깊은 연관이 있지만 다른 요소와도 관련된다는 것을 알 수 있다. 특히 다른 유사 상태와의 상대적인 비교가 문장의미로부터 도출될 경우에는 '매우'의 실현이 제약된다.

2) '가장'

'가장'은 "여럿 가운데 어느 것보다 정도가 높거나 세게"[169]라는 의미를 표상하는 정도 부사이다. 여럿 가운데에서 그 순위를 매기는 것이므로 문장에서 순위의 대상이 되는 요소가 실현되든지 아니면 적어도 전제되거나 추론할 수 있는 경우에만 '가장'이 실현될 수 있다.

---

169) 이 정의는 <표준국어대사전>에 따른 것이다.

(142) 그녀가 {우리 동네에서/셋 중에서} 가장 예쁘다.

(142)에서 '그녀가 예쁜 것의 정도'를 '우리 동네 사람들 중에서' 혹은 '셋 중에서'와의 상대적 비교를 통해서 나타내고 있다. 이러한 의미 기능상의 특징이 있기 때문에 후행하는 요소가 아무리 공기 가능한 형용사이더라도 다른 요소에 의해 실현이 제약되는 경우가 있다.

(143) ㄱ. 그녀는 코가 가장 예쁘다.
　　　ㄴ. *그녀는 코는 가장 예쁘다.

(143ㄱ)에서와 같이 격조사 '가'가 실현된 문장에서는 '가장'이 제약을 받지 않으나 (143ㄴ)처럼 보조사 '는'이 실현된 경우에는 제약을 받는다. 손세모돌(1997)에서는 '코는' 대신 '코가'가 실현되어야 하는 이유를 신정보의 측면에서 논의하였다. '가장'과 같이 [+비교] 자질을 갖는 정도 부사가 쓰인 구문에서 [정도성]은 구정보이고 주어는 신정보라는 것이다. 즉 비교 대상 가운데 누가 더 높은 속성 혹은 낮은 속성을 가지고 있는가가 초점이 되기 때문에 신정보로서 초점을 받는다는 것이고 이에 신정보를 나타내는 조사 '가'의 실현이 필수적이라는 것이다. 이는 다음과 같은 현상을 통해 뒷받침된다고 보았다.

(144) ㄱ. 누가 {가장/더} 좋아?
　　　ㄴ. 그 사람 얼마나 좋아해? {아주/매우} 좋아해.

(144ㄱ)에서 보는 바와 같이 '가장' 등은 주어를 신정보로 취한다는 것이고 (144ㄴ) '매우' 등의 정도 부사들은 '얼마나'에 대한 답으로서 그것이 신정보가 된다는 것이다. 하지만 초점이나 신정보와 같은 것들은 질문

과 상황에 따라 얼마든지 바뀔 수 있는 가변적 요소이다. 더불어 이러한 견해가 타당하지 않다는 것은 다음과 같이 '가장'이 쓰인 문장에서도 '는' 보조사가 쓰일 수 있다는 것에서 드러난다.

(145) ㄱ. 평양 정상회담, 그(김대중 전 대통령)는 가장 고독했다.
　　　　　　　　　　　　　　— 한겨레신문 2008년 11월 11일 기사 제목
　　　ㄴ. 그녀는 우리들 앞에 설 때 가장 당당하다.

즉 위에서 보조사 '는'은 '주제'의 의미를 가진 것으로 보인다. 이들이 신정보인지 아니면 구정보인지는 분명치 않으나 적어도 조사 '가'의 실현이 필수적인 것은 아니라고 할 수 있다. 이를 통해 신정보와 구정보와 관련하여 '가장'과 보조사 '은/는'의 공기 관계를 설명하는 것은 한계가 있다는 것이 드러난다.

그렇다면 보조사 '은/는'이 '가장'과 공기할 수 없는 이유는 무엇인가. (143ㄴ) "그녀는 코는 예쁘다."에서 '코는'은 그녀의 여러 다른 신체 부위와 대조의 의미를 가지면서 '코' 외에 다른 것은 예쁘지 않다는 의미를 갖는다. 그런데 '가장'이 실현되기 위해서는 상대적인 비교를 할 수 있는 동일 대상이 상정되어야 하나 '코는'이 다른 신체 부위와의 비교 의미를 가지게 하므로 동일 대상의 상대적 비교가 제한되는 것이다. 다시 말해서 동일한 대상 중에 최상위를 선택해야 하는 '가장'과 다른 대상과의 대조를 나타내는 '는'이 의미적으로 충돌하는 것이다. '가장'이라고 말하기 위해서는 그와 비교할 수 있는 상태가 존재해야 하는데 그것이 전제되거나 함의되지 않은 상황에서는 제약되는 것이다.[170] (145)의 경우도 같은 점에

---

[170] 한 선생님이 제기했던 바대로 만약 '코는'이 그녀의 다른 신체 부위와의 대조를 나타내는 상황이 아니라 '그녀의 코'와 상대적인 비교를 가능하게 하는 상황이 상정될 수 있다면 비문이 아니다.

서 설명이 가능하다. '그'와 '그녀'가 고독하거나 당당한 여러 상대적 상황을 전제하거나 함의할 수 있기 때문에 보조사 '는'의 실현이 제약되지 않는 것이다.

보조사의 실현만 제약이 있는 것이 아니다.

 (146) ㄱ. *그녀는 머리부터 발끝까지 가장 예뻤다.
    ㄴ. 30명 중에 {*한 명이/그녀가} 가장 예뻤다.

(146ㄱ)에서는 '머리부터 발끝까지' 성분의 실현이 다른 대상과의 상대적 비교 의미를 차단하고 있다. 즉 '머리에서부터 발끝까지' 각각의 상태를 평가하는 것이어서 다른 상태와의 비교 의미를 가질 수 없다. 따라서 '가장'이 제약되는 것이다. (146ㄴ)에서는 '한 명이'의 실현이 불가한 반면 '그녀가'의 실현은 가능하다. '30명 중에 한 명이 예쁘다'는 것은 30명을 대상으로 상대적인 비교를 통해서 우열을 가린다는 의미가 드러나지 않는다. 오히려 30명에 대해 각각 평가를 내리고 그에 대해 이야기하는 것이다. 반면 '30명 중에 그녀가'의 경우는 30명의 상대적 비교를 통해 '그녀'의 상태가 최우위에 있다는 것을 의미하므로 '가장'의 실현이 가능하다.

'가장' 역시 '매우'처럼 후행하는 요소와만 의미관계, 공기 관계를 맺는 것이 아니라 문장에 실현된 다른 요소들과도 공기 관계를 맺고 있으며 더불어 그것이 명세하는 정도는 문장 전체가 의미하는 상태와 관계가 있는 것이다.

---

  (1) 그녀는 (우리 반 여학생 중에서) 코는 가장 예쁘다.

  (1)의 경우, '우리 반 여학생들의 코'를 상대적인 비교 대상으로 상정할 수 있으므로 '가장'이 실현될 수 있다.

3) '아주'

'아주'에 대해서는 구별되는 두 가지 의미 기능이 있다고 보는 것이 일반적이다. 우선 '매우'와 교체 가능한 의미 기능이 있고, '완전히'와 같은 의미를 나타내는 용법이 있다. 박소영(2004)에서는 '매우'와 교체 가능한 '아주'와 달리, '완전히'의 의미를 갖는 '아주'는 어떤 정도를 상정할 수 없고 상태가 점으로만 존재하는 디지털 유형의 용언과만 공기한다고 하였다. 특히 디지털 유형의 용언은 동사가 의미하는 사건 구조에도 나타나 이러한 특징을 보이는 동사와는 '아주'가 공기 가능하다고 보았다. 그리고 이런 디지털 유형의 동사를 '계단 함수 술어'라고 하였다. 계단 함수 술어의 특징은 언어적으로 객체가 최대로 영향 받는 시점만을 인지하고 중간 단계의 모든 사건들은 무시되도록 영향 받는 시점만을 인지한다는 것이다. 또한 외부적인 힘에 의해 그 결과 상태가 깨지지 않는다면, 이들 사건은 결과 상태를 유지하고 그 결과 상태 부분이 부각되는 특성을 갖는다는 점에서 성취(achievement) 유형의 동작류와 구별된다고 보았다.

(147) ㄱ. 그와는 오래 전부터 연락을 아주 끊었다.
ㄴ. 이미 몇 십 년 전에 한라산에 호랑이가 아주 사라졌다/*나타났다.
ㄷ. 그 기억은 이제 아주 잊기/*기억하기로 했어요.

(147)에서 나온 '끊다', '사라지다', '잊다' 등은 중간 단계의 과정은 생략되고 종결점만 인지되는 특성을 가진 '계단 함수 술어'들인데 그러한 특성이 '아주'가 갖는 의미와 호응하여 공기한다고 보았다.

그러나 다음의 경우처럼 동사의 종류와 관계없이 '아주'의 실현이 가능할 수 있다.

(148) ㄱ. *아인이는 집에서 아주 공부한다.
ㄴ. 아인이는 집에서 아주 공부만 한다.

(149) ㄱ. *유승이는 주말에 아주 운동한다.
ㄴ. 유승이는 주말에 아주 운동만 한다.

(148)에서 보는 것처럼 '아주 공부하다'의 쓰임은 제약될 수 있으나 '아주 공부만 하다'는 가능하다. 이때 '아주'의 쓰임을 (147)의 경우와 다른 것으로 보기는 어려울 듯하다. '완전히'라는 의미가 이들 예에서도 그대로 유지되기 때문이다.

'아주 NP만' 구성은 서술어의 의미 특성과 관계없이 더욱 자유롭게 실현될 수 있다.

(150) ㄱ. 요즘은 아주 밥만 먹으면 체한 것 같다.
ㄴ. 그 집 개는 아주 고양이만 보면 못 잡아먹어 안달이다.

'아주 NP만' 구성이 가능한 것을 통해서 '아주'가 쓰이는 범위가 광범위하다는 것을 알 수 있다. '아주'의 의미 기능은 이러한 예들이 쓰이는 모든 현상들을 아우를 수 있어야 할 것이다. 이에 대해서는 다음 장에서 전체론적 분석을 통해 제시하도록 한다.

4.5.4. 전체론적 분석에 의한 정도 부사어의 의미와 용법

정도 부사는 후행하는 피수식어와의 관계뿐만 아니라 다른 요소와의 의미관계도 존재한다. 이는 정도 부사가 후행하는 요소만을 한정하기보다는 전체 문장이 의미하는 상태의 정도를 명세하는 것으로 보는 것이 타당하다는 것을 보여준다. 아래에서는 앞서 4.5.3항에서 살펴보았던 정도 부사의 사용 양상과 의미 특징을 바탕으로 전체론적인 관점에서 각 정도 부사의 의미 기능을 제시하고자 한다. 더불어 그러한 의미 기능을 바탕으로 정도 부사를 새롭게 분류하고자 한다.

1) '매우'의 문장의미 구성

앞서 살펴보았던 것처럼 '매우'는 정도성을 상정할 수 있는 상태에 대해 그 정도를 명세하는 기능이 있다. 이때 그 정도는 특정한 상태와의 상대적인 비교를 통해서 상정되는 것이 아니다. 특정 비교 상태가 문장의미를 통해 함의되는 경우에는 다음과 같이 '매우'의 실현이 제약된다.

(151) *아인이가 셋 중에서 매우 예쁘다.

따라서 '매우'의 의미 기능을 제시할 때는 이러한 특성이 반영되어야 할 것이다. 우선 다음과 같은 문장에서 '매우'의 의미가 무엇인지 살펴보자.

(152) ㄱ. 아인이가 매우 예쁘다.
ㄴ. ∃s[Theme(s, 아인이) & 매우(s) & 예쁘다(s)][171]

여기서 '매우(s)'가 의미하는 바는 다음과 같다.

---

[171] 우리는 문장의 각 성분들이 사건이나 상태를 서술한다고 보았다. 그리고 각 성분들이 서술하는 범주가 구별된다고 보면서 그것이 의미 역할이라고 보았다. 따라서 '예쁘다(s)'와 '매우(s)'가 아닌, 이들에게도 일정한 의미 역할, 즉 서술 함수를 주어져야 하나 이를 증명하는 과정이 또한 필요하므로, 현재의 논의에서는 기존의 방법을 일단 그대로 따른다.

(153) 매우(s) → D(s) > D(S)
   1) D(s)는 다음 s의 정도를 말한다.
      ∃s[Theme(s, 아인이) & 예쁘다(s)]
   2) D(S)는 다음 S의 정도를 말한다.
      ∃S ; ∀s[Theme(s, x) & 예쁘다(s)]
   ※ s = state, D = degree

　이것이 의미하는 바는 다음과 같다. '매우'가 명세하는 상태는 동일한 유형의 상태가 일반적으로 보이는 정도보다 높다는 것을 의미한다. 동일 유형의 상태는 '누가 예쁘다'라고 말할 수 있는 모든 상태와 같다. 논리적으로 말해서 복잡할 뿐 간단히 말하면 누군가를 매우 예쁘다고 말할 때의 정도성은 우리가 일반적으로 예쁘다고 말할 수 있는 모든 경우보다 높은 정도를 말하는 것이다.
　이와 같이 제시하는 데는 그만한 이유와 가치가 있다. 첫째 의미를 검증 가능하도록 가시화시켜 보여줄 수 있다. '매우'라는 것도 어떤 것과 비교하여 그 정도성을 제시하는 것인데 이때 비교되는 대상이 무엇인지 분명하게 말하기가 어렵다. 비한정적인 상태인 유형 상태[D(S)]로 제시하는 것을 통해 비교가 되는 기준 상태가 모호하다는 것을 나타낼 수 있다. 둘째 다른 정도 부사와의 차이를 분명하게 보여줄 수 있다. '가장' 등과 같은 정도 부사와 이들이 의미상 어떻게 구별되는지 체계적으로 보여줄 수 있을 것이다. 이는 다른 정도 부사의 의미 기능을 제시하면서 자연스럽게 드러날 것이다. 셋째, 이들이 문장 차원에서 어떤 의미 제약과 실현 제약이 있는지 분명하게 보여줄 수 있다. 'D(s) > D(S)'는 이들 부사가 반드시 정도의 차이를 상정할 수 있을 때만 실현 가능하다는 것을 함의한다. 정도를 비교하여 크거나 작다고 이야기할 수 있다는 것은 그것의 상태가 정도성이 있다는 것을 전제한다. 또한 이러한 정도성의 비교가 서술어로 한정되는 것이 아니라 문장 전체가 의미하는 상태와 관련된다는 것을 분명하게 보일 수 있다. '∃S ; ∀s[Theme(s, x) & 예쁘다(s)]'는 이 정도 부사가 한정적인 수로 제한되는 상태와 비교하면 제약된다는 것을 분명하게 함의한다. 유형 상태는 특정한 개체의 특정 상태를 의미하지 않는다.

이를 통해 '매우(s)'의 의미 기능을 다시 밝히면 다음과 같다.

(154) 매우(s) → Degree(s) > Degree(S)
 1) D(s)는 다음 s의 정도를 말한다.
  ∃s[Theme(s, x) & Adj(s)]
 2) D(S)는 다음 S의 정도를 말한다.
  ∃S → λsλx∀s∀x[Theme(s, x) & Adj(s)][172]

2) '가장', '훨씬'의 문장의미 구성

앞선 밝힌 것처럼 '가장'은 상대적인 비교를 통해서 어떤 상태의 정도가 최상위에 있다는 것을 의미한다. 따라서 다음과 같은 문장을 동일한 방식으로 제시할 수 있다.

(155) ㄱ. 아인이가 셋 중에서 가장 예쁘다.
  ㄴ. ∃s_1[Theme(s_1, 아인이) & 가장(s_1) & 예쁘다(s_1)] & 셋 중에서[173]

---

[172] 서술어를 형용사로 한정하지 않고 상태의 의미를 상정할 수 있는 모든 구성 성분으로 제시해야 하나 편의상 형용사로 대표한다. 예를 들어 '빨리'와 같은 부사도 상태를 상정할 수 있고 그밖의 품사 성분으로도 상태가 상정 가능한 경우가 있으나 논의의 간결함을 위해 형용사로 대표하고자 한다.

[173] '셋 중에서'는 단순히 세 사람을 의미하는 것이 아니라 세 개의 상태가 존재한다는 것을 의미하므로 그 문장이 의미하는 특정 상태를 논항으로 갖지 않는다. 이렇게 상태의 내적 구성 요소가 아니라 외적인 구성 요소가 문장 성분으로 실현되기도 한다. 우리는 EP(event phrase)를 설정하면서 이렇게 내적 사건 혹은 내적 상태를 구성하는 것이 아닌 성분들이 EP의 외부에 위치한다고 주장하였다.

여기서 '가장(s_1)'이 의미하는 바는 다음과 같다.

(156) 가장(s_1) → Degree(s_1) > Degree(s_2) > ⋯ > Degree(s_n)
※ 's_n'에서 'n'은 비교하는 상태의 수를 말한다. 그 수는 문장 성분을 통해서 혹은 문맥을 통해서 결정된다.

위와 같이 '가장(s)'는 여러 상태를 상대적으로 비교한 후 문장이 의미하는 상태가 최상위의 정도를 가지고 있다는 것을 의미한다. (156)에서 우리가 알 수 있는 것은 만약 비교할 수 있는 상태가 한정적으로 제시되지 않는다면 '가장'이 쓰일 수 없다는 것이다.

'훨씬'은 한정적인 상태와의 상대적 비교라는 점에서는 동일하나 다음과 같이 차이를 갖는다.

(157) 아인이가 영희보다 {훨씬/*가장} 예쁘다.

'훨씬'은 '가장'과 달리 상대적인 비교가 이원적이라는 특징을 갖는다. 즉 2개 이상의 상태에 대해 상대적인 순위를 매기는 것이 아니라 두 개의 상태를 비교한다는 점에서 차이를 갖는다. 다음과 같은 경우도 마찬가지다.

(158) 아인이가 영희와 진희보다 훨씬 예쁘다.

(158)도 '아인이의 상태', '영희의 상태', '진희의 상태', 세 상태에 대해 상대적인 순위를 매기는 것이 아니라 '아인이와 영희의 상태', '아인이와 진희의 상태'가 각각 비교된다고 하겠다. 따라서 '훨씬'의 의미는 다음과 같다.

(159) 훨씬(s_1) → Degree(s_1) > Degree(s_2)

※ 's_2'는 주로 'NP보다'와 같은 성분에 실현된 NP의 상태를 말한다. NP가 복수로 실현되어도 각각의 상태가 그 문장이 의미하는 상태와 비교된다.

3) '아주', '거의'의 문장의미 구성

앞서 다음과 같은 '아주'의 쓰임과 실현을 제시하였다.

(160) ㄱ. 아인이는 집에서 아주 공부만 한다.
ㄴ. 유승이는 주말에 아주 운동만 한다.

(161) ㄱ. 요즘은 아주 밥만 먹으면 체한 것 같다.
ㄴ. 유승이가 수업 시간에 선생님을 안 보고 아주 아인이만 보고 있다.

우리는 이러한 '아주'의 쓰임을 어떤 행위나 상태가 갖는 비율의 완전성을 이야기한다고 본다. 즉 그 행위나 상태 외에는 다른 행위나 상태를 상정할 수 없는 것, 그것이 바로 '아주'가 의미하는 바라고 보는 것이다. (160ㄱ)의 의미는 아인이가 집에서 하는 행위 혹은 사건이 '공부' 외에는 없다는 것을 의미한다. 마찬가지로 (161ㄴ)도 '유승이가 아인이를 보는 사건'이 교실과 수업 시간 안에서 차지하는 비율이 100%라는 것이다.

이를 통해 '아주(e)'의 의미를 보이면 다음과 같다.

(162) 아주(e) → Rate(e/E) = 1
※ e∈E & ~e∈E
1) ◇∃E ; ∀e[Agent(e, x) & Verb(e) & ⋯ & time(e, t) & location(e, l)]
2) ∃e[Agent(e, x) & Verb(e) & ⋯ & time(e, t) & location(e, l)]
3) ◇∃~e[Agent(~e, x) & Verb(~e) & ⋯ & time(~e, t) & location(~e, l)]

위의 내용이 의미하는 바는 다음과 같다. 특정한 장소와 시간에서 일어날 수 있는, 가능한 모든 사건들의 집합 E가 있다. 그런데 현재 E의 집합 원소에는 e밖에는 없다는 것이다. 다른 사건들은 전혀 없다는 것을 의미한다. 예를 들어 (160ㄱ)의 경우 '아인이가 집에서 있을 때 일어날 수 있는 가능한 모든 사건들' 중에서, 일어난 사건은 오직 '공부를 하는 것'밖에는 없다는 것이다.

반면 '거의'의 경우는 조금 다르다.

(163) ㄱ. 아인이는 집에서 거의 공부만 한다.
　　　ㄴ. 유승이는 주말에 거의 운동만 한다.

'거의'의 경우는 '공부하는 사건' 외에도 다른 사건이 아주 극소수 있다는 의미가 되므로 다음과 같이 그 의미 기능을 제시할 수 있다.

(164) 거의(e) → 1 ≧ Rate(e/E) & Rate(~e/E) ≧ 0
　　　※ e∈E & ~e∈E
　　　1) ◇∃E ; ∀e[Agent(e, x) & Verb(e) & ⋯ & time(e, t) & location(e, l)]
　　　2) ∃e[Agent(e, x) & Verb(e) & ⋯ & time(e, t) & location(e, l)]
　　　3) ◇∃~e[Agent(~e, x) & Verb(~e) & ⋯ & time(~e, t) & location(~e, l)]

박소영(2004)에서는 '거의'의 경우에는 정도의 한계가 없는, 열린-아날로그 유형의 형용사와는 공기 가능하지 않다고 했으나 (164)와 같은 조건이 문장의미 상 드러나면 실현 가능하다.

(165) ㄱ. *아인이는 거의 예쁘다.

ㄴ. 우리 반 아이들은 거의 예쁘다.

(165ㄴ)이 가능한 것은 '우리 반 아이들'이 비율을 가능하게 하는 집합을 제공하기 때문이다. 그 집합에서 '예쁜 상태'가 가지는 비율이 1에 가깝기 때문에 '거의'라는 정도 부사의 쓰임이 가능하다. 더불어 그렇지 않은 상태가 존재해야만 '거의'를 쓸 수 있다.

4.5.5. 요약 및 정리

우리는 정도 부사가 후행하는 피수식어의 정도성을 명세한다는 기존의 견해에 문제를 제기하고 정도 부사는 문장이 의미하는 전체 사건이나 상태의 정도성을 명세한다고 주장하였다. 이를 증명하기 위해 정도 부사가 후행하는 요소가 아닌, 비후행 요소와도 의미관계를 맺고 있다는 것, 더불어 다른 구성 요소에 의해 기존 논의에서 공기 제약 관계에 있다고 한 피수식어의 제약이 해소되는 현상 등을 제시하였다.

정도 부사가 문장이 의미하는 전체 상태의 정도성을 명세한다는 현상에 기반하여 여러 정도 부사의 의미 기능을 전체론적으로 분석해 보았다. 이를 통해 정도 부사는 그 의미 기능에 따라 다음과 같이 분류할 수 있다. 첫째, 비교에 기반한 정도 부사가 존재한다. '매우', '꽤' 등은 비한정적 상태와의 비교를 통해 그 정도성을 명세하며, '가장', '훨씬' 등은 한정적 상태와의 비교를 통해 정도성을 명세한다. 둘째, 비율에 기반한 정도 부사가 존재한다. '아주', '거의' 등은 그 문장이 의미하는 사건이나 상태가 해당 문맥에서 상정할 수 있는 사건이나 상태와 관련하여 차지하는 비율이 1이거나 그에 가깝다는 의미를 나타낸다.

4.6. '(으)로서' 부사어구의 문장의미 구성

4.6.1. 문제 제기

이 절에서는 '(으)로서' 조사가 붙은 문장 성분이 문장의미 구성에 있어 어떤 역할을 하는지 살피고자 하는 것이다. 종래 '(으)로서'는 '자격'이나 '지위'와 같은 의미역을 나타내는 격조사로 보는 것이 일반적이었다. 그러나 '(으)로서' 문장 성분을 단순히 '자격'이나 '지위'와 같은 의미역을 나타내는 부사어로 보는 것은 몇 가지 점에서 문제가 있다. 우선 각 문장 성분들의 의미역은 서술어와의 관계를 통해서 결정되는 것이 일반적이나, '(으)로서' 성분은 주어와의 관계를 고려해 의미역 명칭을 정했다는 점에서 구별되는 면이 있다. 즉 '자격'이나 '지위'는 일차적으로 서술어의 '자격'을 나타내기보다는 '주어'의 자격이나 '지위'를 나타낸다고 할 수 있다. '(으)로서'가 실현된 전형적인 문장을 보면,

 (166) 유승이는 동기회 회장으로서 책임이 막중하다.

'(으)로서'의 의미역이 '자격'이나 '지위'라고 보았을 때, (166)에서 '동기회 회장으로서'는 주어인 '유승이'가 갖는 '지위'나 '자격'을 명세하는 것으로 보인다. 이 때문에 "자격 부사어를 이루는 명사구의 머리 명사는 많은 경우에 [유정성]을 지니"(서정수, 1996 : 183)는 것이 일반적이라는 견해가 있기도 하다. 주어 관련 선택 제약이 존재한다고 보는 것이다. 그런데 다음 예문을 보면,

 (167) 그의 기말 성적은 평균 4.3으로서 학과 전체 2등의 성적이다.

(167)에서 '평균 4.3으로서'는 '유정성'을 가진 명사도 아닐 뿐더러, '기말 성적'의 '자격'이나 '지위'를 나타낸다고 보기도 어렵다. 이렇듯 '(으)로서' 성분의 의미역을 단순히 '자격'이나 '지위'라고 볼 수 없다는 것을 알 수 있다. 따라서 '(으)로서' 성분이 문장의미 구성에 있어 어떤 의미 역할[174)을 하는지 재검토할 필요가 있다.

다음 예문 역시 (166)의 전형적인 '(으)로서' 성분과는 구별되는 양상을 보인다.

(168) 만일 유엔 안보리에서 가혹한 제재 방안을 내놓을 경우 북한으로서 는 더더욱 안보에 대한 불안감을 느낄 것이다.[175)

(168')에서 보는 것처럼 주어로 상정될 수 있는 '북한은'의 실현이 가능하지 않다.

(168') *북한은 북한으로서(는) 더더욱 안보에 대한 불안감을 느낄 것이다.

(168)의 경우 주어의 실현이 불가능하다는 점에서 앞서 '(으)로서' 성분이 주어와의 의미관계를 통해 '지위'나 '자격' 의미역을 갖는다는 견해에 대해 재고할 필요성을 갖게 한다. 주어의 실현이 제한된 상황에서 이들의 의미 역할이 무엇과 관계하여 나타난 것인지 논하기 어렵기 때문이다. 더불어 주어의 실현이 어떠한 점에서 제약되는지에 대한 설명이 필요하다.

---

174) 이 책에서 사용한 의미역 혹은 의미 역할은 통사론적인 관점에서 사용하는, 논항에 상응하는 의미역을 지칭하는 것이 아니다. 여기에서 의미역이란 문장이 기술하는 사건에서 개체들의 역할을 명시하는 정보로 볼 수 있다. 이러한 의미역 정의에 대한 자세한 논의는 Parsons(1995) 참조.
175) 이 문장은 실제 사용된 용례로서 출처는 다음과 같다. <문화일보>(http://www.munhwa.com/news/view.html ?no=2006101301030623047002)

문제는 여기서 그치지 않는다. 앞서와 같이 '(으)로서' 성분이 서술어보다는 주어와 1차적인 의미관계를 맺는다면 의미적인 측면에서 이들은 단일 명제를 구성하는 것이 아니라 복합 명제를 구성한다고 볼 수 있다. 의미적인 측면에서 '명제'는 주술관계가 있을 경우 성립하는데 '(으)로서' 성분이 주어와 주술관계를 이룬다는 점에서 의미적인 측면에서 복합 명제를 상정할 수 있다. 이러한 가능성을 인정한다면 '(으)로서' 성분의 문장의미 구성은 단일 명제, 즉 하나의 사태가 어떻게 구성되는지를 살피는 것이 아니라 복합 명제, 즉 두 개의 사태가 어떤 의미관계를 맺고 문장의미를 구성하는지를 살피는 과정이 된다. 실제로 다음과 같은 예문을 보면,

(169) 신공항 조기 착수는 정책적인 문제로서, 그것에 다른 복선이나 정치적 의도는 없다.[176]

(169)의 경우는 두 개의 명제로 구성된 문장으로 볼 수 있다. 즉 '신공항 조기 착수는'과 '정책적인 문제로서'가 주술관계를 맺고 하나의 명제를 구성하며 '다른 복선이나 정치적 의도는'과 '없다'가 주술관계를 맺고 다른 명제를 구성하고 있다.[177] 이러한 가능성을 인정한다면 '(으)로서' 성분을 포함하고 있는 문장의 의미 구성은 하나의 명제, 즉 하나의 사태가 어떻게 구성되는지를 살피는 것이 아니라 두 개의 명제, 즉 두 개의 사태가 어떤 의미관계를 맺고 문장의미를 구성하는지를 살피는 과정이 된다.

우리는 이러한 몇 가지 현상을 통해서 종래 '자격'이나 '지위'를 나타낸

---

176) 이와 같은 용법에 대해서는 문법성 여부에 대해 논란이 있을 수 있다. 이에 따라 실제 텍스트에서 추출한 용례를 제시한다. 출처는 연합뉴스(http://news.naver.com/main/read.nhn?mode=LSD&mid=sec& sid1=100&oid =001&aid=0004987741)이다.
177) 후행하는 명제에서 선행하는 주어 '이는'은 주어가 아니라 부사어로서 생략된 것이라고 볼 수 있다. 이 점에서 이 문장은 통사적으로 두 개의 주술관계가 존재하는 복문의 가능성이 있다. 이에 대해서는 4.6.3항에서 다시 논한다.

다고 본 '(으)로서' 성분이 문장의미 형성에 있어 어떤 역할을 하는지 자세하게 살피고자 한다. 더불어 문장을 구성하는 부분으로서의 문장 성분 '(으)로서'가 어떤 과정을 거쳐 전체 문장의미를 형성하는지 살펴보고자 한다. 이는 종래 통사론적인 관점에서 구조적인 계층성을 바탕으로 합성적 차원의 문장의미를 논했던 것과는 구별되는 관점을 제시하는 데 중요한 논거가 될 것이다.

4.6.2. '(으)로서' 구문의 기본 문장의미 구성

대개 문장 성분은 문장의미 구성과 관련하여 서술어와 의미관계를 이루는 것이 일반적이다. 예를 들어 "아인이가 도서관에서 공부했다."에서 '도서관에서'는 서술어가 의미하는 행위, 즉 공부하는 행위가 일어나는 '장소'를 나타낸다. 즉 서술어가 의미하는 행위의 틀 안에서 그것을 세부적으로 구성하는 정보를 제공한다. 그런데 '(으)로서' 성분은 앞서 살핀 바와 같이 주어와 주술관계를 맺으면서 하나의 명제를 구성한다. 더불어 주어와 서술어의 경우에도 하나의 명제를 구성하므로 결국 '(으)로서'가 포함된 문장의 의미는 명제 간 의미관계를 통해 구성된다고 할 수 있다. 논의의 편의를 위해 결론부터 말하자면 이러한 명제 간 의미관계는 삼단논법에 의해 구성된다고 본다. 즉 주어와 '(으)로서' 성분으로 구성된 명제, '(으)로서'와 서술어로 구성된 명제, 주어와 서술어로 구성된 명제, 이와 같은 세 개의 명제가 삼단논법의 의미관계에 따라 문장 의미를 구성한다고 보는 것이다. 이번 항에서는 이와 같이 '(으)로서' 성분이 주어, 서술어와 각각 어떻게 의미관계를 맺는지 살펴보면서 '(으)로서' 성분이 어떻게 문장의미를 구성하는지 살펴보도록 하겠다.

4.6.2.1. '(으)로서' 문장 성분과 주어와의 관계

'주어'와 '(으)로서' 성분이 주술관계를 맺는다면 이들은 명사구와 명사구 간의 주술관계이므로 '이다' 구문이 갖는 의미론적 관계를 통해 그 의미관계를 파악할 수 있을 것이다. 따라서 주어와 '(으)로서' 성분이 갖는 의미관계를 '이다' 구문이 갖는 의미적 관계와 상관하여 살핌으로써 그 관계를 명확히 할 수 있다. 다음에서는 '이다' 구문의 의미적 관계를 통해 '주어'와 '(으)로서' 성분의 의미관계를 살피고자 한다.

남기심(1986, 1996)에서는 '이다' 구문의 의미적 관계를 다음과 같이 크게 세 가지로 나누고 있다.

(170) ㄱ. 분류문 : 고래는 포유동물이다.
ㄴ. 유사 분류문 : 침묵은 금이다.
ㄷ. 비분류문 : 영수는 국문과이다.

(170ㄱ)은 가장 전형적인 '이다' 구문으로서 주어는 종개념이, 서술어는 유개념이 실현된다. (170ㄴ)은 두 명사구의 관계가 일종의 비유적 관계에 있는 것이다. 남기심(1986, 1996)에서는 비유관계가 다음과 같다고 보았다.

(171) ㄱ. N_1이 N_2와 같다.
ㄴ. N_1이 N_2로 쓰인다.
ㄷ. N_1이 N_2의 역할을 한다.

(170ㄷ)은 본래 '이다' 구문이 아니고 "영수는 국문과에 다닌다."와 같이 다른 구문에서 변형되어 나타난 것을 말한다.

이러한 의미관계에 있는 '이다' 구문의 구성 명사구들은 '(으)로서' 문장 성분과 주어 성분에서도 그대로 대응하여 나타날 수 있다.

(172) ㄱ. 고래는 포유동물로서 새끼를 젖을 물리어 키운다.
　　　 ㄴ. 침묵은 금과 같은 것으로서 지키는 만큼 그 가치가 올라간다.
　　　 ㄷ. 문법론을 통해 영수는 국문과로서 반드시 알아야 할 지식들에 대해 배우게 되었다.

그런데 양정석(1986)에서는 이와 달리 '이다' 구문의 의미를 '지시적 의미'와 '속성적 의미'로 나누고 있다. 앞서 남기심(1986, 1996)에서 분류한 예는 모두 '지시적 의미'를 나타내는 경우이며 '속성적 의미'를 나타내는 경우는 다음과 같다.

(174) ㄱ. 방안이 엉망이다.
　　　 ㄴ. 나는 경애가 최고이다.

이 경우 '이다'는 그 결합 명사구와 함께 형용사와 같은 구실을 한다. 이들은 '지시적 의미' 구성에서 '이다' 결합 명사구가 관형어의 수식을 받을 수 있는 것과 달리 관형어의 수식을 받을 수 없고 부사어의 수식을 받는다.

(175) ㄱ. 고래는 아주 큰/*아주 크게 포유동물이다.
　　　 ㄴ. 방안이 *완전한/완전히 엉망이다.

이러한 '이다' 구문의 유형 차이는 '(으)로서' 성분의 실현에도 그대로 나타난다. 즉 '지시적 의미'를 나타내는 '이다' 구문의 명사구는 '(으)로서' 성분으로 실현 가능하지만, '속성적 의미'를 나타내는 '이다' 구문의 명사구는 '(으)로서' 성분으로 실현 불가능하다.

(176) ㄱ. 고래는 포유동물로서 새끼를 젖을 먹여 키운다.

ㄴ. *방안은 엉망으로서 빨리 치워야 했다.

우리는 이와 같이 '(으)로서' 성분이 주어와 '이다' 구문이 갖는 의미적 주술관계를 맺는다고 본다. 단, '이다' 구문이 갖는 '지시적' 의미관계만을 가질 뿐 '속성적' 의미관계는 맺지 않는다고 본다. 역으로 '(으)로서'와 결합하는 명사구는 주어 성분과 '이다' 구문의 '지시적' 의미관계가 성립한다면 실현 가능하다고 본다.[178]

4.6.2.2. '(으)로서' 성분과 서술어와의 관계

앞서와 같이 '(으)로서' 성분이 서술어보다는 주어와 일차적인 의미관계를 맺는다면 의미적인 측면에서 이들은 하나의 명제가 아닌 두 개의 명제로 구성되어 있다고 볼 수 있다. 이러한 가능성을 인정한다면 '(으)로서' 성분의 문장의미 구성은 하나의 사태가 어떻게 구성되는지를 살피는 것이 아니라 두 개의 사태가 어떤 의미관계를 맺고 문장의미를 구성하는지를 살피는 과정이 된다. 일반적으로 문장의 각 성분은 문장이 표상하는 명제 혹은 사태(states of affairs)[179]의 부분을 구성한다. 즉 문장의미가 사태를 표상한다고 할 때 문장 성분은 단일한 사태를 구성하고 명세하는 하나의 주요 정보이다. 예를 들어, 의미역과 관련하여 행위자를 표상하는 주어는 사건의 행위자가 누구인지 명세한다. 각 문장 성분은 단일한 사태를 구성하는 부분으로서 의미역을 갖는다. 그런데 '(으)로서' 격표지가 붙은 성분의

---

[178] 주어 성분과 '(으)로서' 성분이 '이다' 구문을 갖는다는 통사론적 근거를 굳이 들자면 다음과 같은 현상을 제시할 수 있다.

    (1) ㄱ. 동기회 회장으로서(의) 유승이는 언제든지 동기회를 소집할 수 있다.
        ㄴ. 동기회 회장인 유승이는 언제든지 동기회를 소집할 수 있다.

[179] 여기서 사태는 동사가 서술어인 '사건' 구문과 형용사가 서술어인 '상태' 구문을 모두 아우르는 용어이다.

경우, 여타의 부사어가 그 문장이 의미하는 사태를 부분적으로 명세하는 것과 달리 그것과는 다른 사태를 구성하는 것으로 보인다는 것이다. 즉 '(으)로서' 성분이 포함된 문장은 다른 단문 구성과는 다른 문장의미 구성을 고려해야 한다는 것이다.

따라서 '(으)로서' 성분과 주어 성분이 지시적 의미를 갖는 '이다' 구문의 주술관계를 맺는다고 보았을 때 서술어와의 관계는 명제 내 구성이 아닌, 명제 간 구성이라는 관점에서 접근할 필요가 있다. 결론부터 말하자면 우리는 '(으)로서' 성분이 포함된 문장이 다음과 같은 삼단논법의 복합 의미 구성을 갖는다고 본다.

삼단논법은 대개 다음과 같은 구성을 갖는다.

(177) 대전제 : 인간은 죽는다.
　　　소전제 : 소크라테스는 인간이다.
　　　결　론 : 따라서 소크라테스는 죽는다.[180]

이를 '(으)로서' 성분이 실현된 앞서 (166)의 문장과 관련하여 살펴보면 다음과 같다.

(166) 유승이는 동기회 회장으로서 책임이 막중하다.

(166') 대전제 : 동기회 회장은 책임이 막중하다.

---

180) 위와 같이 전형적인 삼단논법 구성의 예를 '(으)로서' 구문으로 바꿀 경우 "소크라테스는 인간으로서 죽는다."와 같이 자연스럽지 못한 문장이 생성된다고 의견들이 있었다. 이러한 예문이 자연스럽지 않은 이유는 분명치 않으나 위 구성이 논리적인 명제 구성일 뿐 문장의 구현이라는 측면에서는 부족한 측면이 있기 때문이 아닌가 생각해 볼 수 있다. 다음과 같이 보조사와 부사어 등을 통해 좀 더 자연스러운 예문으로 바꿀 수 있는 가능성이 존재하기 때문이다. "소크라테스도 인간으로서 결국에는 죽는다."

소전제 : 유승이는 동기회 회장이다.
결 론 : 따라서 유승이는 책임이 막중하다.

(166)의 문장의미는 (166')과 같이 삼단논법의 과정을 통해 의미 구성이 이루어진다. 즉 '동기회 회장이 책임이 막중하다'는 대전제와 '유승이가 동기회 회장'이라는 소전제를 바탕으로 '유승이는 책임이 막중하다'는 결론을 이끌어내는 것이 (166)의 문장이 의미하는 바라고 할 수 있다.

대개 '(으)로서' 구문이 다음과 같은 구성을 가진다고 보았을 때,

(178) NP$_1$가 NP$_2$으로서 VP

'(으)로서' 문장 성분을 포함한 문장의 의미 구성은 다음과 같다.

(179) 대전제 : NP$_2$가 VP.
      소전제 : NP$_1$가 NP$_2$이다.
      결 론 : NP$_1$가 VP.

정리하자면 '(으)로서' 성분은 서술어와 대전제를 이루고 주어와는 소전제를 이룸으로써 결론적으로 주어와 서술어구가 의미관계를 맺을 수 있는 근거를 제공하는 역할을 한다고 볼 수 있다.

4.6.3. '(으)로서' 구문의 확장 문장의미 구성

이번 항에서는 앞선 항에서 논의했던 '(으)로서' 실현 문장의 전형적인 의미 구성이 아닌, 변형되고 확장된 경우에 대해 살펴보고자 한다.

4.6.3.1. 주어가 실현되지 않은 '(으)로서' 구문의 의미 구성

주어로 실현된 명사가 자체적으로 가진 의미로 인해 자격이나 역할을 추론할 수 있는 경우가 있다. 따라서 행위자로 실현된 주어 성분의 명사가 일정 정도 자격이나 역할 정보를 표상할 경우 자격의 의미를 추론할 수 있다.

(180) ㄱ. 회장님은 다른 임원과 달리 귀빈석에 앉으셔야 합니다.
ㄴ. 회장님은 회장님으로서 다른 임원과 달리 귀빈석에 앉으셔야 합니다.

(180ㄱ)에서 '회장님'은 단순히 행위자의 의미 역할을 표상할 수도 있으나 앉는 자리를 구별하는 역할, 자격 정보까지 갖는다고 할 수 있다. 즉 단순한 행위자의 의미 역할 외에도 행위 가능의 '자격' 정보가 '회장님'이라는 명사의 의미 안에 포함되어 있다고 할 수 있다. 그러나 이는 문법적으로 명세된 정보가 아니라 추론된 정보이며 그와 같은 자격 정보를 외현적으로 명세할 경우 (180ㄴ)과 같이 '(으)로서'와 같은 격조사의 실현이 이루어져야 한다.

그런데 주어의 실현이 제약되는 경우도 있다.

(181) 새 정책에 따라 정원을 줄여야 하는 공공기관으로서는 신규 채용이 쉽지 않은 상황이다.[181]

(181)의 경우는 주어로 볼 수 있는 '공공기간은'이 실현되어 있지 않으

---

181) 해당 용례의 출처는 다음과 같다.
<연합뉴스>(http://news.naver.com/main/read.nhn?mode=LSD&mid=sec&sid1=102&oid=001&aid=0005876870)

며 (181')과 같이 주어 성분이 실현될 경우 비문이 되므로 생략이라고 보
기 어려운 면이 있다.

 (181') *공공기관은 새 정책에 따라 정원을 줄여야 하는 공공기관으로서는
    신규 채용이 쉽지 않은 상황이다.

그런데 (181)은 다음과 같은 문장으로 환언할 수 있다.

 (181") 공공기관은 새 정책에 따라 정원을 줄여야 하는 기관으로서 신규
    채용이 쉽지 않은 상황이다.

(181")은 앞선 항에서 살폈던 전형적인 '(으)로서' 구문의 기본적인 의미
구성을 그대로 보여 준다.

 (181''') 대전제 : 새 정책에 따라 정원을 줄여야 하는 기관은 신규 채용이
      쉽지 않은 상황이다.
    소전제 : 공공기관은 새 정책에 따라 정원을 줄여야 하는 기관이다.
    결   론 : 공공기관은 신규 채용이 쉽지 않은 상황이다.

(181)이 (181")과 의미적으로 동일하다고 본다면 (181)도 '(으)로서' 포함
문장의 기본적인 의미 구성에서 벗어난 것이 아님을 알 수 있다. 다만,
'이다' 구문을 이루는 두 명사구가 구별되어 실현되지 않고 '융합'된 것이
라고 볼 수 있다. 즉, 소전제인 "공공기관은 새 정책에 따라 정원을 줄여
야 하는 기관이다."가 의미적으로 주어와 서술어로 분리되지 않고 '새 정
책에 따라 정원을 줄여야 하는 공공기관'으로 융합되어 실현된 것이라고
볼 수 있다. 이러한 것이 가능한 것은 'x는 y이다'라는 의미 구성이 뜻하
는 바가 기본적으로 'x=y'이므로 결국 구분되어 실현되지 않고 단일하게

실현될 수 있기 때문이다.

(180)처럼 '회장님은 회장님이다'에서 전자가 어휘의 의미 기능 중 '지시'의 의미를, 후자가 '의의'의 의미를 나타내는 경우에는 주어와 '(으)로서' 성분으로 각각 실현 가능하나 "공공기관은 공공기관이다."와 같이 이를 구분하기 어려운 경우는 (181)과 같이 단일하게 융합된 형태로만 실현이 가능하다. 정리하자면 '(으)로서'의 명사구는 대개 주어와 분리하여 실현되나 그것이 가지는 동일 지시의 의미적 특성으로 인하여 융합하여 단일하게 실현될 수도 있다.

4.6.3.2. 서술어(구)가 '(으)로서'와 대전제를 이루지 않는 문장의 의미 구성

앞서 4.6.2항에서 '(으)로서' 성분은 서술어와 대전제를 이루고 주어와는 소전제를 이룸으로써 결론적으로 주어와 서술어가 의미관계를 이루도록 하는 것이 그 의미 기능이라고 보았다. 그런데 다음 문장을 보면 이러한 주장에 대해 재고할 필요성을 갖게 한다.

(182) 그 사람은 동네 대표로서 무책임하고 융통성이 없다.

위 문장을 앞서 논의했던 '(으)로서' 문장의미 구성에 따라 재구성하면,

(182') 대전제 : 동네 대표는 무책임하고 융통성이 없다.
　　　　소전제 : 그 사람은 동네 대표이다.
　　　　결　론 : 그 사람은 무책임하고 융통성이 없다.

그런데 (182')의 대전제는 적절하지 않은 것으로 보이며, (182) 문장이 의미하는 바도 (182')이 아닌 것으로 보인다. 이와 같은 경우를 어떻게 설

명할 것인가. 우리는 (182)의 문장을 다음과 같이 구성되었다고 본다.

(182") 대전제 : 동네 대표는 책임감이 있고 융통성이 있어야 한다.
　　　소전제 : 그 사람은 동네 대표이다.
　　　결론→ 전제 : 그 사람은 책임감이 있고 융통성이 있어야 한다.
　　　개별 사실 : (그럼에도 불구하고) 그 사람은 무책임하고 융통성이 없다.

'(으)로서' 성분이 포함된 문장의 의미는 기본적으로 '(으)로서' 결합 명사구가 가지는 일반적 특성을 주어도 가진다는 사실을 이야기하는 것이나 (182)에서 보는 바와 같이 실제 개별적인 사실을 표현할 수도 있다. 이때 전형적인 '(으)로서' 구문의 의미 구성에서의 '결론'은 개별적인 사실을 말하기 위한 '전제'가 된다. 즉 단순히 '그 사람이 무책임하고 융통성이 없다'는 것이 아니라 '동네 대표로서 책임감 있고 융통성이 있어야' 한다는 전제 하에 그것이 없다는 것을 말하는 것이라고 할 수 있다. 이때 개별 사실은 (182)와 같이 전제에 부합하지 않을 수도 있으며 (183)과 같이 부합할 수도 있다.

(183) 그 사람은 동네 대표로서 책임감과 융통성이 있다.

정리하면 서술어가 '(으)로서' 성분이 가지는 일반적 특성을 나타낼 때에는 기본적인 '(으)로서' 문장의미 구성으로서 '삼단논법 구성'을 가지나 서술어가 주어가 가진 개별적인 특성을 나타낼 때에는 '삼단논법 구성'의 결론이 개별적인 특성을 말하기 위한 전제가 된다고 볼 수 있다.

4.6.3.3. '대전제'가 없는 '(으)로서' 구문의 문장의미 구성

기본적으로 '(으)로서' 구문은 '(으)로서' 성분이 서술어와 대전제를 이루고 주어와는 소전제를 이뤄 결론적으로 주어와 서술어가 의미관계를 이루도록 하는 것이 그 의미 구성상의 특징이다. 그런데 '대전제'를 구성하지 않고 '소전제'와 '결론'만으로 의미관계가 이루어진 것처럼 보이는 경우가 있다.

(184) 숭례문은 대한민국 국보 제1호로서 한양 성곽과 함께 1396년에 처음 만들어졌다.

(184)를 '(으)로서'를 포함한 문장의 기본적인 의미 구성에 따라 재구성하면 다음과 같다.

(184') 대전제 : 대한민국 국보 제1호는 한양 성곽과 함께 1396년에 처음 만들어졌다.
　　　 소전제 : 숭례문은 대한민국 국보 제1호이다.
　　　 결　론 : 숭례문은 한양 성곽과 함께 1396년에 처음 만들어졌다.

그러나 (184')의 대전제는 인정하기 어렵다. '대한민국 국보 제1호'라는 특성이 '1396년에 처음 만들어진' 직접적인 원인이라고 보기 어렵기 때문이다. 즉 '대전제'와 '소전제'를 통해 '결론'을 이끌어냈다기보다는 그것과는 별개로 '결론'의 내용이 존재한다고 볼 수 있다. 이와 같이 대전제가 성립되지 않으므로 기본적인 '(으)로서' 구문의 의미 구성을 (184)에는 적용하기 어렵게 된다.

이러한 현상이 발생한 원인은 무엇인가. '(으)로서' 성분과 주어는 기본적으로 '이다' 구문의 의미관계를 형성한다고 보았다. 그런데 주어와 '(으)로서' 성분이 종개념과 유개념으로 각각 구성되지 않고 유개념에 '종차'를 둠으로써 두 명사구가 완전한 동격이 되었을 때는 더 이상 이들을 각각 대전제와 소전제로 나눌 수 없게 된다. 다시 말해서 "숭례문은 대한민국 국보 제1호이다.", "대한민국 국보 제1호는 숭례문이다."와 같이 완전한 동격 구성을 이루게 되면서 대전제와 소전제를 거쳐 결론을 맺는 과정이 의미가 없게 된 것이다.

    (184″) 대한민국 국보 제1호는 숭례문으로서 한양 성곽과 함께 1936년에 처음 만들어졌다.

  (184″)에서 보는 것처럼 주어와 '(으)로서' 성분이 동일하므로 교체되어도 의미상의 차이가 없게 된다. 결국 '(으)로서'로 실현된 명사구와 서술어 간의 의미관계가 대전제로서 선행하여 성립되어야 하는 이유가 없게 된 것이다. 따라서 주어와 '(으)로서' 성분의 주술관계와 주어와 서술어의 주술관계, 두 명제의 의미관계는 대전제를 통해 연결될 필요성이 없게 된 것이다.

  이 경우는 '(으)로서' 구문의 기본 의미 구성이 정립된 후 용법이 확장된 것으로 보인다. 이 경우는 앞서의 경우보다 복합문의 특징이 더 강하게 나타난다. 그래서 복합문처럼 분리성이 강하여 쉼표(,)가 나타나기도 한다. 또 전형적인 '(으)로서' 구문과 달리 '(으)로서' 성분 다음에 휴지가 나타날 수도 있다. 더불어 '주어'와 '(으)로서' 성분의 주술관계는 성립하나 이 의미적 절, 즉 명제는 단순한 '부가'로서 주어와 서술어가 의미하는 명제와 직접적인 의미관계를 맺지 않는다. 즉 '(으)로서' 성분은 서술어가 나타내는 명제의 근거를 제시하기보다는 단순히 주어와 주술관계의 맺는 정보를 추가로 제공하는 것으로 보인다.

  이러한 구성과 관련하여 통사적인 측면에서 두 개의 절을 구성하는 것으로 보이는 용례가 존재한다. 즉 위와 같이 삼단논법이 아닌 두 개의 명제 간 관계로 문장의미가 구성되는 경우 이들은 두 개의 절 간 의미관계로 문장의미가 구성되었다고 볼 수 있다. 의미적인 측면에서 절 간의 의미관계로 구성되었던 것이 통사적인 관계로도 확장되어 연결어미에 의해 구성되는 복합절과 유사한 구조의 문장이 실현된다는 것이다. 이를 밝히기 위해 앞서 (169)의 예를 다시 제시하면,

(185) 신공항 조기 착수는 정책적인 문제로서, 그것에 다른 복선이나 정치적 의도는 없다.

(185)의 경우 주어인 '신공항 조기 착수는'이 후행하는 "그것에 다른 복선이나 정치적 의도는 없다."의 주어라고 볼 수 없다. '신공항 조기 착수는'은 '그것에'와 대용 관계를 맺고 있으며 '그것에'는 해당 절의 부사어이기 때문이다. 그렇다면 '신공항 조기 착수는'은 무엇과 주술관계를 맺고 있는 것인가. 이는 후행하는 '정책적인 문제로서'와 주술관계를 맺고 있는 것이라고 볼 수 있다. 후행절은 '신공항 조기 착수는'과 통사적으로 주술관계를 맺는 것이 아니라 그것 자체로 완전한 주술관계를 맺고 있다. 이와 같이 서로 다른 주술관계가 통사적인 관점에서도 이루어지고 있다면 이들은 부사절과 주절로 구성된 복합절과 유사한 구조를 가진 것이라고 볼 수 있다. 쉼표가 실현되는 것도 이런 특성과 밀접한 관련을 맺는 것으로 보인다. 이는 '(으)로서' 성분이 포함된 문장이 의미적으로 두 개의 명제를 구성하면서 통사적으로도 그 구조가 확장된 것이라고 볼 수 있다.

4.6.3.4. 기타

그밖에 기본적인 문장의미 구성에서 확장되고 변형된 것으로 보이는 몇몇 구문에 대해 살펴보도록 하겠다.

(186) 아인이는 같은 학교 출신으로서 그를 매정하게 돌려보낼 수 없었다.

(186)의 경우는 주어만이 '(으)로서' 성분과 의미관계를 맺는 것이 아니라 '그를' 목적어도 의미관계를 맺고 있다. 이는 '같은'에 의한 것이다. 소전제에 두 개의 명사구가 상관한다는 점에서 차이를 가지나 기본적인 의미 구성에 있어서는 큰 차이가 없다.

(186') 대전제 : 같은 학교 출신(의 사람)은 같은 학교 출신(의 사람)을 매정하게 돌려보낼 수 없다.
소전제 : 아인이는 그와 같은 학교 출신이다.
결론→전제 : 아인이는 그를 매정하게 돌려보낼 수 없다.
개별 사실 : 아인이는 그를 매정하게 돌려보낼 수 없었다.

이와 같이 '(으)로서' 성분은 주어와만 관계하는 것이 아니라 다른 성분과도 관계하여 의미를 구성할 수 있다.
다음과 같은 문장도 기본적인 의미 구성에서 벗어나 있다.

(187) 그는 스타플레이어로서 감독이 되었다.

우선 (187)을 '(으)로서' 문장의 기본 의미 구성에 따라 재구성하면 다음과 같다.

(187') 대전제 : 스타플레이어가 감독이 된다.
소전제 : 그는 스타플레이어다.
결 론 : 그는 감독이 되었다.

대전제, 소전제, 결론 모두 적절하지 않은 것으로 보인다. 그렇다면

(187) 구문은 우리가 앞서 이야기했던 '(으)로서' 구문의 의미 구성에서 완전히 벗어난 것인가. 표면적으로 보자면 (187)은 우리가 앞서 논의했던 문장의미 구성으로는 설명할 수 없다. 그런데 (187)의 문장의미를 단순히 축자적으로만 볼 수 있는 것인가. 오히려 (187)이 담고 있는 의미는 함축과 관련하여 살필 필요가 있다. 즉 대전제인 "스타플레이어가 감독이 된다."는 축자적 의미뿐만 아니라 함축을 고려할 필요가 있다. 예를 들면, 스타플레이어인 감독은 선수 때의 명성 때문에 여러 모로 심적인 부담감을 많이 갖는다든지 스타플레이어인 감독은 선수 때 명성 덕분에 감독으로도 쉽게 명성을 얻는다든지 하는 함축 의미를 전달한다고 볼 수 있다. 이러한 대전제의 함축이 결론에서도 그대로 함축으로 나타날 수 있기 때문에 이 경우도 '(으)로서' 구문이 갖는 문장의미 구성을 따른다고 볼 수 있다.

4.6.4. 요약 및 정리

4.6절에서는 종래 '자격'이나 '지위'의 의미 역할을 한다고 본 '(으)로서' 성분이 실제로는 어떤 의미 역할을 하는지 몇몇 논란이 되는 예문을 가지고 살펴보았다. 이를 통해 '(으)로서' 성분은 다른 부사어처럼 서술어와의 의미관계를 통해 문장이 의미하는 사태의 세부적인 정보를 명세하는 것이 아니라는 것을 알 수 있었다. 즉, '(으)로서' 성분은 주어와 주술관계를 맺으면서 서술어가 의미하는 명제와는 구별되는 명제를 구성한다. 더불어 '(으)로서' 성분은 서술어와도 주술관계를 맺으면서 또 하나의 명제를 구성한다. 이 두 가지 명제가 각각 소전제와 대전제를 이루어 삼단논법으로서 주어와 서술어가 의미관계를 맺을 수 있도록 하는 것이 바로 '(으)로서' 성분의 의미 역할이라는 것을 밝혔다. 다시 말해서, '(으)로서' 성분은 서술어와 대전제를 이루고 주어와는 소전제를 이룸으로써 결론적으로 주어

와 서술어구가 의미관계를 맺을 수 있는 근거를 제공하는 역할을 한다고 볼 수 있다. 물론 이러한 기본 구성에서 벗어난 몇몇 용례가 있었으나 이 역시 기본적인 구성에서 합리적으로 설명될 수 있는 변형과 확장이라는 것을 알 수 있었다.

　기본적으로는 '(으)로서' 성분의 의미 역할을 규명하는 것이 목표였지만 그 이면에는 문장의미를 생성하고 해석하는 과정에서 이루어지는 의미 작용을 밝히는 것도 목표로 하고 있다. 문장의미의 생성과 해석의 과정을 밝히기 위해서는 부분적으로 실현된 요소들이 어떻게 하나의 문장의미를 형성하게 되는지를 밝히는 과정이 필요하다. 즉 불연속적으로 실현된 언어를 연속적인 세계의 의미로 해석하는 과정이 문장의미의 형성을 밝히는 과정이 된다.[182] 이 절에서는 '(으)로서' 성분의 의미 역할을 단순히 제시하는 데 그치는 것이 아니라 이 문장 성분이 어떻게 다른 성분과 관계하여 문장의미를 형성하는지 설명하고자 했다. 그럼으로써 그간 별로 논의되지 못했던 문장의미의 형성 과정, 즉 어떻게 부분적인 요소들이 하나의 전체로서 문장의미를 형성하게 되는지 설명할 수 있는 단초를 마련할 수 있을 것으로 생각한다.

---

[182] 우리는 불완전한 요소들을 가지고 추론을 통해 빈 자리와 빈 구멍을 채우는 능력을 갖고 있다. 문장(에 실현된 성분)은 연속적인 세계를 불연속적인 기제로 표상한 것으로서, 문장은 세계를 불완전하게 표상한다. 그리고 역으로 이러한 불완전한, 불연속적 표상을 연속적인 것으로 해석하여 그 의미를 파악한다. 문장의미를 생성하고 해석하는 의미 과정 속에 불연속적인 것을 연속시켜 표상을 완성하는 것 역시 우리의 주요한 언어 능력 중의 하나이다. 이러한 언어 능력이 무엇인지 밝히기 위해서는 문장의미를 생성하고 해석하는 과정이 어떠한지 밝혀야 한다. 그것이 바로 문장의미를 연구하는 핵심적인 이유라고 할 수 있다.

제3부
발화상황

환경이란 주변을 둘러싸거나 에워싸고 있는 무엇이지만,
단순히 둘러싸는 게 아니라,
반드시 중심에 무언가를 놓고 둘러싸고 있는 것이다.
생명체의 환경은 그것과 관련된 외부 조건의 반영이다.
왜냐하면 외부세계의 상황에 따라 효과적으로 상호 작용을 하기 때문이다.
—리차드 르원틴, <삼중 나선>

제5장
문장의미로서의 발화상황 설정

앞서 문장의미를 사건의 존재로 환원하여 살피는 것이 문장의미 구성을 연구하는 데 있어 어떤 의의와 타당성이 있는지 살폈다. 그러나 문장의미를 그대로 실세계의 사건으로 보았을 때 생기는 여러 문제가 있다. 예를 들어 '철수가 사과를 사는 것'과 같은 시각에 '사과 장수가 사과를 철수에게 파는 것'은 동일한 하나의 사건이다. 그런데 이런 동일 사건이 (1)과 같이 다른 형식의 문장으로 실현될 수 있다. 뿐만 아니라 이 문장들이 동일 사건을 나타내더라도, 문장의미의 차원에서는 차이가 있으므로 실세계의 사건이 그대로 문장의 의미가 된다는 견해는 재고될 필요성이 있다.

  (1) ㄱ. 철수가 사과 장수에게 사과 하나를 샀다.
    ㄴ. 사과 장수가 철수에게 사과 하나를 팔았다.

제5장에서는 이러한 인식 아래 실세계의 사건은 발화상황을 통해 언어화된 사건으로 재구성된다는 것을 증명하고자 한다. 문장의미 구성은 전체로서의 사건뿐만 아니라 전체로서의 발화상황도 참조해야만 문장의 완

전한 의미를 생성하고 파악할 수 있다는 주장에 대해 논거를 제시하고자 한다.

5.1. 발화상황 논항의 설정

5.1.1. 사건의미론의 한계

문장의미를 사건의 존재로 환원한 사건의미론은 많은 학자들에게 비판을 받았다. 그 중 주요한 것이 상태성 문장의 처리, 동일 사건의 의미역 교차 문제, 지각-보문의 함의 문제, 상황과 사건의 구별 등이었다. 상태성 문장의 처리 문제는 앞서 2.6절에서 언급이 되었고, 여기서는 나머지 세 문제에 대해 다룬다.

1) 지각-보문 재고

앞서 사건의미론의 증거 중 하나로 지각 동사 구문에 나타난 보문의 특성을 제시했다. 그런데 Wyner(1989), Landman(2000)에서는 이러한 견해에 대해 다음과 같이 문제를 제기한다.

  (2) ㄱ. Poppaea saw Brutus leave the house.
    ㄴ. Brutus left the house with a knife hidden under his coat.
    ㄷ. Brutus left the house only once.
    ㄹ. Hence, Poppaea saw Brutus leave the house with a knife hidden under his coat.

(2ㄱ)과 (2ㄹ)의 부정사 보문이 지시하는 사건이 동일하므로, (2ㄱ)이 참

이라면 (2ㄹ)도 참이 되어야 할 것이다. 그러나 실제로 (2ㄱ)이 참이라고 해서 (2ㄹ)도 참이라고 할 수는 없다. 이는 지각 대상이 그 사건을 구성하는 개별 요소이기보다는 전체 사건이라고 하는 사건의미론의 견해에 대한 강력한 반증이 된다. 즉 지각 동사 구문의 지각 대상은 외연적인 전체로서의 사건이 아니라, 내포적인 구성으로서 각 구성 요소와 그것들의 합으로 봐야 한다는 것이다. 이는 결국 합성성의 원리를 인정해야만 하는 결과를 낳는다.

그러나 동일한 사건임을 인정하면서 부분들의 지각을 인정하지 않을 수 있는 방법이 존재할 수 있다. 즉 'Brutus leave the house'와 'Brutus left the house with a knife hidden under his coat'가 실세계에서는 동일 사건이더라도 이들이 지각 단계에서, 더 나아가 문장의 구현에서는 다른 사건이라는 것을 밝힌다면 (2)의 잘못된 추론을 막을 수 있을 것이다. 이 문제에 대한 실마리는 문장의미가 실세계의 사건으로 그대로 환원된다는 견해에서 벗어나 발화상황을 통해 재구성된다는 것에서 찾을 수 있다.

2) 상황의미론에서의 비판

간략하게 말해서, 사건의미론은 문장이 사건을 의미한다고 보는 것이고, 상황의미론183)은 상황을 의미한다고 보는 것이다. 무엇으로 보는 것이 더 타당할 것인가. 사건의미론이 가지는 특성에 대해서는 이미 2장을 통해 밝힌 바 있다. 여기서는 상황의미론의 특징을 대략 개괄하고 상이한 두 관점 중에 어떤 견해가 더 타당한지 살피기로 한다.

Barwise & Perry(1983)에서 제창되었던 상황의미론(Situation Semantics)은 문장이 상황을 의미 표상한다고 보는 이론이다. 상황은 우리가 지각하거

---

183) 상황의미론에 대한 자세한 소개로는 이기용(1998)이 있다.

나 경험하는 실세계의 제한된 부분에 대응하는 것이다. 즉 세계는 하나이지만 부분을 이루는 상황들은 매우 많은데, 그러한 상황이 의미의 대응체가 된다는 것이다.

(3) ㄱ. Jones hired Smith.
　　ㄴ.

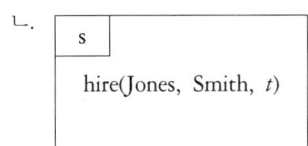

(3ㄱ) 문장은 s라는 상황 안에서 John이 t라는 시간에 Smith를 고용했다는 명제를 표상한다. 사건 유형(event types, 기호로 σ)[184] 'hire(John, Smith, t)'는 상황을 특징짓고 분류해 주는 유형이라고 할 수 있다. 상황은 세계의 부분을 이루지만, 사건 유형은 결코 그 부분이 되지 않는다. 즉 발화는 상황이 어떻다는 것을 말해 줄 뿐이지, 그 내용 자체가 세계의 일부가 되는 것은 아니라는 것이다(이기용, 1998 : 47). 명제와 위 형식의 관계는 다음과 같다.

(4)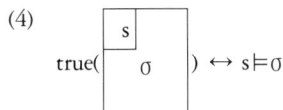

이를 풀이하면 어떤 상황 s가 참이면 그리고 바로 그 때에만 s에서 사건 유형 σ이 유지되는 것이다.

앞서 살폈던 지각 보문은 두 이론의 시각과 처리 방법을 확실히 구별할

---

184) 이에 대해 정보원(infon)이라는 용어를 사용하기도 한다.

수 있게 해준다.185) Cooper(1997 : 6)에서는 지각 보문에 나타나는 현상을 통해 문장은 사건이 아니라 상황을 표상한다고 보는 것이 더 타당하다고 주장한다.

  (5) ㄱ. John saw Mary run.
    ㄴ. s⊨see(j, s', t) & s'⊨(m, t')

변항 s, s', t, t'은 문맥 의존적이고 존재적으로 양화된 것이다. (5)는 John이 t라는 시간에 s'이라는 상황을 본다는 사실을 유지하고(supports, ⊨) 있는 상황(s)을 말하는 것이며, 상황 s'은 Mary가 t'에 달린다는 사실을 유지하고 있는 것이다. 사건의미론도 이와 유사한 관점을 가지고 있다.

  (6) see(e, John, e') & run(e', Mary) & at(e, t) & at(e', t')

이러한 두 접근 방식은 일견 유사하나 다음과 같은 차이를 갖고 있다. 상황의미론 접근에서는 단지 상황 s는 Mary가 달리고 있다는 사건 유형이 유지되는 것이며, 이때 이 상황은 다른 사건 유형이 또한 추가될 수 있는 가능성을 열어 두고 있다. 즉 하나의 '상황'은 여러 사건의 유형들이 유지되고 있는 것이라고 볼 수도 있으므로, John이 본 것은 Mary가 달리는 것을 포함한 상황이 되는 것이다. 반면 사건의미론에서는 단지 하나의 사건만을 서술하고 있다.186) 즉 John이 본 것은 Mary가 달리는 특정한 사건

---

185) Barwise(1981)에서 처음 제시되었던 지각 보문 문제는 상황의미론을 태동시킨 원천 현상이라고 볼 수 있다. Higginbotham(1983)과 Parsons(1990)은 사건의미론이 이 문제를 더 간략하게 설명할 수 있다고 본 논의이다.
186) Kratzer(2006)에서도 상황의미론과 사건의미론의 차이를 다음과 같이 보고 있다. 사건의미론의 사건은 최소 구성 조건(a built-in minimality condition)을 가지지만, 상황의미론의 상황은 그런 제약 조건을 가지지 않는다는 것이다.

하나가 되는 것이다. 위의 문장에서는 이런 두 관점의 차이가 드러나지 않으나 다음 문장에서는 이러한 차이가 분명히 드러난다.

    (7) Maria cried and Anna put her arms around her. Elisabet saw *it* from the balcony.

여기서 'it'이 가리키는 것은 무엇인가. 만약 'Maria cried'와 'Anna put her arms around her', 두 사건을 가리키는 것이라면 복수로 실현되어야 하는데 왜 복수로 실현되지 않는 것인가. 복수 대명사가 실현된다고 하더라도,

    (8) Maria cried and Anna put her arms around her. Elisabet saw them from the balcony.

이때 'them'은 사건을 지시하지 못한다. Maria, Anna만을 지시한다. 그렇다면 왜 두 개의 사건을 지시하지 못하고, 항상 단수 it이 되어야 하며, 이때 it이 지시하는 것은 무엇이라고 봐야 하는가? 상황의미론은 이에 대한 답을 쉽게 내릴 수 있다. 'it'은 상황을 지시하고, 두 개의 사건 유형이 모두 유지되는 하나의 상황 설정이 가능하므로 'it'이라고 대용되는 것이 가능하다고 할 수 있다.

그렇다면 사건의미론에서는 이를 전혀 해결할 수 없는 것인가.

    (9) ∃e[see(e, Elisabet, e') & ∃e''[cry(Maria, e'') & at(e'', t'')] & ∃e'''[hug(e''', Anna, Maria) & at(e''', t''')] & part-of(e'', e') & part-of(e''', e')]187)

---

187) Eckhart(1995)에서는 두 개의 사건을 결합하여 더 큰 사건을 만드는 전체부분론적 (mereological) 관점을 도입하고 있다. 즉 e' = e''⊕e'''라고 보는 것이다. 그러나 이것

(9)에서는 e"과 e'''을 부분으로 하는 더 큰 사건 e'를 설정한다. 이를 통해 (9) 문장을 설명할 수 있다. 그러나 이 방법도 다음과 같은 질문에 답할 수 있어야 한다. e"와 e'''을 그것의 부분으로 인식할 수 있는 e'의 속성은 무엇인가. 사건의미론은 이에 대한 답을 할 수 있어야 한다.

이 문제도 발화상황을 설정함으로써 해결 가능하다. 즉 두 사건을 하나의 사건으로 처리하는 것은 발화상황을 구성하는 화자의 지각이다. 아래 5.1.2항에서는 사건을 구성하는 데 있어 발화상황 속 화자의 지각이 어떤 영향을 미치는지 논의한다.

5.1.2. 발화상황을 논항으로 갖는 구성 요소

최상진(1999 : 14)에서는 모든 문장은 구성 요소 의미관계와 화자의 특정한 인지 기제를 전체적으로 고려하여 문장의미의 실체를 판단하여야 한다고 보았다. 이는 문장의미의 구현에 있어 화자의 지각이 중요한 의미 변수임을 말하는 것이다.[188] 화자가 발화상황의 구성 요소라는 것을 떠올리면, 우리는 문장의미에 있어 발화상황도 중요한 변수임을 알 수 있다.

화자를 포함하고 있는 발화상황이 문장을 구성하는 요소에 반영되는 경우는 다양하다. 시제, 서법, 양태, 높임법 등 국어에서 선어말어미나 어말어미로 표현되는 요소는 대개 화자와 관련된 것이다. 그러나 발화상황의 존재를 어떻게 설정할 것인가는 간단히 말하기 어려운 부분이 있다. 무엇보다도 문장이 어떤 사건의 존재를 의미한다고 할 때, 그 사건과 발화상

도 역시 어떻게 그들을 결합하여 다른 사건 혹은 더 상위의 사건이 되는지 설명해야 한다.

[188] 최근 오충연(2006)에서도 이러한 인식이 나타난다. 오충연(2006)에서는 상(aspect)이 단선적인 시간을 중심으로 표현되는 것이 아니라, 화자의 지각 방식에 따라 사차원성을 갖고 구현되는 것이라고 보았다.

황은 어떤 관계가 있는지 밝히지 못한다면, 발화상황은 그저 문장의미의 다른 층위를 형성하는 것으로 말할 수밖에 없기 때문이다.

아래에서는 주로 발화상황이 사건과 어떤 관계를 맺으며 문장의미를 형성하고 있는지를 살펴보고 발화상황이 문장 구성에 있어 어떤 위상을 갖고 있는지 밝히고자 한다.

일단 모든 사건시는 발화시와 상관관계를 맺고 있다. 그런데 이러한 사건시와 발화시의 관계는 문법적인 시제 형식으로뿐만 아니라 어휘적으로 실현되어 나타난다.

(10) ㄱ. 철수는 저녁을 이따가/나중에 먹을 것이다.
ㄴ. 철수는 저녁을 *이따가/나중에 먹었다.

(10)에서 보는 것처럼, '이따가'와 '나중에'는 서로 다른 공기 양상을 보여 주고 있다. (10ㄴ)이 제약되는 이유는 사건시가 발화시 이후에 있어야 하는데, 즉 미래에 위치해야 하는데, 사건시가 과거로 실현되었기 때문이다. 즉 '이따가'는 항상 발화시를 참조해야만 하는 부사이고, '나중에'는 비교 사건(시)이 있어, 그것을 참조하는 시간 부사이다.[189] 이렇게 시간 부사(어)는 그 자체로 사건시를 지시하는 경우도 있지만, 다른 사건시나 발화시를 참조해야만 하는 경우도 있다. 이는 문장의 구성 요소들이 전체로서의 사건만이 아니라, 발화상황과도 상관관계를 맺고 있다는 것을 보여 준다.

(11) 아까도 말씀드린 것처럼 오늘은 영화를 두 편만 상영합니다.

---

[189] 4.2절에서는 이와 같은 관점에서 사건시, 발화시, 사건 등의 요소를 통해 시간 부사어를 분류하고 있다.

앞서 'NP처럼'은 'NP'가 구성 요소인 사건과 그 문장이 의미하는 사건이 다양한 관계를 맺으면서 비교된다고 하였다. 그러나 위의 예를 보면, '아까도 말씀드리는 사건'과 '오늘은 영화를 두 편만 상영하는 사건' 사이에는 어떤 사건 관계가 있는지 알 수 없다. 이것은 예전의 발화상황에서 말씀드린 내용과 지금의 내용이 동일하다는 것이다. 즉 단순히 사건과 사건을 비교하는 것이 아니라 그 사건이 발화된 상황이 비교 대상으로 상정 가능한 것이다. 이러한 표현이 가능한 것은 문장의미는 그 문장이 의미하는 사건과 발화상황의 상호 작용을 통한 결과이기 때문이다.

(12) ㄱ. 순희가 서투르게 테이블을 닦았다.
ㄴ. 순희가 깨끗하게 테이블을 닦았다.
ㄷ. 순희가 기쁘게(도) 테이블을 닦았다.

앞서 살펴봤던 것처럼, 동사와 부사어 간의 관계로 해석하는 관점에서는 (12)에 실현된 각 부사어들이 갖는 서로 다른 의미에 대해 이야기하기 어려운 면이 있지만, 사건의미론의 관점, 즉 사건 논항을 설정하고 부사어가 그것의 술어라고 보는 입장으로는 이들의 차이점을 분명하게 보여줄 수 있다.

(12') ㄱ. 서투르게(e) → e라는 사건의 방식은(manner)은 서투르다.
ㄴ. 깨끗하게(e) → e라는 사건의 결과(result), 테이블이 깨끗하다.
ㄷ. 기쁘게도(e) → e라는 사건의 ?는 기쁘다.

그러나 사건의미론의 논리 형식으로는 이들이 갖는 차이를 밝히기에는 좋으나, 이들의 차이를 명세적으로 보여 주는 방법은 부족한 듯하다.[190]

---

190) 이에 대해서는 Geuber(2002)에서 비판된 바 있다. 4.1절에서는 이러한 현상에 대한

(12ㄷ)에서 '기쁘게도'는 이 문장이 의미하는 사건과는 직접적인 관계가 없고 화자에 의한 판단, 혹은 화자의 심리 상태를 나타내는 것으로 보인다. 이와 같은 점에서 부사어가 모두 사건 논항을 가진다고 보는 것은 무리이며, 역시 발화상황과 관련된, 여기서는 화자와 관련된 의미가 존재한다는 것을 인정해야 한다.

종래 많은 연구들이 개별 문장은 서술어가 내재하고 있는 논항 구조 및 의미역 구조가 논항에 의해 포화됨으로써 생성된다고 보고 있다.

(13) 저는 그분이 틀렸다고 생각합니다.

'생각하다'는 두 개의 논항, 사유 주체와 사유 대상을 취하는 동사[191]이다. (13)은 '생각하다'가 요구하는 논항 및 의미역 구조에 각각 '저', '그분이 틀렸다'가 실현되면서 생성된 문장이라고 볼 수 있다. 그런데 (13)의 문장은 다음과 같이 바꿔서 말할 수도 있다.

(14) 제 생각으로는 그분이 틀렸습니다.[192]

(13)과 (14)가 문체적 차이가 있더라도 기본적으로 동일한 의미를 나타

자세한 설명을 담고 있다.

[191] 방성원(2000)에서는 '생각하다' 동사가 실현된 문장을 정밀하게 분석하면서 이 동사가 다음과 같이 네 가지 논항 구조를 갖는다고 주장하고 있다.

  (1) 생각하다[1] <사유 주체> <사유 대상>
      생각하다[2] <사유 주체> <사유 내용>
      생각하다[3] <사유 주체> <사유 대상> <사유 내용>
      생각하다[4] <사유 주체> <사유 대상> <사유 태도>

[192] 물론 같은 유형으로 다음과 같이 실현되는 경우도 있다.

  (1) ㄱ. 제 생각으로는 그분이 틀린 것 같아요.
      ㄴ. 제 생각으로는 그 분이 틀렸다고 생각합니다.

낸다고 본다면, (14)의 문장은 어떤 요소의 논항 구조 혹은 의미 구조가 실현된 것으로 봐야 하는가. '생각으로는'이 위와 같은 문장의 실현을 요구하는 의미 정보를 가지고 있다고 봐야 하는가. 아니면 (13)과 (14)는 통사적으로는 전혀 관계가 없는 문장으로 봐야 할 것인가.

우리는 사유 구문이나 인용 구문이 발화상황과 사건이 모두 문장 안에 외현적으로 실현된 전형적 구문이라고 본다. 아울러 (13)과 (14) 문장의 의미관계를 적절하게 설명하기 위해서는 문장의미 안에 발화상황을 추가로 설정하는 것이 적절하다고 본다. 즉 위 문장들은 발화상황과 사건이 모두 표층에 드러난 구문으로 위와 같은 교체가 가능한 것이다. 문장은 기본적으로 사건의 존재를 나타내지만,[193] 그 사건의 존재는 항상 발화되는 상황과 상보적인 관계를 맺는다.[194] 문장을 발화할 때의 상황이 존재한다는 것은 당연한 것이다. 하지만 그것이 문장의 생성 및 해석과 상관성을 가져야만 언어학적으로 가치가 있다고 할 수 있다. 위의 현상들은 그러한 가정이 타당성이 있음을 잘 보여 준다.

---

[193] Parsons(1990)에서도 현재의 방법이 문장의 핵심적인 의미에 대해서만 다룬 것이지, 문장 전체가 갖고 있는 총제적 의미를 모두 환언시킨 것은 아니라고 했다. 하지만 문장의미에 대해 핵심과 주변을 나누는 것은 Parsons(1990)이 Davidson(1967)에서와 달리 새롭게 신-사건의미론을 태생시킨 정신에 어긋난다. 즉 동사를 중심으로 나머지 성분을 귀속시키는 것이 아니라, 문장의 각 구성 요소들이 모두 대등하게 전체와 관련하여 의미를 구성하고 있다고 보는 것이 가장 큰 차이 중의 하나이다. 하나의 문장 안에 실현된 모든 요소들이 의미 형성에 있어서는 대등한 위치라는 것이 또한 우리의 기본적인 입장이다.

[194] 사건의미론을 포함한 많은 이론들이 사건과 같은 것을 일원적인 핵으로 보는데 반해, 우리는 발화상황과 사건이라는 이원적인 핵을 두고자 한다. 이는 서양철학적 전통 대 동양철학적 전통과 맥을 같이 한다고 할 수 있다. 동양철학에서는 음양이론을 통해 만물의 생성원리를 음과 양의 상호 작용으로 보고 있다. 우리의 견해도 문장은 발화상황과 사건이 상호적으로 작용하여 문장의 의미를 생성한다고 본다. 이와 같은 이원론적인 견해를 보이는 논문으로 최상진(1994, 1999)가 있다.

5.2. 발화상황과 인칭 제약

일반적으로 선어말어미, 어말어미 등은 화자나 청자 등이 명제에 대해 갖고 있는 태도를 반영한다고 보고 있다. 따라서 이들의 의미 기능을 파악하는 것만으로도 문장의미에 있어 발화상황이 갖는 중요성을 밝힐 수 있다. 그러나 이들이 사건과 발화상황의 관계를 직접적으로 보여준다고 보기는 어렵다. 선어말어미 및 어말어미는 발화상황만이 담당하는 영역으로 해석할 수 있기 때문이다. 반면 인칭 제약은 다른 측면이 있다. 사건을 구성하는 요소가 인칭 제약이 있다는 것은 그 구성 요소와 화자가 어떤 상관관계가 있다는 것을 나타낸다.[195] 이것은 어떤 문장의 구성에 있어 특별히 인칭의 제약이 있다는 것은 그 사건의 참여자에 대해, 더 나아가 그 사건에 대해 화자 및 발화상황이 어떤 상호 관계를 갖고 있다는 것을 보여주는 현상이라고 할 수 있다. 5.2절에서는 인칭 제약이 드러나는 국어의 문장을 통해 문장의미 구성에 있어 화자 및 발화상황, 그리고 사건과의 관계 등에 대해 이야기하고자 한다.

5.2.1. '-더-'와 인칭 제약

선어말어미 '-더-'도 국어 연구의 주요 대상 중의 하나이며 이에 대한 연구도 상당수이다. 그 중 김영희(1981)은 '-더-'가 가지는 인칭 제약에 주목한 논의라는 점에서 여타 다른 논의와 구별되는 특징을 가지고 있다. 우리도 기본적으로 김영희(1981)의 견해에 동의한다. 다음에서는 김영희(1981)의 견해를 자세히 제시하고 이 견해가 사건과 발화상황의 관계를 밝

---

[195] 임채훈(2008)은 인칭 제약의 문제를 유형론적 관점에서 살피고 이를 한국어 어미 교육의 방안을 제시한 논문이다.

히는 데 어떤 도움이 되는지 살피도록 하겠다.

(15) ㄱ. *내가 남의 글을 훔쳐 읽더라.
ㄴ. 네가 남의 글을 훔쳐 읽더라.
ㄷ. 그가 남의 글을 훔쳐 읽더라.
― 김영희(1981 : 39) (1)의 예

(15)의 현상은 일반적으로 '-더-'가 실현된 문장에서 화자와 지시 관계에 있는 일인칭 대명사가 주어로 나타날 수 없다는 것을 보여 준다. 그런데 다음과 같이 형용사가 있는 문장에서는 반대의 현상이 일어난다.

(16) ㄱ. 나는 마음이 아프더라.
ㄴ. *너는 마음이 아프더라.
ㄷ. *그는 마음이 아프더라.
― 김영희(1981 : 40) (4)의 예

이 때문에 나진석(1971) 등에서는 '-더-'의 제약을 서술어의 어휘 의미 특성을 통해 설명하고자 하였다. 즉 형용사와 같이 화자 자신의 심리적, 감각적 상태를 표현할 때는 화자와 주어가 동일 지시되어야 하는 특성을 갖지만, 동사에서는 화자와 주어가 달라야 한다는 것이다.

그러나 서술어에 따른 의미 제약이라는 주장은 다음과 같은 예문에서는 타당하지 않다는 점에서 재고되어야 한다.

(17) ㄱ. 나는 요새 밥이 너무 잘 먹히더라.
ㄴ. *너는 요새 밥이 너무 잘 먹히더라.
ㄷ. *그는 요새 밥이 너무 잘 먹히더라.
― 김영희(1981 : 42) (7)의 예

(17)에서 보는 것처럼, '먹히다'는 '먹다'의 피동사이지 형용사가 아닌데도 형용사와 같은 인칭 제약이 드러난다. 이는 이런 인칭 제약이 서술어의 종류에 따른, 혹은 서술어 단위에서 결정될 수 있는 문제가 아니라는 것을 보여 준다.

더불어 다음 예문을 보면 화자와 일치 관계 제약이 있는 것이 주어라는 것도 재고되어야 한다.

(18) ㄱ. *그 나무가 나{에게, 에 의해(서)} 짤리더라.
ㄴ. 그 나무가 너{에게, 에 의해(서)} 짤리더라.
ㄷ. 그 나무가 그{에게, 에 의해(서)} 짤리더라.

― 김영희(1981 : 43) (10)의 예

이 때문에 김영희(1981 : 45)에서는 "인칭 제약의 대상 요소를 주어라는 불완전한 통사론적 기능 범주로 한정하기보다는 명제가 뜻하는 사태(사건, 상태)의 참여자라는 의미론적 기능 범주로 파악해야" 한다고 보고 있다. 이를 통해 우리도 동작 사건에 있어서는 '행위주'가, 상태에 있어서는 '경험주'가 인칭 제약과 관련된다고 본다.

그럼 이러한 인칭 제약이 발생하는 이유는 무엇인가.[196] 나진석(1971 : 27), Yang(1972 : 236) 등에서는 화자의 입장에서 남의 동작은 쉽사리 지각·회상할 수 있으나, 자신의 동작은 쉽사리 지각, 회상하기 어렵기 때문

---

[196] 박재연(2006 : 158~159)에서는 '인칭 제약'이 '지각'보다는 '새로 앎'의 의미 속성에 기인하는 것이라고 보았다. 지각은 화자 자신의 행위에 대해서도 가능하므로, '지각'이 1인칭 주어 제약의 원인이 될 수 없다는 것이다. 그러나 엄밀한 의미에서 '지각'은 자신의 의지에 의해 이루어진 행위에 대해서는 이루어질 수 없다. 자신이 이러이러한 행동을 해야 한다는 생각과 자신이 이러이러한 행동을 하고 있다는 지각은 동시에 이루어질 수 없다. 즉 한 번에 두 가지 생각을 할 수 없다는 것이다. '-었더-'의 경우, 1인칭 주어 제약이 사라지는 경우가 많은데, 그 이유는 행위 후의 지각이기 때문이다.

에 이러한 제약이 있다고 보고 있다.197)

그러나 이 역시도 완전한 해결은 아니라고 할 수 있다. 김영희(1981)에서는 다음과 같은 반례를 들고 있다.

(19) ㄱ. 내가 혼자 고기를 잡더라.
ㄴ. 네가 혼자 고기를 잡더라.
ㄷ. 그가 혼자 고기를 잡더라.
— 김영희(1981 : 47) (15)의 예

(20) ㄱ. 내가 얼떨결에 문고리를 잡더라.
ㄴ. 내가 얼떨결에 문고리를 잡더라.
ㄷ. 내가 얼떨결에 문고리를 잡더라.
— 김영희(1981 : 47) (16)의 예

이 경우는 동작을 나타내는 문장이나 인칭 제약이 나타나지 않고 있다. 이뿐만 아니라 다음에서도 인칭 제약은 나타나지 않는다.

(21) ㄱ. {내가/너가/그가} {너보다는/그보다는/나보다는} 많이 먹더라.
ㄴ. {내가/너가/그가} {너보다는/그보다는/나보다는} 도서관에 빨리 가더라.

종래 이러한 현상에 대해 Sohn(1975)와 서정수(1977)에서는 다음과 같은 해결안을 제시하고 있다. 즉 화자 자신과 상호 지시 관계에 있는 주어가 마치 3인칭인 것처럼 객관화되거나(Sohn, 1975 : 93), 관찰 대상으로 분리되기(서정수, 1977 : 109) 때문에 가능한 것이라는 것이다. 그러나 이 견해는 화자를 객관화시키는 것이 어떻게 문장 구성에서 나타나는지를 구체적으

---

197) 이와 같이 '-더-'를 '화자의 지각'과 관련시킨 논의는 그밖에도 장경희(1985), 송재목(1998) 등이 있다.

로 제시할 수 있어야 한다. 다시 말해서 앞서 객관화의 기제가 명시되지 않는다면 사실 '-더-'는 모든 문장에서 실현 가능해야 할 것이다.

김영희(1981 : 50)에서는 이러한 비동일 주어 제약의 해소는 화자가 자신의 동작을 지각, 회상할 수 있기 때문이라고 보고 있다. 비동일 주어 제약의 적용 여부는 문장의미 즉 '-더-'를 선행하는 명제의 특성에 따르는 것이며, 비동일 주어 제약이 해소되는 동기로서의 '대상화'란 곧 명제 전체에 대한 대상화이지 그 명제를 구성하는 지시 대상만의 대상화는 아니라는 것이다. 결국 '-더-'가 실현된 문장의 구조를 다음과 같이 보는 것이다.

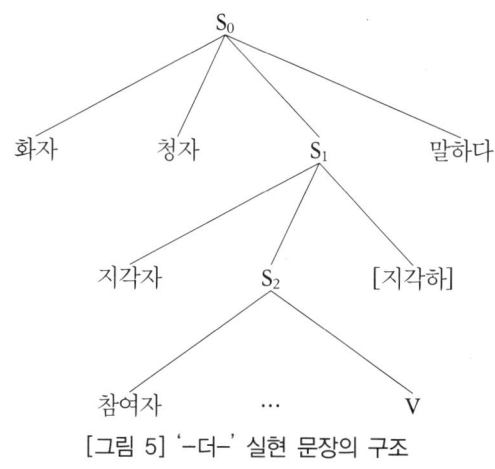

[그림 5] '-더-' 실현 문장의 구조

그리고 '-더-' 구문은 다음과 같은 두 가지 제약이 존재한다고 보고 있다.

(22) ㄱ. $S_r=P_r=P_t$/동일 주어 제약
 ㄴ. $S_r=P_r≠P_t$/비동일 주어 제약
 ※ S_r=화자, P_r=지각자, P_t=참여자

비동일 주어 제약이란 화자와 참여자와의 직접적 지시 관계에 대한 것이 아니라, 지각자와 참여자와의 지시 관계에 대한 것으로서 지각자와 참여자가 비상호 지시 관계에 있을 것을 요구하는 제약이다. 반대로 동일 제약은 지각자와 참여자가 동일할 것을 요구하는 제약이다.

행위성 문장은 (22ㄴ)과 같은 비동일 주어 제약을 갖는다. 지각자는 참여자와 동일인이어서는 안 되는데, 일반적으로 행위의 지각은 나 아닌 다른 사람의 행위에 대해 이루어지기 때문이다. 나는 나의 행위를 '눈으로' 직접 지각할 수 없다. 반면 심리 행위 및 상태의 경우, 다른 사람의 심리 상태는 지각할 수 없고 오직 나의 심리 상태만 지각 가능하므로, 지각자와 참여자가 동일해야 한다.198) 즉 심리 상태를 나타내는 술어문에서는 (22ㄱ)과 같이 동일 주어 제약을 따라야 한다.

그리고 행위나 상태가 지각 가능한 경우는 (22ㄴ)의 비동일 주어 제약에서 벗어날 수 있다. (19)~(21)의 경우처럼 자신의 행위에 대해 평가하는 부사어, '혼자', '얼떨결에' 등이 실현되면 그 때의 사건은 지각 대상이 된 것이므로 비동일 주어 제약에서 벗어날 수 있는 것이다. 또 비교를 나타내는 '너보다는, 그보다는'이 실현된 경우도 마찬가지로 두 개의 사건을 비교하기 위해서는 이들에 대한 대등한 지각이 필요하므로, 비동일 제약에서 벗어날 수 있는 것이다.

이러한 견해는 문장의미에서 발화상황과 사건이 갖는 관계를 잘 보여준다. '-더-'는 발화상황을 구성하는 화자가 그 문장이 의미하는 사건에 대해 지각하고 있음을 나타내는 요소이다. 즉 사건은 발화상황에서 발화

---

198) 김영희(1981 : 55)에서는 이를 '참여자 서술 조건'이라고 이름하고 다음과 같이 설명하였다.

 (1) 참여자 서술 조건
  심적 행위나 심적 상태와 같은 내적 사실 명제의 언어화는 그 명제의 참여자만이 수행할 수 있다.

의 대상이 되기도 하고, 어떤 경우에는 지각의 대상이 되기도 한다는 것이다. 사건이 지각의 대상이 될 경우, 사건의 참여자 구성은 화자의 지각 조건에 영향을 받는다. 즉 문장에서 사건 구성은 화자 및 발화상황의 영향 하에 있게 되는 것이다.

이러한 입장 아래, '-더-'가 가지는 의미 기능을 밝히면 다음과 같다.

(23) '-더-'
 $\lambda u \lambda e \lambda x \lambda y$[말하다(u) & 화자(u, x) & 청자(u, y) & 대상(u, e)
 & [지각하다(e) & 화자(u, x)]
 & [P(e) & 행위자(e, z) & …]]

위의 표상에서 '-더-'가 가지는 고유한 영역은 '[지각하다(e) & 화자(u, x)]'인데, 이는 다음과 같은 제약 및 의미를 함의한다.

(24) 사건 지각의 제약 및 함의
 문장의미 구성 안에 '$\lambda u \lambda e \lambda x$[지각하다(e) & 화자(u, x)]'가 있을 경우, 대개 '화자(u, x) ≠ 행위자(e, y)'의 제약을 갖는다. 단 사건이 확실히 지각의 조건을 갖췄을 경우 행위자가 화자가 될 수도 있다.

아래에서는 이러한 '사건 지각의 제약 및 함의'가 연결어미에서도 나타난다는 것을 보이도록 하겠다.

5.2.2. 연결어미와 인칭 제약

연결어미는 두 절을 이어주는 요소이고, 각 절이 표상하는 사건들의 의미관계를 명세하는 기능을 가지고 있다. 기본적으로 두 사건의 의미관계를 나타내기 때문에 발화상황과는 특별한 관련을 맺고 있지 않을 듯하나,

아래에서 제시하는 연결어미들에서는 발화상황과의 관련성이 중요하다고 할 수 있다. 바로 인칭 제약이 존재하기 때문이다. 앞서와 같이 사건을 구성하는 요소에 인칭 제약이 존재한다는 것은 곧 그 사건의 구성에 발화상황이 영향을 미치고 있기 때문이다. 아래에서는 인칭 제약을 보이는 연결어미의 의미 기능을 살피면서, 발화상황이 사건의 구성에 어떤 영향을 미치는지 살피도록 하겠다.

1) '-길래'

'-길래'[199]는 주어 제약이 가장 잘 나타나는 연결어미 중 하나이다.

(25) ㄱ. 그가 자꾸 떠들길래 (내가/*너가/*그가) 혼내 주었다.
ㄴ. *내가 아침 일찍 학교에 가길래 모두 놀랐다.

위의 문장에서 알 수 있는 바와 같이, '-길래'는 일반적으로 선행절의 주어는 3인칭, 후행절의 주어는 1인칭이어야 하는 특성이 있다. 임은하(2000 : 82)에서는 '-길래'를 "화자가 어느 특정 시점에서 지각한 상황이 화자가 어떤 행동을 하도록 하는 동기가 되었음을 나타내고자 할 때 사용하는 접속 어미"라고 보았다. 따라서 '-길래'의 접속문의 선행절 주어가 2인칭이나 3인칭인 것은 화자 자신이 아닌 다른 사람의 상황이어야 지각 가능한 상황이 되기 때문이다.

---

[199] 현재 '-기에'는 표준어지만 '-길래'는 '-기에'의 잘못된 사용이라는 것이 정설이다. 하지만 실제 출현 빈도나 쓰임에 있어 '-기에'와 '-길래'는 큰 차이를 보이는 것이 사실이다. 안주호(1998)에서는 다음과 같이 '-기에'와 '-길래'가 그 용법과 제약이 다르다는 것을 제시하면서 '-길래'의 독자적 지위를 주장하였다. 우리는 이에 동의하여 '-길래'를 '-기에'와 구별되는 연결어미로 처리한다.

(1) ㄱ. 영희가 돈 걱정을 많이 하기에/*하길래 (영희의) 얼굴이 상했다.
ㄴ. 나는 너희를 믿기에/*믿길래 (나는) 다른 말 안 했지.

'-길래'의 의미 기능을 형식화하여 나타내면 다음과 같다.

(26) '-길래'
 $\lambda u \lambda e_1 \lambda e_2$[말하다(u) & 화자(u, x) & 청자(u, y) & 대상(u, e)
  & [지각하다(e_1) & 화자(u, x)]
  & CAUSE(e_1, e_2)
  & [P(e_1) & 행위자(e_1, a) & …] & [P(e_2) & 행위자(e_2, b) & …]]

'-길래'는 '[지각하다(e1) & 화자(u, x)]'을 갖기 때문에 (24)의 '사건 지각의 제약 및 함의'에 따라 선행절이 나타내는 사건 e1에서 행위자는 화자가 되어서는 안 되는 것이다.
 물론 이들도 '-더-'의 경우와 마찬가지로 화자가 사건의 지각이 용이할 경우, 인칭 제약의 해소가 가능하다.

(27) ㄱ. 심심하길래, TV를 틀어 보았다.
 ㄴ. 그 소식을 듣고 좀 슬프길래, 술 한 잔 먹은 거야.

(27)의 경우, '심심하다', '슬프다' 등은 경험자의 내적 상태를 말하는 동사인데, 이러한 내적 상태를 지각 가능한 사람은 오직 화자이므로 선행절의 1인칭 주어 제약은 해소되는 것이다.

2) '-(으)니(까)', '-았/었더니'

서정수(1996 : 1198~1201)에서는 다음에 사용되는 연결어미들이 지각 상황 설정의 기능을 가지고 있다고 보고 있다.

(28) ㄱ. 내가 거기에 {들르니/들르니까/들렀더니} 친구들이 기다리고 있었다.

ㄴ. 내가 정거장에 {가니까/갔더니} 기차가 벌써 도착해 있었다.

이때 '-(으)니까'의 의미는 일반적인 원인/이유 표현의 어미라기보다는, "이 형태들이 쓰인 앞 절은 화자의 지각 행위가 이루어진 여건을 나타내고 뒷 절에서는 그 지각 내용을 밝히게"(서정수, 1996 : 1198) 하는 것이다.[200] 여기서는 흔히 알려진 "까닭" 표시 기능과는 분명히 다르다.[201] 정거장에 간 것과 기차의 도착은 인과 관계로 풀이될 수 없기 때문이다. '-았/었더니'의 경우에도 그 성분 형태소의 의미로는 그런 쓰임을 이끌어 낼 수 없다.

이에 '-(으)니까', '았/었더니'의 의미 기능을 형식화하여 나타내면 다음과 같다.

(29) '-(으)니까', '-았/었더니'
  $\lambda u \lambda e_1 \lambda e_2$[말하다(u) & 화자(u, x) & 청자(u, y) & 대상(u, e_1, e_2)
    & [지각하다(e_2) & 화자(u, x)]
    & $e_1 < e_2$
    & [P(e_1) & 행위자(e_1, a) & …] & [P(e_2) & 행위자(e_2, b) & …]]

---

[200] 임채훈(2006ㄹ), 그리고 이 책의 8장에서는 '-(으)니까', '-아/어서' 등이 가지는 의미 차이를 인과 관계의 인식 과정을 통해 설명하고 있다. 우리는 '-(으)니까'가 인과 관계의 인식 과정의 첫 단계에 놓이는 연결어미라고 보고 있다. 따라서 인과성이 비교적 덜 보이는 이러한 '지각 상황'도 두 개의 연결된 사건에 인과성을 부여하는 앞 단계와 상통하는 의미 기능인 것이다.
[201] 서정수(1996 : 1218)에서는 '-(으)니까'가 두 가지 의미 기능을 가지고 있기 때문에 다음과 같은 문장들은 중의적이라고 보았다.
  (1) 내가 이 책을 읽으니(까) 책이 다 닳았어.
    ㄱ. 내가 이 책을 읽는 과정에서 다 닳았음을 알게 되었다. <지각 구문>
    ㄴ. 내가 이 책을 읽기 때문에 책이 다 닳게 되었다.   <까닭 구문>
  (2) 내가 타이르니(까) 그 애는 가만히 있었어.
    ㄱ. 내가 타이르는 과정에서 그 애가 가만히 있음을 알았다. <지각 구문>
    ㄴ. 내가 타이르기 때문에 그 애는 가만히 있었다.   <까닭 구문>

이 연결어미 역시 '[지각하다(e_2) & 화자(u, x)]'를 갖고 있으므로 (24)의 '사건 지각의 제약 및 함의'에 따라 화자와 행위자 간의 인칭 제약이 존재한다. 그런데 이들은 앞서 '-길래'와는 반대로 화자가 지각하는 사건이 후행절의 사건이므로 후행절의 행위자가 화자와 일치해서는 안 된다는 제약을 갖는다.

3) '-거든'

'-거든' 역시 인칭 제약이 존재하는 대표적인 연결어미이다. 이들은 후행절 주어가 2인칭이나 1인칭으로 실현되어야 한다는 제약이 있다.

(30) ㄱ. 그가 들어오거든 (너는/*그는) 바로 전화 좀 주세요.
ㄴ. 그가 들어오거든 (나는/*그는) 자야겠다.

(30ㄱ)은 서법 제약과 더불어 2인칭으로 실현되어야 하는 제약이 있다. (30ㄴ)은 '의지, 계획'을 나타내는 '-겠-'의 실현과 더불어 주어가 1인칭으로 실현되어야 하는 제약이 있다.

이 연결어미 역시 선행절의 사건을 지각해야 한다는 조건을 나타낸다고 할 수 있다.[202] 그러나 조건과 관련된 의미를 갖고 있으므로 앞서와 달리 후행절의 사건은 항상 실제 발화시보다 후행해야 한다는 제약 또한 가지

---

[202] 김진수(1987 : 99)에서는 '-거든'은 사실을 확인할 수 있는 것을 전제로 한다고 했으며, 서태룡(1978 : 58~59, 1988 : 191)에서는 가상적 조건을 나타낸다고 했고, 구현정(1989 : 128~129)에서는 발화 시점에서 말할이나 들을이가 '미지각한' 일을 지각자의 의도와는 무관하게 지각하게 되어 이것이 설명의 대상으로 제시되는 것으로 논하였다. 윤평현(1989 : 34~35)에서는 실현가능성에 대해 화자가 믿음을 가지고 있을 때 쓰는 경향이 있다고 논하였고, 최재희(1990 : 124)에서는 '-거든'의 내적 특성은 '강한 사실성'을 갖는다고 논하였다. 또 김승곤(1980 : 3) "'거든'은 외부의 사실을 조건으로 삼아 화자가 자기의 주관 내지는 의도를 중심으로 나타내는 조건형 어미"라고 보았다.

고 있다. 더불어 '청자'가 사건의 지각자가 되는 경우도 있다.

(31) '-거든'
λuλe₁λe₂[말하다(u) & 화자(u, x) & 청자(u, y) & 대상(u, e)
& [지각하다(e₁) & 화자(u, x) or 청자(u, y)]
& CAUSE(e₁, e₂)
& ut<et₁
& [P(e₁) & 행위자(e₁, a) & …] & [P(e₂) & 행위자(e₂, b) & …]]

'-거든' 역시 '[지각하다(e1) & 화자(u, x) or 청자(u, y)]'을 가지고 있으므로, 선행절의 주어가 화자와 청자여서는 안 된다는 제약을 가진다. 물론 앞서와 같이 심리 상태를 나타내는 술어가 나타나는 경우는 인칭 제약이 바뀌게 된다.

(32) 기말고사가 끝나거든, 가거라/가야겠다.

그런데 이종철(1995)에서는 '-거든'의 화용적 용법에 주목하면서 앞서 '-거든'이 나타나는 일반적인 통사적 환경을 충족시킴에도 불구하고 '-거든'이 제약되는 경우를 제시하고 있다.

(33) ㄱ. 그냥 참고 넘어가 {주면/*주거든} 다음번에는 최선을 다해 최 의원을 위해 뛰어 주겠소.
ㄴ. 다음에 어디서든지 만나기만 {하면/*하거든} 가만 안 둘 거야.

(33ㄱ, ㄴ)은 모두 후행절의 주어가 1인칭이면서 주어의 의지 및 미래를 나타내는 어미가 실현되었는데도 불구하고 '-거든'이 제약되는 것을 보여주고 있다. 이에 대해 이종철(1995)에서는 선행절과 후행절의 초점에 따라

'-거든'의 쓰임이 제약된다고 보고 있다.

 (34) ㄱ. 조건 < 결과 → '-면'
   ㄴ. 조건 = 결과 → '-면'
   ㄷ. 조건 > 결과 → '-면', '-거든'

 '조건'에 초점과 비중이 있어야만 '-거든'을 쓸 수 있다는 것이다. 그러나 어디에 초점이 놓이는지 객관적으로 파악하기가 어렵다는 점에서 위의 견해는 문제가 있다. 우리는 위 현상도 사건의 지각과 관련된다고 본다. 즉 (33)의 선행절은 화자의 지각 사건이라는 조건을 충족시키지 못한다는 점에서 제약이 있는 것이다. 먼저 (33ㄴ)의 경우 선행절의 주어가 화자이므로 지각 사건이 되지 못한다. (33ㄱ)의 경우도 화자 혹은 청자가 어떤 행위를 하기 위한 지각 조건이라기보다는 선행절 주어의 행위 의지를 나타내는 것이 강하므로 '-거든'이 제약되는 것이다.

제6장
독립어구의 문장의미 구성

6장에서는 독립어(구)가 문장의미 형성에 있어 어떤 역할을 하는지 살펴보고자 한다. 특히 이들 성분이 사건의 구성뿐만 아니라 발화상황의 구성과도 밀접한 관련을 맺고 있다는 것을 보이고자 한다. 이는 문장의미를 '특정한 발화상황에서의 사건의 존재'로 보는 우리의 견해를 입증하는 주요한 논거가 될 것이다.

전통 문법의 관점에서 보면 독립어(홀로말, 이하 독립어로 통일)는 상당히 이질적이고 모순적인 존재이다. 기능상으로는 다른 문장 성분과 통사적·의미적 관련성을 갖지 못해, 독립적인 존재, 즉 독립어로 설정되고 있다. 그러나 범주의 위계상으로는 여타 다른 성분과 마찬가지로 단문을 구성하는 성분의 하나로 처리되고 있다. 전자의 특성에 주목한다면, 독립어 단독으로 독립된 문장을 형성한다고 보아야 한다. 그러나 보통 사고의 최소단위로 정의되는 문장의 의미적 특성을 감안하면, 독립어는 하나의 독립된 문장으로 보기에는 불완전한 의미 구성을 가지고 있다. 반면, 독립어를 여타 다른 성분과 같이 문장 구성 요소의 하나로 본다면, 그 용어의 의미에 앞서, 그것이 다른 성분과 어울려 하나의 문장을 구성하기 위해 어떤 의미 역할을 하는지 규명해야만 한다. 종래 독립어의 설정과 처리에 있어 혼란이 야기된 것도 범주의 설정과 그 기능 파악이 일치되지 않은 데에서 발생했다.

우리의 기본적인 입장은 후자의 입장처럼 독립어가 문장의미를 구성하고 있는 성분의 하나라는 것이다. 그러나 종래 서술어를 중심으로 그것과의 관계를 통해 성분의 의미를 파악하는 방법으로는 이러한 입장에 대해 용이하게 설명할 수 없다. 독립어가 서술어와 통사적·의미적으로 직접적인 관계를 맺고 있다고 볼 수 없기 때문이다. 그러나 문장의 구성 요소는 일차적으로 서술어와 의미관계를 맺는 것이 아니라 전체로서의 사건과 의미관계를 맺는다고 보고 있는 우리의 입장에서는 문제가 되지 않는다. 독립어는 서술어와의 관계에서는 독립적인 것으로 보일지 모르나, 문장이 의미하는 사건과는 상호 작용을 하면서 문장의미를 형성하고 있다.

이번 장에서 논증하고자 하는 대략적인 주장은 다음과 같다. 하나의 문장을 구성하는 구성 성분들은 모두 문장의미 형성에 있어 각각의 역할을 하고 있다. 독립어도 예외가 될 수 없다. 따라서 문장의미 구성에 있어 '독립적'이라는 것은 실제 언어 현상과 맞지 않는 표현이다. 독립어의 부류 속에 속하는 성분들이 문장의미 형성에 있어 어떤 의미 내용을 갖는지 재검토가 필요하다. 문장은 단순히 사건의 존재를 이야기하는 데 그치지 않는다. 사건의 존재는 반드시 발화상황을 기반으로 그 존재성을 갖는다. 발화상황 속에는 화자, 화자의 사건에 대한 판단, 화자의 태도, 양상, 그리고 청자 등등 다양한 요소가 존재한다. 독립어는 발화상황과 사건이 맺고 있는 다양한 관계를 나타내는 데 이용된다.

6.1. 독립어에 대한 기존 논의 분석

6.1.1. 독립어의 일치·호응

독립어가 과연 문장에서 독립적인 성분인가에 대한 회의는 독립어의 일치 현상과 더불어 시작되었다. 즉, 독립어의 하나인 부름말(혹은 호격어, 이하 부름말)이 청자 높임법과 관련하여 문장의 종결어미와 일치 관계를 갖는다는 것이다.[203] 김태엽(1995, 1996)에서는 부름말뿐만 아니라 다른 독립어의 부류에도 이러한 일치 현상이 있다고 논증하고 있다.

그러나 부름말과 종결어미의 호응이 독립어가 '독립적'이지 않다는 근거라고 말하는 것은 재론의 여지가 있다. 이러한 호응이 문장 내에서만 이루어진다는 전제가 있어야만 그러한 주장이 가능하기 때문이다. 그런데 다음 예는 독립어가 한 문장 안에서만 호응하는 것이 아니라는 것을 보여 준다.[204]

(1) 할아버지! (ㄱ) 신문이 (왔어요/*왔어). (ㄴ) 갖다 (드릴까요/*줄까)?

(1)에서 종결어미의 호응은 (ㄱ) 문장에서뿐만 아니라 (ㄴ)에도 나타난다. 청자 높임은 주체 높임처럼 문장 안에 있는 어떤 성분에 의해 결정되는 것이 아니라, 발화하고 있는 상황 속에서 청자가 누구냐에 의해 결정되는 것이기 때문에, 상황 의존적인 성격이 짙다. 만약 '할아버지'를 독립

---

[203] 다음은 이러한 견해를 직·간접적으로 드러낸 논문이다. 유동석(1990), 권재일(1992), 구연미(1994), 김태엽(1995, 1996), 김양진(2002) 등.
[204] 이정택(2002 : 379)에서의 비판도 이와 같은 맥락이다. 이정택(2002 : 379)에서는 이런 호응 현상과 '호응, 감탄, 응답' 표현이 갖는 독립된 문장으로서의 자격은 별개의 문제라고 말한다. 왜냐하면 위와 같은 현상이 나타나는 것은 한 문장이기 때문이 아니라 청자의 동일성 및 '감탄'이 지니는 [+확신]의 의미 특성에 기인한 것이기 때문이라는 것이다.

된 문장으로서 인식한다면,205) 이것은 문장 안에서 이루어진 호응이 아니라 문장의 경계를 넘은 일치 현상이 된다.

이 때문에 임유종(1999)에서는 임유종(1997)에서의 '문장 수식'이라는 입장을 버리고, '문맥 수식'이라는 입장을 취한다. 그러나 '문맥 수식'이라는 입장에 서면, 다음과 같은 문제를 해결해야 한다. 첫째, '문맥'의 정의 및 범위에 대한 정립이 필요하다. 문장과 달리 문맥은 가시적인 범위를 설정하기 어려우며, 대단히 주관적인 요소가 되기 쉽다. 둘째, '문맥 수식'이라는 기능상의 설명에도 불구하고, 독립어를 문장 내의 성분으로 여겨온 전통적인 생각을 어떻게 설명하느냐 하는 난점이 남아 있다. 문맥 수식이라면 독립어가 후행하는 여러 문장과 대등한 위계에 있어야 하나, 표기상으로나 인식적 상황으로 볼 때 독립어를 문장 내의 성분으로 여기는 일반적 견해를 부정하기 어렵다. 셋째, 문맥적 관련성은 감탄사나 접속사에 한정되는 것이 아니다. 대명사가 문장 단위를 넘어 관계를 맺고 있을 뿐만 아니라, 응집성(cohesion)의 측면에서 모든 문장 성분이 문장의 경계를 넘어 관계를 맺고 있다고 할 수 있다.

(1)에서처럼 부름말과 여러 문장의 관계를 보았을 때, 부름말이 문장의 경계를 넘어 관계를 맺는다는 것을 부인하기는 어렵다. 이러한 독립어 문제를 해결하기 위해서는 문장 내의 성분이라는 범주 상의 특성과 그 기능상의 관계가 갖는 차이를 조화롭게 설명할 수 있어야 한다. 6.2절에서 이를 해결하기 위한 방안을 제시한다.

---

205) 이러한 견해를 보이는 논문으로는 강우원(1994), 김일웅·김하얀(1994), 이정택(2002) 등이 있다.

6.1.2. 독립어의 위상, 하위분류

전통 문법이나 학교 문법에서 독립 성분과 독립언을 설정하는 것은 일반적인 경향이다. 그러나 이에 대한 하위분류는 논란이 많았다. 특히, '그리고, 그러나' 등과 같은 접속사의 경우, 학교 문법에서는 (접속) 부사로 품사 설정하고, 독립어로 성분 설정하는 모순적 견해를 가지고 있다. 대개 관형사의 경우는 관형어로, 부사의 경우는 부사어로, 독립언(감탄사)은 독립어가 되는 것이 일반적인데, 유독 '접속사'만은 부사이면서, 독립어로 처리하고 있다.

이에 대해 문제의식을 갖고 비판적 견해를 제시한 대표적 논문으로 구연미(1994), 임유종(1997, 1999), 임채훈(2002ㄷ) 등이 있다. 임채훈(2002ㄷ)은 접속사를 단독 품사로 인정하자는 주장의 논문이므로 제외하고, 구연미(1994), 임유종(1997, 1999)만을 살펴보도록 하겠다.

임유종(1997, 1999)에서는 독립언 범주를 없애고, 이를 모두 수식언에 포함시켜 다루고자 한다. 그 이유는 다음과 같다.

첫째, 독립언 범주의 수식 기능이 인정된다.
둘째, 독립언 범주는 비합리적인 분류 범주이다.
셋째, 독립언은 문장 부사와 성격이 상당히 유사하므로 수식언으로 다루어야 한다.
넷째, 문법 설명에 여러모로 이점이 많다.

그러나 이 논문이 가지는 탁견에도 불구하고, 결정적으로 아쉬운 면은 수식언으로 인정한다고 했을 때, 그 때의 '수식'은 무엇을 의미하는가 하는 점을 분명히 하지 않았다는 것이다. 독립언 범주의 비합리성을 지적하면서 '독립성'이 모호한 성격을 지니고 있다(임유종, 1999 : 218)고 비판하고 있으나, '수식언'이라고 했을 때, '수식성'이 무엇인지 분명히 밝히지 않는다면, 그 비판이 그대로 다시 돌아올 수밖에 없다.206) 또한 앞선 절에서 비판했던 바대로, '문맥 수식'에서 '문맥'이라는 개념도 모호한 면이 있다.

구연미(1994)에서는 문장 성분을 필수 성분과 임의 성분으로 나누고, 임의 성분을 새롭게 분류하고자 했다. 임의 성분을 먼저 '명제 임의 성분'과 '서법 임의 성분'으로 나누고, 다시 '명제 임의 성분'을 '수식 임의 성분'과 '상황 임의 성분'으로 구별하고 있다. 여기에서 다루고 있는 독립 성분은 구연미(1994)에서는 모두 '서법 임의 성분'이다. '서법 임의 성분'은 서법 요소가 나타내는 문맥적 의미를 명확히 해주기 위해 덧보태어지는 것이다. 예를 들어, 때 위치말이나 때 어찌말, 추정 어찌말, 확정 어찌말, 가치판단 어찌말, 부탁 어찌말, 느낌 홀로말, 대답 홀로말, 부름 홀로말 등이 여기에 속한다.

'서법 임의 성분'의 설정에서 가장 큰 문제가 되는 것은 이들을 너무 문법적으로 다룬다는 데에 있다. 예를 들어,

(2) ㄱ. (다행히) 네가 대회에 참가하-ㄴ다.
ㄴ. *(다행히) 네가 대회에 참가하-니?
ㄷ. *(다행히) 네가 대회에 참가하-여라.
ㄹ. *(다행히) 네가 대회에 참가하-자.

―구연미 1994 : 91의 (14)번 예

(2)에서 '다행히'는 "서술법 요소와 관련되어, 말할이가 어떤 일에 대해 '긍정적으로 판단하여 서술한다'는 문법적인 의미를 명확히 드러내" 주는

---

206) 일반적인 수식의 개념으로 생각했을 때는 호격어나 접속어가 수식의 기능을 갖고 있다고 보기는 어렵다.

것이 주요 기능이라는 것이다. (2)에 나타난 서법 제약은 이를 증명한다고 보고 있다. 즉, 서법 요소인 종결어미가 '다행히'와 같은 문장 부사를 선택한다고 보고 있는 것이다. 그러나 이러한 서법 제약은 직접적이고 본질적인 것이기보다는 이차적인 것에 불과한 것으로 보인다. 의문문이나 청유문, 명령문에 대해 이들 부사어가 서법 제약을 갖는 것이 일차적인 것이 아니라, 가치 판단을 할 수 있는 사건의 존재 여부가 이들 부사어와 본질적인 관계를 맺고 있다. 즉, 어떤 사건이 이미 존재해야만 그것이 다행인 것인지 불행인 것인지 가치 판단할 수 있지, 존재하지 않는 것에 대해 가치 판단을 할 수는 없는 것이다. 의문문이나 명령문이 이 부사와 일차적으로 제약을 갖는 것은 이들이 대개 사건의 존재가 아직 미결정 상태이기 때문이다. 그러나 의문문이라고 할지라도 사건의 존재가 결정되어 있을 때는 위의 제약이 사라진다.

(2') (다행히) 저번 대회에는 참가했었지?

(2') 문장에서 '다행히'가 가능한 것은 의문문이라는 서법과는 관계없이, '저번 대회 참가'라는 사건의 존재를 화자가 가정하고 있기 때문에 가능해지는 것이다.[207]

(3) (영이야!) 집에 가니?/가라/가자.

구연미(1994 : 92)에서는 (2)의 문장 부사와 마찬가지로 부름말도 '서법임의 성분'으로 보고 있다. (3)에서 '영이야'는 문두에 놓여 청자에게 묻거

---

[207] 굳이 이러한 증명 없이도, 우리는 일반적으로 '다행히'가 서술법의 의미를 명확히 해주기 위해 덧보태지는 것이라고 말하는 것에 주저하게 된다. '다행히'는 문법적인 의미보다는 '사건'에 대한 가치를 판단하는 어휘적 의미가 그 중심에 있다.

나 시키거나 함께 할 것을 요구하는 서법 요소 '물음법, 시킴법, 꾀임법'과 일치하여, 청자의 주의를 환기시키기 위해 덧보태진다고 보았다. 그러나 부름말에는 엄밀한 의미에서 서법 제약이 존재하지 않는다.

    (3') (영이야!) 나 집에 간다.

부름말이 평서문의 서술법에서 제약되는 경우는 후행하는 사건의 행위주 혹은 주어가 부름말이 지시하는 대상일 경우이다. 현재 청자가 하고 있는 행위는 누구보다도 청자가 잘 알고 있으므로, 그것을 말하는 것은 대단히 잉여적이기 때문이다.

    (3") *(영이야!) 너 집에 간다.

즉, 영이가 집에 가고 있는데, 영희를 불러 세워 네가 지금 집에 가는 것이라고 설명하는 것은 이상하다. 그러나 그것이 청자에게 제대로 인식되지 않은 행위일 경우, 서술법의 적용이 가능하다.

    (4) 영이야! 네가 지금 도둑질을 하고 있는 거야.

따라서, 이들 '부름말' 역시 위의 문장 부사와 마찬가지로 서법 요소를 보충하는 서법 임의 성분으로 분류하는 것은 문제가 있다. 그렇다고, 이들을 글자 그대로 '부름말'이라고만 보는 것도 문제가 있다. 그저 부름말이 누구를 부르는 것에 불과하다면, 이들은 정말 독립 성분, 혹은 독립된 문장으로 봐야 할 것이다. 이들이 후행하는 문장, 혹은 성분과 갖는 관계는 무엇인가. 다음에서는 이들의 의미 역할을 전체적인 관점에서 사건과 발화상황의 관계를 통해 규명하고자 한다.

선행 연구를 통해서 파악된 독립 성분이 가지는, 해결이 필요한 문제점은 다음과 같다. 첫째, 독립 성분이 가지는 성분상의 위계와 기능상의 범위가 차이를 갖는 것처럼 보이는데, 이를 어떻게 해결할 것인가. 둘째, 독립 성분이 가지는 문장의미 구성에 있어서의 의미 역할을 어떻게 규명할 것인가. 6.2절에서는 이들 문제의 해결을 중심으로 논의를 전개해 나가고자 한다.

6.2. 독립어의 의미 역할

독립어도 문장을 구성하는 하나의 성분이라면 다른 성분들과 마찬가지로 하나의 문장을 구성하는 데 있어 통합될 수 있는 조건이나 의미가 있을 것으로 사료된다. 우리는 전체론적인 관점에서 문장이 발화상황을 토대로 한 사건의 존재로 보고 있으므로 독립어도 이들 전체적 개체와 상관관계를 맺으며 의미 기능을 갖는다고 본다. 아래에서는 느낌말, 부름말, 이음말이 사건과 발화상황과 어떤 관계를 맺으며 의미 기능을 하는지 밝히도록 하겠다.

6.2.1. 느낌말, 사건과 발화상황의 관계

우선 느낌말도 다른 문장의 성분들처럼 사건을 구성하는 의미 기능을 갖고 사건 논항을 갖는다고 가정할 수 있다.

(6) 우와! 어제 우리 팀이 이겼다.
(6') (∃e)[et<ut & 감탄(e, 우와) & 행위주(e, 우리 팀) & 이기다(e) & Cul(e, et)]

만약, '우와'라는 느낌말이 사건 논항을 갖는다면, e라는 사건에 대한 감탄이 '우와'라는 것으로 보고 이것도 사건을 구성하는 요소라고 봐야 한다. 그러나 문제는 그 감탄의 시점이 사건시가 아니라는 데 있다. 즉, 사건은 어제 일어났지만, 그 사건에 대한 감탄은 현 시점에 일어난 것이기 때문에, 이들을 다른 성분과 마찬가지로 사건을 구성하는 요소로 보기는 힘들다. 그러한 시점의 차이는 다음 예에서 더 극명하게 드러난다.

(7) 아이고! 그 때 그 복권을 샀어야 하는데….

실망과 후회는 복권을 샀어야 하는 시점에 발생한 것이 아니라, 현 발화상황에서 이루어진 것이다. 따라서 감탄사 '아이고'가 사건 논항을 취한다는 것은 시제 상의 문제가 있다.

사건 논항을 받을 수 없다는 것은 다음 예에서도 드러난다.

(8) ㄱ. 우와! 비가 온다.
    ㄴ. 아이고! 비가 온다.

(8)은 동일한 사건에 대해 그 평가가 달리 나타난 경우이다. 만약, 감탄어가 사건을 구성하는 요소라면, 다른 감탄어가 나타난 (8ㄱ)과 (8ㄴ)은 동일한 사건이 될 수 없다. 그러나 (8)은 사건은 동일하지만, 발화하는 상황에서 그것을 받아들이는 화자의 평가가 다른 것이다.

이와 같은 현상을 설명하기 위해서는, 앞서 논의하였던 발화상황이 필요하다. 문장은 기본적으로 사건의 존재를 나타내지만, 사건의 존재는 발화하는 상황과 상대적인 관계를 갖고 존재한다. 이러한 가정을 기반으로, (6)의 문장을 새롭게 환언하면 다음과 같다.

(6) 우와! 어제 우리 팀이 이겼다.
(6″) ∃u[말하다(u) & 화자(e, x) & 청자(e, y) & 대상(u, e) & 기쁨(u, e)
    & et<ut
       & (∃e)[이기다(e) & 행위주(e, 우리 팀) & 어제(et) & Cul(e, et)]]
    * 우와! → 기쁨(u, e), -었- → et<ut

'기쁨(u, e)'는 다음과 같은 의미이다.

u에서 기쁨은 e이다. 즉 u라는 발화상황에서 기쁨은 e라는 사건이다.

즉, (6) 문장의 의미는 우리 팀이 이긴 사건이 존재하고, 그 사건은 발화상황에서 화자에게 기쁨이라는 것이다. 이것은 감탄사가 가지는 시간상의 특징도 완벽하게 설명할 수 있다. 발화상황 논항을 취하므로 기쁨의 시간은 발화상황의 시간이 되는 것이다.

문장 부사[208]의 경우도 감탄사와 동일한 양상을 갖는다.

(9) 불행하게도 어제 우리 팀이 졌다.
(9′) ∃u[불행하다(u, e) & et<ut
    & ∃e[지다(e) & 행위주(e, 우리 팀) & 어제(et) & Cul(e, et)]]

느낌말은 사건에 대한 평가를 의성적/의태적으로 표현한 것이고, 문장 부사는 평가 및 판단을 어휘적인 의미로 표현한 것이라는 차이를 갖는다.

김하얀(1994 : 307)에서는 느낌말을 왼쪽과 같이 제시했는데, 이것을 바탕으로 느낌말을 함수로 변환하여 표현하면 오른쪽과 같다.[209]

---

[208] '-게' 부사어가 갖는 문장의미 구성상의 특징은 4.1절에서 자세하게 논의했다.
[209] 위와 같이 감탄사를 고정적인 의미를 갖는 어휘로 보는 것은 다소 문제가 있을 수 있다. 예를 들어, '아'의 경우, 놀라거나 당황하거나, 기쁘거나, 슬프거나, 후회하는

① '와, 아, 만세, 야호' : '기쁨'을 나타냄 → 기쁨(u, e)
② '어머나, 이크' : '놀람'을 나타냄 → 놀람(u, e)
③ '치, 흥, 에이' : '불만'을 나타냄 → 불만(u, e)
④ '피, 푸, 허' : '비웃음'을 나타냄 → 비웃음(u, e)
⑤ '저런, 어이쿠' : '안타까움'을 나타냄 → 안타까움(u, e)
           ⋮

6.2.2. 부름말, 발화상황과의 관계

독립어가 사건 논항을 받을 수 없다는 것은 부름말에서 더 분명하게 나타난다.

(10) 철수야! 편지 왔다.
(10') (∃e)[et<ut & 부름(e, 철수) & 대상(e, 편지) & 오다(e) & Cul(e, et)]

만약 부름말이 사건 논항을 갖는다면, 위의 '부름(e, 철수)'는 다음과 같은 의미를 갖는다.

*e*라는 사건에서 부르는 사람은 철수이다.

그러나 'e'라는 사건과 '철수를 부르는 행위'는 직접적인 연관성이 없다. 즉, 편지가 오는 사건을 구성하기 위해, '철수를 부르는 것'이 필요하지는 않다. 따라서 부름말이 사건 논항을 갖는다고 보기는 어려울 것이다.

부름말은 발화상황에서 청자가 누군지를 밝히는 말이다. 앞서 지적했던 바대로, 부름말은 사건을 구성하는 의미를 가지고 있지 않고, 발화상황을

것 등 다양한 느낌을 나타낼 수 있다. 이 때문에 Wilkins(1992)에서는 감탄사를 지시사의 일종으로 보아야 한다고 주장한다.

구성하는 의미를 갖고 있다. 따라서 부름말은 발화상황 논항만을 갖게 된다.210)

(9″) 크u[말하다(u) & 청자(u, 철수) & et<ut
  & 크e[대상(e, 편지) & 오다(e) & Cul(e, et)]]
 * 철수야→청자(u, 철수)

위에서 '청자(u, 철수)'는 다음과 같은 의미를 갖는다.

*u*라는 발화상황에서 청자는 철수이다.

앞서 부름말이 문장의 경계를 넘어 작용하는 문제에 대해 논했다. 독립어가 문장 내적인 요소임에도 불구하고, 문장 경계를 넘어 호응이 일어나는 현상을 설명할 수 있어야 한다. 이는 다음과 같은 원리를 제시함으로써, 자연스레 해결된다.

▎계승의 원리
1. 발화상황의 구성 요소는, 대치되는 구성 요소가 없을 경우, 후행 문장에 계승될 수 있다.
2. 사건의 구성 요소는, 대치되는 구성 요소가 없을 경우, 후행 문장에 계승될 수 있다.

---

210) 명령문의 경우, 일반적으로 주어는 청자가 되며, 이에 따라 선행하는 부름말이 주어와 일치하게 된다. 부름말은 발화상황과만 연관되는 것이 아니라 사건을 구성하는 요소의 하나가 된다. 아울러 명령문에서는 주어가 생략되는 것이 일반적이므로, 명령문에서는 부름말이 사건의 행위주로 해석되게 된다. 이를 적절하게 설명할 수 있는 방법에 대해서 좀더 깊이 생각할 필요가 있다.

따라서,

(1) 할아버지! 신문이 왔어요. 갖다 드릴까요?
(1') ∃u[말하다(u) & 청자(u, 할아버지) & et_1<ut
    & $∃e_1$[대상(e_1, 신문) & 오다(e_1) & Cul(e, et_1)]
    & 의문(u, e_2) & ut<et_2 & $∃e_2$[대상(e_2, 신문) & 갖다 드리다(e_2)
    & Cul(e_2, et_2)]

연속되는 발화상황에서 각 문장들이 의미하는 사건은 바뀐다고 할 수 있으나, 발화상황은 바뀌지 않는다고 할 수 있다. 따라서 발화상황을 바꾸는 요소가 명시되지 않는 한, 발화상황은 바뀌지 않고, 후행 문장에 그대로 계승된다고 볼 수 있다. 즉, (1)에서 부름말이 후행 문장과도 호응하는 것은 발화상황이 e_2에도 그대로 유지되고 있기 때문이다. 마찬가지로, 두 번째 문장에서 생략된 주어 성분과 목적어 성분은 선행문장으로부터 계승된다.

6.2.3. 이음말, 사건 간의 관계

이음말의 경우는 위의 독립어 부류와 또 다른 차이를 갖는다. 접속어에서 중요한 것은 이음말이 무엇을 잇고 있느냐는 것이다.

(11) 철수가 아침밥을 먹었다. 그리고 학교에 갔다.
(11') ∃u[말하다(u) & et_1<ut & 순접(e_1, e_2)
    & $∃e_1$[행위주(e_1, 철수) & 대상(e_1, 아침밥) & 먹다(e_1) & Cul(e, et_1)]
    & et_2<ut & $∃e_2$[행위주(e_2, 철수) & 장소(e_2, 학교) & 가다(e_2) &
    Cul(e_2, et_2)]]
    ※ 그리고 → 순접(e_{pre}, e_{post})

(11)의 예에서 알 수 있는 것처럼, 이음말은 발화상황이 아닌, 사건을 연결하고 있다는 것을 알 수 있다. 발화상황은 두 문장에서 모두 동일하게 유지되고 있기 때문에 발화상황 두 가지를 연결한다는 것은 가능하지 않다. 따라서 이음말은 사건 논항 두 개를 취하여 연결하는 기능을 갖고 있다는 것을 알 수 있다.

위에서 논의한 내용을 정리하여 독립어 부류의 의미 역할을 제시하면 다음과 같다.

[표 15] 독립어 부류의 의미 역할

독립어의 부류	논항	함수 및 함수값
감탄어	발화상황 논항 사건 논항	발화상황에서 화자가 내린 사건에 대한 평가를 명시
부름말	발화상황 논항	발화상황의 청자를 명시
접속어	선행 사건 논항 후행 사건 논항	두 사건의 의미적 관계를 명시

제7장
사건 호부 평가 양태성 표현

7.1. 문제 제기

한국어는 교착어로서 어미가 풍부하게 발달한 언어이다. 이들 어미는 절의 유형과 형식을 결정하는 문법적 기능을 갖고 있을 뿐만 아니라 다양한 의미 기능을 표상하고 있다. 예를 들어 종결어미의 경우 서술, 의문, 명령, 청유 등 문장 유형을 표상하는 기능만을 갖는 것이 아니라 화자가 명제에 대해 가지는 다양한 태도, 청자와의 관계 등이 융합되어 표현되고 있다. 이는 동일한 종결 형식을 표상하는 어미가 다양한 형태로 분화되어 있는 현상을 설명한다. 종래 '명제에 대한 화자의 심리적·정신적 태도'를 일컬어 '양태성(modality)'이라고 하였다. 그간 '양태성'과 '서법(mood)' 간의 개념적 차이, 연구 대상의 설정 문제에 대해 논란이 있었으나[211] 현재 많

---

211) 양태성, 서법 등의 개념 규정, 양태성 체계 설정과 관련된 주요한 논의로 고영근(2004), 박재연(2006), 이선웅(2001), 임동훈(2003, 2008), 장경희(1999) 등을 들 수 있다. 박재연(2006)의 지적대로 기존 양태성 연구는 주로 체계 설정에 초점이 놓인 것이 사실이었다. 그로 인해 양태성을 드러내는 다양한 표현들에 대한 연구가 소홀히 다뤄진 면이 없지 않았다. 향후 한국어에 풍부하게 발달한 다양한 어미들에 대해 양

은 논의들이 '양태성'을 의미 범주라고 보고, 이를 표상하는 문법 요소와 범주를 확대하려는 경향이 있다.212) 이로부터 몇몇 제한된 어미의 연구에 머물렀던 양태성 논의가 다양한 어미에 대한 연구로 확장되어 가고 있다. 이와 더불어 기존 논의에서 '추측' 등을 나타내는 인식 양태(epistemic modality), '의무' 등을 나타내는 행위 양태(deontic modality)로 양분되었던 양태성 의미 범주를 확대하려는 노력도 나타나고 있다.213) 우리도 종래 제한적인 의미로 보았던 양태성 의미 범주를 광의로 해석하고, 한국어에 특징적으로 나타나는, 새로운 양태성 의미 범주를 설정하고자 하는 것이다. 다음은 그런 양태성 의미 범주를 표상하는 국어의 어미들이다.

(1) ㄱ. 재미없게시리.
ㄴ. *재미있게시리.

(2) ㄱ. 넘어질라!
ㄴ. *얼굴이 더 예뻐질라.

(3) ㄱ. 그렇게 놀다가는 이번 시험에 떨어질 거야.
ㄴ. *그렇게 열심히 공부하다가는 이번 시험에 1등 할 거야.

(1ㄱ)에서 '-게시리'는 현재의 상황에 대한 화자의 (감정적) 평가를 나타내는 형용사와 주로 결합하는 종결어미이다. 이때 선행하는 형용사가

태성 관점에서 논의가 이루어질 필요가 있다.
212) 대표적인 경우로 이선웅(2001)을 들 수 있다. 이선웅(2001)에서는 선어말어미뿐만 아니라 종결어미, 연결어미, 더불어 조사까지 양태성을 표현하는 문법 범주로 보고 있다.
213) 최근 양태성 의미 범주 중 새롭게 관심을 받고 있는 것이 증거성(evidentials)이다. 유형론적 관점에서 전 세계 언어의 증거 양태를 소개하고 논의한 저서로 Aikhenvald(2004)가 있다. 한국어에 나타난 증거 양태를 다룬 최근의 논의로 송재목(2007), 임채훈(2008)을 들 수 있다.

나타내는 상황은 주로 부정적인 것이다. 긍정적인 의미를 갖는 형용사가 선행하는 경우에는 (1ㄴ)와 같이 어색한 문장이 된다. (2ㄱ)에서는 화자가 어떤 사건의 발생을 '우려'하는 의미가 드러난다. 이때 종결어미 '-(으)르라'에 선행하는 내용도 역시 화자가 부정적으로 평가하는 사건이다. 반면 (2ㄴ)처럼 화자가 긍정적으로 평가하는 사건이 선행할 경우에는 비문이 된다. (3ㄱ)의 '-다가는'은 '조건'의 연결어미 중 하나인데 위의 경우와 같이 부정적인 결과만을 후행절로 용인할 수 있고 (3ㄴ)처럼 긍정적으로 평가되는 결과에 대해서는 쓸 수 없다.

제7장에서는 위와 같이 화자가 문장이 표상하는 사건에 대해 긍정적(good) 혹은 부정적(bad)[214] 평가를 내리는 '사건 평가 양태성'이 국어의 어미 혹은 대당 표현에 존재한다는 것을 밝히고, 이러한 양태성 의미 범주를 한국어의 유의미한 의미 범주로 설정해야 한다는 것을 주장하고자 한다. 더불어 이러한 호부 사건 평가 양태성을 갖고 있는 어미들이 문장의 다른 구성 요소와 호응하여 다양한 감정 상태를 나타낸다는 것을 보이고자 한다. 즉 해당 어미들이 나타낸다고 보았던 다양한 감정들은 사실은 사건의 호부 평가를 바탕으로 여러 구성 요소가 결합하여 생기는 추론적 의미 특성이라는 것을 밝히고자 한다. 이를 통해 종래 '아쉬움', '기대', '우려' 등과 같이 개별적으로 제시한 어미의 의미 기능을 체계적으로 분류할 수 있는 가능성을 얻을 수 있을 것이다.

---

214) 긍정적 평가, 부정적 평가는 사실에 대한 긍정과 부정이 아니라 사건에 대해 화자가 좋고 나쁨을 판단하는 것을 가리킨다.

7.2. 사건 호부 평가 양태성의 개념과 기능

Donaldson(1980)에서는 Ngiyambaa[215]에 '좋은 일(good job)'과 '나쁜 일(bad job)'을 나타내는 첨사(particles)가 있다고 보고하고 있다.

(4) ㄱ. mandaŋgul-dhi : -ndu　　　waŋa : y　　ŋiyiyi
　　　GOOD JOB-1OBL-2NOM　　NEG　　say+PAST
　　　'네가 나에게 말하지 않은 건 좋은 일이야.'
　ㄴ. ga : mbada　yana-nhi
　　　BAD JOB　go-PAST
　　　'(그녀가) 온 건 좋지 않은 일이야.'

그러나 Palmer(1986 : 120)에서 지적한 대로 이러한 평가 양태는 많은 언어에서 주로 평가 부사(evaluative adverb)와 같이 어휘적으로 실현되는 닫힌 체계(closed system)로 나타난다.

한국어는 위와 같이 단순하게 좋고 나쁨의 이원적 대립을 나타내는 문법적 요소가 존재하는 것은 아니나 호부 사건 평가를 의미 기반으로 하는 어미가 앞서 (1)~(3)에서 제시한 것처럼 존재한다. 물론 이들 어미에서 호부만을 나타내는 '특정 형태'를 추출할 수는 없어 형태론적 관점에서는 양태성 의미 부여에 회의감을 드러낼 수 있다. 여타 다른 양태소, 예를 들어 '-겠-', '-더-'와 같은 선어말어미는 양태 의미를 단독으로 표현하는 형태소로서 논의되는 것이다. 형태론적 관점에서는 이들 호부 양태를 유표적으로 표현하는 형태를 분리할 수 있어야만 문법 범주로서의 의미를 부여할 수 있다고 볼 수 있다.

그러나 '-더-'의 경우도 특정한 어말어미와의 공기 제약을 보이고 또

---

[215] 호주 원주민 언어 중의 하나이다.

그 어말어미와의 결합형이 각기 다른 의미 기능을 나타낸다는 점에서 이들을 융합된 형태로 처리하려는 경향 또한 존재한다.216) 앞서 언급한 것처럼 어말어미는 단순히 종결의 형식만을 표상하는 것이 아니라 화자와 청자 간의 높임 관계, 화자의 명제에 대한 태도 등이 모두 융합된 형식으로 나타나는 것이 일반적이다. 따라서 이 논의에서 언급하는 어미 및 대당 표현이 단독으로 호부 양태성을 표현하지는 않더라도, 즉 다른 의미 기능이 존재하더라도 이들에게 양태 의미를 부여하는 것은 문제가 될 수 없다. 종결의 형식과 높임에서 동일한 의미를 가진 다른 어미들이 존재한다는 점에서 이들을 구별하는 요소는 호부 양태성이기 때문이다.

종래 이러한 감정 평가의 양태성 설정에 대해서는 찬반의 논의가 엇갈렸다. 양태성 의미 범주를 광의의 의미로 해석하는 이선웅(2001 : 323)은 양태성의 정의인 "명제에 내용에 대한 심리적 태도라는 말이 정감적 태도만큼 말뜻 그대로 적용되는 것도 없다"고 하면서 평가 양태217) 설정을 주장하였다. 더불어 평가 양태가 비체계적이라는 비판에 대해서도 "인간의 감정은 그 근본까지 탐구하는 것이 아닌 한 비체계적이어서 그렇게 나타나는 것이 이상할 것이 없다"고 하였다. 고영근(1981/1998)에서는 중세국어 선어말어미 '-옷-'과 '-돗-'이 '정감성'을 나타낸다고 보았다. 임동훈(2008 : 218~219)에서는 "정감성이 알려진 사실에 대해서 놀람, 기쁨 등을

---

216) 예를 들어, '-던', '-더라', '-더니' 등에서 '-더-'가 모두 같은 기능을 하고 있다고 보기는 어렵다. 왜냐하면 이들 '-더라'에 나타나는 인칭 제약이 '-던'이나 '-더니' 등에는 나타나지 않고, '-던'이 가지는 미완의 의미 역시 '-더라', '-더니'에서는 찾아볼 수 없다. 이 점에서 형태적 일치를 보이더라도 '-더-'를 분리하지 않고 융합된 단위로 보는 경향도 많이 존재한다.
217) 이선웅(2001 : 323, 각주 11)에서는 "'평가'는 객관성을 지향하고 감정을 드러내려는 태도를 배제하려는 관습적 의미를 지니고 있기 때문에" '정감 양태'라는 용어가 더 적절하다고 하였다. 그러나 후에 제시되겠지만 '감정'이라는 것을 명확하게 정의하기 어려울 뿐만 아니라 이들 어미들과 표현들이 감정 자체보다는 사건에 대한 호부 평가를 나타내기 때문에 '평가 양태'라는 용어가 더 적절하다고 보았다.

표현한다면 양태에 귀속시키기 어렵다고" 보았다. "다만 주어진 사실을 단언하지 않고 전제한 채 그에 대해 일정한 감정을 표시하거나 실현되지 않은 사건에 대한 소망이나 두려움을 표현하는 것으로 정감성을 한정한다면 이는 양태에 포함시킬 수 있을" 거라고 보았다. 양태성의 의미를 광의로 보면, '감정 평가'를 양태성 의미 범주로 설정하는 것 자체가 문제가 있다고 할 수는 없다.

문제는 이를 한국어의 현실이 얼마나 적절하게 반영하고 있는지가 관건이 된다고 하겠다. 이 점에서 박재연(2006)의 비판은 주목할 만하다. 박재연(2006 : 77)에서는 다음과 같은 점에서 한국어 문법 기술에 '감정 양태'가 반드시 필요한 것은 아니라는 입장을 취한다. 첫째 한국어에서 화자의 감정을 표현하는 요소들이 인식 형태나 행위 양태 요소처럼 체계적인 하위의 의미 영역을 가진다고 보기는 어렵다는 것이다.

(5) ㄱ. 어머나. 예뻐라!
ㄴ. 아이고 뜨거워라!

(6) ㄱ. 내가 일등을 하다니!
ㄴ. 내가 꼴찌를 하다니!

기존의 사전 기술을 보면 '-아/어라', '-다니' 등이 각각 '감탄', '분개' 등을 나타낸다고 보고 있으나 위의 예에서처럼 긍정적 평가, 부정적 평가 모두에서 실현될 수 있다. 박재연(2006 : 77)의 지적대로 "만약 어떤 요소가 미래도 표현하고 과거도 표현한다면 그것은 시제 요소라고 할 수 없을 것이다. 이런 사실을 생각할 때 구체적인 감정의 속성 값 없이 긍정적 감정도 표현하고 부정적 감정도 표현하는 '-아/어라'나 '-다니'가 감정 양태라는 문법 범주를 구현한다고 보기는 어려운 것이다."

그러나 박재연(2006)의 견해는 논리적으로는 타당하나 한국어의 현상 전모를 전반적으로 파악한 후에 내린 결론은 아닌 듯하다. 앞서 (1)~(3)의 예에서처럼 긍정 혹은 부정의 평가와만 호응하는 어미들이 한국어에 존재하기 때문이다. 즉 선행하는 절이 갖는 명제적 의미에 의해, 혹은 백과사전적 지식이 바탕이 되어 호부 평가가 추론되거나 바뀌는 것이 아니라, 특정한 유표적 요소에 의해 화자가 명제에 대해 내린 긍·부정적 평가가 드러난다면 이를 해당 요소의 의미 기능으로 볼 수 있다는 것이다.

우리가 주목하는 현상과 대상은 이렇게 특정 평가와만 호응하는 것으로 제한한다. 그래야만 그 어미가 호 혹은 불호의 구체적인 속성 값을 표상한다고 볼 수 있기 때문이다.

다만 범주 설정과 영역을 명확히 하기 위해서는 몇 가지 검토할 사항들이 있다.

(7) ㄱ. 그 사람이 발표할걸.
    ㄴ. 내가 발표할걸.

(7ㄱ)의 경우는 화자 자신이 아닌 다른 사람이 사건의 주체(혹은 주어)가 되는 경우로서, '추측'의 양태를 나타낸다고 할 수 있다. 반면 (7ㄴ)은 화자 자신이 사건의 주체(혹은 주어)가 되는 경우로서, '추측'이 아닌 '후회'의 양태를 나타내고 있다. '후회'는 화자가 긍정적으로 평가하는 사건을 실현시키지 못했을 때 생기는 감정이다. 다른 사람이 주체가 되는 사건에 대해서는 '후회'라는 감정이 성립하지 못한다. 동일한 형태의 '-(으)ㄹ걸'이 '추측'과 '후회'의 서로 다른 두 양태성을 표상한다고 하여 이를 앞서 (5)~(6)의 '-아/어라', '-다니'처럼 평가 양태와는 상관하지 않는 어미로 처리하는 것은 타당하지 않다. 왜냐하면 (7ㄱ)과 (7ㄴ)의 '-(으)ㄹ걸'은 분

명히 주어의 실현에 있어 차이를 갖고 있기 때문이다. 다시 말해서, '-(으)ㄹ걸'이 '후회'라는 감정을 표상하는 환경을 제한적으로 제시할 수 있기 때문에, 즉 1인칭 주어라는 환경에서만 이들은 감정과 관련한 구체적인 양태성을 갖고 있다고 보아야 한다는 것이다. 더불어 '-(으)ㄹ걸'에 선행하는 어떤 요소로부터도 부정적 평가를 이끌어 낼 수 있는 것이 없다는 것도 우리가 이 어미를 '후회'라는 감정 평가와 관련시키는 이유가 된다. '내가 발표하다.'라는 명제 혹은 사건만으로는 '후회'의 의미를 이끌어 낼 수 없다. 더불어 '1인칭 주어'라는 것만으로 '후회'의 의미가 발생하는 것은 아니므로 주어 제약 자체가 '후회'의 의미를 발생시킨다고 볼 수 없다. 역으로 '후회'의 감정은 주로 자신의 행위에 대한 것이므로 '후회'가 드러나는 문장의 주어가 1인칭으로 제약되는 것은 당연한 일이다.

또 하나, '억양'이나 특별한 수사적 장치가 수반되는 경우와 '억양'이나 수사적 장치 그 자체가 감정 상태를 표상하는 것은 구별해야 한다. 예를 들어

(8) 그게 왜 그의 잘못인지 모르겠다고?

『표준국어대사전』에서는 '-다고'가 '빈정거리거나 부정하는' 의미를 나타낸다고 하였는데, 이는 '-다고' 자체가 가지는 의미라기보다는 억양 수행에 따른 감정 표현으로 봐야 할 것이다. 특정한 억양이 동반되지 않은, 평조의 억양에서는 '확인'을 위한 질문이 될 수도 있기 때문이다. 또한 '빈정거림'을 의미하는 경우에 나타나는 억양이 다른 종결어미가 쓰인 문장에서 실현되면 역시 그런 감정이 드러난다는 점에서 이를 해당 형태가 나타내는 기능으로 보기는 어렵다.

정리하면 다음과 같은 경우에 우리는 어미 혹은 대당 표현이 사건 호부

평가 양태성을 표상한다고 본다. 첫째, 해당 어미가 실현된 문장에서 긍정적 혹은 부정적 감정 평가가 드러나더라도, 그 표현이 양쪽 평가와 모두 호응한다면 이 양태성을 표상한다고 할 수 없다. 반드시 긍정적 혹은 부정적 평가 한쪽과만 호응해야 한다. 둘째, 해당 어미가 다의적인 특성을 가진 경우, 사건 평가 양태성을 표상하는 의미 기능은 다른 의미 기능과 반드시 구별되는 환경과 조건을 가져야 한다. 셋째, 억양이나 수사적 장치에 의한 감정 표상을 어미 혹은 대당 표현의 의미로 확대 해석해서는 안 된다.

7.3. 사건 평가 양태성 표현의 의미 체계와 실제

기본적으로 사건 평가 양태성 표현은 선행하는 절의 의미 특성에 따라 크게 두 가지로 나눌 수 있다. 하나는 사건 평가 양태성 표현과 결합하는 절이 구체적으로 사건 평가 내용을 명세하는 경우이고, 또 하나는 평가 내용 없이 평가 대상으로서의 사건만 제시되는 경우이다. 아래에서는 절을 구분하여 각 평가 양태성 표현의 특성과 실제 표현을 제시할 것이다. 실제 표현은 어미뿐만 아니라 그 기능에 부합하는 대당 표현을 포함한다.[218]

7.3.1. 평가 내용과 호응하는 평가 양태성 표현

이 양태성 표현에 선행하는 절에는 화자가 사건에 대해 구체적으로 평

---

[218] 대개 문법 형태소가 아닌 요소를 '문법' 대상으로 설정하는 것에 대해 국어학적 논의에서는 금기시하는 경향이 있다. 그러나 이들이 문법 형태소로서의 지위를 갖지 못한다고 하더라도 이들이 하나의 단위로서 모국어 화자에게 인식되어 특정 의미 기능으로 반복적으로 사용된다면 이를 유의미한 문법 요소로 보아야 할 것이다.

가한 내용이 온다. 따라서 이 양태성 표현은 평가 상태를 표현하는 형용사와 주로 결합한다.

(9) '-게시리'219)
ㄱ. 재미없게시리.
ㄴ. *재미있게시리.

(10) '-기 짝이 없다'220)
ㄱ. 재미없기 짝이 없다.
ㄴ. *재미있기 짝이 없다.

(9)~(10)에 나오는 '-게시리', '-기 짝이 없다'에 선행하는 내용은 상황 혹은 사건에 대한 구체적인 평가 내용이다. 이들은 반드시 상황에 대한 부정적인 평가와만 결합할 수 있다. (9ㄴ)과 (10ㄴ)에서처럼 긍정적인 평가는 선행할 수 없다. 물론 이런 부정적 평가가 이 양태성 표현에서 드러나는 것이 아니라, 선행하는 내용으로부터 기인한다고 반론을 제기할 수 있다. 그러나 다음의 현상을 보면, 이들 어미와 표현이 부정적 평가와 밀접하게 관련하고 있음을 알 수 있다.

---

219) 『표준국어대사전』에서는 '-게시리'를 연결어미 '-게끔'의 잘못된 표현이라고 보고 있다. 그러나 현재 구어 환경에서 '-게시리'가 문장 종결의 위치에서 나타나는데, 이를 '-게끔'으로 바꿔 쓸 수는 없다. 따라서 종결어미로 쓰이는 '-게시리'를 '-게끔'과 동일한 것으로 볼 수는 없을 것이다.
220) '-기 짝이 없다'를 하나의 문법 대당 요소로 볼 수 있을 것인지에 대해 논란이 있을 수 있다. 그러나 이들이 하나의 단위로서 특정한 의미 기능을 나타낸다는 것을 다음의 현상을 통해 알 수 있다.

(1) ㄱ. *ᐟ²재미없기 짝은/도/마저/조차 없다.
ㄴ. *재미없기 짝이 굉장히/무척/매우/아주 없다.

(1ㄱ)에서와 같이 조사 교체, (1ㄴ)과 같이 부사어 수식과 같은 다른 요소의 삽입이 불가능하다는 점에서 이들이 분리될 수 있는 요소가 아니라 하나의 단위 구성이라고 할 수 있다.

(11) 가슴 설레게시리. 자꾸 눈 뿌려대는 사진만 올리시네.221)

'가슴 설레다' 그 자체로는 부정적 속성을 나타내는 표현이라고 할 수 없다. 그러나 이 표현이 실현된 문맥을 보면 이것이 부정적인 평가라는 것을 확인할 수 있다. 위 글은 스키 동호회에 한 동호인이 올린 글의 제목이다. 내용은 다른 동호인들이 올린 사진들을 보며 스키 타러 못 가는 자신의 심정, 불만을 표현한 것이다. 따라서 "가슴 설레게시리."는 스키 타러 가지 못하고 가슴만 설레는, 부정적인 마음의 상태라고 할 수 있다. 이렇게 긍정적인 것으로 해석할 수 있는 것이 '-게시리'와의 결합을 통해 부정적인 의미를 획득한다면, 이 종결어미에 부정적 사건 평가 양태성이 존재하지 않는다고 할 수 없을 것이다.

다음은 긍정적 사건 평가 양태성 표현으로 볼 수 있는 예이다. 이희자·이종희(1999)와 국립국어원(2005ㄴ)에서는 '-다고'가 '얼마나'와 함께 쓰여 자랑하듯이 말할 때 쓰인다고 하였다. 이를 받아들인다면 '얼마나 -다고'를 긍정적 사건 평가 양태성을 표현하는 문법 표현으로 볼 수 있을 것이다.

(12) 우리나라가 얼마나 아름답다고.

그러나 다음 예에서 볼 수 있는 것처럼 부정적 평가와도 호응하므로 이 표현을 긍정적 평가를 표상하는 것으로 볼 수는 없을 것이다. 앞서 2장에서 밝힌 것처럼 특정 평가로 해석되는 조건과 환경 없이 두 개의 평가 모두와 결합 가능하다면 이 표현 속에 이와 관련된 속성이 있다고 볼 수 없기 때문이다.

---

221) 출처, http://cafe.naver.com/fireboard.cafe?iframe_url=/ArticleRead.nhn%3Farticleid=238

(13) 친구들이 졸업하고 나니까 나 혼자 얼마나 심심하다고.

(9)~(13)에서 보는 바와 같이 부정적 평가 양태성 표현은 존재하나, 순수한 긍정적 사건 평가 양태성 표현은 보이지 않는다. 이러한 불균형은 언어 표현에만 국한되는 현상이 아니라, 인간의 사고와 생활에도 광범위하게 나타나는 현상이다. Baumeister, R. F. etc.(2001)에서는 부정적인 것이 긍정적인 것보다 강하다는 것을 증명한 여러 논의들을 총괄적으로 살피면서 다음과 같이 이 원리에 대한 근거를 정리하고 있다.

(14) ㄱ. 사건에 대한 반응 : 사람들은 좋은 사건보다는 나쁜 사건에 더 강하게 반응한다. 나쁜 사건은 더 많은 감정을 발생시키며, 오래 지속되는 효과를 갖는다.
ㄴ. 감정 : 한 언어 안에 대개 나쁜 감정을 나타내는 단어가 더 많다. 더불어 사람들은 평상시 나쁜 감정을 나타내는 단어를 더 빈번하게 사용한다.
ㄷ. 학습 : 사람들은 긍정적인 사건보다는 부정적인 사건에 대해 좀 더 쉽고 빠르게 배우는 경향이 있다.
ㄹ. 신경학적 작용 : 뇌 반응에 있어 긍정적인 것보다 부정적인 것이 더 강하게 나타난다.
ㅁ. 정보 처리 : 나쁜 정보가 좀더 쉽게 주의를 끌고 좀 더 의식적인 (conscious) 과정을 겪는다.
ㅂ. 고정관념(stereotypes) : 나쁜 평판은 쉽게 얻지만 그것을 없애는 것은 어려운 반면 좋은 평판은 어렵게 얻고 쉽게 잃는다.

다음 항에 제시되는 표현들에도 이러한 호부 양태성 표현의 수적 불균형이 그대로 드러난다.

7.3.2. 평가 대상과 호응하는 평가 양태성 표현

이 양태성 표현에 선행하는 내용은 화자가 긍정적 혹은 부정적 평가를 내린 사건이다. 앞서 사건 평가 내용이 선행하는 경우는 구체적인 평가 내용이 사건 평가 양태성 표현에 선행하는 것이라면 이 경우는 평가 내용은 표면적으로 나타나지 않고 평가 대상인 사건만 선행한다. 평가 대상인 사건이 선행하므로 대개 구체적인 행위를 나타내는 동사와 결합한다.

이들은 구체적인 평가 내용 즉 감정 상태가 축자적으로 실현되지 않는 대신 문장의 내용을 구성하는 요소들이 갖는 의미 특성과 호응하여 다양한 감정 상태를 표상하게 된다. 이러한 감정 상태와 상관하는 구성 요소를 대략적으로 밝히면 다음과 같다. 첫째, 사건의 주체. 사건의 주체가 화자냐 아니면 다른 사람이냐에 따라 사건의 호부 평가로부터 파생하는 감정 상태가 다를 수 있다. 즉 사건의 주체가 화자냐 아니냐는 발화하는 화자와 사건 간의 이해관계에 직접적인 영향을 미치므로 감정적 평가에 영향을 미칠 수 있다. 예를 들어 '후회'라는 감정은 화자 자신에게 득이 되는 행동을 화자가 하지 못했을 때 생기는 감정이므로, 주로 1인칭 주어의 실현과 부정적 평가가 상관한다고 할 수 있다. 반면 '우려'의 감정은 화자보다는 타인의 행동에 대해 생기는 감정이므로, 2·3인칭 주어의 실현과 부정적 평가가 상관한다고 할 수 있다. 둘째, 평가 대상이 되는 사건이 이미 실현된 것인지 아니면 실현되지 않은 것인지에 따라 의미가 달라진다. 예를 들어 화자에게 긍정적인 평가를 받는 사건이 이미 실현되었다면 이때 화자의 감정 상태는 '만족'과 같은 것이라고 이야기할 수 있다. 반면 긍정적으로 평가를 받는 사건이 아직 실현되지 않은, 미래의 사건이라면 이때 화자의 감정 상태를 '기대'라고 할 수 있다. 셋째, 선행절 내용이 반-사실적 가정인지 아닌지 여부도 감정 내용과 상관한다. 예를 들어 부정적인 평가를 내릴 수 있는 사건이 반-사실적 가정이라면, 그러한 사건이 발생하지 않았다는 것에 대해 '다행', '안도'의 감정 상태가 드러난다고 할 수 있다. 반면 긍정적 평가를 내릴 수 있는 사건이 반-사실적 가정이라면, 그러한 사건이 발생하지 않았다는 것에 대한 '후회', '아쉬움', '실망' 등의 감정이 드러날 것이다.

아래에서는 사건의 호부 평가를 표상하는 양태성 표현들을 각각 제시하면서 이 표현들이 위에서 제시한 요소들과 상관하면서 어떤 감정 상태를 표상하는지 보일 것이다.

7.3.2.1. 부정적 사건 평가 양태성 표현

1) 종결어미와 대당 표현

실현된 사건에 대해 부정적인 평가를 직접적으로 내리는 종결어미류는 쉽게 드러나지 않는다. 그러나 반-사실적 가정을 통해 사건에 대한 부정적 평가를 내리는 표현이나 비실현 사건에 대해 부정적 평가를 내리는 표현은 아래와 같이 존재한다. 반-사실적 가정이 긍정적 평가를 받는 사건이라면, 실제로 실현된 사건은 부정적 평가를 받는 것이라고 할 수 있을 것이다. 즉 부정적 평가를 내리는 사건을 직접적으로 제시하지 않고 그와 반대되는 사건을 제시하면서 화자의 감정 상태를 표현하는 방식이 한국어에서 고정된 형식을 갖는다고 할 수 있겠다.

① '-(으)ㄹ걸'

앞서 밝힌 바대로 '-(으)ㄹ걸'은 구별되는 두 가지 의미 기능을 갖고 있다. '-(으)ㄹ걸'에 선행하는 절은 대개 두 가지 구별되는 내용을 담고 있다. 하나는 아직 실현되지 않은, 미래의 사건이고 또 하나는 이미 실현된 사건과 반대되는 내용의 사건이다.

(15) (내가) 너랑 같이 앉을걸.

(15)의 경우 중의적으로 해석 가능하다. 아직 실현되지 않은 미래 사건이라면 '추측'의 의미로 해석 가능하고 또 이미 실현된 사건과 반대되는 것이라면 '후회'의 의미가 드러난다고 할 수 있다. 전자와 달리 후자는 하향 어조와 어미의 장음화가 실현된다. 또한 '추측'은 주어의 의지가 개입될 수 없는 반면 '후회'는 화자의 의지가 강하게 드러나므로 전자는 2·3인칭 주어가 주로 실현되는 것이 가능하지만 후자의 의미로는 반드시 1인칭 주어만 실현 가능하다.

(16) ㄱ. 어제 나도/*너도/*그도 콘서트에 갈걸.
ㄴ. 나도/*너도/*그도 공부 좀 열심히 해둘걸.

(16ㄱ)은 '어제'라는 시간이 명시되어 있으므로 미래 사건이 아닌, 과거의 사건이 된다. 즉 '후회'의 의미만을 표현할 수 있는 환경이 되는데,222) 위와 같이 1인칭 주어, 즉 화자만이 주체가 된다. (16ㄴ)의 경우는 주어의 의지성이 드러나는 절인데, 역시 1인칭 주어만이 가능하다. 이 경우 모두 '추측'이 아닌, '후회'의 의미만 나타난다.

'후회'의 감정은 화자가 좋다고 평가하는 사건을 실현시키지 못했을 때 발생하는 감정이므로 '-(으)걸'에 선행하는 절은 화자에게 긍정적으로 평가되는 사건만이 올 수 있다. 그렇지 않으면 비문이 된다.

(17) *나도 벼락이나 맞을걸.

---

222) 이미 일어난 사건에 대해 추측을 하는 경우에는 반드시 '-았/었-'이 실현되어야 한다.

벼락을 맞는 것은 일반적으로 부정적 평가를 받는 사건으로 '-(으)걸'에 선행할 경우 어색한 문장이 된다. 만약 이 문장이 허용 가능하다면, 그것은 '벼락을 맞는 일'이 화자에게 긍정적으로 평가되는 경우이다. 예를 들어 현재의 상황이 너무도 부정적이어서, 차라리 죽는 것이 낫다고 생각하는 상황이라면 용인 가능할 수 있다.

정리하면 '후회'라는 감정은 화자 주체, 반사실적 가정, 이에 대한 화자의 긍정적 평가가 문장 구성 요소로서 실현되었을 때 드러나는 감정이라고 할 수 있다. 즉 '-(으)ㄹ걸'은 반사실적 가정에 대한 긍정적 평가를 통해 실제 사실에 대한 부정적 평가를 나타내는 종결어미라고 할 수 있다.

② '-(으)ㄹ라'

앞서 밝힌 것처럼 '-(으)ㄹ라'[223)는 어떤 일의 발생을 걱정, 혹은 우려하는 감정을 표상한다.

(18) ㄱ. 그러다가 늦을라.
ㄴ. 천천히 먹어. 체할라.

'늦는 일', '체하는 일'은 모두 화자에게 부정적인 평가를 받는 사건으로서, 긍정적 평가를 받는 사건이 선행할 경우 비문이 된다. '-(으)ㄹ라'는 주로 2인칭과 함께 쓰이면서 '화자' 혹은 '청자'에게 '해가 되는 일'의 발생을 염려한다. '청자'에게 해가 되는 일의 경우에는 우려, 염려 등의 의

---

223) 통시적인 관점에서 '-(으)ㄹ라'는 '-으리라'에서 변화한 것으로 보이며, 이는 18세기 /ㄹ/ 앞에서 /i/ 모음이 탈락하는 현상을 통해 입증될 수 있다. 문제는 이러한 변화에 따라 의미의 변화가 어떻게 일어났는지를 확인하는 것이 필요하다. 이기갑(1987)에서는 이를 지적하면서 미세한 의미 변화에 따라 형태의 변화가 분화되었다는 것이 매우 흥미롭다고 하였다.

미가 드러나지만, '화자'에게 해가 되는 경우에는 '경고'의 의미가 드러난다. 따라서 '-(으)ㄹ라' 자체가 어떤 감정을 표상한다고 보기보다는 부정적 평가와 문장의 의미, 구성 요소 등이 상관하면서 감정 상태가 수반된다고 보는 것이 더 타당하다.

③ '-기 십상이다'

화자가 아닌 다른 사람에게 발생할 사건이 부정적인 평가를 받는 사건일 경우 발생하는 감정으로 '우려'를 들 수 있다. 화자가 사건의 주체가 아니므로 화자에게 직접적인 해가 적다고 할 수 있다. 이런 감정이 드러나는 표현으로 다음과 같은 것이 있다.

(19) 그렇게 놀고 공부 안 하다가는 꼴찌 하기 십상이다.

'-기 십상이다'에서 '십상'은 '십상팔구'의 줄임말로 볼 수 있다. 즉 그런 일이 일어날 가능성이 매우 높다는 것을 나타내는 말이라고 할 수 있다. 그러나 '-기 십상이다'는 단순히 어떤 사건의 실현 가능성이 높다는 것을 나타내는 것이 아니라, 그 사건에 대한 부정적 평가를 담고 있어 '우려'의 감정을 나타낸다고 할 수 있다. 이 점에서 '-기 쉽다'와 구별된다고 할 수 있다.

④ '-든가 해야지 (원)'

일반적으로 종결어미로서 '-아/어야지'는 1인칭 주어일 경우는 화자의 의지나 계획을, 2·3인칭 주어일 경우는 권유나 의무적인 수행 등을 의미한다고 할 수 있다. 그런데 이 '-든가'와 '해야지'가 결합할 경우 현재의 상황에 대한 강한 불만을 표시하는 표현이 된다. 또 불만을 나타내는 감탄사 '원'과 호응한다. 대개 감탄사가 선행하면서 그와 관련된 감정을 설명하는 절이 후행하는 것과 달리 이 표현은 대개 감탄사 '원'이 후행한다. 이 점에서도 이들을 서로 호응하는 결합 표현으로 보는 것이 좋을 것이다.

(20) 자동차를 사든가 해야지, 원.

'-든가 해야지, 원'에 선행하는 내용은 화자가 향후 하고자 하는 일에 대한 단순한 의지나 계획이 아니다. 현재의 상황에 대한 강한 불만을 전제로 하는 표현이기 때문에 실제로 선행하는 행위에 대한 화자의 의지가 강하게 드러나는 것은 아니라고 하겠다. 따라서 화자의 실행 의지가 없는, 실현 가능성이 없는 사건들이 이 표현에 선행하는 경우가 많다.

2) 연결어미와 대당 표현

연결어미류의 양태성은 종결어미류에 나타나는 양태성보다 의미적으로 다소 복잡한 측면이 있다. 종결어미류의 경우는 선행하는 사건 하나에 대한 평가이지만, 연결어미의 기능은 선행절과 후행절의 연결이므로 두 사건에 대한 평가와 더불어 두 사건 간의 관계가 모두 화자의 평가 대상이 된다고 할 수 있다. 따라서 종래 협의의 관점에서 양태성을 다루는 논의에서는 연결어미에 대한 언급을 찾기 어려웠다. 그러나 긍정적 혹은 부정적 평가를 받는 사건이 선택적으로 제한되어 실현된다면 연결어미에도 호부 평가 양태성이 반영되어 있다고 보는 것이 타당할 것이다.

① '-(으)ㄴ 탓에'

인과 관계를 표상하는 표현들 중에 부정적 결과 실현을 나타내는 연결 표현으로 '-(으)ㄴ 탓에'가 존재한다.

(21) ㄱ. 그가 늦게 온 탓에 출발이 늦어졌다.
ㄴ. 그 친구 탓에 출발이 늦어졌다.

의존 명사 '탓'이 어떤 일을 발생시킨 잘못이라는 의미를 담고 있기 때문에 후행절에 부정적인 결과가 실현되는 것은 당연한 것이다. 긍정적인 결과에는 쓸 수 없다. '-(으)ㄴ 탓에' 선행절 주어가 타인인 경우에는 주로 '비난'의 감정이 드러나지만, 화자가 주어인 경우에는 주로 미안함의 감정이 나타난다. 다시 말해서, 이런 감정 표상이 '-(으)ㄴ 탓에'가 가지는 의미 기능은 아니라는 것을 알 수 있다. 부정적 사건 평가와 사건의 주체가 상관하면서 생기는 감정 표상이라고 할 수 있다.

부정적 결과를 표현하는 연결 표현으로 '-는 통에', '-는 바람에' 등을 들 수 있다.

(22) ㄱ. 아이들이 하도 떠들어 대는 통에 아무 일도 할 수 없었다.
ㄴ. 어제 비가 오는 바람에 야구장에 놀러 가지 못 했다.

그러나 이금희(2007)의 지적대로, 이들이 긍정적인 결과, 혹은 호부 평가가 드러나지 않는 상황에서도 사용될 수 있으므로 이들 표현의 의미 기능으로 볼 수 없을 것이다.

(23) ㄱ. 그가 갑자기 앞으로 뛰어 가는 바람에 나도 덩달아 뛰어 갔다.
ㄴ. 친구 어머니가 조아려 사정하는 통에 부탁을 들어 드릴 수밖에 없었다.

(23)에 후행하는 결과 절은 화자가 부정적으로 판단하는 사건을 나타낸다고 하기 어렵다. '-는 바람에'의 경우 '바람'이 가지는 의미, 즉 두 행동

의 자연스런 흐름이라는 의미가 나타나므로 부정적 평가가 아닌 상황에서도 쓰일 수 있다. '-는 바람에'가 부정적으로 많이 쓰이는 이유는 선행하는 행위로 인해 후행절의 주어가 어떤 의지를 갖고 판단하고 행동한 것이 아닌, 어쩔 수 없이 따라야 한다는 것으로부터 부정적 의미가 추론되었을 것이다.224) '-는 통에' 역시 '통'이 특정 상황, 주로 정신없고 시끄러운 상황을 나타내는 의미로 많이 쓰이는데, 그것이 반드시 부정적인 결과를 이끄는 것은 아니라는 점에서 이것을 부정적 평가 양태성 표현으로 볼 수는 없다.

② '-다가는'

'-다가는'은 가정 표현 중의 하나로 후행절과 같은 사건이 일어나는 것을 경계하거나 우려하는 의미를 표현한다.

(24) ㄱ. 그렇게 놀다가는 꼴찌 하겠다.
　　 ㄴ. *그렇게 공부하다가는 1등 하겠다.

부정적인 평가를 나타내는 사건만이 후행하는 절에 올 수 있고 긍정적 평가를 받는 사건이 올 경우는 (24ㄴ)과 같이 어색한 표현이 된다. 만약 (24ㄴ)이 용인 가능하려면 '1등을 하는 사건'이 현재 상황에서 부정적으로 평가되어야만 한다.

앞서 우려의 감정을 나타내는 종결 표현으로 '-기 십상이다', '-(으)르라'를 들었다. '-다가는'의 경우도 후행절이 우려의 감정을 나타내므로 이

---

224) 이런 것이 고착화되면 이 연결 표현도 부정적 평가를 표상하는 양태성 표현이 될 것이다. 한 예로 '때문에'가 언중들에게 부정적인 인과 관계를 나타내는 것으로 변화하고 있는데, 이는 앞서 밝혔던 "부정적인 것이 긍정적인 것보다 강하다"는 원리에 부합하는 현상이라고 할 수 있다.

표현들은 서로 잘 호응한다.

(25) 그렇게 놀다가는 꼴찌 하기 십상이다/꼴찌할라.

③ '-기로서니'

이선웅(2001 : 335)에서는 '-기로(서니)'가 선행절에서 밝힌 이유에서 비롯된 어떤 행위가 부당하다고 평가할 때, 상대방에 대한 비난의 감정을 드러낸다고 주장하였다.

(26) 아무리 사장이기로서니 아버지뻘 사람에게 반말해도 되는 겁니까?

'-기로서니'는 선행하는 내용이 후행하는 부정적 행동에 대한 충분한 이유가 될 수 없다는 것, 혹은 부정적 행동을 허용할 수 있는 이유가 될 수 없다는 것을 나타내는 경우에 사용하는 연결어미라고 본 것이다. 따라서 긍정적 평가를 받는 행동에 대해서는 사용할 수 없다.

(27) *방이 아무리 청결하기로서니 이렇게 깨끗하게 사용해도 되는 겁니까?

그러나 이 표현이 비난의 의미를 나타내는 것은 2·3인칭 주어와 '-아/어도 되는 겁니까'와 같은 표현이 상관하여 나타나는 의미이지, '-기로서니' 자체가 비난의 감정을 표상하는 것은 아니라고 할 수 있다.

(28) ㄱ. 아무리 사장이기로서니 직원들에게 반말을 쉽게 할 수 있겠니?
ㄴ. 아무리 바쁘기로서니 내가 네 생일까지 잊었겠니?

(28ㄱ)의 경우 후행절은 아직 실현되지 않은 사건이다. 즉 이미 실현되

지 않은 사건에 대해서 '비난'의 감정이 드러날 수 없다. (28ㄴ)의 경우도 1인칭 주어가 실현되었는데, 이때 '비난'의 의미는 드러나지 않는다. 자신의 행동을 스스로 비난하는 것은 일반적이지 않다. 이를 통해 '-기로서니'가 '비난'과 같은 감정 상태를 직접적으로 표상하는 것이라고 볼 수 없다는 것을 알 수 있다.

'-기로서니'는 선행절이 후행절과 같은 행동을 일으킬 수 있는 이유나 조건이 될 수 없다는 것을 나타내는 연결어미이다. 이때 후행절은 반드시 화자가 부정적으로 평가하는 사건이 반문의 형식으로 나타난다.

④ '-(으)련마는'
'-(으)련마는'은 선행절과 후행절에 서로 반대되는 평가가 온다.

(29) ㄱ. 좀 일찍 오면 좋으련마는 오늘도 늦게 온다.
ㄴ. 열심히 공부하면 너도 좋은 성적을 거두련마는 여전히 놀고만 있다.

'-(으)련마는'은 화자가 기대하는 사건과는 반대의 행동을 다른 사람이 하는 경우에 사용하는 연결어미이다. 선행절은 화자가 기대하는, 긍정적 평가의 사건이라면 그와 상반되는 부정적 평가의 사건이 후행절에 실현된다. 화자의 기대와 반대되는 사건이 일어났기 때문에 주로 실망의 감정이 드러난다.

부정적 평가와만 결합하는 연결어미가 아닌 것을 사건 평가 양태성 표현으로 잘못 판단한 경우도 보인다. 『표준국어대사전』에서는 아래와 같이 '-건마는'에 대해 특정한 감정 상태를 나타내는 것으로 설명하고 있다.

(30) -건마는 : 앞 절의 사태가 이미 어떠하니 뒤 절의 사태는 이러할 것

이 기대되는데도 그렇지 못함을 나타내는 연결어미. <u>기대가 어그러지는 데 대한 실망의 느낌이 비친다.</u>
예) 그렇게 타일렀건마는 그는 끝내 일을 저지르고 말았다.

(밑줄 필자)

그러나 이 경우는 상반되는 두 연결 관계가 주로 부정적 인식을 나타내기 때문에 생긴 오해이지, 이 연결어미 자체가 그런 양태성을 표상한다고 보기는 어렵다. 아래와 같이 긍정적인 평가를 받는 경우도 충분히 가능하기 때문이다.

(31) 그는 가난한 고학생이건마는 남을 돕는 데 주저하지 않는다.

종래 사전 기술에는 표현들이 갖는 전체적인 환경을 살피지 않고 몇몇 주요한 예들을 통해 특정 감정 상태를 표상하는 것으로 기술하는 경우가 많았는데, 이런 태도는 지양할 필요가 있다.

3) 기타
① '말이 좋아/말만 NP(이)지, ~'
다음의 표현도 부정적 평가와 관련된다고 할 수 있다.

(32) 말이 좋아 사장이지, 할 수 있는 것이 아무 것도 없다.

위 표현은 선행절 속의 NP가 가지는 특성을 후행절에서 온전히 갖지 못한다는 것을 말할 때 사용하는 표현이다. 즉 후행절은 화자가 부정적으로 평가하는 사건이 온다.

② '-(스)ㅂ네'

'-(스)ㅂ네'의 경우도 유사하다. 선행하는 행위가 화자에게 부정적으로 평가되는 경우에 쓰이는 표현으로, 그러한 행위가 부정적으로 평가되는 이유가 후행한다.

(33) ㄱ. 공부합네 하고 잔뜩 책만 사놓고 놀기만 한다.
ㄴ. 영어 좀 합네 하고 뽐내는 그가 영 보기 싫었다.

(33ㄱ)의 경우, '공부하는 행위' 혹은 그와 같은 의지를 나타내는 것이 화자에게 부정적으로 보인다는 것을 '-(스)ㅂ네'가 나타내고 있다. 그와 같은 행위를 부정적으로 평가하는 이유는 후행하는 내용처럼 '잔뜩 책만 사놓고 놀기만 하기' 때문이다.

7.3.2.2. 긍정적 사건 평가 양태성 표현

긍정적 평가 양태성과 관련된 표현은 앞서 밝힌 것처럼 부정적 평가 양태성에 비해 절대적으로 적다. 이것은 체계적인 대응 관계를 중요시하는 관점에서 평가 양태성을 인정하기 어렵다는 이유로 내세우는 것 중 하나였다. 그러나 앞서 Baumeister, R. F. etc.(2001)의 논문에서 밝힌 것처럼 부정적인 것이 긍정적인 것보다 강하다는 것이 인간의 사고 안에 존재하는 일반적인 현상이라는 것을 인정한다면 이런 불균형은 충분히 이해가능하다고 생각할 수 있다.

1) 종결어미 대당 표현

앞서 구체적인 감정 평가 내용과 결합하는 긍정적 평가 양태성 표현이 한국어에 존재하지 않은 것처럼, 사건에 대해 직접적인 '만족'과 '흐뭇함'

을 표현하는 양태성 표현은 존재하지 않은 듯 보인다.

'-(으)ㄹ 뻔하다'는 어떤 일이 일어나기 직전 상태까지 갔음을 의미하는 표현이다. 이 표현에 선행하는 절은 대부분 화자에게 부정적 평가를 받는 사건이다. 따라서 그러한 일이 일어나지 않았으므로 '다행'이라는, 즉 선행하는 절과 반대의 사건이 일어나서 긍정적이라는 의미를 나타낼 수 있다.

(34) ㄱ. 넘어질 뻔했다.
　　 ㄴ. 사고 날 뻔했다.

그러나 반드시 부정적 평가를 받는 사건이 오는 것은 아니므로 이를 부정적 평가 양태 표현으로 보기는 어려울 것이다.

(35) 조금 더 열심히 했으면 우승도 할 뻔했다.

즉 긍정적 평가를 나타내는 종결어미나 유사 표현은 앞서 부정적 평가와 달리 존재하지 않는다.

2) 연결어미 대당 표현

① '-(으)ㄴ 덕분에'

앞서 부정적인 평가를 받는 결과가 오는 연결어미 대당 표현으로 '-(으)ㄴ 탓, -는 바람에, -는 통에' 등을 제시했다. 이와 상반되는 것으로 '-(으)ㄴ 덕분에'가 존재한다.

(36) 네가 도와준 덕분에 무사히 숙제를 끝낼 수 있었어.

'-(으)ㄴ 덕분에' 다음에 부정적인 평가를 받는 사건이 올 수는 없다.

② '~ 망정이지'

'~ 망정이지'는 선행절과 후행절에 긍정적 평가, 부정적 평가가 공존한다.

(37) ㄱ. 돈을 좀 갖고 있으니 망정이지 완전히 무시당할 뻔했다.
ㄴ. 일찍 출발했기에 망정이지 하마터면 늦을 뻔했다.

'~ 망정이지'의 후행절은 화자가 부정적으로 평가하는 사건, 즉 일어나서는 안 된다고 생각하는 사건이 실현되는데, 이는 현재 상황과는 반대되는, 반사실적 가정의 사건이다. 반면 선행절은 실제로 실현된, 화자가 긍정적으로 평가하는 사건이다. 선행절이 긍정적으로 평가되는 것은 부정적으로 평가되는 후행절과 같은 사건이 발생하는 것을 막았기 때문이다. 따라서 이 표현은 후행절은 화자가 부정적으로 평가하는 반사실적 가정 사건이 와야 하고, 선행절은 후행절과의 관련성을 통해 긍정성을 획득하는 사건이 오게 된다. 이 연결어미의 선행 사건은 '만족'의 감정을, 후행 사건은 '다행'의 감정을 표현한다.

7.4. 요약 및 정리

제7장에서는 양태성을 화자가 명제에 대해 갖는 태도라고 광의로 해석하고, 이 중 명제에 대해 호부 평가를 내리는 표현을 중심으로 이러한 의미 범주가 갖는 특성을 살펴보았다. 명제에 대한 호부 평가란 화자가 해당 명제를 긍정적으로 보고 있는지, 부정적으로 보고 있는지를 나타내는 것이라고 할 수 있다. 어떤 대상에 대해 좋고 나쁨을 따지는 것은 인간의

인지와 감정 활동에서 가장 기본적인 것 중에 하나라는 점에서 이들이 언어 표현에 드러나는 것은 자연스러운 일이라고 하겠다.

이 논의는 양태성을 문법 범주라기보다는 의미 범주로 보고 있으므로 특정한 문법 형태소의 의미를 분석하는 데 초점을 맞추기보다는 이러한 의미를 구현하는 요소들을 찾는데 중점을 두었다. 따라서 어미로 그 대상을 제한하지 않고 이에 대당하는 구 단위 표현들도 함께 대상으로 삼아 살펴보았다.

이들 호부 평가는 문장을 구성하는 다른 성분들과 상관하면서 다양한 감정들을 표상하였다. 이를 종합하여 제시하면 다음과 같다.

[표 16] 사건 호부 평가 양태성 표현

결합 대상	사건시 사건 주체 사건 평가	실현 과거 사건		반-사실적 가정		비실현 미래 사건	
		화자	타인	화자	타인	화자	타인
사건 평가 내용 과 결합	긍정적 평가						
	부정적 평가	-게시리 -기 짝이 없다				-다가는	
사건 평가 대상 과 결합	긍정적 평가	-(으)ㄴ 덕분에		-(으)ㄹ걸 <후회>			
	부정적 평가	-(으)ㄴ 탓에 말이 좋아 NP이지 -(스)ㅂ네		~ 망정이지 <다행> -기로서니		-(으)ㄹ라 -기 십상이다 <염려, 걱정>	
			-(으)련마는 -기로서니 <불만, 비난>				

제4부
사건과 사건의 관계

모든 것은 모든 것에 잇닿아 있다.
—호르헤 루이스 보르헤스

제8장
인과 관계 형성의 인지 과정과 연결어미의 상관성
– '-아/어서', '-(으)니까', '-(으)면' 등을 중심으로

8.1. 문제 제기

제8장은 인과 관계를 형성해가는 인지적 과정이 연결어미의 의미 기능 안에 어떻게 반영되어 있는가 살피고자 한 것이다. 그리고 이러한 인지적 과정이 이들 연결어미의 다양한 통사적·의미적 특성을 설명하고 있다는 것을 보이려고 한다. 종래 '-아/어서'나 '-(으)니까' 등 인과 관계 관련 연결어미의 통사적·의미적 특성에 대해서 많은 논의가 이루어지고, 그에 따라 이들이 갖는 다양한 특성이 밝혀져 온 것이 사실이다. 그러나 이들 연결어미들이 가지는 어떤 의미 특성이 그런 다양한 현상적 차이와 제약을 발생시키는지에 대해서 통합적으로 설명하려는 시도는 부족하였다.[225] 우리는 기존의 논의와는 구별되는 관점에서 통합적 설명을 시도하고자 한다. 즉, 인간의 사고 작용과 언어 체계 간의 관계를 바탕으로 기본적인 원

---
[225] 대표적인 논의로 남기심·루코프(1983, 1996)의 논의를 들 수 있다. 최근 화행적 층위를 도입하여 이들을 통합적으로 설명하려고 하는 논의가 늘고 있다(홍종화, 1996; 이원표, 1999; 임은화, 2002 등). 아래에서 이들에 대한 세부적인 논의를 할 것이다.

인·이유 관련 연결어미의 통사적·의미적 특성, 그리고 차이들을 체계적으로 설명할 수 있는 통합적 방안을 모색하고자 한다. 이를 위해 인과 관계를 형성하는 과정에서 일어나는 우리의 인식·사고 작용을 살펴보고, 그러한 형성 과정의 각 단계가 연결어미들의 다양한 현상적 특성을 설명할 수 있는 중요한 기반임을 증명하겠다.

인과 관계는 연속적인 자연의 현상을 분절하고, 분절된 사건들을 관계 짓는 사고 작용 중 가장 기본적인 것의 하나이다. 인간의 언어가 사고 내용을 표현하는 중요한 도구임을 감안했을 때, 인과 관계에 대한 인식 과정이 언어 안에서 체계를 형성하고 있을 것이라는 가정을 할 수 있다. 다음은 이 논의에서 대상으로 삼고 있는 대표적인 인과 관계 연결어미 구문들이다.

(1) ㄱ. 봄이 오면, 꽃이 핀다.
　　ㄴ. 봄이 오니까, 꽃이 핀다.
　　ㄷ. 봄이 와서, 꽃이 핀다.

(1)은 '봄이 오는 사건'과 '꽃이 피는 사건'이 각각 원인과 결과로 해석되는 문장들이다. 그러나 연결어미의 실현에서 차이가 있는데, 이를 두고 기존 연구에서는 (1ㄱ)의 '-(으)면'을 '조건', (1ㄴ)의 '-(으)니까'를 '이유', (1ㄷ)의 '-아/어서'를 '원인'을 의미하는 연결어미로 각각 해석하였다. 이들이 가지는 의미 기능을 '조건', '이유', '원인' 등의 개념 용어로 설명하는 것도 나름대로 의의가 있다.[226] 그러나 이들 연결어미들이 모두 인과

---

[226] 실제로 남기심·루코프(1983, 1996), 홍종화(1996)에서는 '원인'과 '이유'의 개념을 분명히 구별하려고 노력하고 있다. 예를 들어, 홍종화(1996 : 371)에서는

"'언어적' 인과론에서의 '원인'이란 선·후행절의 명제 내용들이 표현하고 있는 사실들간의 논리적 인과 관계를 말하며, '이유'란 선·후행 발화를 통해 실현되는 화행들

관계를 표현한다는 점, 또 실제로 각 연결어미의 특성을 이런 용어의 개념만으로는 구별하기 쉽지 않다는 점을 생각하면, 이들을 하나의 통합된 기준으로 보지 않고 각기 다른 의미 기능으로 '이름 짓는 것(labeling)'은 한계가 있어 보인다. 이들을 설명하기 위해서 통합된 관점과 기준을 가지고 설명하는 작업이 필요한 것도 이 때문이다. 이에 인과 관계 형성 과정에 대한 인식이라는 단일한 관점을 가지고 이들 연결어미가 가지는 특성을 설명하고자 한다. 즉 각 연결어미가 가지는 통사적·의미적 특성에는 인과 관계 형성과 관련된 인식이 그 기저에서 작용하고 있다고 보는 것이다.

8.2. 인과 관계의 성립과 연결어미

인과 관계는 기본적으로 두 개의 사건이 원인과 결과의 관계로 묶이는 것을 말한다. 이러한 관계를 이루기 위해 필요한 요소로, '시·공간적 인접성', '시간적 선·후 관계에 입각한 계기성', '필연성' 등이 논의된 바가 있으나, 이들 모두 인과 관계를 맺기 위한 필요·충분조건인지에 대해서는 아직까지도 논란이 많다.[227] 그 중 특히 많은 비판을 받은 요소는 '필

　　간의 담화적 인과 관계를 말한다. 따라서 '원인-결과' 구문이란 두 명제 사이의 논리적, '직접적' 인과 관계를 표현하고, '이유-결과' 구문이란 두 발화 사이의 논증적, '간접적' 인과 관계를 표현하는 것으로 구분할 수 있다."

　　이와 관련하여서, '원인'과 '이유'를 시간적 계기성을 통해 구별할 수도 있다. 즉 '원인'은 시간적으로 결과에 선행하는 것이라고 볼 수 있고, '이유'는 그러한 시간적 선후 관계와 관련을 맺지 않는 것을 말할 수 있다. 그러나 이 논의에서는 기본적으로 '원인'과 '이유'를 구별하지 않는다. 이들이 동일한 개념이라는 것이 아니라, 이들에 대한 개념적 규정이 '-(으)니까'와 '-아/어서'의 의미 차이를 밝히는 데 도움이 되지 않기 때문이다.

227) 인과 관계와 관련한 국내의 주요한 철학적 논의로는 한국분석철학회 편(1996)을 참고할 수 있다.

연성'으로서, 흄(Hume)에 의하면, '필연성'은 의식의 산물일 뿐이지, 실제로 존재하는 조건은 아니라고 했다. 이에 흄은 '필연성'을 대신하는 것으로서, '상례성'이라는 조건을 제시한다. 이에 따르면, 인과 관계는 A라는 것과 유사한 사건이 있은 후에 B라는 것과 유사한 사건이 반복적으로 뒤따르는 관계로 정의된다. 이 정의에 의하면, 인과성과 계기성의 차이는 필연성에 의한 것이 아니라, 계기적인 사건이 반복되어 나타남으로써 그 관계가 상례화 되었다는 것에서 찾을 수 있다. 이를 통해 우리는 '인과 관계 그 자체'와 '인과 관계가 개별적으로 실현된 경우'를 구별할 수 있다. '인과 관계'는 개별적인 사건과 사건의 관계를 일컫는 것이 아니라, 집합 개념을 가진 유형 사건[228]과 유형 사건 간의 관계를 의미하는 것이고, '인과 관계가 개별적으로 실현된 경우'는 그러한 유형에 속하는 각각의 개별 사건이 연결되어 실현된 것을 말한다. 이러한 구분은 연결어미 '-(으)면'과 '-(으)니까', '-아/어서'를 대별하는 중요한 기준이 된다. '-(으)면'은 인과 관계 그 자체를 의미하는 데 사용되며, '-(으)니까'와 '-아/어서'는 인과 관계를 가진 개별 사건의 연속을 의미하는 데 이용된다. 즉, '-(으)면'과 연결된 사건은 개별 사건이 아니고 유형 사건이며, 그들은 상례적인 관계라는 것을 나타낸다. 이러한 특성을 우리는 다음 예문에서 찾을 수 있다.

(2) ㄱ. 비가 많이 오면, 하수구가 넘쳤다.
ㄴ. 비가 많이 오니까, 하수구가 넘쳤다.
ㄷ. 비가 많이 와서, 하수구가 넘쳤다.

(2ㄱ)과 (2ㄴ, ㄷ)의 의미 차이는 상례성에서 발생한다. (2ㄴ, ㄷ)이 두 개의 개별 사건이 인과 관계를 가진다는 것을 이야기한다면, (2ㄱ)은 두

---

[228] 유형 사건과 개별 사건은 사건시가 한정적으로 제시되는지의 여부에 따라 구별되는 것이다.

개의 개별 사건 간의 관계가 아닌, 유형 사건 간의 관계를 나타내는 것이다. 즉, 일회적인 사건의 연속이 아닌, 상례적인 사건의 반복을 의미하게 된다.

  (2') ㄱ. *지난번에 비가 많이 오면, 하수구가 넘쳤다.
    ㄴ. 지난번에 비가 많이 오니까, 하수구가 넘쳤다.
    ㄷ. 지난번에 비가 많이 와서, 하수구가 넘쳤다.

 (2')과 같이 일회적 사건을 나타내기 위해 '지난번에'와 같은 부사어를 써 보면, '-아/어서'와 '-(으)니까'는 가능하지만, 유형적 사건을 의미하는 '-(으)면'에서는 불가함을 알 수 있다.
 그러나 다음과 같은 경우에는 '-(으)면'도 개별 사건 간의 인과 관계를 의미할 수 있다.

  (2") ㄱ. 내일 비가 많이 오면, 하수구가 넘칠 것이다.

 (2ㄱ")에서 후행절은 아직 실현되지 않은 미래의 사건이다. 후행절이 이와 같이 비실현 사건일 경우 '-(으)면'은 개별적인 사건 간의 관계에서도 사용될 수 있다. 이런 의미관계를 종래 '가정'이나 '조건'이라고 부르면서 '-(으)면'이 갖는 기본적인 의미라고 보았다. 하지만 현재의 논의에서는 유형 사건 간의 인과 관계를 나타내는 용법((2ㄱ)의 경우)이 개별 사건 간의 인과 관계를 나타내는 용법((2ㄱ")의 경우)보다 기본적이라고 본다. 무엇보다도 (2ㄱ")의 용법은 (2ㄱ)의 용법을 통해 설명 가능하지만 반대의 경우는 어렵기 때문이다. 유형 사건과 개별 사건의 차이는 기본적으로 사건시의 한정 여부에 따른 것이다. 유형 사건의 경우 사건시가 한정되지 않은 경우를 말하는데, 비실현 사건의 경우도 사건시가 결정되지 않을 수 있다는

점에서 상통하는 면이 있기 때문이다.229)

　이유는 그뿐만이 아니다. 이은경(2000 : 237)에서는 '원인 구성'과 '조건 구성'의 차이를 절의 사실성 여부를 통해 구분하였다. 즉 사실적 원인과 사실적 결과의 연결이 '원인 구성'이라면 '비사실적 조건과 비사실적 결과'의 연결은 '조건 구성'이라고 보았다. 그러나 이은경(2000 : 240)의 주장과는 달리 '-(으)면'이 (3)과 같이 사실적 원인, 사실적 결과에 모두 쓰일 수 있다는 점에서 그와 같은 구분은 타당하지 않다는 것을 알 수 있다.230)

　(3) 우리 동네는 비가 많이 오면 매번 하수구가 넘쳤다.

　적어도 '조건 구성'이라는 것이 그와 같은 기준으로 존재한다고 하더라도, '-(으)면'이 '조건 구성'만을 나타내는 것은 아니라는 것을 (3)의 예를 통해 알 수 있다. 정리하면 '-(으)면'은 사실성 여부보다는 개별성 혹은 총칭성 여부를 통해 의미 기능을 상정해야 한다.

　이렇게 '-(으)면'과 '-아/어서', '-(으)니까'가 개별성 혹은 총칭성에서 차이를 갖는다면, '-아/어서'와 '-(으)니까'는 어떤 차이를 갖는 것인가.

---

229) (2")의 경우는 개별적 사건 간의 관계를 나타내므로 인과 관계 '정립'보다는 '적용'의 단계라고 볼 수 있을 것이다. 이를 그대로 인정한다면 '-(으)면'이 '정립'과 '적용'을 모두 나타낼 수 있다는 것이 되어 현재 주장의 설득력이 떨어지게 된다. 좀더 깊은 고찰이 필요한 부분이지만 현재로서는 위의 설명처럼 '사건시'의 비한정성이 의미의 확장으로 이어졌다고 보는 정도로만 이야기할 수 있겠다.

230) 이은경(2000 : 240)에서 조건 접속 구성이 허용되지 않는다고 제시했던 예들은 모두 개별 사건이 연결된 경우였다.

　(1) ㄱ. ??어제 비가 많이 왔으면 오늘 홍수가 났다.
　　　ㄴ. ??어제쯤 철수가 도착했겠으면 오늘 영희가 만나러 갔다.
　　　ㄷ. ??어제 놀지 않고 숙제를 했으면 오늘 청소를 안 할 것이다.

　일단 '-았/었-'의 실현을 통해 사실성이 드러난다는 기제부터가 문제이지만 우선 개별적인 사건의 연결이라는 점에서 비문이 될 수밖에 없다.

앞서 이야기한 바대로, 이들은 인과 관계의 형성 과정과 관계를 맺는다. 인과 관계가 형성되는 인지 과정을 대략적으로 보면 다음과 같다.

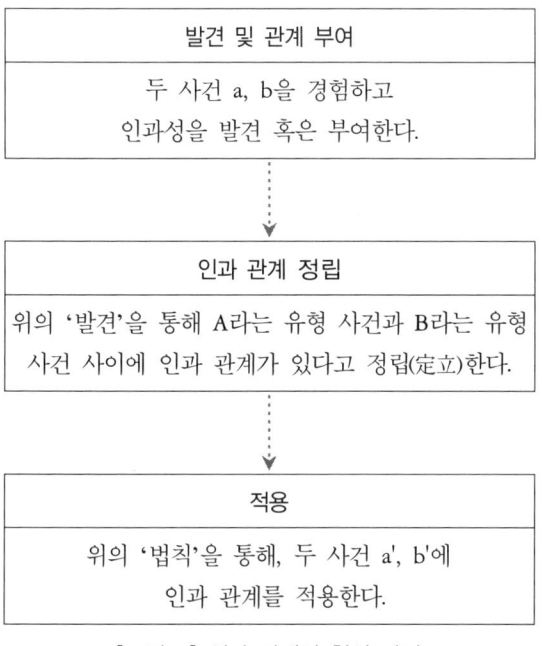

[그림 6] 인과 관계의 형성 과정

'인과 관계의 정립'을 기준으로 전(前) 단계는 화자[231]가 개별 사건 간의 인과성을 발견하고 부여하고 있다면, 후(後) 단계는 기존 인과 관계를 전제로 하여 적용하여 밝히는 것이라고 할 수 있다. 이러한 인과 관계 형성 과정의 각 단계가 가지는 의미적 특성이 연결어미에 투영되어 나타난다는 것을 우리는 앞서 (1)에 제시했던 문장을 통해 그대로 확인할 수 있다.

---

[231] 인과 관계의 형성 과정에 대한 인지 과정에 있어 화자가 그 중심에 있지만, 경우에 따라 청자의 인지가 중요한 역할을 하는 경우가 있다. 자세한 내용은 8.3절에서 밝힌다.

(4) ㄱ. 봄이 오고, 꽃이 핀다.
　　ㄴ. 봄이 오니까, 꽃이 핀다.
　　ㄷ. 봄이 오면, 꽃이 핀다.
　　ㄹ. 봄이 와서, 꽃이 핀다.

(4ㄱ)은 '봄이 오는 사건'과 '꽃이 피는 사건' 사이에 시간적인 연속성이 존재한다는 단순한 계기성을 의미하고 있다.[232] 반면, (4ㄴ)은 그런 계기적 사건을 경험하고 두 개의 사건 사이에 인과 관계가 있다는 것을 '발견'하고 인과성을 부여하는 의미 양상을 보인다.[233] 이러한 발견을 통해 하나의 인과 관계가 법칙으로 정립되게 되는데, 이를 표현한 것이 (4ㄷ)이다. (4ㄹ)은 (4ㄷ)과 같은 인과 관계를 바탕으로 두 개별 사건 간에 인과 관계가 있다는 것을 설명한다. 이 논의에서는 '-(으)니까', '-(으)면', '-아/

---

[232] 이 경우에도 화자, 청자 모두 두 사건 간의 인과 관계를 알고 있다면, 즉 전제한다면 인과성을 추론할 수 있다. 그러나 이때 분명하게 구별해야 할 것은 이런 추론에 의한 의미를 '-고'의 의미 기능이라고 명세하는 것은 문제가 있다는 것이다. 예를 들어, <연세한국어사전>에 의하면, 다음 예에 나타난 '-고'에 대해 "앞의 사실이 뒤의 사실의 이유나 근거를 나타내"는 의미 기능을 갖고 있다고 보았다.

(1) 그는 연탄가스를 마시고 죽었다.

그러나 위의 경우는 '연탄 가스를 마시다'와 '죽다'라는 두 사건 간에 상례성을 기반으로 한 인과 관계 지식에 의해 추론되는 의미이지, '-고'에 그런 의미가 있다고 보는 것은 타당하지 않다. '-고'는 단지 두 사건의 연결이라는 광의의 외연을 갖고 있는 연결어미이며 이에 따라 광범위한 사건들의 관계에서 이 어미가 허용되는 것이다.

[233] 따라서 '-(으)니까'가 다른 두 연결어미보다 '감각적 지각'을 나타내는 종결어미 '-네', '-더라'와 더 잘 호응한다. '발견'은 '감각적 지각'을 바탕으로 한다. '-네'와 '-더라'가 감각적 지각을 나타낸다는 것에 대해서는 임채훈(2008) 참조.

(1) ㄱ. 봄이 오니까, 꽃이 피네/피더라.
　　ㄴ. (?)봄이 오면, 꽃이 피네/피더라.
　　ㄷ. (?)봄이 와서, 꽃이 피네/피더라.

(1ㄱ)에서 새로운 사실의 발견과 관련되는 상승조의 억양이 '-네'와 '-더라'에 실현되는 반면, (1ㄴ, ㄷ)은 어색하지 않으려면 하강조의 억양이 필요하다.

어서'가 다음과 같은 인과 관계의 형성 과정과 의미영역을 같이 하고 있 다고 본다.

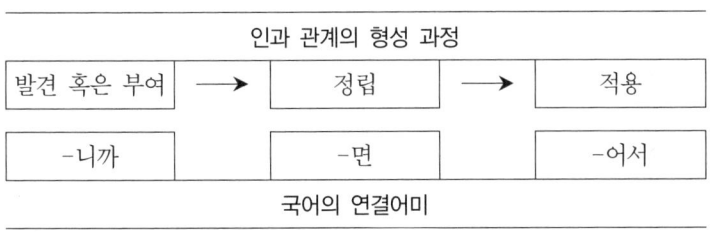

[그림 7] 인과 관계의 성립과 연결어미

이렇게 인과 관계의 형성 과정과 각 어미의 의미 영역이 상관한다는 사실을 통해 다음과 같이 체계적인 의미 차이를 제시할 수 있다. '발견' 영역의 '-(으)니까'는 인과 관계 정립의 전(前) 단계이고 '-아/어서'는 인과 관계 정립의 후(後) 단계이므로, 이들은 각각 인과 관계를 전제함에 있어 차이를 갖는다. '-(으)니까'는 정립된 인과 관계를 전제하지 않고, '-아/어서'는 정립된 인과 관계를 전제한다.234) 다시 말해서 '-(으)니까'는 발견 영역에 있기 때문에 그와 동일한 유형의 모든 사건 사이에 인과 관계가 존재한다는 것을 전제하지 않는다면, '-아/어서'는 그와 같은 사건 유형

---

234) 이를 명징하게 보이기 위해 사건의미론의 관점에서 형식화하여 환언하면 다음과 같다.

(1) ㄱ. -니까 : ∃e' [……] & ∃e" [……] & CAUSE(e', e")
       (↛) ∀e' [……] & ∀e" [……] & CAUSE(e', e")
    ㄴ. -면 : ∀e' [……] & ∀e" [……] & CAUSE(e', e")
    ㄷ. -어서 : ∃e [∃e' [……] & ∃e" [……] & CAUSE(e', e")]
              → ∀e' [……] & ∀e" [……] & CAUSE(e', e")

'∀e'는 사건시가 한정되지 않은 유형 사건을 가리키고 '∃e'는 사건시가 제시된 개별 사건을 가리킨다.

사이에 그런 인과 관계가 존재한다는 것을 전제한다는 것을 보여 준다.

이러한 특성은 성기철(1993)에서 이 둘의 차이를 화자의 배후 지식 또는 사전 지식의 여부로 갈랐던 것과도 연결된다.

(5) ㄱ. 나는 이것을 먹어서 눈물이 난다. (*왜 그런지 이유를 모르겠다.)
    ㄴ. 나는 이것을 먹으니까 눈물이 난다. (왜 그런지 이유를 모르겠다.)

(5ㄱ)에서 이유를 따져 묻는 것이 어색한 것은 인과 관계가 전제되었기 때문에 이들의 인과 관계는 의심받지 않기 때문이다. 반면 (5ㄴ)에서 이유를 고민하는 것은 이 두 개별 사건의 관계가 정립되지 않은 상태이기 때문에 이 두 사건 간의 인과 관계를 의심하는 것이 가능하기 때문이다.235)

남기심·루코프(1983, 1996 : 317)236)에서는 선행절이 후행절의 원인이 될 수 없기 때문에 다음 문장에서 '-(으)니까'는 가능하고, '-아/어서'는 불가능하다고 보았다.

(6) ㄱ. 오늘 해가 떴으니까 내일도 뜰 것이다.
    ㄴ. *오늘 해가 떠서 내일도 뜰 것이다.

---

235) 홍종화(1996 : 372~373)에서는 위의 문제를 다음과 같이 설명하고 있다.

(1) ㄱ. 밥을 먹지 않으니까 영양실조에 걸려서 죽었다.
    ㄴ. *밥을 먹지 않아서 영양실조에 걸리니까 죽었다.

'-(으)니까'가 사용된 '이유-결과' 구문의 두 연계 대상 사이에는 담화적 '공존관계' 만이, '-아/어서'가 사용된 '원인-결과' 구문의 두 연계 대상 사이에는 논리적 '의존관계'가 성립된다고 보았다. 따라서 '-(으)니까'의 의존성은 '표현되지 않은 연결고리(missing links)'로서의 '-아/어서'의 도움으로 담화 차원에서야 비로소 확보된다고 보았다. 그렇다면 '논리적'인 측면에서의 원인에 대한 의문은 '-(으)니까'에서만 가능하다고 할 수 있다.

236) 남기심·루코프(1983, 1996)은 동일한 내용을 담은 논문이다. 향후 페이지 수는 남기심·루코프(1996)을 따르겠다.

그런데 위와 같은 두 사건 간에 인과 관계가 정립된 상태라면 '-아/어서'도 가능하다는 것을 알 수 있다.

(7) ㄱ. 우리 나라는 그날/오늘 해가 뜨면, 다음날/내일 다시 해가 뜬다.
　　ㄴ. 오늘 해가 떠서, 내일도 다시 해가 뜰 거야.[237]

마찬가지로 이유나 원인보다는 '발견'의 의미를 가진다고 보는 다음의 경우는 '-(으)니까'만 가능하고 '-아/어서'는 제약된다. 인과성이 없다고 보기 때문이다.

(8) 네가 들어오니까/*들어와서, 종승이가 그냥 나가더라.

그러나 이러한 경험이 상례성을 가지면서 인과 관계가 다음과 같이 정립되면,

(8') 네가 들어오면, 항상 종승이가 그냥 나간다.

이런 인과 관계가 정립된 상태에서는 '-아/어서'를 통해 두 사건을 인과 관계로 말할 수 있다.

(8") 네가 들어와서, 종승이가 그냥 나갔다.

(8")와 같은 표현은 '네가 들어오는 사건'과 '종승이가 나가는 사건' 사

---

[237] 문장의미를 진리치나 논리적 관점에서 논의하는 것이 문제가 있다는 것을 위의 예문을 통해서도 알 수 있다. 위 문장을 논리적으로 따지면 "매일 해가 뜬다."는 의미이다. 즉 오늘 뜨면 내일도 뜨니 결국 매일 뜰 수밖에 없다. 그러나 위 문장이 논리적인 측면에서는 그와 같이 환언되나, 우리는 위 문장을 그와 같이 해석하지 않고 하나의 인과 관계로 이해할 수 있다.

이에 인과 관계가 있다는 것이 전제되었을 때 가능하다.

다만 현재의 논의는 이들 연결어미가 인과 관계를 나타내는 경우만을 다루고 다른 용법을 가진 경우에 대해서는 다루지 않는다. 즉 다음과 같이 '-(으)니까', '-아/어서', '-(으)면'이 '계기적 발견', '순서', '조건' 등을 의미하는 경우는 기본적으로 인과 관계를 표상하는 의미 기능과 분명하게 구분이 되고, 세 문장 간의 의미적 상관성이 드러나지 않는다.

(9) ㄱ. 명동에 가니까 좋은 음식점이 있더라.
ㄴ. 명동에 가면 좋은 음식점이 있다.
ㄷ. *명동에 가서 좋은 음식점이 있다.

(9ㄱ)의 '-(으)니까'는 '계기적 발견'이라고 하여 일반적인 인과 관계의 의미와 구분한다(서정수, 1996). (9ㄴ)의 '-(으)면'의 경우에도 이를 인과 관계의 의미관계를 나타낸다고 할 수는 없고 '조건'의 의미를 나타낸다고 할 수 있다. 이러한 의미관계를 나타내는 절 사이에서는 '-아/어서'가 실현될 수 없다.

'-아/어서'가 '순서'를 나타내는 경우도 마찬가지이다.

(10) ㄱ. *아침에 일어나니까 세수를 했다.
ㄴ. 아침에 일어나면 세수를 했다.
ㄷ. 아침에 일어나서 세수를 했다.

(10ㄷ)의 '-아/어서'는 대개 '순서'를 의미하는 것으로 인과 관계를 표상하는 '-아/어서'와는 의미 기능이 구분된다. (10ㄴ)의 경우도 인과 관계보다는 '조건'이라고 봐야 할 것이다. 이러한 의미관계를 나타내는 절 사이에서 '-(으)니까'의 실현을 불가능하다. 즉 세 문장 사이에는 의미적 상

관성이 존재하지 않는다. 아래에서 논의하는 모든 현상들은 인과 관계를 표상하는 경우로 한정한다.

8.3. 인과 관계 연결어미의 현상적 특징

이 절에서는 '-(으)니까', '-아서'가 보이는 통사적·의미적 특성과 제약을 인과 관계의 인식 과정을 토대로 어떻게 설명할 수 있는지 보이도록 하겠다.[238] '-(으)니까'와 '-아서'는 기본적으로 인과 관계 형성의 전·후 단계를 대표하므로 각각 인과 관계 전제 여부에 있어 차이를 갖는다. 즉 '-(으)니까'는 인과 관계가 전제되어 있지 않은 반면, '-아서'는 인과 관계가 전제되어 있다. 이러한 특징이 이들이 보이는 다양한 현상적 차이와 어떤 관련성이 있는지 보이면 다음과 같다.

첫째, '-아/어서'와 '-(으)니까'가 현상적으로 가장 두드러지게 차이를 보이는 것은 명령형과 청유형의 종결형 실현 제약이다.

(9) ㄱ. 더우니까, 문을 닫아 주세요.
ㄴ. *더워서, 문을 닫아 주세요.

'-(으)니까'는 후행절에 명령형과 청유형을 허용하지만, '-아/어서'는 허용하지 않는다. 남기심·루코프(1996)에서는 '-아/어서'와 '-(으)니까'를 각각 '원인 밝힘'과 '따짐'으로 그 의미 기능을 설명하고 있는데,[239] '원인

---

[238] '-(으)면'을 함께 다루지 않는 이유는 다음과 같다. 첫째, '-(으)면'의 경우는 인과 관계 그 자체를 표상하는 어미이므로 '-(으)니까', '-아/어서'와 층위가 다르다. 층위가 같은 '-아/어서'와 '-(으)니까'를 비교 대상으로 삼아 현상적 차이를 논할 수 있었다. 둘째, '-(으)니까'와 '-아/어서'는 인과 관계의 전후라는 극명한 대립을 바탕으로 대립적인 현상을 많이 보이고 있다.

밝힘'은 실험에 의해서 검증이 가능한, 진위(眞僞) 차원의 진술이고, '따짐'은 옳다/그르다, 좋다/나쁘다 등으로 평가될 수 있는 것이라고 보고 있다. '-아/어서'의 후행절이 명령형, 청유형으로 실현될 수 없는 이유는 명령형과 청유형은 진리치가 없고, 실험에 의해 검증 가능하지 않기 때문이라는 것이다.

그러나 후행절의 진리치 존재 여부가 '-아/어서', '-(으)니까'의 실현을 제약한다는 견해는 문제가 있다.

(10) 내일이 시험이어서/시험이니까 공부해야 한다.

당위와 의무는 참과 거짓의 문제가 아니며, 실험에 의해 객관적으로 검증될 문제도 아니다. 그럼에도 불구하고, '-아/어서'가 실현되는 데에는 별다른 제약이 없다. 따라서 이러한 종결형 실현의 제약이 후행절 진리치 여부에 있다는 것은 재고의 여지가 있다.

Sweetser(1990)에서는 인간의 인지 작용이 언어와 밀접한 관련을 맺고 있다는 점에 주목하고 인과 관계에도 그러한 특징이 반영되어 있다고 보았다. 이에 그는 실세계의 인과 관계와는 다르게 언어의 인과 관계에는 세 가지 의미 영역, 즉 인식 영역, 내용 영역, 화행 영역이 있다고 보았다. 그리고 'because'가 각기 다른 의미 영역 속에서 실현되는 것을 통해 이를 확인할 수 있다고 보았다.[240] 그와 동일한 관점에서 이원표(1999), 임은화

---

[239] 남기심・루코프(1996)에서 명시적으로 제시하지는 않았으나 '-아/어서'의 '원인 밝힘'이나 '-(으)니까'의 '따짐'은 기본적으로 이들이 원래 가지고 있던 기본 의미, 즉 '계기성'과 '발견'이라는 의미에서 의미 확장 혹은 변이가 이루어진 것으로 보는 듯하다. 서로 다른 의미 영역의 어미들이 의미 확장을 통해 의미의 교집합이 생긴 것이라고 볼 수 있을 듯하다.

[240] Sweetser(1990 : 76)에서 제시한 예는 다음과 같다.

 (1) ㄱ. John came back because he loved her. (내용 영역)

(2002)에서는 '-아/어서'는 내용 영역을, '-(으)니까'는 인식 영역과 화행 영역을 담당하고 있다고 주장하였다. '-(으)니까'가 화행 영역을 담당하고, '-아/어서'가 내용 영역을 다루기 때문에, 명령형과 청유형의 실현은 '화행 영역'을 나타내는 '-(으)니까'만 가능하다는 것이다.

(11) 오늘 김 선생님이 오시니까, 청소해라.

임은하(2002 : 16)에 의하면, '-(으)니까'는 선행절의 명제와 후행절의 명제를 연결하는 것이 아니라, 선행절 화행과 후행절 화행을 결합하는 것으로 보고 있다.241) 즉, '선생님이 오시는 사건'과 '청소하는 사건' 간에는 시·공간적 인접성뿐만 아니라 시간적 선후 관계도 역전되었으므로 인과 관계가 없고(내용 영역), '김 선생님이 오시는 것에 대한 보고'와 '청소하라는 명령' 사이에 인과 관계가 있다는 것이다(화행 영역).

좀더 자세히 이 견해를 살피면, 임은하(2002 : 19)에서는 국어 화자가 다음과 같이 인과 관계를 세 가지 영역으로 확장하여 이해한다고 한다.

1) 실제 세계에서 A가 B라는 사건을 야기했을 때 A는 B의 원인이다.
2) 화자의 의식 속에서 A가 화자로 하여금 B라는 결론을 내리게 했을 때 A는 B의 원인이다.
3) 발화상황에서 A가 화자로 하여금 B라는 화행을 가능하게 했을 때 A는 B의 원인이다.

국어의 화자가 인과 관계를 실제 세계 안에서의 인과 관계로만 이해하지 않고 위와 같이 의미를 여러 영역으로 확장 적용하기 때문에 '-(으)니

ㄴ. John loved her, because he came her. (인식 영역)
ㄷ. What are you doing tonight, because there's a good movie on? (화행 영역)

241) 이러한 견해는 홍종화(1996)에서도 이미 제시된 바 있다.

까'와 같이 다양한 영역에서 사용되는 인과 관계 접속 어미가 존재한다는 것이다.

그러나 이러한 견해에 대해 다음과 같은 의문이 생긴다. 첫째, 왜 '-(으)니까'는 다른 영역으로의 확장 적용이 이루어진 반면, '-아/어서'는 그런 확장이 이루어지지 않았는가. 결국 이 질문에 대답하기 위해서는 '-(으)니까'가 화행 영역을 나타낸다는 설명을 넘어서는, 더 본질적인 의미 특성을 밝혀야 함을 말해 준다. 둘째, 문장에 드러나는 인과 관계가 '인식 영역', '내용 영역', '화행 영역'으로 각각 배타적이면서 단독적으로 나타난다고 말할 수 있는가. (11)을 화행의 인과 관계라고 보았는데, 명령문·청유문 외에도 평서문도 언표내적 효력을 갖고 화행의 의미를 가질 수 있다.

(12) 제군들! 오늘은 날이 너무 어두워져서 더 행군하지 않고 여기서 1박 한다. 알았나?

(12)의 경우, 종결 형태상으로는 평서형이지만 의미상 명령형으로 볼 수 있다. '1박을 한다'고 명령 및 선언을 할 수 있는 근거는 '날이 어둡다'는 사실이다. 즉 이 경우에도 화행상의 인과 관계가 존재한다고 할 수 있을 것이다. '내용 영역', '인식 영역', '화행 영역' 등은 문장 안에는 실현되는 다양한 공존의 층위이지, 이들이 배타적으로 문장에 나타난다고 볼 수 없다. 더불어 이를 배타적으로 적용한 '-아/어서'와 '-(으)니까'의 차이 설명은 한계가 있다고 하겠다.

그렇다면 이 논의에서 주장하는 인과 관계의 형성 과정은 이들 연결어미의 종결형 제약에 대해 얼마만큼의 근본적인 설명력을 갖고 있는 것인가. 앞서 '-(으)니까'와 '-아/어서'는 각각 '인과 관계 정립'의 전·후 단계와 상관하므로 인과 관계의 전제 여부에서 차이를 갖는다고 하였다.

'-(으)니까'의 경우, '인과 관계'가 정립되지 않은 상태이기 때문에 이를 전제하지 않는다. 반면 '-아/어서'는 인과 관계를 전제하고 있다. (10)의 예문에 다시 주목하면,

(10') ㄱ. (나 > 너) 내일이 시험이어서, 공부해야 돼.
ㄴ. (나 < 너) 내일이 시험이니까, 공부해야 돼.

(10')의 경우, '-아/어서', '-(으)니까' 실현 문장에서 각각 선호되는 주어가 다르다. '-아/어서'의 경우는 1인칭이 선호되며, '-(으)니까'의 경우는 2인칭이 선호된다.242) 이는 인과 관계의 전제 여부와 밀접한 관련을 맺는다. 화자가 자신이 앞으로 해야 할 일에 대해서 말할 때 그것은 기본적으로 인과 관계를 인정한 상태에서 그것을 적용한 것이며, 이때 청자가 이러한 인과 관계를 전제하고 있는지는 중요하지 않다. 즉 청자의 인과 관계 전제가 요청되는 상황이 아니다. 따라서 (10ㄱ')의 경우는 화자가 인과 관계를 전제하고 있으므로, '-아/어서'를 사용하는 것이다. 반면, 청자의 일에 대해 이야기할 때는 청자의 인과 관계 전제 여부가 요청되는 상황이다. 하지만 청자에게 있어 이러한 인과 관계가 정립되어 있는지 여부에 대해 화자는 알 수 없다. 다시 말해서, 대개 청자의 내적인 상태를 화자는 알 수 없으므로 이 경우에 청자의 인과 관계 전제 여부는 미확정 상태이다. 따라서 인과 관계를 전제하지 않는, 인과 관계 정립의 전(前) 단계인 '-(으)니까'를 사용하는 것이다. '명령'과 '청유'도 마찬가지이다. 이들은 기본적으로 청자의 행위와 관련되기 때문에 인과 관계의 정립이 청자에게 요청되는 상황이다. 청자가 그러한 인과 관계를 인정하는지의 여부

---

242) 3인칭의 경우는 '-아/어서'가 선호된다. 그 이유는 아래에서 설명하는 1인칭 선호 이유와 동일하다.

에 따라 후행절의 행위에 대한 긍·부정이 달라질 수 있다. 이렇게 명령과 청유는 청자의 인과 관계 인정 여부가 미확정 상태에 있는 것이기 때문에 인과 관계 정립의 전 단계인 '-(으)니까'를 쓰게 되는 것이다.243)

또 이러한 특징은 명령문과 청유문에만 나타나는 것이 아니라 의문문에서도 나타난다.

(13) 비가 와서/오니까 우산을 살까요?

(13)에서 '-아/어서'가 실현된 경우와 '-(으)니까'가 실현된 경우 각각 그 의미하는 바가 다르다. 우선 '-(으)니까'의 경우는 화자가 청자에게 후행절 행위의 실현에 대해 동의를 구한다는 의미가 나타난다. 반면 '-아/어서'의 경우는 인과 관계가 현재의 사건들에 적용되는지를 묻고 있다. 따라서 이 경우에 후행절의 주어는 3인칭이 된다. 이러한 의미 차이가 발생하는 이유 역시 인과 관계의 정립과 관련이 있다. 우선 '-아/어서'의 경우는 현재의 두 사건에 정립된 인과 관계를 적용할 수 있는지 여부를 묻고 있는 것이다. 쉽게 말해서 "비가 오면 사람들이 우산을 산다"는 인과 관계를 현재의 개별 사건에 적용할 수 있는지 묻고 있는 것이라고 할 수 있다. 반면 '-(으)니까'의 경우는 앞서 명령과 청유의 상황과 동일하게 청자의 인과 관계 인정 여부가 후행절 행위의 실현 여부를 결정하게 된다. 따라서 청자의 인과 관계 정립 여부가 미확정 상태에 있으므로 '-(으)니까' 실현 인과 구문의 의미가 다르게 보이는 것이다.

(12)의 경우도 동일하게 설명할 수 있다. 장군이 명령의 의미를 언표하

---

243) 이와 유사한 논의는 홍종화(1996 : 390)에서도 보인다.
"'-아/어서'의 경우 그의 인과론의 발화에는 청자의 판단이 개입되지 않는다." 반면 "'-(으)니까'의 경우 그의 인과론의 발화에는 청자가 개입된다. '-(으)니까'의 발화 목적은 따라서 화·청자 쌍방 간의 인과 관계의 확인이라고 볼 수 있다."

면서 명령형의 서법을 사용하지 않고, 평서형을 사용하는 것은 청자의 인과 관계의 정립 여부에 대해 관여치 않고, 화자만의 인과 관계 전제로 충분히 명령이 가능하다고 보기 때문이다.

둘째, 이들 연결어미는 질문에 대한 답변의 형식에서도 차이를 갖는다.

   (14) 아내 : 왜 늦었어요?
        남편 : ㄱ. 길이 많이 막혀서, 늦었어.
              ㄴ. 길이 많이 막히니까, ?늦었어/늦었지.

남기심·루코프(1996)에서는 '따짐'의 '-(으)니까'는 청자가 선행절과 후행절의 사실을 모두 알고 있거나 알고 있다고 가정했을 때 쓰이고, 선행절이나 후행절의 사실을 청자가 모를 때에는 '원인밝힘'의 '-아/어서'를 사용한다고 하였다. (14ㄱ) 남편의 대답이 자연스러운 것은 아내가 원인을 모르고 있고, 그 원인을 밝히는 과정이어서, '-아/어서'를 사용하는 것이 자연스럽다는 것이다. (14ㄴ)은 아내가 '길이 막히는 것'을 알고 있다고 가정하기 때문에 짜증스러운 대답이 되거나, 부자연스러운 대답이 된다는 것이다.

그런데 이러한 설명은 문제가 있는 듯하다. 아내가 '길이 많이 막힌다는 사실'을 알고 있다고 가정했을 때 따짐의 '-(으)니까'를 사용한다고 했으나 알고 있는 사실을 묻고 답하는 대화는 상식적으로 일어나는 일은 아니다. 이를 표현하기 위해 '-(으)니까'를 사용했다고 보는 것은 문제가 있다. 오히려 남편이 알고 있다고 가정하는 것은 선행하는 절의 내용이 아니라 자신의 행동이 충분한 근거를 가지고 있다는 것, 즉 자신의 행동이 인과 관계가 분명하게 존재한다는 것을 아내가 알면서 묻는 것에 대한 반감이라고 할 수 있다.

이러한 점에서 우리가 주장하는 바가 설명력을 가질 수 있다. 위에서 아내는 '왜'라는 의문사를 통해 '원인'을 밝혀 말하라고 이야기하고 있다. 남편은 이에 따라 양쪽 모두가 알고 있는 인과 관계가 적용된 실제 개별 사건을 '-아/어서'를 통해 제시하고 있다. '원인'을 묻는 질문에 대한 기본적인 답은 인과 관계가 전제된 실제 개별 인과 사건이다. 반면, '-(으)니까'를 사용한 대답은 짜증스럽게 들리거나 질문한 사람이 이미 알고 있는 사실을 왜 또 묻는지에 대한 반감의 어감을 풍긴다. 그 이유는 무엇인가. 질문한 사람에게 이미 정립된 인과 관계를 적용하여 이야기해야 하는데, 인과 관계가 정립되지 않은 전 단계의 '-(으)니까'를 사용하는 이유는 무엇인가. 알고 있는 인과 관계를 다시 전 단계의 수준으로 낮추는 것은 질문자의 이해를 무시하는 것이 되고, 더 나아가 인과 관계를 다시 정립하라는 요구가 된다. 즉 알고 있는 인과 관계를 알지 못하는 단계의 인과 관계로 말하게 되면서 인과 관계의 정립을 요구하는 말하기가 된다. 알고 있는 것을 알라고 하는 것이므로 반감의 대답이 되는 것이다.

윤평현(2005 : 185)에서는 위와 같은 문제를 화제의 초점 문제로 해결하려고 했다. 즉, '-아/어서'는 선행절에 초점이 놓이고, '-(으)니까'는 후행절에 초점이 놓인다고 보았다. 이원표(1999 : 133)도 '-아/어서'는 내용 영역에 있으므로 정보성 측면에서 결과절보다는 원인절의 비중이 더 크다고 하였다. 반면 '-(으)니까'는 인식 영역에 있으므로 결과절의 결론이 화자의 내적인 과정의 결과가 되고 이에 항상 새로운 정보가 된다고 보았다. 그래서 (14) 아내의 질문에 대한 답이 선행절에 초점이 놓이므로, '-아/어서'를 쓰는 것이 자연스럽다고 보았다. 그러나 과연 '-아/어서'와 '-(으)니까'가 초점이나 정보성에서 분명하게 구분되는지 의심스럽다.

(15) 손님 : 목욕탕에 사람 많아요?

주인 : ㄱ. 내일이 추석이라서 사람이 많아요.
　　　　ㄴ. 내일이 추석이니까 사람이 많죠.

　초점의 문제가 사실이라면, 이 경우에는 후행절에 초점이 놓이는 '-(으)니까'만이 자연스러운 답이라고 할 수 있으나, 이에 대한 답으로는 두 어미 모두 수용가능하다. 오히려, '-아/어서'가 실현된 문장보다는 '-(으)니까'가 실현된 문장에서 선행절에 초점 혹은 강세가 놓이는 것 같다. '-아/어서'는 인과 관계를 '적용'하는 것이므로 인과 관계를 요구하지 않는 상황에서 원인 정보는 잉여적으로 제시되고, 즉 초점이 되지 않으며, 결과 정보는 질문에 의해 초점을 받게 된다. 반면, '-(으)니까'는 인과 관계 성립의 전 단계로서 청자에게 인과 관계 정립을 요청하는 의미가 반영되므로 손님이 물은 질문의 답변에 대한 정보, 즉 후행절의 사실보다는 인과 관계의 정립과 관련된 선행절이 초점을 받는 것처럼 보이게 한다.
　셋째, '-(으)면', '-(으)니까', '-아/어서'가 결합한 인과 구문은 선행절의 시제 결합 여부에 있어서도 차이를 갖는다.

　(16) ㄱ. 봄이 왔으면, {⁽ˀ⁾꽃이 피었다/꽃이 피었을 것이다/ˀ꽃이 핀다/꽃이 필 것이다.}
　　　 ㄴ. 봄이 왔으니까, {꽃이 피었다/꽃이 핀다/꽃이 필 것이다.}
　　　 ㄷ. *봄이 왔어서, …

　(16)의 예를 보면, '-아/어서'는 선행절에 과거 시제 형태소를 허용하지 않는다. '-(으)면'은 추측의 의미를 가지는 '-(으)ㄹ 것이다'가 결합해야만 자연스럽다. 반면, '-(으)니까'는 후행절에 모든 시제의 실현이 가능하다.
　(16)의 현상을 통해 우리는 다음과 같은 의문을 갖게 된다. 왜 '-(으)니까'만이 과거 시제 형태소와의 결합에서 자유로운가. 이은경(2000)에서는

연결어미와 시제 형태소의 결합 용이성에 따라 선행절이 가지는 독립성을 점검하고 있다. 즉, 연결어미와 시제 형태소의 결합이 자유로우면 자유로울수록 선행절이 독립성을 갖는다는 것이다. 후행절로부터 시제 해석되는 것이 아니라 선행절만으로 절대적 시제 해석이 가능하므로, 독립성이 크다는 것이다. 이런 면에서 '-(으)니까'가 가장 독립성이 크고, '-아/어서'가 독립성이 가장 낮다고 할 수 있는데, 이는 인과 관계의 형성 과정과 밀접한 관련을 맺는다고 할 수 있다. 인과 관계의 고정성 정도에서 '-아/어서'는 '확인'의 단계이므로, 인과 관계가 형성 과정상 가장 긴밀하게 되어 있다고 할 수 있고, '-(으)니까'는 '발견'의 단계이므로, 인과 관계 형성 과정상 가장 덜 긴밀한 상태라고 할 수 있다. 인과 관계가 더 긴밀하면 할수록 선행절과 후행절의 관계가 긴밀하므로, 그 의존성이 커지며 결합 제약이 발생한다. '-(으)면', '-(으)니까', '-아/어서'가 시제 형태소와 그 결합에 있어 차이를 갖는 것은 이 때문이다.

이원표(1999 : 131~132)에서는 앞서의 인과관계의 영역별 차이가 이런 문제를 설명할 수 있다고 보고 있다. "선행절의 시제는 후행절에 의해서 표현되거나(특히, 동시 관계), 함축되는(계기 관계) 것은 시간 관계의 명시적인 표시가 불필요하거나, 의미의 해석상 중요하지 않기 때문일 수 있는데, 이는 상관적 계기성에 바탕을 둔 내용 영역의 인과 관계에서도 마찬가지"라는 것이다. 따라서 내용 관계를 나타내는 '-아/어서'가 시제의 명시가 나타나지 않는다는 것이다. 반면에 "'-(으)니까'는 전제와 결론 사이에 필요적인 시간적 제약이 없고, 추론에 내용에 따라서는 시간 관계의 명시가 의미의 해석상 중요한 것이 될 수 있기 때문에, 여러 가지 시상 어미와의 결합이 필요한 것으로 볼 수 있다"는 것이다. 홍종화(1996 : 360~361)에서는 "하나의 발화행위상에서 두 명제를 연결시키는 '-아/어서'의 경우는 하나의 화행, 하나의 사건을 전달하게 되므로 사건의 시상 표현도 주절에

단 한 번이면 족한 것"이고, 반면 "두 개의 발화, 두 개의 사건을 전달하고 연결시키는 '-(으)니까'의 경우에는 사건의 시상 표현도 선·후행절 각각에 독립적으로 나타나게 되는 것"이라고 주장하고 있다.

인과 관계가 계기성을 가지고 있다는 점에서 위의 의견은 일별 타당하나 다음과 같이 내용상으로 계기적이지 않은 곳에서도 '-아/어서'도 가능하다는 점에서 재고의 여지가 남아 있다.

(17) 내일 유승이 담임선생님이 오셔서 (지금) 청소하고 있어요.

이 경우 '유승이 담임선생님이 오시는 사건'은 '청소하는 사건'보다 후행하는, 즉 계기적 관계에서 역전되어 있지만, '-아/어서'의 사용이 가능하다. 즉 계기성을 바탕으로 한 논리적, 명제적 인과 관계로만 '-아/어서'가 제한될 수는 없다는 것이다. 문장으로 실현되는 인과 관계는 시간적 선·후 관계를 갖는 실세계의 인과 관계로 한정할 수 없고, 더불어 그러한 실세계의 인과 관계가 '-아/어서'의 영역을 제한한다고 보아서는 안 된다. 앞서 밝힌 바대로, 인과 관계는 두 사건 간의 관계가 상례화 된 상태가 반영된 것이고 '-아/어서'는 그러한 상례화 된 인과 관계를 적용하는 것이다. 시간적 선후 관계가 아니더라도 선행하는 명제와 후행하는 명제 사이에 상례적인 관계가 있다면 이를 우리는 인과 관계로 정립할 수 있는 것이다.

한편, '-(으)니까'에 '-았/었-'이 결합하는 경우와 그렇지 않은 경우에 의미의 차이가 있는 것으로 보인다. 남기심·루코프(1996), 임은하(2002)에서도 이러한 의미 변화를 인정하고 있는데, 즉 과거 시제 형태소가 결합된 경우, 더 이상 '발견'의 의미를 찾을 수 없다는 것이 그것이다.[244]

---

244) 남기심·루코프(1996 : 320)에서는 '-(으)니까'와 과거 시제 형태소가 결합하면, '발

(18) ㄱ. 혼자서 먹으니까/*먹었으니까 더 맛있네.
　　 ㄴ. 다 *먹으니까/먹었으니까 이제 가도 돼.

(18ㄱ)의 경우, '-았/었-'의 결합이 제약되고 더불어 새로운 인과 관계를 발견했다는 의미가 나타난다. 반면 (18ㄴ)의 경우, '-았/었-'과 결합해야만 하며 새로운 인과 관계를 발견했다는 의미는 나타나지 않는다. 이러한 차이는 왜 발생하는 것일까.

우선 위의 예들로 제한하여 살펴보면, 이때 '-았/었-'은 단순 과거 표지가 아니라 사건의 완료와 관련된 표지라는 것을 알 수 있다. 즉 (18ㄱ)의 경우 '혼자서 먹다'라고 하는 사건 자체와 '더 맛있다'라는 상태가 인과 관계를 맺고 있는 것이지, 사건의 완료와 결과 상태가 인과 관계를 맺고 있는 것은 아니라는 것을 알 수 있다. 이와 상관하여 (18ㄴ)의 경우도, '이제 가도 되는 것'은 먹는 사건 그 자체보다는 '먹는 행위의 완료'와 인과 관계가 있다는 것을 알 수 있다.

그러나 위와 같은 의미관계가 없는 곳에서도 '-았/었-'의 실현이 자유롭기 때문에 '완료' 여부로 설명하는 것에는 한계가 있다.

(19) 길이 많이 막히니까/막혔으니까 늦었지.

따라서 우리가 주목할 것은 앞서 언급한 것처럼, '-았/었-'이 실현될 때는 화자가 무언가 새로운 인과 관계를 발견했다는 의미를 담고 있지 않다고 하는 것이다. 기본적으로 '발견'의 의미가 없다고 하는 것은 인과 관계에 대한 새로운 인식이 화자에게 존재하지 않는다는 것을 의미한다. 따라

건'에서 '따짐'으로 의미 변화가 생긴다고 하였다. 그 이유를 청자가 선행절의 사실을 알고 있다는 것을 가정했을 때 선행절이 완료형으로 표현되는 것이 당연하기 때문이라는 것이다.

서 이 경우에 인과 관계의 전제 여부가 표면적인 '-(으)니까'의 사용을 유도했다고 볼 수는 없을 것이다. 남기심·루코프(1996)에서는 '-았/었-'이 실현될 때 '따짐'의 의미만 나타난다고 하였는데, '발견'과 '따짐'의 차이는 어디에서 발생하는가. 앞서 이야기한 바대로 '따짐'은 기본적으로 화자가 청자가 받아들이지 못하는 인과 관계의 인식을 요청하는 것이라고 할 수 있다. 즉 청자의 인과 관계 정립이 요구되는 상황은 청자의 인과 관계 전제가 미확정 상태이므로 전 단계에 속하는 '-(으)니까'를 쓴다고 할 수 있다.

8.4. 요약 및 정리

제8장에서는 인과 관계 성립의 인지 과정이 국어 연결어미에 반영되어 있다는 것을 밝혔다. 이 과정의 차이가 각 연결어미가 가지는 다양한 현상적 제약의 발생에 영향을 미치고 있다는 것을 알 수 있었다.[245] 이를 정리하면 다음과 같다.

첫째, 인과 관계의 형성 과정에서 '-(으)니까'는 '발견'의 영역에 속하고, '-아/어서'는 '적용'의 영역에 속한다. 이들은 개별적인 사건에 나타난 인과 관계를 표현한다. 반면, '-(으)면'은 '인과 관계 법칙 정립'의 영역에 속하는데, 이에 따라 개별 사건보다는 반복되어 나타나는 상례적인 인과

---

245) 인과 관계 인지 과정 반영이라는 것이 이들 세 연결어미에만 나타난다고 보는 것이 설득력이 있느냐는 지적이 있었다. 그 외의 수많은 인과 관계의 연결어미들은 인과 관계의 인지 과정과 어떤 관계가 있는지 밝힐 필요가 있다. 현재의 논의는 일단 이들 세 연결어미가 인과 관계를 나타내는 가장 기본적인 연결어미로 보고 논의를 진행하였다. 그밖의 많은 연결어미들은 양태성(modality)과 관련을 맺고 있다고 보는 것이 필자의 생각이다. 이에 대한 논의가 더 진행될 필요가 있다.

사건 유형을 표현한다.

둘째, 형성 과정의 단계적 차이는 각 연결어미가 가지는 함의에 차이를 갖게 한다. '-(으)니까'는 인과 관계 정립의 전 단계이므로 인과 관계를 전제하지 않는다. 반면, '-아/어서'는 인과 관계 정립의 후 단계이므로 인과 관계를 전제하고 있다.

셋째, '-(으)니까'와 '-아/어서'의 대표적인 통사적 차이는 명령형과 청유형 실현의 제약 여부이다. '-(으)니까'의 경우 명령형과 청유형 실현이 자유로운 것은 청자의 인과 관계 정립이 미확정 상태이기 때문이다. 명령형과 청유형은 기본적으로 청자의 인과 관계 전제 여부가 중요한 요인인데, 기본적으로 청자의 인과 관계 전제 여부는 화자에게는 미지이기 때문에 이들은 인과 관계 정립의 전 단계라고 할 수 있다. 따라서 이 경우에는 '-(으)니까'만 가능한 것이다. 이외에도 많은 통사적/의미적 현상 차이를 이러한 인과 관계 전제의 문제로 설명할 수 있다.

제9장
부연의 연결어미 '-지'의 의미와 용법

9.1. 문제 제기

 제9장은 종속적 연결어미로서 '-지'의 의미와 용법을 살피는 것을 목적으로 한다. 종래 연결어미 '-지'에 대해서는 부정의 의미와 관련된 보조적 연결어미가 주 연구 대상이었다. 그러나 종속적 연결어미 '-지'에 대해서는 논의된 것이 거의 없는 실정이다. 더불어 이들을 다루고 있는 몇몇 사전의 경우에도 이들의 용법이 적절하게 제시되지 못한 경우가 많았다. 이에 우리는 종속적 연결어미 '-지'의 의미와 용법에 대해 그간에 있었던 오해를 불식하고 이 어미가 갖는 의미와 용법을 명징하게 밝히고자 한다.
 여러 사전에서는 '-지'의 의미와 용법을 다음과 같이 밝히고 있다.

(1) ㄱ. 표준국어대사전 : 상반되는 사실을 서로 <u>대조</u>적으로 나타내는 연결어미.
 ㄴ. 연세한국어 사전 : 서로 <u>대조</u>되는 사실을 이어 줌을 나타냄. '-고'의 뜻.
 ㄷ. 텍스트 분석적 국어 어미의 연구(이희자·이종희 1999) : 서로

대조되는 앞절과 뒷절을 대등하게 이어 줌을 나타냄.
ㄹ. 외국어로서의 한국어 문법 사전(백봉자 2006) : 선행절과 후행절의 두 가지 사실을 비교하여, 선행절에서는 어떤 사실을 인정하고 후행절에서는 이와 대립되는 뜻을 나타내는 문장이 온다.
(밑줄 강조는 필자의 것임.)

이들 사전에서 공통적으로 제시하고 있는 '-지'의 의미는 '대조'이다. 그러나 '-지'의 의미를 '대조'로 볼 수는 없다. '대조'라는 것은 서로 상반되는 두 사실이 연결된 경우를 말하는데, '-지'의 경우는 상반되는 두 사실이 오는 것이 아니라 동일한 사건을 지시하는 절이 연결되기 때문에 대조라고 볼 수는 없다. 오히려 동일한 내용을 형식을 달리 하여 두 번 말하는 것은 전형적인 '부연'의 의미관계로서, '-지'는 그러한 의미를 나타낸다고 할 수 있다.

우리는 먼저 그간 '대조'의 의미로 잘못 알려진 '-지'의 의미가 '부연'이라는 것을 밝힌다. 다음으로 '-지' 실현 문장에서 동일한 외연을 갖는 선행절과 후행절이 어떤 형식을 통해 실현되는지 살피고자 한다. 동일한 내용을 단순히 반복하는 것이 아니라면 어떤 다른 방법을 통해 동일한 외연을 각기 달리 표현하여 연결할 수 있는지 그 형식을 밝히고자 한다. 이로 보건대, '-지'가 실현된 문장은 형식적 제약이 강하게 나타날 것이므로 이들이 실현되는 문형을 제시하는 것이 필요하다. 주요한 문형을 중심으로 이들의 실현 양상에 대해 살필 것이다.

9.2. 종속적 연결어미 '-지'의 의미 기능

종속적 연결어미 '-지'[246]가 실현된 대표적 예를 제시하면 다음과 같다.

(2) ㄱ. 이건 수필이지, 논문이 아니다.
ㄴ. 무조건 수긍해야지, 토를 달면 안 돼.

종래 '-지'의 의미 기능에 대해서 '대조'라는 견해가 지배적이었던 이유 중의 하나는 (2)의 예에서 나오는 것처럼 전자가 긍정일 경우, 후자가 부정의 형식으로 실현됐기 때문이다. 즉 긍정과 부정이라는 대립/대조의 표면적 형식 때문에 이들이 갖는 의미가 동일하다는 것이 잘 드러나지 않았던 것이다. 그러나 이들이 단순히 대립/대조의 의미를 갖는다면 대표적인 대립/대조의 의미를 나타내는 '-지만'이나 '-(으)나'로의 치환이 가능해야만 한다. 그러나 (2)에서 '-지' 대신 이들을 치환한 (3)의 경우는 어색하거나 (2)와 동일한 의미로 보기 어렵다.

(3) ㄱ. (?)이건 수필이지만/수필이나, 논문이 아니다.
ㄴ. (?)무조건 수긍해야지만/수긍해야 하나, 토를 달면 안 돼.

위의 현상은 '-지'가 단순히 대립/대조의 의미 기능을 갖는다는 것에 의심을 갖게 한다. 이들이 '대립/대조'의 의미를 갖는 연결어미로의 치환이 불가능한 것은 앞서 밝힌 바대로 이들이 동일한 의미를 나타내는 '부연'의 의미 기능을 갖기 때문이다. 즉 동일한 외연을 갖는 문장들이 연결되었기 때문에 '대조'의 연결 관계를 나타내는 연결어미가 실현될 수 없는 것이다.

연결어미의 의미 기능은 선행절과 후행절의 의미관계에 의해 드러나므로 절 전체의 의미를 파악하는 것이 필요하다.[247] 즉 연결어미의 의미 기

---

246) 이후 특별한 언급이 없는 경우는 '-지'는 모두 종속적 연결어미를 의미한다. 보조적 연결어미를 나타낼 때는 이를 명시한다.
247) 우리의 기본적인 입장은 절과 절, 사건과 사건 간의 관계는 다양한데, 연결어미는 그것을 명시하는 기능을 갖는 것으로 본다. 즉 절과 절, 사건과 사건 간의 의미관계는

능은 문장의미론의 관점에서 논의할 필요성이 있다. 이를 위해 우리가 이론을 삼고 있는 문장의미 연구 방법론을 통해 이 연결어미의 기능을 파악하고자 한다.

우리가 설정하고 있는 국어 문장의미의 기본 구성은 다음과 같다.

(4) ∃u[말하다(u) & 화자(x) & 청자(y) & 대상(u, e) & ⋯
　　 & ∃e[⋯]]

(4)는 하나의 문장이 의미하는 바는 "'u'라는 발화상황에서 화자가 청자에게 e라는 사건이 존재한다고 말하는 것"이라는 것을 나타낸다. 즉 한 문장은 발화상황과 사건을 구성하는 의미 역할(다시 말해, 서술함수)에 특정한 발화상황과 사건이 논항으로 실현되면 나오는 값으로 구성된다고 보는 것이다. 예를 들어, '행위주(e)=철수'라는 것은 현재 문장에서 의미하는 사건 e는 행위주가 '철수'로 구성된 것이라는 것을 나타낸다. 이렇게 한 문장은 그 문장을 구성하는 다양한 의미 역할에 의해 서술되는 사건과 발화상황을 의미하는 것이다. 그런데 대개 발화상황은 형상(figure)에 대한 배경(ground)이 되므로 문장의미 구성의 전면에 직접 드러나는 경우는 적다.248) 즉 문장이 전달하는 주

연결어미에 의해 부여되는 것이 아니라 사건 간에 발생한 것을 표시하는 것이라고 보는 것이다. 이러한 관점이 갖는 의의를 '-고'를 통해 살펴 볼 수 있다. 종래 '-고'의 의미 기능을 굉장히 다양하게 제시하는 경향이 있으나 '-고'의 의미를 다양하게 제시하는 것은 타당하지 않다고 할 수 있다. '-고'의 의미 기능은 단순한 '연결'일 뿐이다. 이렇게 '-고'의 의미 기능이 갖는 외연이 크므로 다양한 의미관계를 갖는 절과 절이 '-고'에 의해 연결될 수 있는 것이다. 즉 '-고' 실현 문장에서 나타나는 '순서, 나열, 대조, 방식' 등의 다양한 의미는 '-고' 자체에 있는 것이 아니라 선행절과 후행절의 관계에 대한 화자/청자의 다양한 추론에서 가능한 것이다.

248) 국어에서 발화상황에 대한 서술은 대개 어미나 보조사 등을 통해 나타난다. 물론 사건을 구성하는 의미 역할에 대해서도 발화상황과의 상관관계가 드러나기도 한다.

요 내용은 사건인 것이다. (4)에서 사건 부분을 강조 표시한 이유는 이 때문이다. 하지만 발화상황과 그것의 구성 요소들이 사건의 구성에까지 영향을 미친다는 점에서 반드시 설정할 필요성이 있다.

연결어미의 경우, 일반적으로 사건과 사건 간의 의미관계를 나타내지만, 이러한 사건의 구성이나 사건 간의 의미관계 부여에 있어 발화상황이 영향을 미치기 때문에 이를 문장의미에서 설정해야 한다.[249] 그러나 대개의 경우 사건이 문장의 중심적인 의미가 되므로 특별한 경우를 제외하고는 절을 하나의 사건으로 보고 연결어미의 의미 기능을 밝히고자 한다.[250]

이러한 방법론과 관점을 토대로 '-지'의 의미를 밝히면 다음과 같다.

(5) 종속적 연결어미 '-지'의 의미 기능
　　e1지, e2
　　단, e2 = $\neg(\neg e1)$
　　∴ e1 = e2

(5)가 의미하는 바는 '-지'가 두 사건을 연결하는 기능을 갖는데, 이때 후행절은 선행절이 아닌 것을 다시 부정하는 형식을 갖는다는 것을 말한다. 다시 말해서 후행절이 이중 부정의 형식을 갖게 되므로 당연히 동일한 사건을 지시하는 의미를 갖는 것이다. (5)가 나타내는 '-지'의 의미를 풀어 쓰면 다음과 같다.

(5') 종속적 연결어미 '-지'의 의미 기능
　　후행절에서 선행절 내용과 다른 것을 부정하는 방법을 통하여 선행

---

[249] 이은경(2000)의 경우, 모든 연결어미의 의미 기능을 밝히는 부분에서 '화자'의 도입을 강조하고 있다.
[250] 박소영(2004)에서도 연결어미의 의미 기능을 밝히기 위해서는 사건 개념의 도입이 필요하다고 역설(力說)하였다.

절이 사실이라는 것을 강조하여 설명하는 데 사용되는 연결어미. 후행절과 선행절은 동일한 외연을 갖는 것으로서, 후행절은 선행절을 다른 측면에서 더 자세하게 설명하는 부연의 의미 기능을 갖는다.

이를 구체적으로 밝히면 다음과 같다.

(2) 이건 수필이지, 논문이 아니다.

후행절 '논문이 아니다'는 선행절을 이중 부정하는 다음과 과정을 통해 만들어진 것이다.

(2') ¬(¬(이건 수필이다))
 = ¬(이건 수필이 아니다) = ¬(이건 논문이다)
 = 이건 논문이 아니다

위에서 중요한 부분은 둘째 줄의 과정이다. 후행절이 이중 부정의 의미 형식을 통해 선행절과 동일한 외연을 갖고 있다고는 하지만 표면형으로 이중 부정의 형식을 가지면 다음과 같이 비문이 되기 때문이다.

(2") *이건 수필이지, 수필이 아니지 않습니다.

따라서 둘째 줄과 같은 과정이 일어나야 적격문을 만들 수 있다. 어떻게 '이건 수필이 아니다'에서 '이건 논문이다'와 같은 문장이 나올 수 있는 것인가. 이를 설명하기 위해서는 부정문이 의미하는 바가 무엇인지 밝혀야 한다. Krifka(1989)에서는 '부정(negation)'이 포함되어 있는 문장의 의미 해석을 다음과 같은 방식으로 한다. Krifka(1989 : 100~104)에서는 먼저 maximal event(**MAE**)와 t라는 시간의 maximal event(**MAT**)를 다음과 같이 정의한다.

(6) ㄱ. $\forall e \forall t$ [MXT(e, t) ↔ e = FU($\lambda e[\tau e \sqsubseteq t]$)]
    [MXT는 t의 종속 기간에 발생한 모든 사건의 통합이다
    (maximal event at a time t is the fusion of all events that occur at subintervals of t).]

   ㄴ. $\forall e$ [MXE(e) ↔ $\exists t$ =[e = FU($\lambda e[\tau e \sqsubseteq t]$)]
    [MXE는 어떤 기간의 종속 기간에 발생한 모든 사건의 통합이다(a maximal event is the fusion of all events that occur at subintervals of some interval).]

이를 바탕으로 부정(negation)은 다음과 같이 환언할 수 있다.

(7) do not ⇒ $\lambda P \lambda e$[MXE(e) $\wedge$ $\neg \exists e'$[P(e') $\wedge$ e' $\sqsubseteq$ e]] ※ P = predicate

즉, MXE와 e'이 아닌 사건의 교집합이 부정이 의미하는 사건이 되는 것이다. 이 규칙을 다음과 같은 예에 적용하면,

(8) John did not arrive (ignoring tense)
    λe[MXE(e) $\wedge$ $\neg \exists e'$[arrive(e') $\wedge$ Ag(e', j) $\wedge$ e' $\sqsubseteq$ e]]

위 문장이 의미하는 사건 e는, '어떤 시간에 발생한 모든 사건의 총합'에서 'John이 도착하는 사건'을 뺀 것이라고 할 수 있다. 다시 말해서 사건을 부정하는 문장의 의미는 그 시간에 일어난 모든 사건들이 후보가 될 수 있다. 단 부정의 대상이 되는 사건은 후보가 될 수 없다. 예를 들면 '철수가 숙제를 안 한다'는 문장이 의미하는 사건은 동일한 사건시에 일어난 '철수가 논 사건'일 수 있다. 즉 화자는 '철수가 노는 사건'을 보고 '철수가 숙제를 안 한다'고 말할 수 있다는 것이다.

'-지' 후행절은 선행절과는 다른 사건을 다시 부정하는 것인데, 선행절

과 다른 사건은 동일한 시간에 일어난 모든 사건들이 후보가 될 수 있는 것이다. 다음 예문을 보면,

 (9) 철수가 지금 노는 거지, 숙제 하는 게 아니다.

즉 화자는 선행절이 의미하는 사건이 아닌 사건을 발화상황과 관련하여 선택하여 표현하게 되는 것이다. '노는 것이 아닌 것'은 모두 후행절에서 부정될 후보가 될 수 있으며 화자는 이 중 발화상황에서 관련이 있는 하나를 선택하여 표현하고 이를 다시 부정함으로써 선행절의 의미를 더 명확히 한다고 할 수 있다. 물론 특정한 사건으로 제한하지 않고 모든 사건으로 표현할 수도 있다.

 (10) 철수가 지금 노는 거지, 다른 일을 하는 게 아니다.

정리하면, '-지'는 선행절과 이를 이중 부정하는 후행절을 연결하는 기능을 갖는 종속적 연결어미로서, 선행절의 의미와 동일한 외연을 갖는 문장을 통해 부연하여 더 자세하게 설명하거나 강조할 때 사용하는 연결어미이다.

9.3. '-지'의 용법과 유형

'-지'의 경우, 앞서 밝힌 바대로 이중 부정이라는 의미 형식을 통해 부연의 의미 기능을 나타내므로 후행하는 문형이 제한된다.[251] 아래에서는 '-지'

---

251) 이은경(2000 : 202)에서는 다음과 같이 의미관계의 양상을 밝히고 있다.

 (1) ㄱ. 절과 절의 통사론적 관계가 의존적일수록 절과 절의 의미론적 관계도 의존적 이다.

가 실현된 문장의 유형을 나누면서 이 연결어미의 용법을 명세하고자 한다.

'-지' 실현 문장은 주로 후행절이 제한적인 문형을 갖고 있으므로 후행절을 중심으로 나누는 것이 타당하다. 후행절의 형식을 중심으로 '-지' 실현 문형은 기본형과 확장형으로 나눌 수 있다. 기본형은 이중 부정의 의미 형식을 기본적으로 갖춘 유형이고, 확장형은 기본형으로부터 확장된 유형을 가리킨다.

기본형은 두 가지로 나눌 수 있다. 하나는 부정사가 표면적으로 실현된 경우이고 또 하나는 부정사 대신 수사적 의문을 통해 부정을 나타내는 경우이다. 전자를 부정 유형, 후자를 의문 유형이라고 명명하겠다.

확장형 역시 두 가지로 나눌 수 있다. 하나는 기본형 절의 의미를 다르게 해석하여 표현한 것이고, 또 하나는 기본형으로부터 관용적으로 굳어져 동일한 형식으로 빈번하게 출현하는 유형이다. 전자를 해석 유형, 후자를 관용 유형으로 명명할 것이다.

이를 예와 함께 밝히면 다음과 같다.

[표 17] '-지'의 구성 유형

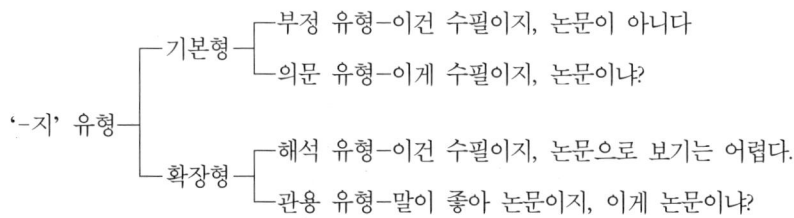

ㄴ. 절과 절의 통사론적 관계가 독립적일수록 절과 절의 의미론적 관계도 독립적이다.

이은경(2000)의 이와 같은 관점은 그 초점이 통사론에 있기 때문에 발생한 것으로 보인다. 그러나 우리의 관점은 그 관계가 역으로 성립되어야 한다고 생각한다.

(2) 절과 절의 의미론적 관계가 한정적/제한적일수록 통사론적 관계도 제한적이다.

9.3.1. '-지' 구문의 기본 구성

1) 부정 유형

부정 유형은 부정사나 이에 준하는 반의어 등 부정사 상당어구가 후행절에 실현된 문장을 말한다. 이들은 부정을 표현하는 방식에 따라 다음과 같이 다양한 문형으로 나타난다.

> **문형 1-1** 252) NP이지, ¬NP이/가 아니다

(11) ㄱ. 토마토는 야채지, 과일이 아니다.
ㄴ. 너만 해도 된다는 뜻이었지, 모두 다 하라고 한 것은 아니었다.
ㄷ. 너의 의견이 좋다는 이야기였지, 너의 의견을 따르겠다는 것은 아니었다.253)

(11ㄱ)에서 보는 것처럼, '야채'가 아닌 것 중에서 '과일'이 선택되었고, 이를 다시 부정함으로써 '토마토가 야채라는 것'을 더 강조하여, 혹은 더 분명하게 설명하고 있다. (11ㄴ~ㄷ)도 모두 동일한 형식이라고 할 수 있겠다.

> **문형 1-2** ~ VP지, ¬VP지 않다

(12) ㄱ. 콩을 심으면 콩이 나지, 팥이 나지 않는다.
ㄴ. 데모도 이력이 붙고 신명이 뻗치는 학생들이나 나서지, 안 하는 학생들은 전혀 거들떠보지도 않는다고 하더군요.

---

252) 문형의 앞 번호는 대분류 번호, 즉 1. 기본 유형 2. 의문 유형 3. 해석 유형 4. 관용 유형을 가리킨다. 뒷 번호는 대분류 안에서 세부적으로 나눈 문형을 가리킨다.
253) 여기서 제시하는 '-지' 실현 문장은 모두 세종말뭉치를 통해 찾아낸 예들이다. 다만 문장의 정확한 전달을 위해 어미나 불필요한 부분들을 수정하여 제시하였다.

이 문형은 명사가 아닌 동사의 부정이라는 점에서 다를 뿐 전자와 동일한 형식이라고 할 수 있다. (12ㄴ)에서는 물론 '나서다'와 '거들떠보다'라는 동사가 의미하는 바가 동일하다고 할 수는 없지만 광의의 외연 안에서 동일한 행위를 나타낼 수 있는 동사이므로 동일 동사가 나온 것이라고 할 수 있다.
부정사 대신 반의어를 사용하여 표현하는 경우도 있다.

(13) ㄱ. 의무와 책임만 있을 뿐이지, 자유는 없다.
　　 ㄴ. 그 사람은 선물을 받을 줄만 알지, 줄 줄은 모른다.
　　 ㄷ. 그 여자는 얼굴만 예쁘지, 성격은 엉망이다.

(13)에서는 '-지 않다'와 같은 부정사 대신 '있다/없다', '받다/주다'와 같은 반의어를 사용하여 부정의 의미를 표현하고 있다. (13ㄷ)에서 '얼굴만 예쁘다'의 의미는 사실 다른 것은 예쁘지 않다는 의미를 갖고 있다. 그 중 화자는 다른 것 중에서 '성격'을 선택하였고 '예쁘다'를 부정하는 표현으로 '엉망이다'라고 말하고 있다.

(14) ㄱ. 학생이 공부를 해야지, 놀지 말아야 한다/놀면 안 된다.
　　 ㄴ. 미운 것은 범죄의 차원에서 그쳐야지, 사람에까지 미쳐서는 안 된다.

'-아/어야 한다'의 부정 표현은 '-지 말아야 한다'이다. 그런데 유사 표현으로 '-(으)면 안 된다'과 '-아/어서는 안 된다' 등이 있다. '-아/어야지'254)의 후행절에서는 (14)와 같이 다양한 부정 표현을 사용할 수 있다.

---

254) '-어야'와 유사 의미를 갖는 '-아/어야지'와는 동형이의어이므로 구별해야 한다. '-아/어야'와 유사 의미를 갖는 '-아/어야지'의 경우에는 '-지'의 생략이 가능하나, 여기에서 다루고 있는 '-지' 실현 '-아/어야지'에서는 '-지'의 생략이 불가능하다.

문형 1-3 VP₁(으)니까 VP₂지, ㄱVP₁면 ㄱVP₂

(15) ㄱ. 내가 따라갔으니까 해결했지, 혼자 갔으면 절대 해결 못했을 거야.
     ㄴ. 그렇게 많이 먹으니까 살이 찌지, 조절을 하면 날씬해질 거야.
     ㄷ. 문민정부니까 이게 가능하지, 5공 때는 말도 못 꺼냈어.

(15') ㄱ. ㄱ(ㄱ(내가 따라갔으니까 해결했다))
      = ㄱ(내가 따라갔으면 해결하지 못했다)
      = 내가 따라갔으면 해결했다

앞서의 방식대로 하면 (15ㄱ)의 과정이라고 할 수 있으나 이와 같은 방법으로는 적절한 문장을 만들 수 없다. 복문으로 이루어진 문장의 부정은 다음과 같은 방식으로 이루어져야 한다. 먼저 선행절을 부정하고 그 후에 후행절을 부정하는 방식이 되어야 선행절과 동일한 의미의 이중 부정이 될 수 있다. 즉 다음과 같은 방식으로 이루어져야 한다. '-(으)니까'에서 '-(으)면'으로의 변이는 실제 사실의 반대는 가정이 되기 때문이다.

(15") ㄱ. ㄱ(ㄱ(내가 따라갔으니까 해결했다))
      = ㄱ(내가 따라가지 않았으면 해결했다)
      = ㄱ(혼자 갔으면 해결했다)
      = 혼자 갔으면 해결하지 못했다

위와 같은 과정을 상정하는 이유는 실제로 두 번째에서 세 번째로의 변

---

(1) ㄱ. 일찍 자야지, 일찍 일어날 수 있다.
    ㄴ. 일찍 자야, 일찍 일어날 수 있다.
(2) ㄱ. 일찍 자야지, 늦게 자면 안 된다.
    ㄴ. *일찍 자야, 늦게 자면 안 된다.

이 없이 두 번째에서 네 번째 과정으로 바로 가도 적격문을 만들 수 있기 때문이다.

 (15‴) ㄱ. 내가 따라갔으니까 해결했지, 내가 따라가지 않았으면 해결 못 했다.

(15ㄷ)의 경우도 다음과 같은 과정을 따른 것이다.

 (15) ㄷ. ㄱ(ㄱ(문민정부니까 이것이 가능하다))
    = ㄱ(문민정부가 아니면 이것이 가능하다)
    = ㄱ(5공이면 이것이 가능하다)
    = 5공이면 이것이 가능하지 않다
    = 5공이면 말도 못 꺼낸다

2) 의문 유형

의문 유형은 부정사 상당어구를 실현시키는 대신 수사 의문의 형식을 통해 부정의 의미를 나타내는 경우이다.

 문형 2-1   ~ VP_1지, (의문사) ㄱVP_1?

 (16) ㄱ. 하라고 해야 하지, 우리가 맘대로 할 수 있나요?
   ㄴ. 다른 사람하고 같이 드시지, 왜 혼자 드세요?
   ㄷ. 집에 가지, 내가 어딜 가?
    <"어디 가는 거야?"라는 질문의 답으로>
   ㄹ. 사람 천성은 못 고치는 거지, 그걸 어떻게 고쳐요?

(16ㄱ)에서 '하라고 해야 한다'를 부정하는 건 '맘대로 할 수 있다'이고 이를 다시 부정하여 '맘대로 할 수 없다'라고 기본형으로 실현될 수 있다.

그런데 이를 수사 의문을 통해 부정사을 실현시키지 않고 의미를 나타낼 수 있다. (16ㄴ~ㄹ)처럼 다양한 의문사가 실현되어 수사 의문의 방식을 실현시키는 경우도 있다.

9.3.2. '-지' 구문의 확장 구성

1) 해석 유형

해석 유형의 경우는 기본형으로 실현될 문장을 다른 식으로 해석하여 표현한 문장이다. 다른 식으로 해석하는 경우는 여러 가지가 있다. 이들 문장에는 부정사도, 수사 의문도 실현되지 않았으나 그러한 문장과 동일한 것으로 해석할 수 있는 문장이 실현된 것이다.

> **문형 3-1** ~이/가 NP$_1$이지, NP$_2$이다 (단, NP$_2$이다 = ¬NP$_1$가 아니다)

  (17) 동회나 구청에서 지역을 조정하다가 주소가 바뀐 것이지, 집은 같은 집이다.

예를 들어 (17)은 다음과 같은 과정을 통해 실현된 문장이라고 볼 수 있다. 동일한 사건을 나타내는 무수한 방법이 존재할 수 있으므로 해석 유형이 가능한 것이다.

  (17') ¬(¬(주소가 바뀐 것이다))
    = ¬(다른 것도 바뀐 것이다)
    = 다른 것은 바뀌지 않은 것이다.
    = 주소 말고 집은 바뀌지 않은 것이다.
    = 집은 같은 집이다

그런데 이중 부정의 과정을 거친, 완전히 다른 구나 절을 만드는 것이 사실상 어렵기 때문에 위와 같은 문형으로 실현되는 경우는 많지 않다. 오히려 다음과 같은 경우가 해석 유형으로 많이 나타난다.

문형 3-2   ~ VP$_1$지, VP$_2$. (단, ㄱVP$_1$지 않다 → VP$_2$)

(18) ㄱ. 그 친구를 우리 동네에서 쫓아내든가 해야지, 불안해서 못 살겠다.
   ㄴ. 건강은 건강할 때 지켜야지, 나중에 후회한다.

후행절에 기본형으로 실현될 문장의 '이유'나 '결과'가 실현되는 경우이다. 물론 후행절에 기본형으로 실현될 문장도 결국은 선행절과 같은 의미의 문장이기 때문에 결과적으로는 선행절의 '이유'나 '결과'라고 볼 수 있다.

만약 '기본형-부정 유형'으로 실현된다면 (14)의 예들처럼 '그 친구를 우리 동네에서 안 쫓아내면 안 된다'로 실현될 것이다. 그런데 (18)은 이 문장이 실현되지 않고 그와 인과 관계 안에 있는 결과가 실현되었다. 즉, 그 친구를 우리 동네에서 쫓아내지 않으면 불안해서 못 살 것인데, (18)의 후행절은 기본형으로 실현될 절의 결과가 실현된 문장이라고 할 수 있다. (18ㄴ)을 동일한 과정으로 밝혀 보이면 다음과 같다.

(18') ㄴ. ㄱ(ㄱ건강은 건강할 때 지켜야 한다))
   = ㄱ(건강하지 않을 때 지켜도 된다)
   = 건강하지 않을 때 지킬 수 없다
   → (나중에) 후회한다

해석형과 의문형이 결합된 다음의 경우도 존재한다.

> 문형 3-3   ~ VP₁지, (¬VP₁)지 아닌가?

(19) 라디오만 있으면 되지, 텔레비전까지 들여 놓는 건 사치 아니에요?

(19)의 경우는 해석 유형으로 실현될 문장에 수사 의문이 더해진 문장이다. 그 과정을 밝히면 다음과 같다.

(19') ¬(¬(라디오만 있으면 된다))
 = ¬(라디오만 있으면 안 된다)
 = ¬(다른 것도 있어야 한다)
 = ¬(텔레비전도 있어야 한다)
 = 텔레비전까지 있어서는 안 된다.
 = 텔레비전까지 있는 것은 사치이다. (해석 유형)
 = 텔레비전까지 있어서는 사치가 아닐까? (의문 유형)

2) 관용 유형

관용 유형은 특정한 형식으로 굳어진 '-지' 실현 문장이 나타나는 경우이다.

> 문형 4-1   VP₁(으)면 VP₁았/었지, (¬VP₁)는 하지 않겠다.

(20) ㄱ. 그 사람한테 가면 갔지, 너한테는 안 간다.
 ㄴ. 죽으면 죽었지, 절대 너 말을 듣지는 않겠다.

앞서 '-지' 실현 문장의 경우, 선행절의 내용을 후행절이 더 분명하게 밝히는 의미였다면, 이 경우는 선행절보다는 후행절의 내용이 발화 내용의 초점이 된다. 즉 후행절에서 밝히는 행위를 하지 않겠다는 것을 강조하는 의미로 선행절이 실행된다고 할 수 있다. 특히 선행절은 단독으로 실현되지 않고 반드시 '-지'와 함께 실현되어야 한다는 점에서 대표적인 관용 유형이라고 할 만하다. '죽으면 죽었지'는 축자적인 의미를 갖는 것이 아니라 후행하는 행위를 절대 하지 않겠다는 의미를 강조하기 위한 관용 표현이라고 볼 수 있다.

문형 4-2 VP₁(으)면 VP₁(으)ㄴ/는 거지, 무슨 말이 그렇게 많아?

(21) ㄱ. 하라면 하는 거지, 뭐 그렇게 말/불만/조건/원하는 것이 많아?
ㄴ. 수필이라면 수필인 거지, 무슨 말이 그렇게 많아?

이 경우는 "VP₁(으)면 VP₁이다"가 내포하는 의미 안에는 그것이 사실이니 토를 달지 말라고 하는 뜻이 있다. 따라서 선행절이 내포하는 의미에 따라 후행절이 '-지' 실현 후행절의 형식에 맞춰 실현된 것이다.

문형 4-3 말이 (좋아) VP₁지, 그게 VP₁? / ¬VP₁ / ¬VP₁ 아닙니까?

(22) 말이 좋아 모니터링이지, 그게 모니터링입니까/검열 아닙니까?

이 경우는 "말이 (좋아) VP1다"라는 선행절의 의미가 NP 혹은 VP를 부정하는 의미를 갖고 있다. 따라서 후행절에 동일한 의미의 문장이 실현되기 위해서는 그 NP 혹은 VP를 부정하는 의미의 문장이 실현되어야 한다. 다소 복잡하게 보이지만 다음과 같은 관계로 표현되었다고 생각하면 쉽다.

(22') ¬NP₁ ∧ ¬(¬(¬NP₁))

문형 4-4 VP아/어서 그렇지, ~ / VP아/어도 그렇지, ~

(23) ㄱ. 손이 많이 가서 좀 그렇지, 만들어 놓으면 보기 좋아.
ㄴ. 과정이 어려워서 그렇지, 결과는 어렵지 않아.

'그렇다'라는 의미 중에는 '만족스럽지 않다'라는 것이 있다. 따라서 '손이 많이 가서 좀 그렇다'는 '손이 많이 가서 좀 만족스럽지 않다'라는 의미이다. 그래서 다음과 같은 문장도 가능하다.

(24) 손이 많이 가서 좀 그렇지, 손이 많이 안 간다면 불만스럽지 않을 거야.

'-아/어도 그렇지'의 경우는 조금 다르다.

(25) ㄱ. 아무리 참기 어려워도 그렇지, 이렇게 소리를 지르면 안 된다.
ㄴ. 아무리 바빠도 그렇지, 어떻게 연락을 안 할 수 있어?

역시 '그렇다'의 의미는 '만족스럽지 않다', '이해할 수 없다'라는 의미이다. 그런데 이때 선행절에 이해할 수 없는 행동이 실현되지 않는다. 이해할 수는 없는 행동에 대해서는 후행절에서 금지나 의아함으로 표현된다. '-지'의 의미 형식 안에서 어떻게 후행절이 실현될 수 있는지 밝히면 다음과 같다.

(25') ㄱ. ㄱ(ㄱ(아무리 참기 어려워도 (소리 지르는 것은) 이해할 수 없다))
= ㄱ(ㄱ(아무리 참기 어려워도 소리를 지르면 안 된다))
= 소리를 지르면 안 된다

문형 4-5 VP(으)니/기에 망정이지, VP(으)ㄹ 뻔하다

(26) ㄱ. 급히 왔으니 망정이지, 하마터면 차를 놓칠 뻔했다.
ㄴ. 우산을 준비했기에 망정이지, 소나비를 다 맞을 뻔했다.

'-기에 망정이지'는 그런 일이 일어나서 다행이라는, 괜찮다는 의미를 나타낸다. 이를 달리 표현하면, '그런 일이 일어나지 않았으면 다행이지 않다'라고 표현할 수 있다. '-기에 망정이지'의 후행절에는 그와 같은 형식으로 실현하되, 어떤 불행이 있었는지 밝히는 형식을 갖는다.

문형 4-6 VP(으)면 그만이지, ~

(27) ㄱ. 발 뻗고 잘 수 있으면 그만이지, 뭘 더 바라겠는가?
ㄴ. 재밌으면 그만이지, 뭐가 더 필요해?

'그만이다'라는 말은 '더할 나위 없이 좋다', '만족하다' 등의 의미를 갖고 있다. 선행절 내용에 충분히 만족하고 있으므로, 이와 같은 의미로 '더 바라는 것이 없다'는 의미의 문장이 후행절에 실현된다.

9.4. 요약 및 정리

'-지'와 관련하여 그밖에 논의할 것들, 여기에서 다루지 못한 것들을 확인하면서 결론을 대신한다.

1) 부연의 '-지'와 관련이 있어 보이는 다른 표현들

(28) ㄱ. 말이 나왔으니까 말이지, 네가 그러면 안 돼.

ㄴ. 축구 이야기가 나왔으니까 하는 말이지, 우리나라 축구 정말 한심하다.

'말이 나왔으니까 말이지'는 간투사적인 성격을 갖고 있다. 즉 어떤 이야기를 하는 계기가 선행 대화의 주제로부터 나온 것이라는 것을 밝히는 것이다. 단 대상만 같을 뿐이지, 주제는 같지 않다고 할 수 있다.

2) 다른 부연의 연결어미와의 비교

(29) 바람이 불되, 아주 몹시 불었다.

'-되'의 경우는 선행절의 부족한 내용을 그야말로 보충하는 것으로서 다시 말하면 선행절이 갖는 외연을 다잡는, 더 한정하는 의미 기능을 갖는다. 따라서 후행절은 선행절에서 부사절나 혹은 관형절로 실현될 수 있는 것이다.

반면 '-지'의 경우는 선행절이 갖는 외연 안에서 동치할 수 있는 문장이 오는 것이라고 할 수 있다. 따라서 '-되'의 의미 기능은 다음과 같다고 할 수 있다.

(30) 부연 기능의 '-되'
$e_1 \wedge e_2$ (단, $e_1 \ni e_2$)

제5부
끝나지 않은 이야기

"(서문에서) 저는 제 연구가 두 부분으로 되어 있다고
쓰고 싶었습니다. 한 부분은 그 책에 있는 내용이며,
다른 한 부분은 제가 쓰지 않는 모든 것에 관한 내용입니다.
그리고 바로 이 두 번째가 중요한 부분입니다."
— 비트겐슈타인이 <논리철학논고> 출판 담당자 폰 피커에게
보낸 편지 중에서

우리는 탐험을 멈추지 않을 것이다.
모든 탐험의 끝은
우리가 출발했던 자리로
돌아오는 일이며,
그제야 비로소 그곳을
진정으로 알게 될 것이다.
— T.S. 엘리엇의 <네 사중주(Four Quartetes)> 중에서

형식적이고 관습적인 결론은 생략하도록 하겠다. 즉, '결론'으로서 전체 내용을 정리하는 일은 하지 않겠다. 이미 각 장과 절에서 정리와 요약이 이루어졌다. 대신 이 책 이후에, 이 논의 이후에 어떤 이야기가 이루어졌으면 하는지, 이 논의가 가지는 한계와 새로운 희망은 무엇인지 이야기하고자 한다.

서론에서도 밝혔던 바와 같이, 이 논의는 문장의미를 연구 대상으로 한 고유한, 그리고 독립적인 이론의 구축이 필요하다는 인식에서 출발한 것이었다. 종래 문장의미 연구가 대부분 통사론의 틀 안에서 논의되거나 통사론의 하위 부류처럼 연구되는 경향이 있었다. 의미론 연구 안에서도 어휘의미론 연구에만 집중되었을 뿐 문장의미 연구가 의미론 안에서 어떤 위치를 갖는지, 의미론 연구 안에 문장의미 연구라는 것이 어떻게 이루어져야 하는지에 대해서는 분명하게 정립되지 못한 상태였다.

이러한 연구의 경향은 실제로 많은 연구 내용들이 문장의미에 대한 것임에도 불구하고 문장의미에 대한 연구라는 것이 전면에 드러나지 못하는 결과를 낳았다. 그로 인해 문장의미 연구는 활발하게 이루어지고 있으나 혹은 결과적으로는 문장의미에 대해 연구하는 것임에도 불구하고 문장의미를 전문적으로 연구하는 사람이 누구인지, 문장의미를 전문적으로 다룬 논문이나 연구서가 무엇인지에 대해서는 쉽게 답할 수 없는 상황에 놓이게 되었다.

이 책은 그런 상황에서 적어도 문장의미를 연구 대상으로 하여 그것을 위한 고유한 연구 방법론이 무엇이 있는지, 그 가능성을 보이고자 한 것이다. 즉, 전체론적 관점과 사건의미론의 이론적 틀을 활용하여 우리말 문장의미를 살핀 것이다. 어떠한 이론이나 관점이든 나름 의의를 가지겠으나 그 이론이 타당성을 갖기 위해서는, 검증되기 위해서는 많은 연구자들에 의한 토론과 논박이 이루어져야 한다. 이 책 이전에 많은 발표와 논문 투고를 통해 이 책의 논의가 갖는 타당성을 검증받기는 하였으나 그것은 엄밀한 의미에서 '심사'였을 뿐, 우리말 현상을 같이 놓고 벌이는 토론과 논박의 자리는 아니었다고 생각한다. 그런 의미에서 이 책의 한계는 나름의 관점과 방법론이 과연 우리말 문장의미를 다루는 데 있어 얼마만큼의 설명력을 가지는지, 이론으로서 어떠한 가치를 가지는지에 대해서 넓은 자리에서 많은 이들에게 논의되지 못했다는 데 있다. 국외에서 이루어지는 '사건의미론' 등과 문장의미 연구에 대한 관심과 논의에 비해서 우리의 연구 마당에는 '문장의미'를 전면으로 한 논의가 거의 전무할 정도로 이루어지지 못하고 있다. 이 책이 계기가 되어, 혹은 이 책이 가지는 많은 문제점이 낱낱이 드러나게 되어 문장의미 연구에 대한 관심이 늘어가기를 마음 가득 바라고 있다.

다음으로 내용적인 측면에서 이 책이 가지는 한계를 밝히면 다음과 같다. 우선 연구 대상이 문장의미이므로 문장의미의 전 범위를 다루어야 하나 그리하지 못했다. 오히려 특정 부분에 치우친 면이 있었다. 그 부분은 '부사어'이다. 부사어가 그간 논의의 중심이 되지 못했던 점, 그만큼 논의의 필요성과 가능성이 높다는 점이 부사어에 다소 집중한 원인이 되기도 하였으나, 그보다 더 큰 이유는 의미나 문장 구성에 있어 주변이라고 인식되던 부사어가 문장의미에 있어 아주 중요한 부분이라는 것을 보이고자 한 것이다. 물론 이 논의의 핵심 관점인, 문장의미 구성에 있어 중심과 주변이 없다는 것을 부정하는 바는 아니다. 이 때문에 결과적으로 종래 논의의 중심이 되었던 주어나 목적어와 같은 필수 성분의 문장의미적 특성에 대해서는 논의하지 못했다. 문장의 통사적 구성이 아닌, 문장의미적 관점에서 이들이 어떤 역할을 하는지 현재의 이론적 틀로 다시 볼 필요가 있다. 더불어 통사론적인 관점이 아닌, 문장의미의 관점에서 이들 성분이 어떤 역할을 하는지, 그것이 우리말에 대한 설명력에서 어떤 가치를 갖는지 보일 필요가 있다.

둘째, 문장의미를 구성하는 데 있어 우리말에서 주요한 의미적인 기능을 하는 '조사'에 대한 논의를 거의 하지 못한 것은 아쉬움으로 남는다. 이 책에서는 4.6절에서 '(으)로서'가 갖는 문장의미 구성에 대한 논의가 전부라고 할 수 있다. 하지만 4.6절에서 본 것처럼 조사의 의미 기능을 전체 문장의미 구성, 사건의 구성, 명제의 구성이라는 측면에서 보게 되면 기존의 논의와는 아주 다른 의미 기능에 대해 논할 수 있게 된다. 특히 '보조사'의 의미 기능은 전체 문장의미와 상관하여야만 말할 수 있는 부분이 있다. 심지어는 해당 문장을 넘어 앞뒤의 문장, 크게는 문단과 텍스트의 구성과 상관하여 보조사의 의미 기능을 논의해야 하는 부분이 있다. 향후 전체론적인 관점과 사건, 발화상황의 구성이라는 관점에서 보조사의 의미 기능 연구되기를 희망한다.

셋째, 조사와 상관하여 '어미', 특히 '연결어미' 연구를 많이 하지 못한 것도 아쉬운 면이다. 통사적인 관점에서는 종속적일 수 있으나 초점이나 정보 구조를 고려치 않은 순수한 '연결'의 의미 구성으로 보면 '연결'은 언제나 대등적이다. 더불어 '연결어미'의 기능은 '연결'의 의미관계로 설명되어야 한다. '연결'은 그야말로 두 개 이상의 의미관계를 의미하는 것이며 그 점에서 연결되는 두 절을 전체의 관점에서 논의하는 것이 더 큰 설명력을 가질 수 있다. 이 연구에서는 종래 잘 논의되지 않았던 연결어미 '-지'에 대해서 논의하는 정도로 마무리되었으나 향후에 연결어미 체계 전체를 이러한 의미적인 '연결' 관계로서 재정립하여 설명될 필요가 있다. 이는 연결어미의 기능을 제시하는 메타언어에 대한 문제에서부터 '종속', '대등'과 같은 기존의 연결어미 분류 체계에까지 재논의에 대한 계기가 될 수 있을 것이다.

이밖에도 계속될 이야기는 끝이 없을 것이다. 하지만 이야기는 나누는 사람이 필요하며 그로 인해 계속될 수 있을 것이다. 많은 질타와 논박이 이어지기를 마음 가득히 바란다.

참고문헌

강범모(2001), 「술어 명사의 의미 구조」, 『언어학』 31, 한국언어학회, pp.3~28.
강우원(1994), 「홀로말의 특성」, 『한글』 225, 한글학회, pp.101~122.
고영근(1980), 『국어 진행상 형태의 처소론적 해석』, 『어학연구』 16-1, 서울대어학연구소, pp.41~56.
고영근(2003), 「문장의 의미-뜻의 세계를 찾아서」, 『한국어 의미학』 12, 한국어의미학회, pp.1~15.
고영근(2004), 『한국어의 시제·서법·동작상』, 태학사.
곽은주(1999), 「사건 의미론」, 『형식 의미론과 한국어 기술』, 한신문화사, pp.458~497.
곽추문(1997), 「한국어 분류사 연구」, 성균관대학교 박사 학위 논문.
구연미(1994), 「임의 성분의 유형과 일치 현상」, 『한글』 223, 한글학회, pp.81~106.
권재일(1992), 『한국어 통사론』, 민음사.
김광희(1998), 「국어 문장 의미 연구를 위한 형식의미론의 수용 양상과 과제」, 『한국어 의미학』 2, 한국어의미학회, pp.57~89.
김기혁(1995), 『국어문법연구-형태·통어론』, 박이정출판사.
김기혁(2000), 「지정의 문법 범주」, 『이중언어학』 17, 이중언어학회, pp.77~95.
김기혁(2004), 「이기, 체용론과 국어 문장의 해석」, 『인문학 연구』 8, 경희대학교 인문학연구소, pp.105~130.
김미형(2005), 『생활의미론-의미를 인식하며 사는 방법』, 한국문화사.
김성화(1990), 『현대 국어의 상 연구』, 한신문화사.
김승곤(1980), 「가정형 어미 '면'과 '거든'에 대하여」, 『인문과학논총』 12, 건국대학교 인문과학연구소, pp.27~42.
김양진(2002), 「한국어 호격명사구와 종결어미에 대하여」, 『한국어학』 16, 한국어학회, pp.255~283.
김영정(1997), 『언어·논리·존재』, 철학과현실사.
김영희(1975), 「한국어의 거듭상」, 『한글』 156, 한글학회, pp.253~272.
김영희(1980), 「정태적 상황과 겹주어 구문」, 『한글』 169, 한글학회, pp.335~367.
김영희(1981ㄱ), 「언어의 기능과 통사구조」, 『현상과 인식』, 5권 4호, 한국인문사회과학회, pp.17~33.
김영희(1981ㄴ), 「회상문의 인칭제약과 책임성」, 『국어학』 10, 국어학회, pp.37~80.
김영희(1984), 『한국어 셈숱화 구문의 통사론』, 탑출판사.

김영희(1989), 「목적어 올리기 구문」, 『배달말』 14, pp.1~43.
김원경(2000), 『한국어 격 정보와 자질 연산 문법』, 고려대학교 박사 학위 논문.
김윤신(2004), 「한국어 동사의 사건 구조와 사건 함수 '-고 있다'의 기능」, 『형태론』 6-1, pp.43~65.
김은희(1996), 「조건형식과 수행문-'-거든'을 중심으로」, 『국어학』 28, 국어학회, pp.277~300.
김일웅·김하얀(1994), 「홀로말은 모자란 월이다」, 『우리말연구』 4, 우리말학회, pp.131~155.
김일환·박종원(2003), 「국어 명사화 어미의 분포에 대한 계량적 연구」, 『국어학』 42, 국어학회, pp.141~177.
김정대(2003), 「"문장"에 대한 이해」, 『시학과 언어학』 6, 시학과언어학회, pp.65~113.
김제열(1999), 「'하다' 구문의 연구」, 경희대 박사 학위 논문.
김지은(1998), 「조사 '-로'의 의미와 용법에 대한 연구」, 『국어학』 31, 국어학회, pp.361~393.
김진수(1985), 「시간부사 '벌써', '이미'와 '아직'의 상과 통사 제약」, 『한글』 189, 한글학회, pp.87~112.
김진웅(2003), 『국어 보문명사구문 연구』, 연세대학교 석사 학위 논문.
김진해(2006), 「사건의미론 관점에서 본 상징부사의 서술성 해석」, 『담화와 인지』 13-3, 담화·인지 언어학회, pp.1~23.
김태엽(1995), 「국어 독립어의 일치 현상」, 『대구어문논총』 13, pp.1~26.
김태엽(1996), 「국어 독립어의 문법성」, 『언어학』 18, 한국언어학회, pp.77~100.
김하얀(1994), 「홀로말의 하위분류」, 『국어국문학지』 31, 문창어문학회, pp.295~318.
김한샘(2003), 「어휘의 통사 정보 기술-동족 관계인 명사와 동사를 중심으로」, 『언어정보와 사전편찬』 12, pp.217~244.
김호정(2007), 「내러티브에서의 관점 표현 연구-'이제'와 '지금'을 중심으로」, 『한성어문학』 26, pp.1~18.
나진석(1971), 『우리말의 때매김 연구』, 과학사.
남기심(1986), 「'이다' 구문의 통사적 분석」, 『한불연구』 7, [남기심(1996)에 再收錄].
남기심(1993), 『국어 조사의 용법』, 서광학술자료사.
남기심(1996), 『국어 문법의 탐구 Ⅰ』, 태학사.
남기심·고영근(1995), 『(개정·증보판) 표준 국어 문법론』, 탑출판사.
민현식(1990), 「국어의 시상과 시간부사-시제, 상, 서법의 3원적 해석론」, 『국어교육』 69, 한국어교육학회, pp.15~42.
민현식(1993), 「성분론의 문제점에 대하여」, 『선청어문』 21-1, 서울대학교 국어교육과, pp.59~77.
민현식(2004), 『국어의 시상과 시간부사』, 한국학술정보(주).
목정수(2003), 『한국어 문법론-비교론적 관점에서 본 조사와 어미의 형태·통사론』, 월인.

목정수(2009), 『한국어, 문법 그리고 사유』, 태학사.
박덕유(1998), 『國語의 動詞相 硏究』, 한국문화사.
박소영(2001), 「결과 부사형 '-게'에 대한 연구」, 『한글』 252, 한글학회, pp.45~77.
박소영(2004), 『한국어 동사구 수식 부사와 사건구조』, 태학사.
박영순(1997), 「21세기 국어 문장 의미 연구의 방향」, 『한국어 의미학』 1, 한국어의미학회, pp.29~58.
박영순(2001), 『한국어 문장의미론』, 박이정.
박재연(2006), 『한국어 양태 어미 연구』, 태학사.
박재연(2009ㄱ), 「주어 지향적 양태와 관련한 몇 문제」, 『한국어학』 44, 한글어학회, pp.1~25.
박재연(2009ㄴ), 「연결어미와 양태-이유, 조건, 양보의 연결어미를 중심으로」, 『한국어 의미학』 30, 한국어의미학회, pp.119~141.
박재연(2011), 「한국어 연결어미 의미 기술의 메타언어 연구-'양보, 설명, 발견'의 연결어미를 중심으로」, 『국어학』 62, 국어학회, pp.167~198.
박진호(2011), 「한국어(韓國語)에서 증거성(證據性)이나 의외성(意外性)의 의미성분을 포함하는 문법요소」, 『언어와 정보사회』 15, 서강대학교 언어정보연구소, pp.1~25.
박철우(2007), 「통사론과 의미론의 접면 : 국어의 태 범주-통사부와 의미부의 접면 현상」, 『한국어학』 37, 한국어학회, pp.207~228.
박철우(2010), 「"들"-표지 명사구의 구조와 의미」, 『한국어 의미학』 31, 한국어의미학회, pp.51~75.
방성원(2000), 「사유구문의 논항구조-보문구조를 중심으로」, 『어문연구』 106, 한국어문교육연구회, pp.100~119.
봉미경(2005), 「시간부사의 어휘 변별 정보 연구-유의어 '방금'과 '금방'의 분석을 중심으로」, 『외국어로서의 한국어교육』 30, 연세대학교 한국어학당, pp.113~139.
봉원덕(2005), 「시간부사의 상적 의미 표현 양상」, 『어문연구』 123, 한국어문교육연구회, pp.187~209.
서상규(1989), 「시간부사의 시간표시기능에 대하여-'지금'과의 비교를 통한, 시간부사 '이제'에 대한 연구」, 『朝鮮學報』 133, 朝鮮學會, 日本 天理大學, pp.187~209.
서정수(1977), 「'더'는 회상의 기능을 지니는가?」, 『언어』 2-1, 한국언어학회, pp.97~127.
서정수(1996), 『(수정증보판) 국어 문법』, 한양대학교 출판부.
서태룡(1999), 「국어 감탄사에 대하여」, 『동악어문논집』 34, 동악어문학회, pp.7~36.
서태룡(2005), 「국어사전의 조사 -도」, 『한국어문학연구』(구 동악어문논집) 44, 한국어문학연구학회, pp.125~150.
손남익(1995), 『국어 부사 연구』, 박이정.
송병학(1974), 「소위 Denominal Verbalizer-하에 관한 연구」, 『논문집』 13-1, 충남대학교, pp.7~41.
송재목(1998), 「안맺음씨끝 '-더-'의 의미 기능에 대하여-유형론적 관점에서」, 『국어학』

32, 국어학회, pp.135~169.
신수송·최석문(2002), 「국어의 진행상과 결과상 표현에 대하여」, 『국어학』 39, pp.75~105.
신지연(2001), 「감탄사의 의미 구조」, 『한국어 의미학』 8, 한국어의미학회, pp.241~259.
양동휘(2003), 『최소주의 가설』, 한국문화사.
양정석(1986), 「'-이다'의 의미와 통사」, 『연세어문학』 19, 연세대학교 국어국문학과, pp.5~29.
양정석(2002), 『시상성과 논항연결-시상성 가설비판을 통한 연결이론의 수립』, 태학사.
양정석(2004), 「'-고 있-'과 '-어 있-'의 상보성 여부 검토와 구문 규칙 기술」, 『한글』 266, 한글학회, pp.105~137.
양현권(1994), 「'사건 논항'의 상적 본질」, 『언어』 19-1, 한국언어학회, pp.151~176.
염선모(1985), 「국어 문장 의미의 연구」, 경북대학교 대학원 박사 학위 논문.
오승신(1995), 「감탄사의 본질」, 『이화어문논집』 13, 이화어문학회, pp.71~88.
오충연(2001), 「상과 성분구조」, 『국어국문학』 129, 국어국문학회, pp.139~163.
오충연(2001), 『주제구조론』, 월인.
오충연(2006), 『상과 통사구조』, 태학사.
오충연(2008), 「사동 파생과 상」, 『한국어 의미학』 26-3, 한국어의미학회, pp.99~126.
오충연(2010), 「국어 결과 구문의 범주 설정에 대한 연구」, 『언어연구』 26-3, 한국현대언어학회, pp.595~619.
왕문용·민현식(1993), 『국어 문법론의 이해』, 개문사.
우형식(1986), 「지각동사 '보다'의 경험과 추정」, 『연세어문학』 19, 연세대학교 국어국문학과, pp.32~52.
우형식(1996), 『국어 타동구문 연구』, 박이정.
우창현(2003), 「문장 차원에서의 상 해석과 상 해석 규칙」, 『국어학』 41, 국어학회, pp.225~248.
우창현(2003), 「국어의 상 해석 과정에 대하여」, 『언어학』 11-4, 대한언어학회, pp.123~141.
유동석(1990), 「국어 상대높임법과 부름말의 상관성에 대하여」, 『주시경학보』 6.
유현경(1998), 「동사 '살다'의 타동사 용법에 대하여」, 남기심 편, 『국어 문법의 탐구 Ⅳ』, 태학사, pp.59~75.
윤평현(1989), 「국어의 접속어미에 대한 연구-의미론적 기능을 중심으로」, 전남대학교 박사 학위 논문.
윤평현(2005), 『현대국어 접속어미 연구』, 박이정.
윤평현(2008), 『국어의미론』, 역락.
이경수(2004), 「백석 시에 쓰인 '-는 것이다'의 문체적 효과」, 『우리어문연구』 22, 우리어문연구회, pp.309~336.
이기용(1998), 『상황과 정보-상황의미론』, 태학사.
이남순(1981), 「현대국어의 시제와 상에 대한 연구」, 『국어연구』 46.
이병규(1998), 「잠재 논항의 개념 정립」, 남기심 편, 『국어 문법의 탐구 Ⅳ』, 태학사.

pp.123~174.
이선웅(2005ㄱ), 「국어의 문장 지시어에 대하여」, 『어문연구』 125, 어문교육연구회, pp.59~84.
이선웅(2005ㄴ), 「환유 목적어와 결과 목적어의 통사와 의미」, 임홍빈 편, 『우리말 연구(서른아홉 마당)』, 태학사, pp.271~302.
이선웅(2005ㄷ), 『국어 명사의 논항구조 연구』, 월인.
이선희(1998), 「복합술어 구문」, 남기심 편, 『국어 문법의 탐구 Ⅳ』, 태학사, pp.77~122.
이선희(2004), 『국어의 조사와 의미역』, 한국문화사.
이승명(1981), 「의미관계와 범주」, 『한글』 173·174, 한글학회, pp.545~558.
이신영(2004), 「복수성에 대한 의미분석」, 『인문학연구』 31-1, 충남대학교 인문과학연구소, pp.97~117.
이양혜(2000), 『국어의 파생접사화 연구』, 박이정.
이영민(2001), 「예비적 단계의 문제에 대하여」, 『시학과 언어학』 1, 시학과언어학회, pp.271~301.
이은섭(2006), 「'-게 굴다' 구문의 여격 성분과 대격 성분에 대한 고찰」, 『어문연구』 34-1, 한국어문교육연구회, pp.31~56.
이정민(1982), 「Aspects of aspect in Korean」, 『언어』 7-2, 언어학회, pp.570~582.
이정민(1992), 「(비)한정성/(불)특정성 대 화제(topic)/초점-개체 층위/단계 층위 술어와도 관련하여」, 『국어학』 22, pp.397~424.
이정택(2002), 「문장 성분 분류 시론-그 체계 정립을 위하여」, 『한국어학』 16, 한국어학회, pp.375~389.
이정호(1999), 『의미 전체론에 대한 연구』, 성균관대학교 철학과 석사 학위 논문.
이종철(1995), 「조건 접속어미 '-거든'의 화용론적 의미」, 『호서어문연구』 3-1, 호서대학교 국어국문학과, pp.3~26.
李智凉(1982), 「현대국어의 시제형태에 관한 연구」, 『국어연구』 51.
이찬규(2001), 「문장 의미 해석을 위한 한국어 동사의 층위별 의미 자질 구조화」, 『한국어 의미학』 8, 한국어의미학회, pp.133~170.
이한홍(2000), 「데이빗슨의 사건 존재론」, 『철학논총』, 새한철학회, pp.75~95.
이호승(1997), 「현대 국어의 상황 유형 연구」, 서울대학교 석사 학위 논문.
이호승(2001), 「국어의 상 체계와 보조용언의 상적 의미」, 『국어학』 38, pp.209~239.
이홍식(1998), 「문장 성분」, 『문법연구와 자료』, 태학사, pp.7~46.
이환묵(1974), 「영어부사에 관한 연구-문장부사와 술부부사의 차이를 중심으로」, 『영어영문학』 51, 한국영어영문학회, pp.415~430.
임유종(1997), 「문장 수식어에 대하여」, 『한국학논집』 31, pp.455~476.
임유종(1999), 「독립언과 수식언의 구분 체계」, 『한민족문화연구』 5, 한민족문화학회, pp.213~234.
임유종(1999), 『한국어 부사 연구』, 한국문화사.

임유종·박동호·홍재성(2001), 「접속부사의 구문론적 특성」, 『언어학』 28, 한국언어학회, pp.177~209.
임지룡(1992), 『국어의미론』, 탑출판사.
임지룡(1997), 『인지의미론』, 탑출판사.
임채훈(2001), 「국어 타동 구문의 의미 연구」, 경희대학교 국어국문학과 석사 학위 논문.
임채훈(2002ㄱ), 「복합사건을 가진 국어 단문의 의미 연구」, 『고황논총』 31, 경희대학교 대학원, pp.43~54.
임채훈(2002ㄴ), 「국어 비유구문의 의미 연구」, 『한국어 의미학』 10, 한국어 의미학회, pp.209~226.
임채훈(2002ㄷ), 「접속사 연구사」, 『경희어문학』 22, 경희대학교 국어국문학과.
임채훈(2003), 「시간부사의 문장 의미 구성」, 『한국어 의미학』 12, 한국어 의미학회, pp.155~170.
임채훈(2006ㄱ), 「완성성과 상의 구조적 실현」, 『한국어학』 30, 한국어학회, pp.267~290.
임채훈(2006ㄴ), 「동작류의 상적 특성, 그 본유성과 의존성」, 『어문연구』 제34권 3호, 한국어문교육연구회, pp.191~217.
임채훈(2006ㄷ), 「문장의미와 사건」, 『한국어 의미학』 21, 한국어 의미학회, pp.183~220.
임채훈(2007ㄱ), 「'형용사+게' 부사어의 문장 의미 구성」, 『국어학』 49, 국어학회, pp.159~188.
임채훈(2007ㄴ), 「반복 사건과 문장 의미 구성」, 『한국어학』 36, 한국어학회, pp.249~287.
임채훈(2008ㄱ), 「방식(manner)의 의미역할과 문장 의미 구성-'놀다'가 실현된 문장을 중심으로」, 『한국어의미학』 25, 한국어의미학회, pp.127~155.
임채훈(2008ㄴ), 「'감각적 증거' 양태성과 한국어 어미 교육」, 『이중언어학』 37, 이중언어학회, pp.127~155.
임채훈(2009ㄱ), 「사건 호부 평가 양태성 표현 연구」, 『어문연구』 37권 2호(142), 한국어문교육연구회, pp.55~81.
임채훈(2009ㄴ), 「반의관계와 문장의미 형성-형용사, 동사 반의관계 어휘의 공기관계를 중심으로」, 『한국어 의미학』 30, 한국어의미학회, pp.231~256.
임채훈(2010), 「程度副詞의 意味機能과 文章意味 構成-'매우', '아주', '가장' 등을 中心으로」, 『어문연구』 38권 3호, 한국어문교육연구회, pp.39~58.
임채훈(2011), 「유의 어휘관계와 문장의미 구성」, 『한국어 의미학』 34, 한국어의미학회, pp.349~373.
임채훈(2012), 「'(으)로서' 문장 성분의 文章意味 構成」, 『어문연구』 40권 4호(156), 한국어문교육연구회, pp.85~103.
임홍빈(1974/1998), 「명사화의 의미 특성에 대하여」, 『국어학』 2, 국어학회, pp.83~104. [재수록 : 임홍빈(1998), 『국어 문법의 심층 1』, 태학사, pp.529~551.]
임홍빈(1982/1998), 「동명사 구성의 해석 방법에 대하여」, 『백영 정병욱선생 환갑기념논총, 신구문화사, pp.73~86. [재수록 : 임홍빈(1998), 『국어 문법의 심층 1』, 태학

사, pp.553~568.]
임홍빈(1979), 「복수성과 복수화」, 『한국학논총』 1, 국민대학교 한국학연구소, pp.179~218.
임홍빈(2000), 「복수 표지 '들'과 사건성」, 『애산학보』 24, 애산학회, pp.3~50.
장경희(1985), 『현대국어의 양태범주 연구』, 탑출판사.
전영철(2003), 「한국어 총칭표현들의 의미론적 분석」, 『언어학』 37, 한국언어학회, pp.267~295.
정문수(1982), 「한국어 풀이씨의 상적속성에 관한 연구」, 서울대학교 언어학과 석사 학위 논문.
정문수(1984), 「상적 특성에 따른 한국어 풀이씨의 분류」, 『문법연구』 5, pp.51~85.
정주리(2000), 「구성문법적 접근에 의한 문장 의미 연구」, 『한국어학』 12, 한국어학회, pp.279~307.
정주리(2004), 『동사, 구문, 그리고 의미』, 국학자료원.
정희자(1994), 「시제와 상의 화용상 선택조건」, 『애산학보』 15, 애산학회, pp.47~106.
정희정(2000), 『한국어 명사 연구』 한국문화사.
조민정(2000), 「국어의 상에 대한 연구」, 연세대학교 박사 학위 논문.
조은경·이민행(2006), 「지시 해석을 위한 "것"의 식별과 쓰임에 관한 연구」, 『한국어학』 31, 한국어학회, pp.315~334.
조희연(2006), 「우리 안의 보편성-지적, 학문적 주체화로 가는 창」, 『우리 안의 보편성』, 한울아카데미.
채희락(1996), 「"하-"의 특성과 경술어구문」, 『어학연구』 32-3, pp.409~476.
최경봉(1998), 『국어 명사의 의미 연구』, 태학사.
최기용(1995), 「한국어의 경동사구문 판정에 대하여」, 『논문집(인문사회과학)』 24, 광운대학교, pp.243~263.
최상진(1994), 「훈민정음 음양론에 의한 어휘의미구조 분석」, 『국어국문학』 111, 국어국문학회.
최상진(1999), 「문장의미 구성요소의 의미관계에 대하여」, 『어문연구』 103, 한국어문교육연구회, pp.7~24.
최상진(2003), 「역학적 원리에 의한 언어분석이론 개발에 관하여」, 『인문학연구』 7, 경희대학교 인문학연구소, pp.133~160.
최웅환(1995), 「독립성분의 유리 가능성 계층」, 『문학과 언어』, 문학과언어연구회, pp.151~180.
최웅환(2002), 「1인칭 주어제약 구문의 문법성과 통사적 표상」, 『어문학』 76, 한국어문학회, pp.95~118.
최윤정(2006), 「인도의 언어철학에서 단어와 문장의 관계」, 『불교연구』 24, 한국불교연구원, pp.205~228.
최현배(1929/1961/1983), 『우리말본』, 정음문화사.
최호철(1993), 「어휘부의 의미론적 접근」, 『어문논집』 32, 민족어문학회, pp.185~217.
최호철(2000), 「현대 국어 감탄사의 분절 구조 연구-감정 감탄사를 중심으로」, 『한국어와 모국어 정신』, 국학자료원, pp.361~405.

한동완(1999), 「'-고 있-' 구성의 중의성에 대하여」, 『한국어 의미학』 5, pp.215~248.
한송화(2000), 『현대 국어 자동사 연구』, 한국문화사.
홍윤기(2002), 「국어 문장의 상적 의미 연구」, 경희대학교 국어국문학과 박사 학위 논문.
홍재성(1989), 「한국어 자동사/타동사 구문의 구별과 사전」, 『동방학지』 63, 연세대 국학연구원, pp.179~229.
홍재성(1993), 「약속의 문법-서술명사의 어휘·통사적 기술과 사전」, 『동방학지』 81, 연세대 국학연구원, pp.213~252.
홍재성(1999), 「기능동사 구문 연구의 한 시각-어휘적 접근」, 『인문논총』 41, 서울대학교 인문과학연구소, pp.135~173.
홍재성 외(2003), 『21세기 세종계획 전자사전 개발 분과 연구 보고서』, 문화관광부·국립국어연구원.
홍종선(1985), 「명사의 기능-그 기원적 성격과 변천」, 『어문논집』 24·25, 민족어문학회, pp.519~533.
홍종선·고광주(1999), 「'-을' 논항의 의미역 체계 연구」, 『한글』 243, 한글학회, pp.141~176.
황병순(1986), 「국어 동사의 상 연구」, 『배달말』 16, 배달말학회, pp.91~125.
황병순(2000), 「상 의미로 본 국어 동사의 갈래」, 『한글』 250, 한글학회, pp.225~268.

Alexiadou, A. (1997), *Adverb Placement: a Case Study in Antisymmetric Syntax*, John Benjamins Publishing Company, Amsterdam.
Allen, James (1987), *Natural Language Understanding*, Benjamin/Cummings, Menlo Park.
Ameka, Felix (1992), 'Interjections: The universal yet neglected part of speech', *Journal of Pragmatics* 18-2, pp.101~118.
Amsili, Pascal & Anne Le Draoulec (1995), 'A Contribution to the Event Negation Problem', In P. Amsili, M. Borillo, and L. Vieu. (eds.), *Workshop Notes of the 5th International Workshop on the Semantics of Time, Space and Movement (TSM'95)*, Bonas, France.
Amsili, Pascal & Anne Le Draoulec (1998), 'An account of negated sentences in the DRT Framework', In Ginzburg, Khasidashvili, Vogel, Levy et Vallduvì éditeurs, *The Tbilisi Symposium on Language, Logic and Computation: Selected Papers*, CSLI Publications.
Artstein, Ron (1997), 'Group events as means for representing collectivity', In Benjamin Bruening (ed.), *MITWPL 31: Proceedings of the Eighth Student Conference in Linguistics*, pp.41~51. MIT Working Papers in Linguistics, Cambridge, MA, 1997.
Asher, Nicholas (1993), *Reference to Abstract Objects in Discourse*, Dordrecht: Kluwer.
Asher, Nicholas (2000), 'Events, Facts, Propositions, and Evolutive Anaphora', In

Higginbotham, J., Fabio Pianesi & Achille C. Varzi (eds.) (2000), *Speaking of Events*, New York: Oxford University Press, pp.123~150.
Austin, Jennifer R., Stefan Engelberg & Gisa Rauh (2004), 'Current issues in the syntax and semantics of adverbials', In Austin, Jennifer R., Stefan Engelberg & Gisa Rauh (eds.), *Adverbials: The Interplay between Meaning, Context, and Syntactic Structure*, Amsterdam, Philadelphia: Benjamin.
Austin, Jennifer R., Stefan Engelberg & Gisa Rauh (eds.) (2004), *Adverbials: The Interplay between Meaning, Context, and Syntactic Structure*, Amsterdam, Philadelphia: Benjamin.
Bach, Emmon (1986), 'The Algebra of Events', *Linguistics and Philosophy* 9, pp.5~16.
Barker, Chirs (2002), 'Continuations and the nature of quantification', *Natural Language Semantics* 10, pp.211~242.
Barker, Chris & David Dowty (1993), 'Non-verbal Thematic Proto-roles', In *Proceedings of NELS* 23-1, GSLA, Amherst, pp.49~62.
Barwise, Jon (1981), 'Scenes and other situations', *Journal of Philosophy* 77, pp.369~397.
Barwise, Jon & John Perry (1983/1999), *Situations and attitudes*, MIT press.
Bäuerle, Rainer (1988), 'Aspects of Anaphoric Reference to Events and Propositions in German', ms.
Bayer, Samuel (1996), *Confessions of a Lapsed Neo-Davidsonian*, Ph. D. dissertation, Brown University.
Beardsley, M. (1975), 'Actions and Events: The Problem of Individuation', *American Philosophical Quarterly* 12, pp.263~276.
Bellert, Irena (1977), On Semantic and Distributional Properties of Sentential Adverbs, *Linguistic Inquiry* 8-2, pp.337~351.
Bicknell, Kliton (2005), *Aspectual Meaning: A Usage-based Cognitive Treatment of English Aspect*, Undergraduate Honors thesis in Linguistics at UC-Berkeley. Advised by George Lakoff.
Brandl, Johannes L. (2000), 'Do Event Recur?', In Higginbotham et al. (eds.) (2000).
Brugger, Gerhard (1997), 'Event Time Properties', In L. Siegel et. al A. Dimitriadis, ed., *Penn Working papers in Linguistics*, volume 4.2, pp.51~63, University of Pennsylvania.
Borer, H. (1994), 'The projection of arguments', *University of Massachusetts occasional papers in linguistics* 17, Amherst: GLSA, University of Massachusetts
Borer, H. (2005), *Structuring Sense*, Oxford University Press.
Carlson, Gregory N. (1977), *Reference to Kinds in English*, Doctoral dissertation, University

of Massachusetts, Amherst. Published by Garland 1980.
Carlson, Gregory N. (1998), 'Thematic Roles and the Individuation of Events', In Rothstein (ed.), *Events and Grammar*, Kluwer, pp.35~51.
Casati, R., and A. C. Varzi (1997), *Fifty Years of Events. An Annotated Bibliography 1947 to 1997*. Philosophy Documentation Center, Bowling Green (Ohio).
Chierchia, G. (1995), 'Individual-level Predicates as Inherent Generics', In G. Carlson & F. Pelletier (eds.), *The Generic Book*, Univ. of Chicago Press, pp.176~223.
Chierchia, G. & S. McConnell-Ginet (2000), *Meaning and Grammar: An introduce to semantics*, New York (State): The MIT Press, 2000.
Chisholm, Roderick M. (1970), Events and Propositions, *Noûs* 4, pp.15~24.
Chisholm, Roderick M. (1976), *Person and Object*, London: George Allen & Unwin.
Chisholm, Roderick M. (1981), *The First Person: An Essay on Reference and Intentionality*, University of Minnesota Press, Minneapolis.
Cinque, G. (1999), *Adverbs and Functional Heads. A Cross-Linguistic Perspective*. Oxford Univ. Press, New York.
Comrie, B. (1976), *Aspect*. Cambridge: Cambridge University Press.
Cusic, David Dowell (1981), *Verbal plurality and aspect*, Ph.D. dissertation, Stanford University.
Davidson, Donald (1967/2001), 'The Logical Form of Action Sentences', In *Essays on Actions and Events*, edited by D. Davidson. Oxford: Clarendon Press, pp.105~121.
Depraetere, I. (1995), 'On the Necessity of Distinguishing between (Un)boundedness and (A)telicity', *Linguistics and Philosophy* 18, pp.1~19.
de Swart, Henriette (1996), 'Meanig and using of *not ···until*', *Journal of Semantics* 13, pp.221~263.
de Swart, Henriette (1998), 'Aspect Shift and Coercion', *Natural Language and Linguistic Theory* 16, pp.347~385.
de Swart, Henriette, and Arie Molendijk (1994), 'Negation in Narrative Discourse', In H. Dunt, R. Muskens, and G. Rentier (eds.), *Proc. of IWCS'94 (Intl. Workshop on Computational Semantics)*, Tilburg, pp.191~201.
Diesing, Molly (1992), *Indefinites*, Cambridge, Massachusetts: MIT Press.
Dölling, Johannes (1993), 'Commonsense Ontology and Semantics of Natural Language', *Zeitschrift für Sprachtypologie und Universalienforschung*, 46-2, pp.133~141.
Dölling, Johannes (1995), 'Ontological Domains, Semantic Sorts, and Systematic Ambiguity', *International Journal of Human-Computer Studies* 43, pp.785~807.

Dölling, Johannes (2003), 'Flexibility in Adverbal Modification: Reinterpretation as Contextual Enrichment', In E. Lang, C Maienborn & C. Fabricius- Hansen (eds.), *Modifying Adjuncts*, Mouton de Gruyter, pp.511~552.
Dölling, Johannes (2005), 'Copula sentences and entailment relations', *Theoretical Linguistics* 31-3, pp.317~329.
Dowty, David R. (1979), *Word Meaning and Montague Grammar*, New York: Kluwer.
Dowty, David R. (1989), 'On the Semantic Content of the Notion of 'Thematic Role'', in G. Chierchia, B. Partee, and R. Turner (eds.), *Properties, Types and Meaning*, Volume II: Semantic Issues, Kluwer, Dordrecht, pp.
Dowty, David R. (1989), 'Thematic proto-roles and argument selection', *Language* 67-3, pp.547~619.
Dowty, David R. (in press), 'Compositionality as an Empirical Problem', In Chris Barker and Polly Jacobson (eds.), *Papers from the Brown University Conference on Direct Compositionality*, Blackwell.
Eckardt, Regina (1995), 'Does information *flow* in event structures?', In Groen Groendijk (ed.), *Ellipsis, Underspecification, Events and More in Dynamic Semantics*, Dyana-2 Deliverable R2.2.C, ILLC/Department of Philosophy, University of Amsterdam, pp.49~72.
Eckardt, Regina (1998), *Adverbs, Events, and Other Things*, Tüingen: Niemeyer.
Eckardt, Regina (2003), 'Manner adverbs and information structure: Evidence from the adverbial modification of verb of creation', *Modifying Adjuncts*, Berlin: Walter de Gruyter GmbH & Co, pp.261~306.
Egg, Markus (2003), 'Beginning Novels and Finishing Hamburgers: Remarks on the Semantics of *to begin*', *Journal of Semantics* 20, pp.163~191.
Egg, Markus (2005), *Flexible Semantics for Reinterpretation Phenomena*, Stanford: CSLI Publications.
Engelberg, Stefan (2005), 'Stativity, Supervenience, and Sentential Subjects', In Claudia Maienborn & Angelika Wöllstein (eds.), *Event Arguments: Foundations and Applications*, Tübingen: Niemeyer, pp.45~68.
Engelberg, Stefan (2005), 'Kimian States and the Grammar of Predicative Adjectives', *Theoretical Linguistics* 31, pp.331~347.
Ernst, Thomas (2002), *The Syntax of Adjuncts*, Cambridge: Cambridge University Press.
Fernald, Theodore (1994), 'On the Non-uniformities of the Individual-and Stage-Level Effects', Ph.D thesis, University of California, Santa Cruz.
Filip, Hana (1992), 'Aspect and Interpretation of Nominal Arguments', In Papers from the *Twenty-eight Regional Meeting of the Chicago Linguistic Society*,

Chicago, pp.139~158.
Filip, Hana (1999), *Aspect, Eventuality Types and Nominal Reference*, New York: Garland.
Filip, Hana (2005), 'The Telicity Parameter Revisited', *Semantics and Linguistic Theory (SALT)* XIV. Ithaca: CLC Publications, Department of Linguistics, Cornell University.
Fillmore, C. (1985), 'Syntactic Intrusions and the Notion of Grammatical Construction', *BLS 11*.
Fillmore, C. (1988), 'The Mechanisms of "Construction Grammar"', *BLS 14*.
Fodor, J. A. & Lepore, E. (1992), *Holism: a shopper's guide*, Oxford: Blackwell.
Fodor, J. A. & Lepore, E. (2002), *The Compositionality Papers*, Oxford: Clarendon Press.
Fodor, J. A. & Pylyshyn, Z. W. (1988), 'Connectionism and Cognitive Architecture: A Critical Analysis', *Cognition* 28, pp.3~71.
Frawley, William (1992), *Linguistic Semantics*, New Jersey: Lawrence Erlbaum Associates.
Frege, G. (1884), *Die Grundlagen der Arithmetik. Eine logisch-mathematische Untersuchung über den Begriff der Zahl*, Breslau: W. Koebner. Reprint published by: Georg Olms, Hildesheim, 1961.
Frege, G. (1892), 'Über Sinn und Bedeutung', *Zeitshrift für Philosophe und philosophische Kritik* 100, pp.25~50.
Gelderen, Elly van (1997), 'Structures of Tense of Aspect', *Linguistic Analysis* 27-3, 4, pp.138~165.
Gelderen, Elly van (2003), 'ASP(ect) in English Modal Complements', *Studia Linguistica* 57-1, pp.27~44.
Gelderen, Elly van (2004), 'Aspect, infinitival complements, and evidentials', In Alice ter Meulen et al. (eds). (2004), *The Composition of meaning: from lexeme to discourse*, Amsterdam: John Benjamins, pp.39~68.
Geuber, von Wilhelm (2002), 'Oriented Adverbs – Issues in the Lexical Semantics of Event Adverbs', Ph.D. dissertation, der Universität Tübingen.
Giannakidou, Anastasia (2002), 'UNTIL, aspect and negation: a novel argument for two *Untils*', In Brendan Jackson (ed.), *Semantics and Linguistic Theory (SALT)* 12, CLC Publications, Cornell University, Ithaca, NY. 84~103.
Goldberg, A. E. (1995), *Construction: A Construction Grammar Approach to Argument Structure*. Chicago: The University of Chicago Press.
Goldberg, A. E. & Ackerman, Farrell. (2001). "The Pragmatics of Obligatory Adjuncts", *Language* 77-4, pp.798~814.
Grimshaw, J. and Armin Mester (1988), 'Light Verbs and Theta-Marking', *Linguistic*

Inquiry 19-2. pp.205~232.

Hale, Ken and Keyser, Samuel J. (1993), 'On argument structure and the lexical expression of syntactic relations', In K. Hale and S.J. Keyser, eds., *The View from Building 20: A Festschrift for Sylvain Bromberger*, Cambridge, Massachusetts: MIT Press.

Harley, Heidi B. (1995), *Subjects, Events and Licensing*, Ph. D. dissertation. MIT.

Hendriks, H. (1988), 'Type Change in Semantics: the Scope of Quantification and Coordination', In Klein, E. & Van Benthem, J. (Eds.), *Categories, Polymorphism and Unification*, ITLI, Amsterdam, pp.96~119.

Herburger, E. (2000), *What Counts Focus and Quantification*, Linguistic Inquiry Monograph 36, Cambridge Mass.: MIT Press.

Herweg, Michael (1991), 'Perfective and imperfective aspect and the theory of events and states', *Linguistics* 29, pp.969~1010.

Hale, Ken and Keyser, Samuel J. (1998), 'The basic elements of argument structure', *MIT Working Papers in Linguistics* 32, Center for Cognitive Science, MIT.

Higginbotham, James (1983), 'The Logic of Perceptual Reports: An Extensional Alternative to Situation Semantics', *The Journal of Philosophy* 80-2, pp.100~127.

Higginbotham, James (1989), 'Elucidations of Meaning', *Linguistics and Philosophy* 12, pp.465~517.

Higginbotham, James (1994), 'The Semantics and Syntax of Event Reference', *Notes ESSLLI 94*, Copenhagen Business School.

Higginbotham, James (2005), 'Event positions: Suppression and emergence', *Theoretical Linguistics* 31, pp.349~358.

Higginbotham, J., Fabio Pianesi & Achille C. Varzi (eds.) (2000), *Speaking of Events*, New York: Oxford University Press.

Hinrichs, Erhard (1985), 'A Compositional Semantics for Aktionsarten and NP Reference in English', Ph. D. thesis, The Ohio State University.

Hoeksema, Jack et al. (eds.) (2001), *Perspectives on Negation and Polarity Items*, Amsterdam: John Benjamins B.V..

Horn, Laurence R. & Gregory Ward (eds.) (2004), *The Handbook of Pragmatics*, Blackwell.

Hout, Angeliek van & Thomas Roeper (1997), 'Events and Aspectual Structure in Derivational Morphology', *MIT Working Papers in Linguistics* 32, pp.175~220.

Jackendoff, Ray S. (1972), *Semantic Interpretation in Generative Grammar*, The MIT Press, Cambridge.

Jackendoff, Ray S. (1990), *Semantic Structure*, The MIT Press, Cambridge.
Jacobson, P. (1999), 'Towards a Variable-Free Semantics', *Linguistics and Philosophy* 22, pp.117~184.
Jäger, Gerhard & Reinhard Blutner (2003), 'Competition and interpretation: The German adverb wieder ('again')', *Modifying Adjuncts*, Berlin: Walter de Gruyter GmbH & Co, pp.393~415.
Janssen, T. M. V. (1997), 'Compositionality', In J. van Benthem and A. ter Meulen (eds.), *Handbook of Logic and Language*, Amsterdam: Elsevier, pp.417~473.
Janssen, T. M. V. (2001), 'Frege, contextuality and compositionality', *Journal of Logic, Language, and Information* 10, pp.115~136.
Jovanović, Vladimir Ž. (2004), 'The Form, Position and Meaning of Interjections in English', *Linguistics and Literature* 3-1, Facta Universitatis, pp.17~28.
Kako, Edward (2006), 'Thematic role properties of subjects and objects', *Cognition* 101, pp.1~42.
Kamp, H. and Partee, B.H. (1995), 'Prototype theory and compositionality', *Cognition* 57, pp.129~191.
Katz, Graham, (1995), 'Stativity, Genericity, and Temporal Reference', Ph.D. dissertation, Univesity of Rochester.
Katz, Graham (2000), 'Anti neo-Davidsonianism: against a Davidsonian semantics for state sentences', In C. Tenny and J. Pustejovsky (eds.), *Events as Grammatical Objects*, CSLI Publications, Stanford, CA., pp.393~416.
Katz, Graham (2003), 'Event arguments, adverb selection and the Stative Adverb Gap', In E. Lang, C Maienborn & C. Fabricius-Hansen (eds.), *Modifying Adjuncts*, Mouton de Gruyter, pp.455~474.
Katz, Graham (2003), 'On the stativity of the English perfect', In A. Alexiadou, M.Rathert and A. von Stechow (eds.), *Perfect Explorations*, Mouton de Gruyter, Berlin, pp.205~234.
Kearns, Kate (2000), *Semantics*, London: Macmillan Press.
Kearns, Kate (2003), 'Durative Achievements and Individual-Level Predicates on Events', *Linguistics and Philosophy* 26-5, pp.595~635.
Kersten, A.W. & Billman, D. (1995), 'The roles of motion and moving parts in noun and verb meanings', In *Proceedings of the Seventeenth Annual Conference of the Cognitive Science Society*, pp.498~503. Hillsdale, NJ: Lawrence Erlbaum Associates Inc.
Kim, Jae-Kwon (1969), 'Events and their Descriptions: Some Considerations', In N. R. e. al (ed.), *Essays in Honor of Carl G. Hempel*, Dordrecht: Reidel,

pp. 198~215.
Kim, Jae-Kwon (1976), 'Events as Property Exemplifications', In M. Brand & D. Walton (eds.), *Action Theory. Proceedings of the Winnipeg Conference on Human Action*, Dordrecht: Reidel, pp. 159~177.
Kim, Jae-Kwon (1993), *Supervenience and Mind: Selected Philosophical Essays*, New York: Cambridge University Press. [김재권 (1994), 『수반과 심리철학』, 철학과현실사.]
Koktova, Eva (1986), *Sentence Adverbials in a Functional Description*, Amsterdam and Philadelphia: Benjamins.
Kratzer, Angelika (1994), 'The Event Argument and the Semantics of Voice', ms., University of Massachusetts, Amherst.
Kratzer, Angelika (1995), 'Stage-level and Individual-level Predicates', in G. N. Carlson and F. J. Pelletier (eds.), *The Generic Book*, University of Chicago Press, Chicago.
Kratzer, Angelika (1996), 'Severing the external argument from its verb', In Johann Rooryk & Laurie Zaring (eds.), *Phrase structure and the Lexicon*, Dordrecht: Kluwer, pp. 125~175.
Kratzer, Angelika (2004), 'Telicity and the Meaning of Objective Case', In J. Guéron and J. Lecarme (eds.), *The Syntax of Tense*. Cambridge, Massachusetts: MIT Press.
Kratzer, Angelika (2006), 'Situations in Natural Language Semantics', ms.
Krifka, Manfred (1989), 'Nominal Reference, Temporal Constitution and Quantification in Event Semantics', In J. van Benthem, R. Bartsch, and P. van Embde Boas (eds.), *Semantics and Contextual Epressions*, Foris, Dordrecht, pp. 75~115.
Krifka, Manfred (1992), 'Thematic Relations as Links Between Nominal Reference and Temporal Constitution', In I. Sag and A. Szabolcsi (eds.), *Lexical Matters*, CSLI Publications, Stanford (Calif.), pp. 29~54.
Krifka, Manfred (1998), 'The Origins of Telicity', In S. Rothstein (ed.), *Events and Grammar*, Kluwer Academic Publishers, Dordrecht, pp. 197~235.
Ladusaw, William (1994), 'Thetic and Categorical, Stage and Individual, Weak and Strong', in Mandy Harvey and Lynn Santelmann (eds.), *Proceedings from Semantics and Linguistic Theory* IV (SALT IV), Cornell University, Ithaca, NY, pp. 220~229.
Laenzlinger, Christopher (1996), 'Adverb Syntax and Phrase Structure', In A.-M. Di Sciullo (ed.), *Configurations: Essays on Structure and Interpretation*, Sommerville: Cascadilla Press, pp. 99~127.

Lahav, Ran (1988), 'Against compositionality: the case of adjectives', *Philosophical Studies* 57-3, pp.261~279.
Landman, Fred (1993/2000), *Events and Plurality*, Dordrecht: Kluwer Academic Publishers.
Lang, Ewald & Claudia Maienborn & Cathrine Fabricius-Hansen (eds.) (2003), *Modifying Adjuncts*, Berlin: Walter de Gruyter GmbH & Co.
Larson, Richard (1985), 'Bare-NP Adverbs', *Linguistic Inquiry* 16, pp.595~621.
Larson, Richard (1988), 'On the Double Object Construction', *Linguistic Inquiry* 19-3, pp.335~392.
Larson, Richard (1998), 'Events and modification in nominals', In D. Strolovitch and A. Lawson (eds.) *Proceedings from Semantics and Linguistic Theory (SALT) VIII*, Cornell University, Ithaca, New York.
Larson, Richard (2003), 'Time and event measure', In J. Hawthorne and D. Zimmerman (eds.) *Philosophical Perspectives 17, Language and Philosophical Linguistics*, Oxford: Oxford Univ. Press.
Lasersohn, Peter (1995), *Plurality, conjunction and events*, Dordrecht: Kluwer Academic Publishers.
Link, G. (1983), 'The Logical Analysis of Plurals and Mass Terms: a Lattice Theoretical Approach', In R. Bäuerle, C. Schwarze & A. von Stechow (ed.), *Meaning, Use and Interpretation of Language*, Berlin: Mouton-de Gruyter, pp.303~323.
Maienborn, Claudia (2004), 'On Davidsonian and Kimian states', In I. Comorovski & K. v. Heusinger (eds.), *Existence: Semantics and Syntax*, Dordrecht: Kluwer.
Maienborn, Claudia (2005), 'On the Limits of the Davidsonian Approach: The Case of Copula Sentences', *Theoretical Linguistics* 31-3, pp.275~316.
Maienborn, Claudia & Angelika Wöllstein (eds.) (2005), *Event Argument: Foundations and Applications*, Tübingen: Niemeyer.
Manninen, Satu (2002), 'A Minimalist Analysis of Stage Level and Individual Level Predicates', *Working Papers in Linguistics* 1, The Department of English in Lund.
Marantz, Alec (1997), 'No escape from syntax: Don't try morphological analysis in the privacy of your own lexicon', In L. Siegel et. al A. Dimitriadis, ed., *Penn Working papers in Linguistics*, volume 4.2, pp.201~225, University of Pennsylvania.
Massam, D. (1990), 'Cognate Objects as Thematic Objects', *Canadian Journal of Linguistics* 35-2, pp.161~190.
Mathiot, Madeleine (1983), 'Papago Semantics', in A. Ortiz (ed.), *Handbook of North*

American Indians, Vol. 10 (Southwest), Smithsonian Institution, Washington, pp.201~211.

McConnell-Ginet, Sally (1982), 'Adverbs and logical form: a linguistically realistic theory', *Language* 58-1, pp.144~184.

Medina, Pilar Guerrero (2001), 'Reconsidering aspectuality: interrelations between grammatical and lexical aspect', *Working Papers In Functional Grammar (WPFC)* 75.

Miller, Philip (2003), 'Individual-level predicates in direct perception reports', *Paper presented at the annual meeting of the LSA*, Atlanta.(ms. available http://www.univ-lille3.fr/silex/miller/ILPDPR.pdf)

Milsark, G. (1974), 'Existential Sentences in English', Unpublished Ph.D thesis, MIT.

Mittwoch, Anita (1988), 'Aspects of English aspect: On the interaction of perfect, progressive, and durational phrases', *Linguistics and Philosophy* 11-2, pp.203~254.

Mittwoch, Anita (1998), 'Cognate objects as reflections of Davidsonian arguments', In Susan Rothstein (ed.), *Events and Grammar*, Dordrecht: Kluwer, pp.309~332.

Mittwoch, Anita (2001), 'Pecfective sentences under negation and durative adverbials: A double-joined construction', In Hoeksema, Jack et al. (eds.), *Perspectives on Negation and Polarity Items*, Amsterdam: John Benjamins B.V. pp.265~282.

Moens, Marc & Mark Steedman (1988), 'Temporal Ontology and Temporal Reference', *Computational Linguistics* 14-2, pp.15~28.

Moltmann, Friederike (1990), 'Nominal and Clausal Event Predicates', In *Papers from the 25th Regional Meeting of the Chicago Linguistics Society*, pp.

Moltmann, Friederike (1991), 'Measure Adverbials', *Linguistics and Philosophy* 14:6.

Narayanan, Sriniyas (1997), 'Knowledge-based Action Representations for Metaphor and Aspect (KARMA)', Computer Science Division, EECS Department, University of California at Berkeley dissertation.

Ojeda, Almerindo E. (1998), 'The Semantics of Collectives and Distributives in Papago', *Natural Language Semantics* 6, pp.245~270.

Olsen, Mari B.; and Talke Macfarland. (1996), 'Where is transitivity?', *Paper presented at the Seventh Annual Formal Linguistics Society of Mid-America conference, May 17-19, 1996*, The Ohio State University.

Pagin, Peter (1997), 'Is compositionality compatible with holism?', *Mind & Language* 12, pp.11~33.

Pagin, Peter & Dag Westerståhl (2011), 'Compositionality', In C. Maienborn, K. von

Heusinger & P. Portner (eds.), *Semantics* 1, De Gruyter Mouton, pp.96~123.

Pancheva, R. (2003), 'The Aspectual Makeup of Perfect Participles and the Interpretations of the Perfect', In A. Alexiadou, M. Rathert, and A. von Stechow (eds.) *Perfect Explorations*, Mouton de Gruyter, pp.277~306.

Parsons, Terence (1990), *Events in the Semantics of English*, Cambridge, MA.: MIT Press.

Parsons, Terence (1995), 'Thematic Relations and Arguments', *Linguistic Inquiry* 26, pp.635~662.

Parsons, Terence (2000a), 'Underlying States and Time Travel', In Higginbotham, J., Fabio Pianesi & Achille C. Varzi (eds.), *Speaking of Events*, New York: Oxford University Press, pp.81~93.

Parsons, Terence (2000b), 'Eventualities and Narrative Progression', *Linguistics and Philosophy* 25, pp.681~699.

Partee, Barbara (1984), 'Nominal and Temporal Anaphora', *Linguistics and Philosophy* 7-3, pp.243~286.

Pelletier, Francis Jeffry (1994a), 'On an Argument Against Semantic Compositionality', in D.Prawiz & D. WesterstÂhl (eds) *Logic and Philosophy of Science in Uppsala*, Kluwer Pubs. pp.599~610.

Pelletier, Francis Jeffry (1994b), 'The Principle of Semantic Compositionality', *Topoi* 13, pp.11~24. (Reprinted in S.Davis & B. Gillon (eds.) (2004), *Semantics: A Reader*, Oxford UP, pp.133~156).

Pelletier, Francis Jeffry (2000), 'Semantic Compositionality: The Argument from Ambiguity and Free Algebras', in M. Faller, S. Kaufmann, M. Pauly, *Formalizing the Dynamics of Information*, Stanford: CSLI, pp.207~218.

Pfeifer, Karl (1989), *Actions and Other Events: The Unifer-Multiplier Controversy*, Peter Lang, Frankfurt.

Pi, Chia-Yi Tony (1999), 'Mereology in Event Semantics', Ph. D. Dissertation, McGill University, Montreal.

Pianesi, Fabio & Achille C. Varzi (2000), 'Events and Event Talk: An Introduction', in Higginbotham et al (eds.), *Speaking of Events*, New York: Oxford University Press, pp.3~47.

Pinango, Maria M., Edgar Zurif, & Ray Jackendoff (1999), 'Real-Time Processing Implications of Enriched Composition at the Syntax-Semantics Interface', *Journal of Psycholinguistic Research*, 28-4, pp.395~414.

Piñón, Christopher (1999), 'Durative Adverbials for Result States', *Proceedings of the 18th West Coast Conference on Formal Linguistics*, ed. by Sonya Bird,

Andrew Carnie, Jason D. Haugen, and Peter Norquest, pp.420~433. Somerville, MA: Cascadilla Press.
Portner, Paul (2004), 'Vocatives, Topics, and Imperatives', invited talk delivered at the *IMS Workshop on Information Structure*, Bad Teinach, Germany, July 16, 2004.
Preyer, Gerhard & Georg Peter (eds.) (2002), *Logical Form and Language*, Oxford: Clarendon Press.
Pulman, Stephen G. (1997), Aspectual Shift as Type Coercion. *Transactions of the Philological Society* 95, pp.279~317.
Pustejovsky, James (1991), 'The syntax of event structure', *Cognition* 41, pp.47~81.
Pustejovsky, James (1995), *The Generative Lexicon*, Cambridge, MA: MIT Press.
Pylkkänen, Liina (1999ㄱ), 'Causation and External Arguments', *MIT Working Papers in Linguistics* 35, pp.161~183.
Pylkkänen, Liina (1999ㄴ), 'The Syntax of Internal and External Causation', *In the Proceedings of the Texas Linguistics Society. 1999 Conference: Perspectives on Argument Structure*.
Pylkkänen, Liina (2002), 'Verbal Domains: Causative Formation at the Root, Category and Phase levels', ms., MIT.
Pylkkänen, Liina & McElree, B. (2006), 'The syntax-semantics interface: On-line composition of sentence meaning. In M. Traxler & M.A. Gernsbacher (eds.), *Handbook of Psycholinguistics* (2nd Ed), NY: Elsevier.
Ramchand, Gillian (1993), 'Aspect and argument structure in modern scottish gaelic'. Ph.D. thesis, Stanford University, Stanford, CA.
Ramchand, Gillian (1997), *Aspect and Predication: The Semantics of Argument Structure*. Oxford: Oxford University Press.
Ramchand, Gillian (2004), 'First Phrase Syntax', ms.
Ramchand, Gillian (2005), 'Post-Davidsonianism', *Theoretical Linguistics* 31-3, pp.359~373.
Rappaport, M. & B. Levin (1988), 'What to do things with theta-roles', In W. Wilkins ed., *Syntax & Semantics* 21. Academic Press, pp.7~36.
Ryle, Gilbert (1949/1963/1984), *The Concept of Mind*, Chicago: Chicago University Press. [이한우 譯 (1994), 『마음의 개념』, 문예출판사.]
Rothstein, Susan (1995), 'Adverbial quantification over events', *Natural Language Semantics* 3, pp.1~32.
Rothstein, Susan (ed.) (1998a), *Events and Grammar*. Dordrecht: Kluwer.
Rothstein, Susan (2004), *Structuring Events: A Study in the Semantics of Lexical Aspect*, Oxford: Blackwell.

Rothestin, Susan (2005), 'States and modifcication: A reply to Maienborn', *Theoretical Linguistics* 31-3, pp.375~381.

Sanford, A.J., & Sturt, P. (2002), 'Depth of processing in language comprehension: Not noticing the evidence', *Trends in Cognitive Sciences* 6, pp.382~386.

Schäfer, Martin (2001), 'Pure Manner Adverbs', In Dölling, Zybatow (Hrsg.), *Ereignisstrukturen*, Linguistische Arbeitsberichte 76, Universität Leipzig, pp.251~272.

Schäfer, Martin (2002), 'Pure Manner Adverbs Revisited', In Katz, G., Reinhard, S., Reuter, P. (eds.) *Proceedings of Sinn und Bedeutung* VI, Osnabrück 2001. Publications of the Institute of Cognitive Science, vol. 1, University of Osnabrück, Osnabrück, pp.311~323

Schäfer, Martin (2004), 'Manner Adverbs and Scope', In Steube, A. (Hrsg.), *Grammatik und Kontext: Zur Interaktion von Syntax, Semantik und Prosodie bei der Informationsstrukturierung*, Linguistische Arbeitsberichte 81, Universität Leipzig, pp.33~51.

Schäfer, Martin (2004), 'Manners and Causation', In Meier, Weisgerber (eds.), *Proceedings of the Conference "sub8—Sinn und Bedeutung"*, Arbeitspapier 117, Fachbereich Sprachwissenschaft, Universität Konstanz, pp.249~258.

Schäfer, Martin (2004), 'Manner adverbs and events: resolving the underspecification', In Asatiani, Balogh et. al. (eds.), *"Proceedings of the Fifth Tbilisi Symposium on Language, Logic and Computation"*, Institute for Language, Logic and Computation, University of Amsterdam, pp.161~166.

Schäfer, Martin (2005), German adverbial adjectives: syntactic position and semantic interpretation. Dissertation, Universität Leipzig.

Schein, Barry (2002), 'Events and the Semantic Content of Thematic Relations', In Preyer & Peter (eds.), pp.263~344.

Singh, Mona (1998) 'On the Semantics of the Perfective Aspect', *Natural Language Semantics* 6, pp.171~199.

Smith, C. (1991), *The Parameter of Aspect. Studies in Linguistics and Philosophy*. Dordrecht, the Netherlands: Kluwer Academic Press.

Sohn, Ho Min (1975), 'Retrospection in Korean', Language Research 11-1, 서울대학교 언어연구소, pp.87~103.

Stechow, Arnim von (2003), 'How are results represented and modified? Remarks on Jäger & Blutners's anti-decomposition', *Modifying Adjuncts*, Berlin: Walter de Gruyter GmbH & Co, pp.417~451.

Strauss, Uri (2002a), 'The Semantics of Iterative Adverbials', ms.

(http://people.umass.edu/uri/iteratives.pdf)
Strauss, Uri (2002b), 'Cardinal Adverbials and Individual vs. Group Events', ms.
Steedman, Mark (2005), *The Productions of Time: Temorality and Causality in Linguistic Semantics*, ms(Draft 5.0).
Tenny, C. (1994), *Aspectual Roles and the Syntax-Semantics Interface, Studies in Linguistics and Philosophy*, Dordrecht, the Netherlands: Kluwer Academic Publishers.
Tenny, C. & J. Pustejovsky. (eds.) (2000), *Events as Grammatical Objects: the converging perspectives of lexical semantics and syntax*, Stanford, CA: CSLI Publications.
Thomason, R. H., & R. C. Stalnaker (1973), 'A Semantic Theory of Adverbs', *Linguistic Inquiry* 4, pp.195~220.
Travis, Lisa (2000), 'Event Structure in Syntax'. Tenny & Pustejovsky (eds.), pp.145~185.
Travis, Lisa (2010) *Inner Aspect: The Articulation of VP*. Springer.
Uchida, Y. & M. Nakayama (1993), 'Japanese verbal noun constructions', *Linguistics* 31, pp.632~666.
Vlach, Frank (1993), 'Temporal Adverbials, Tenses, and the Perfect', *Linguistics and Philosophy* 19, pp.231~283.
Vendler, Zeno (1967), *Linguistics in Philosophy*. Ithaca, NY: Cornell University Press.
Verkuyl, Henk (1972), *On the Compositional Nature of the Aspects*. Dordrecht, the Netherlands: Reidel.
Verkuyl, Henk (1989), 'Aspectual Classes and Aspectual Composition'. *Linguistics and Philosophy* 12, pp.39~94.
Verkuyl, Henk (1993), *A Theory of Aspectuality: the Interaction Between Temporal and Atemporal Structure*. Cambridge, England: Cambridge University Press.
Verkuyl, Henk (2000), 'Events as Dividuals – Aspectual Composition and Event Semantics', In Higginbotham, J., Fabio Pianesi & Achille C. Varzi (eds.) (2000), *Speaking of Events*, New York: Oxford University Press, pp.169~205.
Verkuyl, Henk (2005), Aspectual Composition: Surveying the Ingredients. Verkuyl, H., de Sewart, H., & van Hout, A. (eds.). (2005).
Verkuyl, Henk, de Sewart, H., & van Hout, A. (eds.). (2005) *Perspective on Aspect*. Studies in Theoretical Psycholingustics, Vol.32. Netherlands.: Springer.
Wager, Laura (1997), 'Aspectual Shifting in the Perfect and Progressive', In L. Siegel et. al A. Dimitriadis, ed., *Penn Working papers in Linguistics*, volume 4.2, pp.261~272, University of Pennsylvania.
Washio, Ryuichi (1997), 'Resultatives, Compositionality and Language Variation', *Journal*

of *East Asian Linguistics* 6, pp.1~49.
Wierzbicka, Anna (1992), 'The semantics of interjection', *Journal of Pragmatics* 18-2, pp.159~192.
Wilkins, David P. (1992), 'Interjections as deictics', *Journal of Pragmatics* 18-2, pp.119~158.
Wilson, N. (1974), 'Facts, Events, and Their Identity Conditions', *Philosophical Studies* 25, pp.303~305.
Wood, Esther J. (2002), Plurality of events and event-phases. Abstract for *SALT 12*, at UC-San Diego. (http://ling.ucsd.edu/salt/salt12.wood.pdf)
Wood, Esther J. (2005). Event plurality and individuation. *Presented at the 79th Meeting of the Linguistic Society of America*, at Oakland.
Wood, Esther J. & Andrew Garrett (2002), 'The semantics of Yurok intensive infixation', In *Proceedings of WAIL* 4, UC-Santa Barbara Papers in Linguistics.
Wyner, Adam (1989), 'The semantics of adverbs and the perception problem', In V. Samiian (ed.), *Proceedings of the 1989 Western States Conference on Linguistics*, University of California, Fresno.
Wyner, Adam (1994), *Boolean Event Lattices and Thematic Roles in the Syntax and Semantics of Adverbial Modification*, Ph.D. dissertation, Cornell University, Ithaca.
Wyner, Adam (1998), 'Subject-oriented Adverbs are Thematically Dependent', In Susan Rothstein (ed), *Events in Grammar*, Dordrecht: Kluwer, pp.333~348.
Xrakovskij, Viktor S. (ed.) (1997), *Typology of iterative constructions*, Munchen: Lincom Europa.
Yu, Alan C. L. (2003), 'Pluractionality in Chechen', *Natural Language Semantics* 11, pp.289~321.
Zucchi, A. and M. White (2001), 'Twigs, Sequences, and the Temporal Constitution of Predicates', *Linguistics and Philosophy* 24, pp.223~270.

저자 임채훈(林采勳, Yim Chaehun)

  1974년 서울 출생.
  경상대학교 사범대학 부속고등학교 졸업.
  경희대학교 국어국문학과 한 곳에서 학사, 석사, 박사를 모두 함.
  경희대, 강원대, 한국외대, 숭실대 등에서 강의를 하며 공부를 하다가
  현재는 숭실대 국어국문학과에서 가르치는 일과 공부하는 일을 함께 하고 있음.
  최근의 관심은 조사와 어미의 문장의미 구성,
  어휘의미관계를 문장의미 차원에서 살피는 것,
  그리고 의미를 중심으로 외국인에게 한국어 문법을 가르치는 일 등으로 확대되고 있음.
  전자우편은 linguist@naver.com

사건 발화상황 그리고 문장의미

  초판 인쇄 2012년 12월 20일
  초판 발행 2012년 12월 28일

  저　자 임채훈
  펴낸이 이대현
  편　집 권분옥·이소희·박선주

  펴낸곳 도서출판 역락
  주소 서울 서초구 반포4동 577-25 문창빌딩 2층
  전화 02-3409-2058, 2060
  팩스 02-3409-2059
  등록 1999년 4월 19일 제303-2002-000014호
  이메일 youkrack@hanmail.net

  값 32,000원
  ISBN 978-89-5556-039-8 93710

  * 파본은 교환해 드립니다.